想像のドイツ帝国

統一の時代における
国民形成と連邦国家建設

飯田芳弘

東京大学出版会

Imagined Imperial Germanies:
Nation-building and Federal State-building
in the Process of German Unification

Yoshihiro IIDA

University of Tokyo Press, 2013
ISBN 978-4-13-036245-0

目次

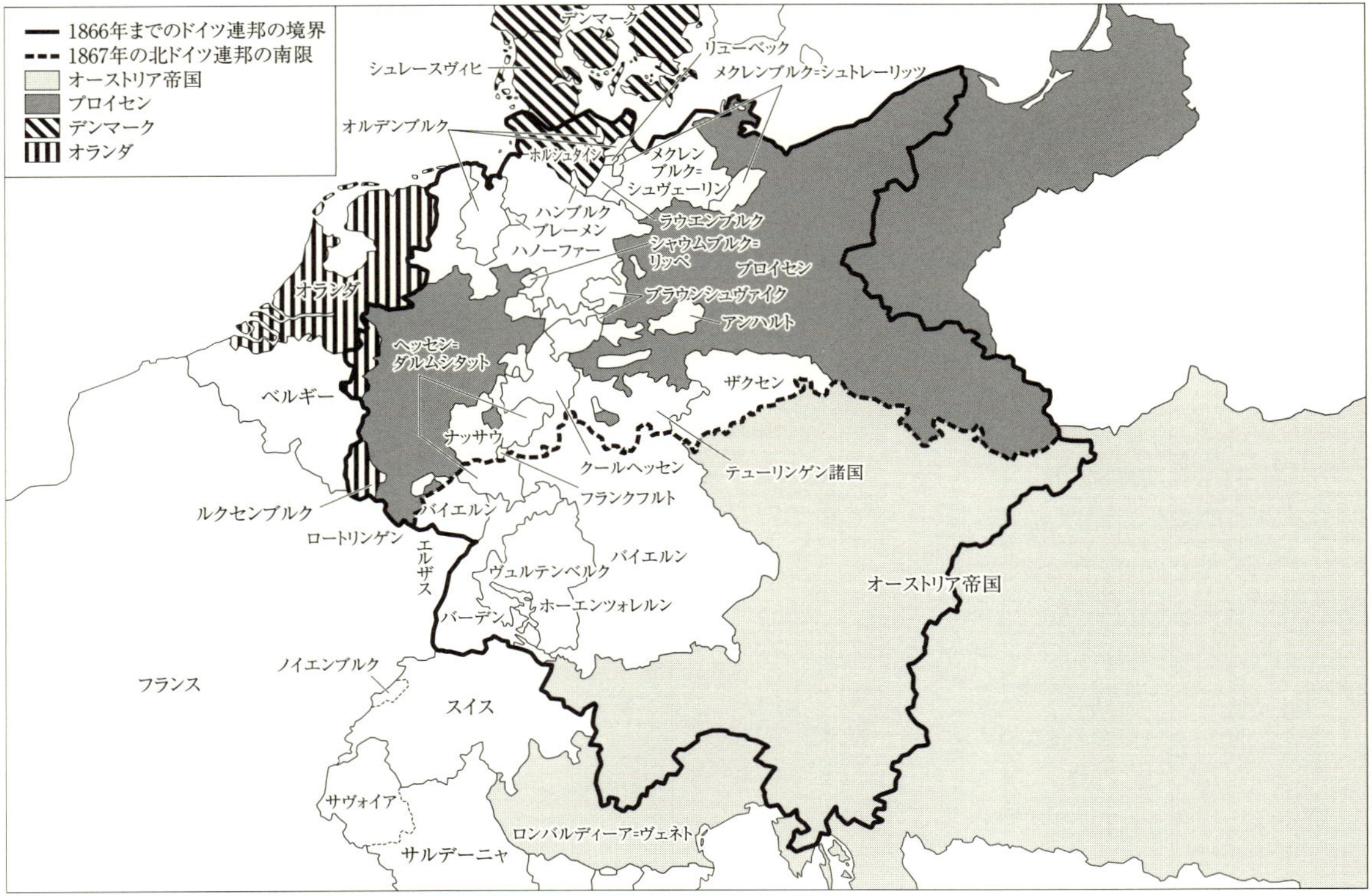

19 世紀後半から統一前までのドイツ

出典） Christian Jansen, Gründerzeit und Nationsbildung 1849–1871, Ferdinand Schöningh, Paderborn/München/Wien/Zürich, 2011, S. 58 の地図をもとに作成.

時計はその欠損した諸部分を自分で補充することもないし、最初に作られたときの諸部分の欠損を残りの諸部分を当てて埋め合わせることもないし、時計が不調になったとき、自分で自分を修繕するようなこともない。これに反して、われわれはこうしたすべてのことを有機的自然には期待できるのである。——それゆえ、有機的存在者はたんに機械であるのではない。その理由は、機械はもっぱら動かす力〔機動力〕しか持たないが、有機的存在者は自分のうちに形成する力を、しかもこの存在者が、そうした力を持たない物質に分与する（物質を有機化する）力として、それゆえ自分を増殖させながら形成する力として所有するのであって、この力は運動能力だけによっては（機構によっては）解明されることができない、ということである。

カント『判断力批判』（宇都宮芳明訳）

はじめに

一　統一国家建設に先行する国民形成

一八七一年、ドイツの地に統一国家が誕生した。一八六四年以降の三度の戦争を経て、約三〇の国家に分断されていたドイツが数年間のうちに国民国家として統一されたのである。その国家統一の過程を導いたのは、ドイツ諸国の中でも圧倒的な軍事力を誇り、首相としてビスマルクという大政治家を擁していたプロイセンであった。統一に際してプロイセンという国家の主導性は明白である。しかし、だからといってドイツ統一の過程をプロイセン国家の覇権拡大の過程であるとみなすのには相当の無理がともなう。それどころか、ドイツの国家統一は、プロイセン国家の意向と動向だけからは必ずしも導き出せない次のような事実の連鎖として完成したのである。

――プロイセンとの戦争に敗れたからとはいえ、たった一度の短い戦争によって、一九世紀まで長らくドイツの中心であったオーストリアがドイツから離脱せざるをえなかったこと(1)。

――オーストリアとの戦争に勝ったプロイセンは、併合によって領域拡大を断行する一方、新たに構築されたドイツの国家的秩序たる北ドイツ連邦は、決して「拡大プロイセン」にはならなかったこと。

――北ドイツ連邦に南ドイツ諸国が加盟することによって実現した一八七一年の統一国家は、国家構造の集権性の面ではさらに後退し、「拡大北ドイツ連邦」とは断ずることができない性質を帯びたこと。

逆に南ドイツ諸国にしてみれば、

――ドイツ連邦の解体後、自国の主権をできる限り維持する選択を望み、実際、そのための構想をめぐる議論がなされていたにもかかわらず、最終的には北ドイツ連邦への加盟という自国の主権を相当程度に制約する道を選んだこと。

このようにして誕生した統一国家はその後、国民の統合に成功し、順調にドイツの国民国家として確立する。このことも、たとえばイタリアの経験と比較するならば、決して自明な現象ではない。すなわち、

――ほぼ同時期に成立したイタリアの統一国家が、「南部問題」という国民統合問題に統一後も長期にわたって苦しまなければならなかったのとは対照的に、ドイツの統一国家は国民国家としてはるかに円滑に定着したこと。

以上のような、ドイツにおける国家統一過程の特質と誕生した国民国家の高い安定性をめぐる謎を解く鍵は何であろうか。

本書はその鍵が、ドイツにおいては国家統一以前に高度の国民形成がなされていたこと、すなわち、統一国家不在の時期にすでに相当程度の国民的一体感が存在していたことにあると考えている。とくに、活発に展開されたナショナリズム運動の中に、国民国家を支える意識――より具体的には、後述のように、いわゆる小ドイツ的な連邦国家という特定の形態のドイツを受容する意識――が広範に醸成されていたことが重要であったと考えている。

もちろんナショナリズム運動は、統一の過程で行われた戦争や外交交渉においては脇役にすぎない。それが憲法制定議会を召集して統一国家の憲法制定の主体となることもなかった。しかし、ナショナリズムは、ビスマルクに操作され、その政治と外交のために一方的に動員された受動的な運動でも、プロイセンの軍事力による国家統一の前に屈

服し、挫折の辛酸を嘗めさせ続けられた実りなき運動でもなかった。

その役割については、すでに一九二〇年代末に歴史家ヴィルヘルム・モムゼンが与えた評価が、短いながら極めて的確である。すなわち、「ビスマルクの政治は、統一運動を表面的には粉砕したものの、根本のところで統一運動は彼に、その政治の手段や方法ではないにせよ、最終的な目標を強いることになったのである」(2)。ナショナリズム運動は、プロイセンの政治家ビスマルクに、プロイセン国家の利益と必ずしも一致するとは限らないドイツの国家統一の実現という目標を提示し続け、ナショナリズム運動の拡大や国民的一体感の意識の広がりとともにビスマルクの行動も、次第にその目標の実現に規定されるようになっていったというのである。そしてモムゼンは続けてこう評価する。「統一運動がなければ、ドイツ帝国ではなく、大プロイセンが成立していたであろう」。

ただし、ナショナリズム運動において目指すべきドイツ国家としてイメージされた像は、変化を嫌う固定的な、あるいは静態的なものでは決してなかった。ドイツにおける国家統一の過程は、ある一回の決定的事件をもって成功と失敗が決せられて完了したのではなく、進捗と停滞、部分的成功と部分的失敗を重ねながら段階的に進行したのであり、そのような国家をめぐる状況の変化に応じて、ナショナリズム運動の側がそれ自身の目指すべきドイツの姿をそのつど修正ないし調整し、新たなドイツ像をもって再び状況を規定しようとすることがしばしば行われたのである。「ナショナリズムとナショナルアイデンティティを、強度と重要度が増減するだけの定数のようなものとみなすことはできない。それらは、ある国家状況の中で利用され、国家状況の変化に応じて変貌してゆく「政治的構築物」なのである」(3)。歴史家ブリュイのこの指摘の通り、ドイツにおけるナショナリズム運動と国家の関係を考察する時には、ナショナリズムが、直面する国家の布置状況に対して可塑的な「政治的構築物」であることに注目しなければならないのである。

では、統一国家が不在の時期の国民的一体感は何によってどのように形成されたのだろうか。そしてそれは統一国家が構築される過程で具体的にいかなる機能を果たしたのか。本書が目指すのは、これらの問いへの解答である。すなわちこれら問題を、一八六〇年代半ばから一八七〇年末までの時期（通常は統一国家建設の過程とみなされる時期）における国民形成の動きに着目した政治史として描くことを通じて解明する。

問題設定をさらに具体化し、そのための分析視角を述べるに先立って、国家建設の過程の時期における国民形成に注目し、その具体的な機能を分析するという本書の立場の背後にあるより広い問題関心について、項を改めて説明することにしたい。一言で表現すればそれは、対立したり利害を異にしたりする多様な政治主体をまとめあげ、予期しえなかった結束を生む動力としてのナショナリズムへの関心である。

二　もう一つの政治のドラマ

たとえば「官僚主導」の統治と「国民主導」の統治とが対峙している国家のように、本質的に相容れない複数の統治原理を抱えた国家における政治の営みとはどのようなものか。この問題に対し、一八七一年に成立したドイツ帝国の国家構造に対する鋭利な分析から、政治指導は不可能である、そして「根本的な政治的決定は先送りされる」という結論を導き出したのは、公法学者カール・シュミットであった。

軍人国家プロイセンが一九世紀に自由主義の発展とともに内部に抱え始めた克服不可能な二つの世界観と国家構成原理の矛盾、すなわち「兵士」と「市民」、軍人国家と市民的立憲主義の対立は、未解決のままドイツ帝国に踏襲され、しかも両者の矛盾は一八九〇年のビスマルク失脚後にさらに深まって拡大したという(4)。君主や王朝間の連帯（連合主義的連邦国家）、プロイセン国家の権力（プロイセン・ヘゲモニー）、ドイツ人の国民的同質性（国民的統一国家）という三つの要素から構成されることになったドイツ帝国の複雑な国家構造の中にあっては、政治指導はもちろん、正しく統治と呼びうるものが不在であったというのがシュミットの判断である。そしてそのような国家構造を備えたドイツ帝国においては、「根本的な政治的決定は先送りにされた。その結果、およそ統治というものを可能ならしめたのは、根本問題を慎重に避けて中立的案件の狭い範囲の中で行動することによるか、あるいは偉大な政治家が絶えず対立する諸勢力の間のバランスを取ったり、相互に競わせたりすることによるかのみであった」[5]。しかし、「偉大な政治家」すなわちビスマルクでさえ、二つの世界観が対立するプロイセンや、さらに複雑な国家構造をもつドイツ帝国を導くのには限界があったという。プロイセン国家の内部矛盾が露呈した最大の危機であった憲法紛争も、「非日常的な状況における極めて特別な外交的成果の助けを借りて、勝利を飾った戦争の後の上々の気分の中でなんとか隠蔽され、とりなされた、つまり、後の別の機会へと先送りされた」[6]。統一後のビスマルクの政治指導も、「一八六六年と一八七一年の彼の顕著な成果の効果と国民自由党の議会多数派が続いている」限りにおいて機能したのであり、「勝利を飾った戦争と恵まれた成果の一時的な余波としてのみ……可能であった」のである[7]。

このようなシュミットの議論に対して、同時代の歴史学から批判の声が上がったのはごく自然なことであった。国制史家ハルトゥングによれば、プロイセンおよびドイツ帝国の政治は「兵士」と「市民」の二元的対立といった単純な図式では的確に把握することはできず、「ビスマルク帝国の構造とその瓦解の原因についてのシュミット論文は、歴史の事実と一致しない」[8]。ハルトゥングはさらに、「政治的な諸問題を極めて強く単純化し、二項対立的な概念を用いるシュミットの思考が模倣者を見出してゆく」[9]と指摘し、二元的対立を際立たせる彼の思考法が国民の政治意識に与える重大な影響にも警告を発したのであった。

シュミットに対するこのハルトゥングの批判と警告は、今日の歴史学も共有すべきものであろう。ただしシュミットの議論には、ヨーロッパとドイツを対象とする現代の歴史学と政治学、とりわけ政治学の一分野としての政治史学が取り組むべき極めて興味深い課題が示されていると思われる。

まず、ナチズム台頭の理解についてである。シュミットは、一九世紀半ばからヴァイマール期までのプロイセンあるいはドイツに存在した、さまざまな政治主体に妥協を強いる政治構造の存在を指摘し、それに対する対抗運動としてナチズムを理解し正当化した。そうした構造が歴史的に強固で不変であった分、その清算を果敢に断行しようとしたヒトラーと国民社会主義に高い歴史的評価が与えられたのである[10]。もちろん今日では、ナチズムの台頭を賞賛する議論は成り立ちえない。しかしナチズムは、既存の体制への抗議運動、とりわけ戦間期のドイツに発達した労使間の妥協を生み出す団体主義的な政治構造に対抗するポピュリズム運動という性格をもっていたことはたしかなのであり、そのようなものとして理解されなければならない[11]。政治主体間に妥協を強いる団体主義的な政治構造とそれに対するポピュリズム運動の反発というパターンは、二〇世紀ヨーロッパ政治史において繰り返し登場する政治情景となるであろう[12]。

本書が直接の対象とする帝制ドイツの成立期に関心を向ければ、シュミットの議論は、ドイツ帝国の政治構造の特質とその構造の中での政治指導のあり方についての具体的な分析の出発点となるものであった。歴史学において、ドイツ帝国の政治構造がビスマルクのような大政治家の政治指導さえ制約するものであった点に着目した近年の代表は、シュミットに示唆を受け、ドイツ帝国の政治構造を「決定回避のシステム（System umgangener Entscheidungen）」と特徴づけたヴォルフガング・モムゼンである。モムゼンによれば、この「システム」の本質は、プロイセン軍人国家と市民的立憲主義の対立というよりは、「各権力機構がほぼ相互の調整がないまま並び立っている実体の憲法体制の内部において、支配的な社会集団のそれぞれが、優越的地位を誇ることができる国制上の部分領域を掌中にしている」ことであった。容易に予想されるように、この「システム」は厳しい内部対立の可能性をはらんでいる。しかしその顕在化は、ビスマルクの政治指導と「ナショナルな感情の高揚」によって回避されたという[13]。

モムゼンの指摘する「システム」を支える構造を、今日の歴史学はより一般的に「多頭制（Polykratie）」と呼ぶ[14]。それはドイツ帝国の建国当初から存在し、一八九〇年代以降のヴィルヘルム期により表面化したものである。その政治構造にあっては、「上からの権威的統治」とも「多数決」とも異なる「交渉」という紛争解決原理の比重が高まらざるをえず、そのことが、政治家のリーダーシップを拘束し、さらには議院内閣制への移行のようなドイツ帝国の体制変動にも大きな制約を課したのである[15]。

この「多頭制」的な政治構造と「交渉」という紛争解決原理は、帝制ドイツの遺産として、その後のドイツにも引き継がれたといってよい。なかでも連邦制は、戦争や民主化による体制の断絶を生き延びて今日のドイツに至っている[16]。そして一九七〇年代以降の現代ドイツ政治では、この伝統的な連邦制と戦後に確立した政党制との間に、たびたび「ゲームのルール」の対立、すなわち「交渉」と「多数決」との齟齬が生じた。しかも連邦議会と連邦参議院に異なる多数派が生じた場合、それはしばしば政治的停滞を生む原因となったのである[17]。

地域をドイツ以外に広げれば、古くは多極共存型民主主義論やコーポラティズム論が、多数決原理の貫徹よりも多様な政治主体間の「交渉」が重視される――それゆえ時には政治的停滞がともなう――制度的構造に注目したこと[18]、近年では「拒否権プレーヤー」論が、政策変更の難易度の国ごとの違いを説明するために、「その賛成が政治の現状変更のために必要とされる」制度とアクターに着目したこと[19]、に現れているように、現代ヨーロッパの民主主義国家を対象とする比較政治学においても、政治の大胆な変化を阻む政治構造には高い関心が示されているのである。

このような政治史および比較政治学の成果により、ヨーロッパ政治におけるリーダーシップの機能不全や政治の停滞、行き詰まりといった側面が浮き彫りにされることになった。しかしながら、ヨーロッパ政治にはもう一つの、これとは対照的といってよい側面があるのではないだろうか。ドイツ政治に限ってみても、政治家の行動半径が限定され、大きな政治的変化がなかなか実現しないといった政治情景とは別の政治のドラマがあるのではなかろうか。

もう一つの政治の容貌とは何か。

それは、複雑な制度やさまざまな政治主体が、自己の利害を主張するのを抑え、それまでの対立がなかったかのように一致団結した行動をとる、その結果、政治が大きく動くというドラマである。そして、そのようなドラマの最大の事例としてドイツ史が提供するのが、ほかならぬドイツの国家統一の過程なのである。

先に示したようにシュミットは、根本的矛盾を抱えたドイツ帝国において例外的に政治指導が機能した条件として、「勝利を飾った戦争と恵まれた成果の一時的な余波」を挙げていた。それをより端的にモムゼンは、「ナショナルな感情の高揚」と表現した。「国家はそれを築き上げた力によって維持される[20]」のだとすれば、「ナショナルな感情の高揚」の下でしか十全に機能しないドイツ帝国の場合、建国に際してのナショナリズムの必要性は、通常の国民国家建設の場合以上に高かったであったろう。いや、ナショナリズムの力がなければ、あのような多種多彩な政治主体の結束が実現し、あのような複雑な国家構造は構築されなかったかもしれない。これこそ、国家統一に先行した国民形成の過程をたどり、実際の統一過程でナショナリズムが果たした具体的な機能に注目する、本書の背後にある問題関心なのである。

このような観点からナショナリズムに注目することは、ドイツの国家統一過程においてビスマルクやプロイセン国家の比重があまりに大きいために、あるいは逆に、ナショナリズムの役割の軽視によって、必ずしも自覚的になされてこなかったように思われる。

それゆえ、たとえば、第二次世界大戦後に主権の一部譲渡を含む前例のない国際統合を実現したヨーロッパ統合が、社会におけるエモーションの力なしではありえなかったことを克明に跡づけた研究に、「ナショナリズムとエモーションの導きの重要性は、一国の歴史と政治ではずっと以前から認識されてきた[21]」と記されているのを目にする時、果たしてそうだろうかとの疑問がすぐさま生じるのである。むしろ、多様な国家を結束させるのにエモーションの力が必要であることへの着眼は、ヨーロッパ統合の過程と政治体としてのＥＵの特異性を理解するための参照事例[22]を提供してきたドイツ帝国が、逆にヨーロッパ統合研究における果敢な試みから受けることのできた示唆と考えた方がよいのではなかろうか。

国家統一に至る国民形成とナショナリズムを研究対象とする本書の基本的な立場は以上の通りである。それでは以下に、国家統一以前の国民形成の政治史という本書のテーマをさらに敷衍して述べることにしよう。

三　国民形成と連邦国家建設

人はしばしば、イタリアの国家統一にふれて、「イタリアはできた、イタリア人を作らねばならない」と言う。この言葉は、国民国家の成立は国家建設（state-building）と国民形成（nation-building）という別々の過程[23]からなり、統治機構としてのイタリア統一国家が建設された後にも、人々の間に新国家に対する共通の帰属意識（イタリア国民の意識）を醸成するという課題が未解決のまま残っている、ということを意味する。発言者とされるピエモンテの政治家マッシモ・ダゼリオの真意[24]はこれと異なったにせよ、統一が実現して間もないイタリアでもこの言葉は、すでにそのような意味を帯びたものとして用いられ始めていたのである。[25]

ドイツの場合はどうか。ドイツの国民国家建設には、ほぼ同時期に実現したイタリアの事例との間に多くの共通点があり[26]、統一国家成立後に国民形成が課題として残ったことも同様である。[27]しかし、二つの新たな国民国家の間には、その成立過程や構造などの点で看過できない顕著な相違点がある。成立した国家構造の対照性――イタリアの単一国家とドイツの連邦国家[28]――と並んでとりわけ興味深いのは、ドイツでは、先のダゼリオの言葉に示された課題が、国家統一以前にかなりの程度こなされていたことである。

ドイツにおける国家統一以前の高度な国民形成の達成は、同時代において少なからずの者がすでに認識していたことであった。たとえば、ヴュルテンベルクのドイツ党所属のエルベン議員は、一八七〇年の末、北ドイツ連邦への加盟条約の批准審議を行っていたヴュルテンベルク下院において次のように述べている。

国民的戦争は平時にはかなわなかった団結をドイツにもたらし、それまであったさまざまな相違を急速に消し去った。少なくとも人々の間では、過去四年間にわたって激しく対立してきた党派の間の距離を縮めたのである。その戦争は人々に、自分自身を再び国民であると感じるように教えたのである。それはとくに、南ドイツの人々が北ドイツ人と肩を並べて戦った統一ドイツ軍の英雄的な行為の中に一体性を作り出し、いまやその一体性が、国家の領域へと転送されつつあるのである。[29]

エルベン議員によれば、まずは国民の意識の統一が先行し、その国民的一体性の存在が既成事実となった時点で、国家領域での統一が要請されたのである。「ドイツ人はできた。これからドイツを作らねばならない」というのである。

しかもその国民的な一体感は、特定の国家形態を望ましいものとしていた。ローマ法の権威であったベルリン大学教授モムゼンは、一八七〇年八月末に、イタリア語で発表した論説「和平」の中で、次のように述べている。

一八六六年の戦争がドイツの巨大な中核をすえたのだとしたら、現在の戦争はこれに対して、ドイツの連邦主義に言質を与えるものとなる。一八六六年の後も、統一の過程において国民が、集権主義（centralizzazione）の道を進むのか、それとも連邦主義（federalismo）の道を進むのかは定かではなかった。その多くは、誘惑に満ち危険な職務が満載の大戦争に直面する中では、決定的な確信をもつことはなかったのである。しかし今や未決の状態は、連邦主義の原則に有利なように解決された。すべての人々のみならず、いくつかの極めて重要な政府、とりわけバーデン、ザクセン、そしてバイエルンの各政府がわれわれに与えてくれた忠誠心と多大な支援によって、われわれの目的のためには連邦主義が十二分なものであることが証明されたのである。(30)

フランスとの戦争に際して出現した国民的な一体感が、連邦国家という特定の国家形態を想定していたことがここには明言されている。しかも驚くべきことに、モムゼンは一八六〇年代半ば以降に急速に広がった単一国家論の代表的な論者の一人であった。そのモムゼンが、ここでは一転して連邦国家を賞賛するようになっているのである。

もちろん、これらの証言だけから、ドイツにおいては国家統一以前に高度な国民形成がなされ、特定の国家形態を受容する意識がはぐくまれていた、という結論を導き出すことには慎重でなければならない。当然に異論はあろう。まず、国民的な一体感とは、エルベン議員が「統一ドイツ軍の英雄的な行為」というように、一部の集団に限定されたものなのではないのか——しかし、フランスとの戦争に際して、ドイツ全土で、しかも社会の全階層の人々が熱狂し、文字通りの国民的な一体感が生まれたことには数多くの証言がある。

また、これらの発言が一八七〇年のフランスとの戦争を契機に書かれたものであるように、より端的にはエルベン議員が「平時にはかなわなかった団結」と認めているように、ドイツにおける国民的一体感の出現は、フランス戦に突入した状況において初めて実現した現象、一八七〇年夏に突如として生じたいわば前史なき出来事なのではないのか――しかし、ドイツは一八六四年と一八六六年にも戦争を経験し、それぞれがドイツの国民形成に独自の貢献をしたことを見逃してはならない。

ドイツの国家統一の過程への関心からは、プロイセン主導の小ドイツ的統一が実現する画期となった一八六六年のプロイセン・オーストリア戦争の意義がことさらに強調され、一八七〇年の対フランス戦争は一八六六年の成果を補完するものととらえられる傾向にある。歴史的画期としての重要性を比べた場合、一八六六年の方により大きな意義を認める向きも少なくない[31]。さらに、一八六四年の対デンマーク戦争に至っては、その意義は必ずしも明確にされない。しかし、国民意識の創出という観点からは、三回の戦争はそれぞれ固有の貢献をしていた。さらには一連の戦争が始まる前にも、国民的一体感を生み出すさまざまな動きや試みがあったことを忘れてはならない。

そしてなにより検討を要するのは次のような見解である。国家統一以前の国民的一体性の存在という主張は必ずしも新しいものではないのではないか。ドイツ国民の歴史がドイツの国民国家の歴史よりも古いということはつとに知られてきたことではないのか。国家の分断状況が続いている時期にも文化共同体としての一体感をもつドイツは存在したのではないか。人口に膾炙しているドイツの「文化国民」とはそういうものなのではないか。

「文化国民（Kulturnation）」とは、この概念を広めたマイネッケによれば、「共通の政治の歴史と国家制度という統一の力」から生まれる「国家国民（Staatsnation）」とは区別された、共通の言語や文学や宗教などの「主に共通に体験された文化財産」に基づく非政治的な共同体である[32]。そしてマイネッケはドイツにおける国民国家の成立を次のように説明する。（イギリスやフランスとは異なる）国民国家成立についての「ドイツにおける特有の状況とは、近代国民国家に至るために役立つ唯一の基盤が、ドイツ国民という土台にではなく、個別のプロイセン国家という土台にあったこと、しかしそのプロイセン国家は、自身がナショナルなものとなるために必要な精神的な諸力をその中だけからは汲み出すことができず、ドイツ文化国民の広大な領域から借りてこなければならなかった、ということである[33]」。政治や憲法のあり方は直接的にはプロイセン国家の行動が決定する領域であり、非政治的理念である「文化国民」は、そのプロイセンの行動が全ドイツに拡大することを正統化する機能を果たすものとされたのである。しかし、プロイセンを越えた国民意識とは、本当に非政治的なものでしかなかったのだろうか。

「文化国民」は、ドイツの国家的秩序と無縁なものでも、政治を超越したものでもなく、神聖ローマ帝国やドイツ連邦といった連邦主義的な国家的秩序と不可分なものであった。[34] 換言すれば、「文化国民」も特定の領域と国家形態を前提にしていた（序章第一節一参照）。それどころか、近年のドイツ・ナショナリズム研究の注目すべき成果の一つであるランゲヴィーシェの「連邦主義的国民／連邦主義的ナショナリズム（Föderative Nation/Föderativer Nationalismus）」の議論は、「国民として一体であることを願うことと国民国家の建設を要求することを同一視する」[35] 姿勢を疑問視することを出発点とし、国家統一以前の一九世紀ドイツにおいて、国家連合としてのドイツ連邦を前提とした国民的一体感の意識が醸成されていたことを強調する。しかも、「国民国家的に束ねることをせず、しかもハプスブルク帝国と結びついた、国家連合的といってよいドイツは、……一八六〇年代において競合した選択肢の中の一つなのである」[36] というように、そのような意識は国家統一の実現の直前まで現実的意味を失わないものであったことも指摘されている。

ランゲヴィーシェの議論は、集権的な統一国家とは異なる国民的一体感の創出の国家的秩序が存在し、それが実際に機能していたことを明らかにした点で大きな意義を有する。しかし、小ドイツ的な連邦国家を支える国民意識の発展については、それを自明視して具体的な言及をしているわけではない。したがってランゲヴィーシェの議論をうけてなすべきことは、一八六〇年代に競合したさまざまな国民意識――想定する領域や国家的秩序の点で多様であった――の中から、小ドイツ的な連邦国家を受容するような意識が拡大していった、その過程を示すことである。たとえば単一国家論者であったモムゼンが連邦国家を称揚するようになったという先の例も、そのような過程の一環として理解されるべきものである。

では、小ドイツ的な連邦国家を支える国民意識の形成について、従来の研究はどのように考えてきたのだろうか。

国家統一以前の時期に、統一を小ドイツ的な連邦国家という形態で実現することを促すナショナリズムや国民意識の発展があったことを自覚的に明らかにしようとした研究としては、次のようなものを挙げることができるであろう。

政治学者カッツェンスタインは、ドイツという文化的に同質な地域において一九世紀から二〇世紀を通じて複数の自律的な国家が残った理由を、ドイチュに示唆を受けた社会コミュニケーション論の見地から説明した㊲。彼によれば、近代化にともなうコミュニケーションの拡大がもたらす社会経済的条件および意識の均一化は国家の自律性を低下させる。国家統一以前のドイツでは、その均一化の広がりが地域的に不均等であり、オーストリアには他のドイツほどには波及しなかった。その結果、オーストリアの地では国家が自律性を保って存続した一方、他のドイツ諸国家は自律性を低めて一つの国家に統一されていったという。このようにカッツェンスタインの議論は、国家統一以前に、コミュニケーション圏としての小ドイツ的なドイツが析出していたことを指摘するものである。その議論は、たしかに小ドイツ的なドイツを支えるナショナリズムが醸成されていたことの説明にはなりえよう。しかしそれは、連邦国家という国家構造の成立を促すようなナショナリズムについての知見をもたらすものではない。

そのような知見を与えてくれるのが、歴史家グリーンの研究である。彼女は、地域と全国のアイデンティティの重層的な形成が一九世紀ヨーロッパ各国の共通の課題であったとの認識の下に、ドイツはイタリアやフランスに比べてその課題を首尾よく達成した成功例であると位置づけている。ドイツではその全域にわたって国家が分立して発達し、統一前の各地の国家が積極的に社会経済的インフラストラクチャーの整備を進めた結果、地域国家レベルでのアイデンティティの形成が促され、その蓄積が統一国家の円滑な受容を可能にしたというのがその理由である。そしてそのような国家統一以前の国民意識の形成の様態からすれば、ドイツの統一国家には連邦国家の形態をとる以外の選択肢はなかったという㊳。この刺激的な議論は、先のカッツェンスタインの議論の欠落を見事に埋めている。しかしながらグリーンのこの議論も、国家統一以前に、連邦国家を受容し支える意識の発展そのものに光をあてたわけではない。

以上のカッツェンスタインとグリーンの議論には、すでに指摘した点に加えて、さらに次の問題点があると思われる。両者とも、社会経済的なコミュニケーションの発展やインフラストラクチャーの整備を国民形成とみなし、それが小ドイツ的なドイツあるいは連邦国家成立の前提条件であったと論じている。しかしながら、分析対象とされた社会経済的な発展が、実際にどの程度「ドイツ人」意識を高めたかは測定できるものではないし、仮にできたとしても、「文化的・経済的成果と、実際に国民国家を作り出す外交過程・戦争での成功との間に直接的な連関があることを示すことはできない(39)」のではなかろうか。

では、どのように考えるべきであろうか。

四　境界と全国制度の作用

国家統一に先立って形成され、統一国家の領域および形態に影響をおよぼした（より具体的には小ドイツ的な連邦国家を受容した）国民意識としては、何をみるべきであろうか。統一国家の基盤となった国民的一体感を生み出したものは何だったのだろうか。

一九世紀のドイツ史そのものが手がかりを与えてくれるだろう。

たとえば詩人のアルントは、『国民的憎悪』（一八一三年）の中で次のように書いている。

私は、単にこの戦争の間だけではなく、ずっと、そして常にフランス人に対する憎悪の意思を抱き続ける。そうすれば、ドイツの境界は手をかけた防御壁を造らなくとも安全であろう。というのも、不穏で強欲な隣国がその境界を越えようとすればすぐに、人々は結束のための拠点をもつことになるからである。こうした憎悪は、ドイツ人の宗教のように、すべての人の心の中の神聖な幻想のように燃え上がり、そしてわれわれに、忠誠心、信頼、そして勇気を与え続ける(40)。

アルントとほぼ同じ時期に、「ドイツにとっての一般民法の必要性について」（一八一四年）の中で次のように記すのは、法学者のティボーである。

さらにわれわれが市民の幸福に目を向けると、全ドイツのためのそのような単一法典が天からの至高の賜物と呼ばれるにふさわしいものであること、これには疑いの余地はない。単に統一するだけでも、その恩恵ははかり知れないであろう。政治的に分かれていることが必要であり望ましいのだとしても、ドイツ人は、兄弟のような同じ気持ちが彼らを結びつけること、そして、外国にドイツの一部を悪用して他のドイツと対立させるような真似は二度とさせないことに高い関心を抱いている。ともかく同一の法は同一の意識と習慣をはぐくむ。そうした均一性は常に民族への愛情と民族への忠誠に魔法のような影響力をおよぼしてきた。とりわけ市民の交流によって件の統一は不可欠のものとして声高に求められるようになったのである。[41]

法統一は、国家統一への呼び水ともなる。ヴュルテンベルクにおける初期自由主義の代表的な政治家プフィッツァーは、一八三〇年代初めの時点で、「国民議会という全国制度[42]」こそ、宗教や文学や芸術には十全に果たしえない国民の「共通の焦点」あるいは「より固い統合のための結節点[43]」になると喝破した。すなわち、

ドイツ各国からの代議士たちが、プロイセン人とかバイエルン人とかザクセン人とかではなくドイツ人として挨拶を交わし、国民の利益や願望や必要についての自分たちの認識や経験について意見交換をし、国民的案件を……議論するような、そういう会議のみが今日、現在のドイツに欠けている有機体的一体感へと、多様なドイツ諸国家と地域国民とを結びつけるのである。[44]

彼らはそれぞれ、統一国家成立のはるか以前の段階で、ドイツの地に居住する人々の間に一体感や連帯感を生じさせる契機を指摘していた。それは、ドイツ人の「団結のための拠点」あるいは「より固い統合のための結節点」としての、一つには憎悪の意思が向けられた敵との境界であり、もう一つには人々が共有する全国的な制度――本書では最も本格的な全国制度として、とりわけ統一国家を含む国家的秩序に注目する――であった。

およそ人間集団の結束を高めるには「外部との峻別」と「内部の均一化」が必要であろう。彼らには、「外部との峻別」を行う境界と「内部の均一化」に資する全国制度が、人々の間に一体感や連帯感をはぐくむ原動力であることがはっきりと認識されていたのである。換言すれば、ナショナルなもの、個別の国家を超えた全ドイツ的なものがいかに想像されるのかが、明確に理解されていたのである。

たしかに念頭におかれている人間集団は、その大半がドイツ語を母語とする人々、あるいはドイツの文化共同体で

あった。しかし、その文化的属性が集団に一体感や連帯感を与えるとされたのではない。境界と全国制度という二つの要素こそが集団を高度に結束させると考えられていたのである。[45]

たとえば次のアッカーマン議員の発言は、まさにこの点を指摘している。一八七〇年一二月五日、南ドイツ諸国の北ドイツ連邦への加盟条約の批准審議が行われた北ドイツ連邦議会において、彼は次のように述べていた。すなわち、「人間はその使命に奉じているときに最も偉大である。国民の場合、外に対してはその名誉を敵から守っているとき、内に対しては憲法と向き合っているときが最も輝かしい[46]」。

先に参照したブリュイも、「ドイツ国家の形成に寄与するためのアイデンティティの感覚は「ドイツ人である」というものでないといけない、という（直接的な）連関だけを追い求めるのは誤りである」という興味深い指摘を行っている。「重要なのはアイデンティティの感覚の内実（content）よりもその形態（form）である。この点で、国家の二つの側面、すなわち、その主権とその境界に対する新たな態度の発展が重要である」というのである。[47]そしてブリュイは、曖昧な境界をより明確に画そうとする意識と、各地に分散していた複数の主権を一ヶ所に集中させようとする意識とが、一九世紀を通じて強まっていたという変化を強調するのである。

たしかに一八七一年に成立したドイツ帝国は、それまでのドイツにはない明確な境界と集権的な中央権力をもつ国家であった。その国家の下で「外部との峻別」と「内部の均一化」によって「未完の国民国家」からの脱却が試み続けられたことに疑いはない。しかし、それ以前においても「外部との峻別」と「内部の均一化」による国民形成は進行した。しかも、実在する境界や全国制度だけがそのために機能したのではなかった。画定していない境界や現実にはいまだ存在しない全国制度が、本来あるべき、あるいはこれから設けられるべきものとして想像されたのである。そしてそれらは、しばしばドイツ国民によりふさわしい、ドイツの国民意識を育てるうえでより適合的な国家の構成要素として思い描かれたのである。それらを想像することもまた、国民意識の醸成に寄与したのである。

もちろん、境界による「外部との峻別」と全国制度による「内部の均一化」とが、国民形成におよぼす作用は同質的なものではない。概して前者の方が、さまざまな政治主体や異質な要素を強く結束させる傾向がある[48]。しかしそのようにして結束した集団に、国家的秩序についての具体的なイメージがあるとは限らず、まして一致したイメージがあることはほとんどない。他方、後者については、より多彩なイメージが競合あるいは対立する反面、前者に比べて具体的な国家的秩序や制度の姿（国家連合か連邦国家か単一国家かといった国家構造をはじめとして、国民代表制度や選挙制度の具体的な形態等々）を提供することができる。

このように、一九世紀ドイツの国民形成は、戦争を筆頭とするさまざまな機会を通じて、ドイツの境界と全国制度の新たなあり方が注視され、それが人々の間に「外部との峻別」と「内部の均一化」の意識を高めることで進行した。一八七一年の国家統一に先立つ高度な国民形成の達成は、長期的にはこの経験の蓄積の結果であった。そして、一八六四年以降の戦争の時代には、境界と全国制度がより集中的に政治の焦点となり、その帰結として統一国家（具体的には小ドイツ的な連邦国家）を受容する国民意識が広がっていったのである。

以上を要するに、一八七一年の統一国家の建設に先立つ時期の国民形成を主題とする本書は、境界の政治争点化から生まれる国民的一体感を描き、主に国家的秩序という全国制度をめぐる複数のイメージの競合を分析しながら、ナショナルなもの、個別の国家を超えた全ドイツ的なものがいかに想像されていったのかを理解し、その競合の末に、小ドイツ的な連邦国家というイメージが受容されていった過程を描くことを目指すものなのである[49]。

五　分析対象の限定

叙述にあたっては対象を限定しなければならない。

本書の分析対象の中心となるのは、一八六〇年代にナショナリズム運動に参画した政治家や知識人・言論人というエリート層の言動である。歴史家ビーファングの表現を借りれば、「ドイツのブルジョワ層のナショナルな政治的機能エリート（nationale politische Funktionselite des deutschen Bürgertum）」である[50]。党派の別でいえば、各地の自由主義者[51]が多くなるのは必然であるものの、そのドイツ像の特徴を他との比較の中で明らかにするために、カトリックや保守派にもできる限り言及する。

なにより国民形成をテーマとする以上、本来ならば、民衆の国民意識をも分析対象に入れなければならない。しかしその実態を知ることは極めて難しいのが現実である。したがってエリート層への限定はやむをえない選択である。ただしこの対象の限定にはメリットもある。エリート層に分析が限定される分、ナショナリズムや国民意識がもつ興味深い属性がより鮮明に浮かび上がるのではなかろうか、というのが本書の立場である。すなわち、エリート層は、しばしば自分が思い描いている理想のドイツ像を現前の国家をめぐる制度的な状況に対応させて柔軟に変化させることがあったのであり、そうしたナショナリズムの国家状況に対する可塑性は、エリート層の場合にこそより鮮明に検出されるのである。「ドイツのブルジョワ層のナショナルな政治的機能エリート」のドイツのイメージの変遷の中にこそ、国家状況の変化に応じて変貌する「政治的構築物」としてのナショナリズム（ブリュイ）の姿をより明確に浮かび上がらせることができるのである。

六　本書の構成

「はじめに」の叙述を結ぶにあたって、あらかじめ本書の構成を示しておくことにしたい。

序章では、広く一九世紀のドイツにおいて、境界と全国制度がどのようにドイツの国民形成に寄与したのかを説く。まずはドイツの境界の政治争点化が国民的一体感の現出をもたらしたことを示し、その後、法や国家的秩序といった全国制度を人々が共有し、またはそれらを思い描くことを通じてなされた国民意識の醸成の様相を論ずる。

詳細な歴史叙述は第一章から始まる。一九世紀の相当の時期において、ドイツといえばオーストリアを中心とする大ドイツであった。第一章では、その大ドイツという領域を基礎とする国民意識の発展可能性について検討する。大ドイツ的なナショナリズムと深く結びついた国家的秩序は、主として国家連合たるドイツ連邦であり、そのドイツ連邦に対して一八六〇年代初めに試みられたオーストリア主導の改革の試みを中心に、いかに大ドイツ・ナショナリズムが発展し、あるいはその成長が阻害されたのかを述べる。

第二章の前提は、大ドイツ的な国家連合たるドイツ連邦は、国民の利害から疎遠な国家的秩序であることが次第に明らかになっていったという点であり、それをうけて第二章は、国民的な国家的秩序への期待が、以前にもまして連邦国家に向けられるようになったという点から叙述を開始する。続いて、一八六三年末以降のデンマークとの境界をめぐる対立が、ドイツに強い国民的一体感を生み出し、ドイツの国民意識の形成に寄与したことを論ずる。そしてその結果として、連邦国家への国民的支持が拡大したことを述べる。これに対して章の後半では、一八六五年以降に本格化するシュレースヴィヒ・ホルシュタインの併合問題を契機に単一国家論が台頭し、その単一国家論が連邦国家像の正統性を掘り崩してゆくという状況が生じたことを指摘する。

第三章では、一八六六年のプロイセンとオーストリアとの戦争の前後の社会には国家的秩序に関する強い集権化志向があり、その集権化志向がドイツからオーストリアを排除する機能を果たす一方、プロイセンによる北ドイツ諸国の併合の動きを支え、単一国家への期待を頂点にまで高めたことを論ずる。続いて、しかしその集権化志向には単一国家を貫徹するまでの強度はなかったこと、すなわち、戦後の北ドイツには北ドイツ連邦という連邦国家が成立し、さらにその北ドイツ連邦には連邦国家の理念と結びついた普通選挙制度が導入されたことを指摘する。そして最後に、ドイツ連邦が解体し、ドイツから全国的な国家的秩序が不在となった時点で、全ドイツのナショナルな意識を形成するためにはいかなる方途があったのかという問題を扱う。

第四章は、前章の最後に扱った問題をより長い時間的な幅の中で検討する。すなわち、一八六七年から一八七〇年の初めまでの時期の南北に分断されたドイツで、いかに全ドイツ的な意識がはぐくまれたのかを叙述してゆく。北ドイツ連邦に南ドイツ諸国が加盟して全ドイツ的な国家的秩序を完成させるという動きはどのような進展をみせたのか、政策的には部分的ながら、南北ドイツを包摂する全国制度であった関税同盟と防衛同盟の貢献はいかなるものであったか、そしてドイツ統一を南ドイツから実現しようとした南部連邦構想の寄与はいかばかりであったのかといった問題を考察する。

第五章においては、一八七〇年夏のフランスとの戦争がドイツに高度の国民的一体感を現出させた状況を描く。その際、国民形成が国家統一の前に完成していたと評しても過言ではないほどの大きな達成をみたのは、エルザス・ロートリンゲンというフランスとの境界地域が係争の対象となり、同地域の併合がドイツ側の一致した要求となったためであった点を強調する。そしてその併合論は、一八六五年から一八六六年までの時期とは異なり、もはや連邦国家の正統性を脅かすことはなかった点を指摘する。

結章は、フランスとの戦争で高揚したナショナリズムの熱狂がまだ残る中で行われた、北ドイツ連邦への南ドイツ諸国の加盟をめぐる各国議会の審議について論じる。エルザス・ロートリンゲンの併合問題から生じた国民的一体感があったとはいえ、加盟条約の批准作業は必ずしも円滑に進んだわけではなかった。とくに、南ドイツ諸国にはプロイセンが支配する北ドイツ連邦に加盟することへの逡巡がなお強くみられた。そこで、どのような事由をもって南北の国家統一が正統化され、最終的に小ドイツ的な連邦国家が受容されたのかが解明される。

最後の「おわりに」では以上の叙述のまとめを行う。「外部との峻別」を行う境界と「内部の均一化」に資する全国制度がドイツにおける国民形成において大きな役割を果たすというのが本書の出発点であった。その観点から本書の議論を振り返ってみること、その際、とりわけ三度にわたる戦争がそれぞれいかにドイツの国民意識の醸成に資するものであったかに注目しつつ総括を行うことが、「おわりに」の課題となる。

（1） ビスマルクは、その外交の根本方針をヨーロッパにおける大国としてのプロイセンの地位の保全にすえ、そのためにはプロイセンをドイツ連邦のくびきから解き放つ必要があると考えていた。その解放の形としては、大別して、ドイツにおいてオーストリアとの「同権」を確立する、あるいは、ナショナリズム運動と協力しながらドイツ連邦をプロイセンの利益に沿うように改組する、という二つの可能性があり、ビスマルクは一八六六年の戦争の直前まで前者の選択肢を放棄しなかった、すなわち、ドイツからオーストリアを排除することを決断しなかった。Andreas Biefang, „Der Reichsgründer"? Bismarck, die nationale Verfassungsbewegung und die Entstehung des Deutschen Reichs, Otto-von-Bismarck-Stiftung, Friedrichsruh 1999, S. 10. カエルンバッハはさらに進んで、ビスマルクは一八六六年の戦争の直前までドイツ連邦の粉砕ならぬ温存、あるいは「ドイツ連邦の信頼すべき諸要素を改革してさらに発展させること」を望んでいたと述べる。Andreas Kaernbach, Bismarcks Konzepte zur Reform des Deutschen Bundes, Vandenhoeck & Ruprecht, Göttingen 1991, S. 115. しかし、ビスマルクの外交方針がドイツ連邦の存続を許さないものであったことは、次の代表的なビスマルク伝の解釈でもあり、カエルンバッハの見解は支持できない。Lothar Gall, Bismarck. Der weiße Revolutionär, Propyläen, Berlin/München 2001 (unveränderter Nachdruck der 1980 im Propyläen Verlag erschienenen Ausgabe), S. 147. 実際、ビスマルクのドイツ連邦に対する敵意は、ナショナリズムの比重の高まりとともに強まっていた。

（2）Wilhelm Mommsen, „Zur Beurteilung der deutschen Einheitsbewegung", *Historische Zeitschrift* 138（1928）, S. 541.

（3）John Breuilly, "Nation and nationalism in modern German history", *The Historical Journal* 33（1990）, p. 663.

（4）Carl Schmitt, Staatsgefüge und Zusammenbruch des zweiten Reiches, Hanseatische Verlagsanstalt, Hamburg 1934, S. 9–10 und 24. この『第二帝国の国家構造と瓦解』によれば、ドイツ帝国が抱えた根本的対立は、政治的意思の統一性を内側から分裂させ、全体性を要求される政治・軍事・経済の運営を損なわせるものであり、その根本的対立が世界大戦の戦況悪化で致命的に激化したことこそ、ドイツ帝国を瓦解させた原因であった（Ebd., S. 38–40）。ヴァイマール共和国の国家構造は、二元的対立を特徴とした帝制ドイツの国家構造に比べて多元化したものの、表面的な妥協を本質とする点ではドイツ帝国と変わりがなかった（Ebd., S. 45）。

（5）Ebd., S. 25.

（6）Ebd., S. 11.

（7）Ebd., S. 28 und 32.

（8）Fritz Hartung, „Staatsgefüge und Zusammenbruch des zweiten Reiches", *Historische Zeitschrift* 151（1935）, S. 543. 一九三

四年夏のレーム事件後の反体制派粛清の波という状況を考えれば、権力者への批判を含むハルトゥングのこうした言論活動は、相当の勇敢さなくしてはありえないものであった。Hans-Christof Kraus, „Soldatenstaat oder Verfassungsstaat? Zur Kontroverse zwischen Carl Schmitt und Fritz Hartung über den preussisch-deutschen Konstitutionalismus（1934/35）“, *Jahrbuch für die Geschichte Mittel-und Ostdeutschlands* 45（1999）, S. 289.

（9） Fritz Hartung, a. a. O., S. 544.

（10） シュミットは、「兵士」の気質を特徴とするドイツ人の政治的一体性は軍人国家プロイセンにおいて実現していたと考えた（彼はプロイセンをドイツの「兵士」によって建設された「総統国家（Führerstaat）」と呼んだ。Carl Schmitt, a. a. O., S. 8 und 13）。そして、そのプロイセン・ドイツ国家に憲法紛争の時代以降に強いられ続けた妥協（それをシュミットはヒトラーの言葉を引用して「市民的正統主義的妥協（bürgerlich-legitimistischer Kompromiß）」と呼んだ。Ebd., S. 8 und 25）の復活を阻止し、その清算を遂行しうる別の国家構造の可能性、すなわち国家・運動・人民の一体性の実現という新しい国家構造の可能性を切り開いた点に、「全体性の要求」を掲げたヒトラーと国民社会主義運動の勝利の意義を認めたのである（Ebd., S. 7 und 49）。

（11） 戦間期ヨーロッパにおける団体主義的秩序の形成を通じた政治的安定をテーマとしたメイアーの独仏伊比較研究が示唆するのは、団体主義的秩序の伝統と発展の度合いと、その団体主義的秩序から排除された社会層の不満を吸収して台頭したというファシズム運動の成否との連関である。たとえば、ドイツと異なり「フランスの民主主義は、よく知られた社会の組織化への消極性という緩衝材に守られ続けた」のである。Charles S. Maier, Recasting Bourgeois Europe. Stabilization in France, Germany, and Italy in the Decade after World War I, Princeton University Press, Princeton 1975, 1985（with a new preface）, p. 591.

（12） リンスは、戦間期のヨーロッパにおいて民主主義体制と非民主主義体制の別を越えて広がるイデオロギーとして、コーポラティズムとポピュリズムを挙げている。Juan J. Linz, „Faschismus und nicht-demokratische Regime“, in: Hans Maier（Hrsg.）, Totalitarismus und Politische Religion. Konzepte des Diktaturvergleich. Band III: Deutungsgeschichte und Theorie, Ferdinand Schöningh, Paderborn/München/Wien/Zürich 2003, S. 279, Anm. 46.

(13) Wolfgang J. Mommsen, „Das deutsche Kaiserreich als System umgangener Entscheidungen", in: Ders., Der autoritäre Nationalstaat. Verfassung, Gesellschaft und Kultur im deutschen Kaiserreich, Fischer Taschenbuch Verlag, Frankfurt am Main 1990, S. 32 und 38. モムゼンによれば、一八九〇年代以降のヴィルヘルム期において政治的社会的対立は先鋭の度合いを増し、体制の統治は次第に困難になっていったにもかかわらず、統治不能状態が顕在化しなかったのは、その時期に体制変革を担いうる改革主体が形成されなかったためであった。Ders., „Die latente Krise des wilhelminischen Reiches: Staat und Gesellschaft in Deutschland 1890–1914", in: Ders., a. a. O., S. 303.

(14) ヴェーラーは、これをビスマルク後のヴィルヘルム期の政治の特徴とする一方、ニッパーダイは、ビスマルク期についてもヴェーラー以上にライヒの制度的構造の多元性(とくに連邦制)を強調する。Hans Ulrich Wehler, Deutsche Gesellschaftsgeschichte. Dritter Band: Von der »Deutschen Doppelrevolution« bis zum Beginn des Ersten Weltkrieges 1848–1914, Verlag C. H. Beck, München 1995, S. 1000; Thomas Nipperdey, Deutsche Geschichte 1866–1918. Band II. Machtstaat vor der Demokratie, Verlag C. H. Beck, München 1992, S. 85.

(15) 飯田芳弘『指導者なきドイツ帝国――ヴィルヘルム期ライヒ政治の変容と隘路』(東京大学出版会、一九九九年)を参照。筆者はさらに、「なぜドイツでは議院内閣制化が生じなかったのか」という問題を以下で詳細に論じている。平島健司・飯田芳弘『改訂新版 ヨーロッパ政治史』(放送大学教育振興会、二〇一〇年)、一三五―一四一頁。

(16) Gerhard Lembruch, „Der unitarische Bundesstaat in Deutschland: Pfadeabhängigkeit und Wandel", in: Arthur Benz/Gerhard Lehmbruch (Hrsg.), Analysen in entwicklungsgeschichtlicher und vergleichender Perspektive, Westdeutscher Verlag, Wiesbaden 2002, S. 53–110.

(17) この問題についての古典的研究として、Gerhard Lehmbruch, Parteienwettbewerb im Bundesstaat. Regelsysteme und Spannungslagen im politischen System der Bundesrepublik Deutschland, Kohlhammer, Stuttgart 1976/Westdeutscher Verlag, Wiesbaden 2000 (3. aktualisierte und erweiterte Auflage). 連邦参議院に強力な多数派野党が現れた際には、政権側からの妥協が促されて政策の挫折や政治的停滞が回避される可能性が高まるとの指摘など、実証的な分析に基づいてより緻密な議論を展開した近年の研究として、Simone Burkhart, Blockierte Politik. Ursachen und Folgen von »Divided Govern-

ment« in Deutschland, Campus Verlag, Frankfurt am Main 2008.

(18) ゲルハルト・レームブルッフ「非多数決主義デモクラシーを求めて」、同（平島健司編訳）『ヨーロッパ比較政治発展論』（東京大学出版会、二〇〇四年）、一―二七頁。

(19) ジョージ・ツェベリス（眞柄秀子／井戸正伸訳）『拒否権プレーヤー――政治制度はいかに作動するか』（早稲田大学出版部、二〇〇九年）。異なる体制間での政策変更の難易度の比較分析を意図したツェベリスは、拒否権プレーヤーの働きによる政策変更の困難さや「政策安定性」に対する明示的な価値判断を示してはいない。しかしそれが、権力分立や多様な政治主体の決定への参加、専制の防止といった肯定的文脈から論じられることは（拒否権プレーヤー論の理論的源泉がマディソンやモンテスキューにあるとされる（一一頁）にもかかわらず）ない。逆に「政策安定性」が、議院内閣制では「政権不安定性」を、大統領制では「体制不安定性」を招くかもしれないこと、さらに共通して、民主的統制の効かない官僚と司法の独自行動を積極化させるかもしれないことは明言される（四頁）。これらのことから判断すれば、拒否権プレーヤー論が現実に帯びている規範的意味は明らかである。拒否権プレーヤー論の規範的意味については、Gerd Strohmeier, Vetospieler―Garanten des Gemeinwohls und Ursachen des Reformstaus. Eine theoretische und empirische Analyse mit Fallstudien zu Deutschland und Großbritannien, Nomos Verlagsgesellschaft, Baden-Baden 2005, S. 18-21.

(20) Otto Hintze, „Das Verfassungsleben der heutigen Kulturstaaten“ (1914), in: Ders., Staat und Verfassung. Gesammelte Abhandlungen zur allgemeinen Verfassungsgeschichte, Vandenhoeck & Ruprecht, Göttingen 1970 (2. erweiterte Auflage), S. 423.

(21) Jeffery Vanke, Europeanism and European Union. Interests, Emotions, and Systemic Integration in the Early European Economic Community, Academic Press, Bethesda/Dublin/Palo Alto 2010, p. 41. ヴァンケは、①安全保障上の不安や外敵の脅威、②偉大な帝国の歴史的記憶、③文化的連帯意識、④名誉とプライド、⑤共通制度の下での将来への楽観的観測、⑥前例なきプロジェクト参加への喜び、という六つを、ヨーロッパ統合を支えたエモーションの力の構成要素とした。Ebd., pp. 45-79. また、国際政治学者の大西仁は、ミルワード批判の文脈で、「伝統的な国民国家体系に基づく政治枠組を当然視する意識が支配的な状況においては、たとえ国益に適う場合であっても、諸国家の政府が――少なくとも表面上――主権の制限あるいは譲渡につながる国際統合という政策をとることは困難である」と指摘し、「第二次大戦後に西欧社会には、国益に適いさえすれば、国際統合という政策を諸国家の政府が選択しうるという、極めて特異な条件が整えられていたのであり、そのことが、第二次大戦後に西欧が国際統合を開始するための、不可欠の前提条件をなしていた」と述べている。大西仁「初期のヨーロッパ・フェデラリスト運動の一考察――ヨーロッパ統合を始めたのは誰か（一）」、『法学』第五九巻（一九九五年）第六号、九七頁。大西が「フェデラリスト運動」の機能に注目するように、ヴァンケがより広くエモーションの力に注目するように、本書は国家統一におけるナショナリズムの機能に注目する。

（22）Alexander Böhmer, Die Europäische Union im Licht der Reichsverfassung von 1871. Vom dualistischen zum transnationalen Föderalismus, Duncker & Humblot, Berlin 1999; Michael Kuschnick, Integration in Staatenverbindungen. Vom 19. Jahrhundert bis zur EU nach dem Vetrag von Amsterdam, Walter de Gruyter, Berlin/New York 1999; Hans Kristoferitsch, Vom Staatenbund zum Bundesstaat? Die Europäische Union im Vergleich mit den USA, Deutschland und der Schweiz, Springer-Verlag, Wien/New York 2007. スイス・オランダ・アメリカの歴史的事例を比較対象としたものとしては、Leslie Friedman Goldstein, Constituting Federal Sovereignty. The European Union in Comparative Context, The John Hopkins University Press, Baltimore 2001.

（23）リンスによれば、国家建設と国民形成の描かれ方の違いにそれぞれの過程の特徴が表現されているという。建築や機械のイメージとなじむ国家の建設は人工物を構築する過程である（ブルクハルト『イタリア・ルネサンスの文化』の冒頭は「芸術作品としての国家」である）のに対し、生命体として描かれることが多い国民の形成は、その発生と有機的成長の過程である。Juan J. Linz, "Sate Building and Nation Building", *European Review* 1 (1993), p. 356. 国民は「想像の共同体」であるとするアンダーソンも、国家は「大邸宅の複雑な配線システム」という機械の比喩で語る。ベネディクト・アンダーソン（白石隆／白石さや訳）『想像の共同体――ナショナリズムの起源と流行』（リブロポート、一九八七年）、二七八頁。

（24）ダゼリオは、イタリアの国家統一を時期尚早と考え、本当に新しいイタリアを作るためにまずはイタリア人が自分自身を再形成する必要があるとして、「イタリアはできてしまったが、イタリア人は作られてはいない」と『回顧録』（一八六七年刊行）に記した。北原敦「イタリアはできた、イタリア人を作らねばならない」、『岩波講座　世界歴史二八　普遍と多元

――現代文化へむけて』（岩波書店、二〇〇〇年）の月報。

（25）Alberto Mario Banti, Il Risorgimento italiano, Editori Laterza, Roma/Bari 2008, pp. 122-123. 北原敦は、一八九八年の政治家マルティーニの演説に現在流布している表現の起源を求めている（北原、前掲書）。しかし一八七八年には、政治家・経済ジャーナリストのカルピがその著書『現存のイタリア』の中で使用している例がある。Alberto Mario Banti, a. a. O., p. 222.

（26）ドイツとイタリアの比較研究は少なくない。国民国家の諸側面に関する近年の独伊比較に限っても、国家構造について（Oliver Janz/Pierangelo Schiera/Hannes Siegrist（Hrsg.）, Zentralismus und Föderalismus im 19. und 20. Jahrhundert. Deutschland und Italien im Vergleich, Duncker & Humblot, Berlin 2000）、国民創出のための政治的儀礼について（Sabine Behrenbeck-Alexander Nützenadel（Hrsg.）, Inszenierungen des Nationalstaats. Politische Feiern in Italien und Deutschland seit 1860/71, SH-Verlag, Köln 2000）、市民権について（Vito Francesco Gironda, Die Politik der Staatsbürgerschaft. Italien und Deutschland im Vergleich 1800-1914, Vandenhoeck & Ruprecht, Göttingen 2010）などの研究がある。

（27）国民国家の建設は、権力や憲法の問題であると同時に、人々の「意識のもち方（Bewußtseinshaltung）」の問題でもあるとし、「未完の国民国家」として成立したドイツ帝国における国民意識の拡大（の試み）とその限界を指摘したシーダーの古典的な著作として、Theodor Schieder, Das Deutsche Kaiserreich von 1871 als Nationalstaat, Vandenhoeck & Ruprecht, Göttingen 1992（2. Auflage）. 一九六一年初版のこの著作は、その後のドイツ帝国下の国民形成についての、とりわけ政治的象徴をめぐる研究を促した。

（28）この差異が生まれた原因を、イタリアにおいては、サルデーニャ王国以外に近代国家の建設に成功していた国家はなく、したがって統一はサルデーニャ王国への各地の併合という形態をとらざるをえなかったのに対し、ドイツでは、各地に近代国家が発達し、その統一は、それらの国家の自律性をある程度存続させる方法、すなわち連邦制の導入によってのみ可能であった（いかに強大なプロイセンでも併合は不可能であった）と説明するのは比較政治学者のズィーブラットである。Daniel Ziblatt, "Rethinking the Origins of Federalism. Puzzle, Theory, and Evidence from Nineteenth Century Europe", *World Politics* 57（2004）, pp. 70-98; Ders., Structuring the State. The Formation of Italy and Germany and the Puzzle of Federalism,

Princeton University Press, Princeton 2006. しかしこの議論では、ドイツの統一過程の開始において大規模な併合が断行されたことが見逃されている。

(29) 一八七〇年一二月二三日のヴュルテンベルク下院本会議におけるエルベンの発言。Fr. Holtzendorff (Veranlasst)/E. Bezold (Hrsg.), Materialien der Deutschen Reichs＝Verfassung. Sammlung sämmtlicher auf die Reichs＝Verfassung, ihre Entstehung und Geltung bezüglichen Urkunden und Verhandlungen, einschließlich insbesondere derjenigen des constituirenden Norddeutschen Reichstages 1867. Band III, C. G. Lüderitz'sche Verlagsbuchhandlung, Carl Habel, Berlin 1873, S. 530.

(30) Theodoro Mommsen, Agli Italiani, Stabilimento Civelli, Firenze 1870, p. 25.「和平」は、この『イタリア人に』という小冊子の第二部である。

(31) 典型的な例としては、ニッパーダイのドイツ一九世紀史第一巻の時代区分が、一八〇〇年から一八六六年とされていることである。

(32) Friedrich Meinecke, Weltbürgertum und Nationalstaat. Studien zur Genesis des deutschen Nationalstaates, Verlag von R. Oldenbourg, München/Berlin 1928 (Siebente durchgesehende Auflage), S. 3. ただし、すべての社会層に広がる国民意識が形成されていたとされたわけではない。ドイツの国民意識としてあったのは、「文化国民の全体ではなく、国民の文学的存在であり、知識階層の純粋に精神的な共通感情」であった。Ebd., S. 30.

(33) Ebd., S. 38.

(34) Georg Schmidt, „Friedrich Meineckes Kulturnation. Zum historischen Kontext nationaler Ideen in Weimar—Jena um 1800", *Historische Zeitschrift* 284 (2007), S. 597–621. より長期的視野をとり、一八世紀までのドイツにおいて、国家としての神聖ローマ帝国の枠組みの中で国民意識が発展したことを強調するのが、Ders., Geschichte des Alten Reiches. Staat und Nation in der Frühen Neuzeit 1495–1806, Verlag C. H. Beck, München 1999; Wandel durch Vernunft. Deutsche Geschichte im 18. Jahrhundert, C. H. Beck, München 2009.

(35) Dieter Langewiesche, „Föderativer Nationalismus als Erbe der deutschen Reichsnation. Über Föderalismus und

Zentralismus in der deutschen Nationalgeschichte", in: Ders. /Georg Schmidt（Hrsg.）, Föderative Nation. Deutschlandkonzepte von der Reformation bis zum Ersten Weltkrieg, R. Oldenbourg Verlag, München 2000, S. 215. この論文において「連邦主義的国民」論を展開し始めたランゲヴィーシェはその後、より強く「神聖ローマ帝国の遺産」を主張し、その一九世紀ドイツ史における重要性を強調する。Ders., „Das Alte Reich nach seinem Ende—die Reichsidee in der deutschen Politik. Versuch einer nationalgeschichtlichen Neubewertung in welthistorischer Perspektive", in: Anton Schindling/Gerhard Taddey（Hrsg.）, 1806—Souveränität für Baden und Württemberg. Beginn der Modernisierung, W. Kohlhammer Verlag, Stuttgart 2007, S. 27-51.「連邦主義的国民」に関するこの二論文を含むランゲヴィーシェのナショナリズムに関する諸論文は、次の二冊の論文集にまとめられており、有益である。Ders., Nation, Nationalismus, Nationalstaat in Deutschland und Europa, Verlag C. H. Beck, München 2000; Reich, Nation, Föderation. Deutschland und Europa, Verlag C. H. Beck, München 2008.

（36） Ders., „Deutschland und Österreich: Nationswerdung und Staatsbildung in Mitteleuropa im 19. Jahrhundert", in: Ders., Nation, Nationalismus, Nationalstaat in Deutschland und Europa, S. 189.

（37） Peter J. Katzenstein, Disjoined Partners. Austria and Germany since 1815, University of California Press, Berkeley/Los Angels/London 1976.

（38） グリーンによれば、地方における国家の発展が遅れ、全国国家の歴史も浅いイタリアや、中央政府の統治がおよばない地域もあるフランスでは、アイデンティティの重層的形成がドイツほど成功しなかったという。Abigail Green., "How did German Federalism Shape Unification?", in: Ronald Speirs/John Breuilly（eds.）, Germany's Two Unifications. Anticipations, Experiences, Responses, Palgrave Macmillan, Basingstoke 2005, pp. 122-138. グリーンによるドイツの事例の詳細な分析は、Abigail Green, Fatherlands. State-Building and Nationhood in Nineteenth Century Germany, Cambridge University Press, Cambridge 2001.

（39） John Breuilly, "Sovereignty and boundaries: modern state formation and national identity in Germany", in: Mary Fulbrook（ed.）, National histories and European history, UCL Press, London 1993, p. 95.

(40) Ernst Moritz Arndt, Ueber Volkshaß und über den Gebrauch einer fremden Sprache, Johann Benj. Georg Fleischer's Buchhandlung, Leipzig 1813, S. 18-19.

(41) Anton Friedrich Justus Thibaut, „Ueber die Nothwendigkeit eines allgemeinen bürgerlichen Rechts für Deutschland" (1814), in: Hans Hattenhauer (Hrsg.), Thibaut und Savigny. Ihre programmatischen Schriften. Zweite Auflage, Verlag Franz Vahlen, München 2002, S. 48.

(42) P. A. Pfizer, Briefwechsel zwischen zweier Deutschen, F. G. Gotta'schen Buchhandlung, Stuttgart/Tübingen 1832 (Zweite verbesserte und vermehrte Auflage), S. 102-103.

(43) プフィッツァーによれば、「公共の営みや大きな現実的利害や心を満たす祖国愛が欠如しているがゆえに、数多くの知識層の間に生まれざるをえなかった空洞を埋めるための試みとして、美術、詩歌、宗教、科学が提供するすべてのものの中で試みられずにいるものはない。しかし十分なものは何もない。……あらゆるこうした試みには、共通の焦点とのつながりが欠けているのである」。Ebd. S. 145-146. それゆえ、「われわれの前に新たな未来を切り開かねばならないとしたら、より固い統合のための結節点を見つけだすこと、新しいドイツの結集と自覚と制度設計を可能ならしめるような新たな中核と焦点を設けることが必要である」。Ebd. 221.

(44) Ebd. S. 103.

(45) このような国民形成のとらえ方は、それをある種の「ステイティズム」の普及過程として考える立場に近いといえよう。日本近代史家の三谷博は、ナショナリズムの定義について、人種・血統・言語・宗教・生活習慣の「共有」からするアプローチは多くの反証を見出せるがゆえに難点があると指摘し、国民形成を、「既存であれ、期待されたものであれ、ある国家を単位として、『内部』と『外部』を差別し、『内部』を均質視しつつ、『外部』の排除や従属をはかる思考習慣」という「ステイティズム」が、「エリートのみならず、庶民まで浸透する」過程とみなす立場を表明する。三谷博「『我ら』と『他者』――『国民』境界の生成ダイナミックス」、同『明治維新を考える』（有志舎、二〇〇六年）、九五―九六頁。ただし、「『内部』と『外部』を差別し、『内部』を均質視しつつ、『外部』の排除や従属をはかる思考習慣」が広がるのは、統一国家という制度的枠組に限定された現象ではない。統一国家のない一九世紀のドイツにおいてもそれは展開されていた。換言すれば、異なる国家的秩序を念頭においた複数の「ステイティズム」的意識が競合していたのである。

(46) 一八七〇年一二月五日の北ドイツ連邦議会本会議におけるアッカーマン（彼は統一後のライヒ議会では自由帝国党(Liberale Reichspartei)、ついで保守党に所属した）の発言。Stenographische Berichte über die Verhandlungen des Reichstages des Norddeutschen Bundes. Zweite Außerordentliche Session 1870, 6. Sitzung (5. Dezember 1870), S. 88. この北ドイツ連邦のライヒ議会議事録は、以下では、SBNB. と略記する。

(47) John Breuilly, "Sovereignty and boundaries: modern state formation and national identity in Germany", p. 96. さらにブリュイは次のように述べて、統一国家以前の国民形成を考察する際にも政治的契機が重要であることを強調する。「国民国家の建設を推し進める要因としてのナショナルアイデンティティに注目する場合、政治の過程が視野の外におかれ」てきた。しかし、「国民国家が建設された後と同じように、国民国家の建設に先行しそれに寄与するアイデンティティの感覚が形成されるに際しても、政治の過程が決定的な役割を果たす」。Ebd.

(48) 三谷博によれば、「ステイティズムの考察においては、一般には『外部』への差別視を『内部』の均質視より重視すべきである。……均質な『内部』を定義することは困難である」という。三谷、前掲書、一二一頁。

(49) 比較政治学者のレームブルッフは、一九世紀の政治エリートたる自由主義ブルジョワに「均一主義（Unitarismus）」という社会文化的志向が強くあったことを指摘し、連邦国家の成立（執行連邦制の採用）を、その志向の貫徹という目標と、領域レベルで複数の近代国家がすでに確立していたという現実の制度的配置との間に見出された均衡点と考えた。Gerhard Lehmbruch, „Der unitarische Bundesstaat in Deutschland", S. 63 und 75. 本書は国家統一の動きがこの均衡へと収斂するまでに国民意識に生じた変化を、連邦国家という全国制度に加え、小ドイツという領域の次元も考慮しながら綿密な歴史叙述によって明らかにしようとするものといえよう。

(50) Andreas Biefang, Politische Bürgertum in Deutschland 1857–1868. Nationale Organisation und Eliten, Droste Verlag, Düsseldorf 1994, S. 17. ビーファングは、ドイツ国民協会（Deutscher Nationalverein）、ドイツ議員大会（Deutscher Abgeordnetentag）、ドイツ通商大会（Deutscher Handelstag）、ドイツ国民経済学者会議（Kongreß deutscher Volkswirte）という、一八六〇年代のドイツにおいて国家統一を求める運動を最も活発に展開した全国組織の中心メンバー（各組織に重

複して属すると同時に、各国議会の自由主義党派と密接な関係を有していた）をそう呼んだのである。

（51）国民自由党が国民協会解散後にその事実上の後継組織となったことに示されるように、ビーファングの研究では、自由主義右派の比重が高くなる。自由主義全体を視野に入れるためには、フランクフルト国民議会における左派勢力の革命後の動向を詳細に跡づけたヤンセンの研究を参照することが必要になる。Christian Jansen, Einheit, Macht und Freiheit. Die Paulskirchenlinke und die deutsche Politik in der nachrevolutionären Epoche 1849-1867, Droste Verlag, Düsseldorf 2000. ビーファングとヤンセンの研究は、本書にとって最も重要な先行研究であり、それぞれが研究の際に活用した貴重な資料を公刊していて有益である。ただし両書とも、本書とは異なり、一八六六年のドイツ連邦解体後から一八七〇年までの時期は関心の対象外である。

序章　一九世紀ドイツにおける境界と全国制度

——国民形成の契機として

はじめに

ドイツの国家統一が実現したのは、一八七一年のことである。それまでの統一国家が不在の一九世紀において、ドイツの境界と全国制度はどのようにドイツの国民形成に寄与したのだろうか。

そもそも一九世紀には、どこあるいは何をもってドイツと呼んだのだろうか。少なくとも一九世紀半ばまでの時期においては、ドイツ連邦こそがドイツであったというのが本書の立場である。したがって、ドイツの境界といえばドイツ連邦の境界のことであり、ドイツの全国制度といえば、ドイツ連邦の国家連合という国家的秩序とその下における諸制度のことをさしたのである。

このことを前提に本章では、まず、ドイツ連邦の領域を構成する東西南北の四方の境界がどのようにドイツの国民形成に影響を与えたのかを論ずる。その際に留意されているのは、境界ごとに国民的一体感の意識の醸成に対する効果が異なっていたという点である。

続いて、全国制度が、いかようにドイツの国民形成に寄与していたのかという問題を、まずはドイツ連邦下における法統一や連邦機構改革の動きを取り上げて述べる。加えて、国家連合とは異なる国家的秩序として、連邦国家と単一国家とが、ドイツ連邦に対抗する形で人々に思い描かれていたことを論ずる。

最後に、ドイツ連邦を基盤とする国民形成には限界があり、一八五九年という年にそのことがはっきりと露呈し始めたことを指摘する。この年に行われたオーストリアとイタリアのサルデーニャ王国との戦争を契機に、ドイツ連邦を解体して連邦国家の建設を目指す——しかも場合によってはオーストリア抜きでそれを断行する——ドイツ国民協会というナショナリズム団体が結成され、活発な活動を開始し、ドイツの国民意識の形成に大きな影響を与え始めたのである。

第一節　境界と国民形成

はじめに

自己のアイデンティティは、自己と他者あるいは内部と外部を峻別することによって強化される。境界は、領域を支配する国家の本質的な構成要素であり、ある国家の領域と他の国家の領域とを分かつ。そのような境界が政治争点化されると、しばしばそれは国民のアイデンティティを高める機会となり、しかも境界が何と何を分かつものとして想定されるのかが、国民意識の性質に影響をおよぼす。

たとえば、一九一三年に制定されたドイツの国籍法である。同法は、同時期のフランス国籍法と異なり出生地主義の導入を徹底して排除した。血統主義に貫かれたこの国籍法成立の背景には、一九世紀末以降のプロイセン東部におけるポーランド人との民族的対立という現実と、ドイツの東部境界がユダヤ人やスラブ人の「西への衝動」によって侵害されるかもしれないという不安の広がりがあった(1)。こうして東部国境がドイツ人と他民族の分界線として位置づけられることにより、ドイツ国民は血統共同体として定義されたのである。

では統一国家がなかった一九世紀ドイツの場合はどうであろうか。統一国家が成立するまでの一九世紀ドイツにおいて、国民形成に圧倒的に重要な意義を有したのはフランスとの西部境界であった。西部境界の争点化によってドイツの国民意識は高揚し、一八七〇年のフランスとの戦争に際して発現したナショナリズムがドイツの最終的な国家統一を導いたのである。しかもこの西部境界は、北や南や東の境界に比べていち早くエスニックな観点からとらえられ始めた。民族と民族を分かつ境界線として国境が想定されたのである。

以下では、各境界の政治争点化がいかにドイツの国民形成に影響をおよぼしたのかを具体的に検討する。しかしその前に、統一国家成立以前の一九世紀のドイツとはどこをさすのか、すなわち領域としてのドイツについて理解しておく必要があるだろう。

一　領域としてのドイツ

まず、アルントの有名な「ドイツの祖国」(一八一三年)という詩の一節――ドイツ語が響き、天上の神が歌曲を歌うところすべて、それがドイツ人の祖国であるべき(So weit die deutsche Zunge klingt/Und Gott im Himmel Lieder singt,/Das soll es sein.)[2]――に表現されているように、ドイツを言語共同体としてとらえ、ドイツ語を母語とする人々の居住地としてドイツの領域を画定することはできるのだろうか。[3]

後述のように、アルントが言語を民族の核心にすえたことはたしかであるし、言語境界のもつ重要性も彼は認識していた。しかし彼は、言語共同体としてのドイツが明確な境界によって画された領域であるとは考えてはいなかった。そもそも言語境界は政治的境界や自然境界という他の種類の境界と重なって初めて、イギリスやフランスのような「統一体(Einheit)」を生み出す、というのがアルントの考えであった。そう考える彼の一九世紀初頭の時点での認識は、ドイツではそのような重なりはないというものであった。[4] したがって、「境界によって祖国は統一体としても存在するはずである」ものの、現実のドイツにはそうした「統一体」は存在しない。「ドイツを一度、イギリスやフランスの場合のようになりえたかもしれない、しかし実際にはそうならなかった統一体とみなしてみよう」という表現に示されるように、ドイツを明確な境界に画された領域から考えること自体が、彼にとっては仮想の実験であった。[5]

さらに、アルントが「ドイツ語が響き、天上の神が歌曲を歌うところすべて、それがドイツ人の祖国であるべき」と記した背景には、実在するドイツに対する彼の厳しい批判があった。彼にとって神聖ローマ帝国は、弱体な皇帝と「多数者支配（Vielherrschaft）」に象徴される堕落したドイツであったし、ドイツ連邦も、主導権争いによる内部分裂が絶えず、外国勢力からの分割統治にあう危険性をはらみながらその危険を克服する政治的権力が不在であるという無能な存在にほかならなかった。[6] 現存するドイツの国家的秩序が忠誠や共感の対象とはなりえないからこそ、アルントは祖国をドイツ語の言語共同体に託したのである。

もっとも、ドイツ語の分布状況と国家の領域を正確に一致させることは、そもそも現実には不可能である。そのような一致を実現しようとすれば、現存する諸国家の領域を蹂躙する暴力がともなわざるをえない。実際、「ドイツ人を、ドイツ語を話す人々と解するならば、一八七〇年から七一年にドイツ人を統合しようと考える者は、最も熱烈なナショナリストの中にさえ存在しなかった[7]」のである。

では、統一国家成立以前のドイツにおける国民的な一体性の代名詞ともいうべき「文化国民」はどうだろうか。「ドイツ人は、政治よりも文化においてより早くその一体性を見出した。長らくドイツ人は「文化国民」であることに満足し、その自己評価の感情は、ドイツがいまだ一つの国家になっていないからといって弱められることはなかった[8]」――こうした「文化国民」も、アルントの言語共同体の場合と同様、ドイツの領域を画することはないのだろうか。

「文化」の広がりも明確な輪郭をもちえない以上、それが国家の構成要素たるにふさわしい領域を画する機能を果たすことはなかろう。しかし、統一国家に先行して存在した「文化国民」という存在は、マイネッケ以来この概念が帯びた含意とは異なり、ドイツにおける国家のあり方とは無関係で非政治的なものである、とまで断言することはできないのではなかろうか。

マイネッケ自身、一六世紀以降にドイツで「国民」が語られる場合に念頭におかれたのは、「種族＝言語的統一体」という文化共同体と「帝国に所属する者の全体」という国家共同体であったという事実を指摘している[9]。統一国家成立以前の国民的一体感も、ある国家的秩序を前提にしていたとするこの注目すべき指摘（マイネッケ自身も興味深いと記している）は、しかしマイネッケによって展開されることはなかった。ドイツの国家統一に向けたプロイセンの政治的軍事的行動を、ドイツの国民的あるいは精神的観点から正統化するという側面に「文化国民」の意義を見出したマイネッケには、「文化国民」と政治や国家的秩序との関係の実態を具体的に解明することは関心の埒外であったからである。しかしながら、ヘルダー、ゲーテ、シラー、フィヒテ、フンボルトなどのドイツ像、すなわちマイネッケがそのような正統化に寄与した「文化国民」の事例としたドイツのイメージは、いずれも神聖ローマ帝国やドイツ連邦といった連邦主義的な国家的秩序に深い共感や愛着を寄せるものであった[10]。

たとえばゲーテである。一八二八年一〇月にゲーテは秘書エッカーマンに対して、ドイツ統一に対する強い希望と期待を語っている[11]。しかし、その統一は「大国らしい唯一の大規模な首都を持つこと」であるべきではないという。ゲーテはその理由を次のように説明する。国家を「たくさんの手足を持った生きた体」になぞらえれば、一国の首都はその心臓となる。そして心臓から個々の肢体への生命の流れがその体の営みを表す。しかし、心臓から離れた肢体には流れ来る生命が乏しくなる以上、体にとっては「一つの大中心地ではなく、十の中心地」があった方がよい、というのである。「ドイツが偉大であるのは、驚くべき国民文化が国のあらゆる場所に均等に行きわたっている」点にあり、まさにその国民文化の繁栄を支えているのが、各地に分散する国家なのである、とゲーテは語った。「国民文化の発祥地で、その担い手となり、育ての親となるのは、各王侯の城下ではないか。――もしも、数世紀来ドイツに二つの首都、ヴィーンとベルリン、あるいはただ一つの首都しかなかったとすれば、いったいドイツ文化はどうなっているか、お目にかかりたいものだ。いや、それればかりか、文化に伴って隅々に拡がっている富の状態はどうなっていることだろう」。ゲーテによれば、ドイツの文化共同体は、多中心的すなわち連邦主義的な国家的秩序に支えられているのである。

あるいはフンボルトである。彼は一八一三年にプロイセン政府のシュタインに宛てたドイツの将来の国家像をめぐる覚書の中で、ドイツに文化共同体としての一体感があることを次のように指摘する――「ドイツが一つの全体的なまとまりであるという感情はドイツ人の胸中から消え去ることはない。それは単に共通の倫理や言語、文学のみならず……、ともに享受されてきた法と自由を、そしてともに勝ちとった名声と克服した危機を想起し、さらには、父祖たちを結びつけ、後裔によるその追慕の中にのみ生きる緊密な絆に思いをはせること、そうしたことにその感情は基づいている[12]」。このような文化共同体は、ドイツ固有の政治的枠組みと不可分であるというのがフンボルトの見解である。「国民には、個人と同じく、どのような政治によっても変えることのできないそれぞれの流儀というものがある。ドイツの流儀とは、国家連合（Staatenverein）であるということであり、フランスやスペインのように多を融合して一になったり、イタリアのように諸国家がばらばらに存在したりすることではないのである[13]」。

こうした見方は、一八一五年にドイツ連邦が誕生した後もそのまま維持された。ドイツ連邦という国家連合が、「数多くの大小さまざまな君主国を含むドイツを、安寧が保たれ、相互不信を無縁で無益なものとし、もっともな疑惑を招いた国に対しては釈明を求める正当な可能性が設けられているような形にまとめ上げる唯一の政治的な形態[14]」であることに変わりはない。しかもドイツ連邦は、独立した国家間の同盟条約ではなく、その結束の点で連邦国家と比べても遜色がないという。ドイツ連邦は「実際には連邦国家そのものの特性を有している。なぜならそれは、同族的結合と言語によって明らかに一体性を形成し、かつてドイツ帝国では実際に結合していた諸国を結びつけ、ある一つの全体的秩序へと導いているからである[15]」。フンボルトはこうしたドイツ連邦の発展可能性に期待を抱いたのである[16]。

このように、一九世紀の初頭から前半において文化共同体としてドイツを思い描くことは、先のアルントの場合とは異なって、必ずしも実在する国家的秩序からの離反や批判を前提としていたわけではない。文化共同体としてのドイツにも擁護すべき国家的秩序があり、その枠組みを尊重しながらドイツの国民的一体感を強めることへの期待は高かったのである。その際、言語や文化ではなく、ドイツ連邦という国家的秩序の境界がドイツの領域を画したのである。つまり、ドイツの領域とは、少なくとも一九世紀半ばまでは、ドイツ連邦のそれをさすのがごく自然なことであった。

一八四八年革命の中で開催されたフランクフルト国民議会が、ドイツの領域的範囲について明確な解答を与えることができたのは右のような事情による。国民議会から憲法草案の作成を委託された「一七人委員会」の案も、その挫折後に草案作成の任にあたった国民議会憲法委員会の案も、統一国家の領域的基礎はドイツ連邦のそれであるとしていた。[17]「一八四八年初夏の時点で国民議会の圧倒的多数は、ドイツ連邦の伝統的な領域を建設すべき国民国家の外郭の基礎とみなしていた」[18]のであり、一八四八年一〇月末に国民議会は圧倒的多数をもってドイツ連邦の領域を新国家の領域とすることに賛意を示したのである。そして一八四九年三月に成立したフランクフルト憲法第一条によれば、「ドイツ・ライヒは、従来のドイツ連邦の領域から構成される」。

二　境界の政治争点化と国民形成

こうしたドイツ連邦の境界[19]と国民形成との関係には、四方の境界ごとに異なる様相が現れた。異なる様相とは、境界が注目され、境界が政治争点化されることによって、ドイツの国民意識の高揚がもたらされた西部および北部の境界と、その争点化がドイツ連邦の構成国、とりわけオーストリアの分割という問題を惹起するために、ドイツの国民意識の発揚にはつながりにくかった東部および南部の境界という違いである。

ドイツ連邦の境界は、一八〇六年に消滅した神聖ローマ帝国の境界をほぼそのまま踏襲したものであり、その神聖ローマ帝国においては、東部と南部の境界が西部と北部の境界に比べて流動的で、なかなか安定しなかったという歴史的経緯があった[20]。一六世紀以降、領域国家の発展とともにプロイセンとオーストリアは自国の利益を優先し、獲得した領土を帝国に帰属させなくなった結果[21]、両国は神聖ローマ帝国の境界をはるかに東に越えて広大な自国の領域を有するようになった。たとえば、一八世紀のポーランド分割は、帝国の政治的世論が驚きをもって迎えたほどその乖離を大きく増幅した[22]。東部ほどではないにせよ、南部境界の場合にもそうした乖離はあった。歴史的に南部は、狭義の神聖ローマ帝国（神聖ローマ帝国のドイツ部分としての「ドイツ国民の神聖ローマ帝国」）と一時はイタリア南部にまでおよんだ広義の神聖ローマ帝国とのずれが最も大きかった地域であった[23]。このような帝国の境界と構成国の国境との不一致はドイツ連邦にそのまま持ち越され、一九世紀においてプロイセンはドイツ連邦の東部境界をはるかに東に越えて自国の領域を、オーストリアはドイツ連邦の東部境界と南部境界を大きく越えてドイツ連邦に属さない領域を保有したのである。

このような不一致が顕著に存在するドイツ連邦の東部境界と南部境界の争点化は、同様のずれがほとんどない西部と北部の場合と異なり、ドイツの国民意識を高めるのではなく、オーストリアやプロイセンの支配領域の分断、とくに多民族帝国たるオーストリアの分割に直結する重大な政治的問題を生ぜしめるおそれがあった。

そうした問題を東部境界がはらむことを端的に示したのが、一八四九年三月に成立したフランクフルト憲法をめぐる論議の場面であった。

先に、ドイツではさまざまな種類の境界が併走しているために領域的な「統一体」が成立しえないとのアルントの指摘についてふれた。そのアルントにとって例外をなしたのが東部境界であった。東部ではさまざまな境界が「幸運にも」一致していたからである[24]。すなわち東部では、ドイツ連邦の東部境界という政治的境界が、同時に、「ダルマチア人、クロアチア人、ハンガリー人、ポーランド人」とドイツ人との民族的境界[25]をもなしていたのである。

フランクフルト憲法の審議に際して国民議会の多数派は、この境界線を明確にすることで、より民族的同質性の高い国民国家を建設することを望んだ[26]。すなわち憲法に、「ドイツ・ライヒはそのいかなる部分も、非ドイツ地域と結合して国家をなしてはならない」、「ドイツの国家が非ドイツ国家と同一の国家元首をもつ場合は両国の関係は純粋な同君連合の原則にしたがって整えられるべきである」と明記することを想定していた（一八四九年三月末の成案では「あるドイツ地域がある非ドイツ地域と同一の国家元首を有する場合、そのドイツ地域はその非ドイツ地域とは別に独自の憲法、政府、行政をもつべきである」という第二条の規定となった）。ドイツの東部境界を民族性の基準をもって画そうとしたのである。

しかし、このような東部境界の明確化の試みがドイツの国民的一体感をもたらすことはなかった。なぜならそれは多民族帝国たるオーストリアの強い反発を招いたからであった。革命への反動が強まる中で、オーストリア政府からはオーストリアの不可分性が強調され、それを前提としたドイツとオーストリアを包含する「七千万人帝国」構想さえ打ち出されるようになっていたのである[27]。こうした状況の下で、オーストリアのシュメルリンクに代わり一八四八年一二月に臨時政府首班となったガーゲルンが打ち出した二重連邦構想は、オーストリア抜きの小ドイツ的な連邦国家とそのオーストリアとの国家連合という、国民国家を実現すると同時に、ドイツからのオーストリア排除を固定化させないための妥協の試みであった。

このガーゲルンの方針は辛うじて議会の過半数からの支持を獲得していた。しかしオーストリア政府はこれを、オーストリアはドイツの一部であるという理由で拒否したばかりか、一八四九年三月初めには、新たな欽定憲法の下でオーストリアの不可分性をさらに強調し、統一国家への参加を拒絶したのである[28]。こうしたオーストリア政府の頑迷な態度は、ドイツ連邦の領域を基礎とする統一国家の建設を不可能にし、小ドイツ的なドイツを容認させる効果をもった。さらに領域問題と並んで争点となっていた国家元首問題において、プロイセン世襲皇帝への支持を高める役割も果たした。

このような経緯により、フランクフルト憲法は、「ドイツ・ライヒは、従来のドイツ連邦の領域から構成される」

と定めながら、事実上、オーストリアをドイツから排除し、プロイセン国王を世襲皇帝とするものになったのである。[29]ただしこれは、一八六〇年代に広がったような小ドイツ的なドイツ像が成就したのではなく、正確には「全オーストリア（Gesamtösterreich）」の方針が貫かれたと評すべきものであった。ドイツ連邦の東部境界の明確化の試みは、ドイツの国民的一体感を高めるどころか、オーストリアの反発を招き、ドイツの国家的秩序をめぐる政治的対立を生じさせる効果をもっていたのである。

南部境界の場合にも東部境界と同様の問題が存在していた。ドイツ連邦の領域を越えてオーストリアのイタリア支配地（ロンバルディーア＝ヴェネト王国）が広がっていた。後述するように、この境界地帯で一八五九年にオーストリアとイタリアのサルデーニャ王国との間で戦争が始まった際、ドイツ側に生じたのは、その国民的な結束やナショナリズムの高揚以上に、ドイツの国家的秩序のあり方の見直しの論議であった（本章第三節一参照）。

では、フランスとの西部境界[30]はどうであろうか。

すでに一八世紀後半に現れていたフランスに対する文化的な敵対感情は、ナポレオンに対する解放戦争において、フランスに対する決定的な憎悪となっていた。その際に指導的理念として機能したアルント[31]の『国民的憎悪』（一八一三年）によれば、フランス人に対する憎悪の感情は、ドイツ人にとって、「ドイツ人の栄光と没落が映し出されるくっきりとした鏡のようなもの[32]」であったという。すなわち、フランス人に対する憎悪は、それが強まれば強まるほど、よりはっきりとしたドイツの国民意識を形作るものなのであった。

もちろん他国民への敵対心の核に、必ずしも両者の間の境界をめぐる対立があるわけではない。しかし、たとえばアルントにおいてフランスに向けられた憎悪の感情は、国民意識の核心に言語を位置づけ[33]、「有効な自然国境は言語だけである」「言語こそが諸国民間の境界にふさわしい[34]」との信念を媒介として、ドイツとフランスとの境界線を明確化し、ドイツとフランスの領域を峻別するような働きをした。すなわち、ライン川を自然国境としてきたフランス[35]

に対して、「ラインはドイツの川であって、ドイツの境界ではない」ことが強調されたのである。これは、「ライン川の両岸とその周辺の地はかつてそうであったようにドイツのものでなければならず、盗まれた土地と人間は祖国に奪還されなければならない[36]」ということを意味する主張であった。

アルントにとってライン川流域の西部国境地域は、他の国家の所有を許してはならないドイツの核心地域であった。すなわち、「フランスがライン川を支配するということは、わが民族の中核を支配し、われわれの最も固有で深い生に攻撃を仕掛け、われわれの存在の根源を破壊しているということである。かりにフランスがわれわれから奪った地を保持したとしても、それが東部であるならば、おそらく期待はできないが想定はされうるような事情次第で、ドイツはしばらくの間は力をもつことができるかもしれない。しかしライン川がフランスの支配のままであるならば、当面はドイツ国民としてドイツが力をもつことがないのは間違いなく、ドイツはその間、ドイツ国民であり続けることはまずないであろう[37]」。

西部境界の争点化がドイツの国民的一体感を高めるという現象は、一九世紀初めに限定されない。それはたとえば、一八四〇年に発生したライン危機でも生じた。ライン危機とは、一八三九年以降のエジプトとトルコの戦争をめぐる国際政治において外交的敗北を喫したフランスが、ウィーン体制の修正、とりわけライン川を自然国境としてその左岸の領有を求めたことに端を発する、フランスとドイツの間の対立である[38]。それは、ベッカーの「ドイツのライン」やシュネッケンブルガーの「ラインの守り」に代表される「ライン歌謡運動（Rheinliedbewegung）」の展開（一八四〇年と翌年に『非政治的歌曲』を刊行して広く読まれていたファラースレーベンは、一八四一年八月に、後にドイツ国歌となる「ドイツ人の歌」を作った[39]）、ケルンの大聖堂といった国民的建造物の建設、さらにさまざまな祝祭・式典の開催など、ドイツにおけるナショナリズムの発露の歴史的画期となった。

その中で、ライン川をドイツの国民形成の決定的な要因として位置づけたのが、一八四一年にフェネダイが著した『ライン川』であった。フェネダイは、「ドイツの歴史、すなわちドイツ国民が時代の経過の中で成し遂げてきた偉業はすべて、この川の両岸と結びついている」し、「ドイツ人の周りには、ゆりかごから墓場まで、ライン川の両岸がはぐくんできた精神が漂っている」と記して、ライン川がドイツの歴史と精神の源流であること、さらに「ドイツとライン川」は同義であり、ライン川はドイツのシンボルであることを強調した[40]。そのうえで彼は、ライン川という言葉がもつ、ほとんど魔法のような働きを指摘している。すなわち、「ライン川？　という魔法の言葉の下では、ドイツ人の間に部族の違いがなくなり、またあってはならないのと同じように、党派の対立も消滅した。あのドイツの川が脅かされれば、カトリックは教皇のことを、プロテスタントは彼らの監督のことを忘れたように、絶対王政派は彼らが立憲派や共和派の敵であることを忘れ、共和派は絶対王政派に泰然として握手の手を差し出した。祖国を救うことが必要だからであった[41]」。しかも、「ライン川とは、かつて一つのドイツを築き、いつの日かそれを築くことになる、そういう魔法の言葉である」。西部境界が将来においてもドイツの国民的一体感を生み出し続けることをフェネダイは力説したのである。

同時期に「西部国境問題」という論説を著したメンツェルも、フェネダイと同じように、「民族的な観点をとり、国民間の自然国境を言語とすれば、左右両岸の全ライン地域がわれわれのものとなる。なぜならライン川の全流域では一四世紀からドイツ語が話されているからである。したがって、フランスがわれわれにライン左岸を要求するのではなく、われわれがフランスにエルザスとロートリンゲンを求めるのが本来なのである」（さらに「歴史的な法の観点をとれば、フランスが一三世紀以降にその東部境界において獲得してきたものはすべてドイツからの強奪であることとなり、ドイツの領域は言語境界を越えることになる）と主張する[42]。

しかし、ドイツは常にその境界問題に関心を払ってきたわけではない。メンツェルによれば、屈辱的なナポレオン支配が終わってからというもの、「不幸なことに内部の問題にかまけてわれわれは外部の問題を忘れてきた。ドイツがその内部をどのように構成するべきなのかという論争のために、はるかに重要な境界問題から関心が逸らされてしまったのである[43]」という。そのような反省からメンツェルは、今後は境界問題こそ注視されなければならない、境界問題はドイツの内部の政治体制の如何を越えたより重大な問題なのである、と主張した。すなわち、「新たに設立されたドイツ連邦の内部の政治的秩序がどうであるかを問わず、フランスを弱体化させること、少なくともフランスがシュトラスブルクとドイツ語地域をもたないことが、全ドイツ国家の利益になることは疑いのないことである。この境界問題との関連では、ドイツ国家の関係が内部でどう構築されるべきかということはどうでもいいことである。ドイツが帝国であれ多数の国家の連合であれ、その統治形態が絶対君主制であれ立憲制であれ、常に西側の隣国の襲撃からの安全を確保しようとつとめ、かなり頻繁に脅かされてきた西部境界を最高度に固めなければならないのである」[44]。そして実際、一八四〇年のライン危機において、国民の一体感が現出したのであった。メンツェルは述べる。「今や初めて国民が、力強い勇敢さの中で復讐に燃えながら、さまざまな形でその荒々しさを目の当たりにしてきた自然のように立ち上がった[45]」のである、と。

メンツェルはこの「西部境界問題」を、一八六八年の『われわれの境界』という自著の一部としてほぼそのまま組み込んだ。そこで彼は、「三〇〇年来にわたってわれわれは、他のどの側からよりも西側から、しかもほぼ絶えることのない脅威を受けてきたのである。それゆえにまずは、西へと目を向けなければならない」と記したのである[46]。これは、ドイツの国民的一体性の醸成にとって、西部境界がもつ歴史的な特権性を指摘したものであった。

ただし、先にもふれたように、こうした特権性があったからといって、ドイツにおいてフランスとの境界の修正を求める動きが常に存在していたわけではない。たしかにドイツとフランスの間に軍事的衝突を含む厳しい対立が生じた場合に、ライン川の帰属が問題となる（ドイツ側からみればエルザスとロートリンゲンを「奪還」する）ことは多くの論者が想定していた[47]。しかし、ヨーロッパ国際政治の権力関係を考慮すれば、その「奪還」のためにフランスとの戦争を積極的に望む者は多くなく、フランスとの関係を悪化させないために「奪還」の要求は顕在化させない方が得策であるとの考え方が強かったのである。

実際、一八七〇年夏に両国間の戦争が勃発する直前まで、次のような認識が支配的であった。「フランス人が変わらぬずうずうしさでラインの境界について語ってきたとするならば、われわれの側では、エルザスとドイツ語地域のロートリンゲンに対してわれわれが正当な権利を有するということを素直に想起するのは、このうえなく軽はずみな行いであった[48]」。あるいは、「ドイツの政治家は、エルザスの奪還を考えようとすれば、ごく最近までは自国民からも空想家と思われてきた」ばかりでなく、「われわれドイツ人は、長い間、政治的諦念の大家（Meister der politischen Resignation）なのであった[49]」。このように、エルザスとロートリンゲンは長らく歴史的記憶の中の存在であり、その実際の領有は必ずしも恒常的な政治的要求ではなかったのである。

では最後に、北部境界はどうだろうか。

国家統一までの一九世紀ドイツにおいて、一八四八年から一八五一年に戦争を引き起こすまでの強い緊張関係にあったのが、シュレースヴィヒ・ホルシュタインをはさんでデンマークと対峙する北部境界であった。

シュレースヴィヒは北部のデンマーク語地域と南部のデンマーク語・ドイツ語の混在地域からなる一方、ホルシュタインはほぼ同質的なドイツ語地域であって、シュレースヴィヒとホルシュタインとは文化的には異質の地域である。ホルシュタインの貴族のシュレースヴィヒへの移住など、中世以来の長期にわたる歴史的経過の中で両地域は、ドイツ語の影響が強まりながら一体化する一方、一五世紀以降はデンマーク王家とのより密接な結合関係を結ぶようになっていた。一八一五年に成立したドイツ連邦にはホルシュタインのみが加わったものの、デンマークはホルシュタイン公爵としてドイツ連邦の構成国となっていた。

シュレースヴィヒとホルシュタインをめぐっては、諸家による相続争いとヨーロッパ国際政治の利害対立のために、古くからさまざまな紛争があった。ただし再びアルントを例にとれば、一九世紀初頭の北部境界はほとんど彼の関心の対象外であり、北部境界は西部境界ほど早くから政治争点化していたわけではない。ドイツにとってデンマークは「不倶戴天の敵」ではなかったうえ、「北部ではバルト海とアイダー川がドイツ人をそのスカンディナヴィアの兄弟たちから切り離している」[50]と位置づけられたように、ドイツ連邦の構成国であるホルシュタインの北辺であるアイダー川が、政治的かつ自然境界として安定していたからである。しかし、先に戦火を交えた対立に発展したのは、この北部境界であった。

北部境界を厳しい対決の焦点としたのは、シュレースヴィヒ・ホルシュタインという伝統的な係争の地を、一八四〇年代以降にドイツとデンマークのナショナリズムが覆い始めたことであった[51]。デンマークのナショナリズム運動は、シュレースヴィヒの南部境界を走るアイダー川をドイツとの国境とみなし（「アイダー・デンマーク」）、ドイツ側のそれは、両公国を一体のままドイツに編入することを求めていた。そして一九世紀前半のデンマークでは、シュレースヴィヒのデンマーク本国との一体性を強めることを企図するさまざまな政策が講じられた。こうした動きに反発し、さらに一八四〇年のライン危機の際に立ち上がった反フランス感情が火をつける形で[52]、シュレースヴィヒ・ホルシュタインのドイツ人の間に反デンマーク感情が燃え盛ることになったのである。それは、「西ドイツでフランスのもくろみに対抗しているのとまったく同様、周知のごとく北シュレースヴィヒではデンマーク人に反発する声が上がっている」[53]と評された通りであった。その際、デンマーク人に反発するシュレースヴィヒ・ホルシュタインのドイツ人は、二つの公国が「永遠に不可分である」なものとしてドイツ側に帰属することを求めていた。

「永遠に不可分である（up ewich ungedelt）」というこの言葉は、反ナポレオンの国民的気運が高まる一九世紀初頭に、シュレースヴィヒ・ホルシュタインにおける立憲主義・自由主義の確立とそのドイツとの一体化を求めたキール大学教授の歴史家ダールマンが唱えていたものであり、シュレースヴィヒの北辺であるケーニヒスアウ川までの地をドイツとすることをその内容としていた[54]。その後、一八四〇年代半ば以降にこのスローガンは、シュレースヴィヒ・ホルシュタインにおける自由主義とナショナリズムのシンボルとして、人口に膾炙するようになってゆく[55]。そしてそれは、シュレースヴィヒ・ホルシュタイン問題がドイツの政治的展開と連関をもつことで、ドイツ連邦の構成国にも支持者を見出し、「北部境界をめぐるドイツのナショナルな戦いにおける鬨の声」[56]になっていったのである。

ヨーロッパに革命の波が広がった一八四八年三月、デンマークはシュレースヴィヒの併合を宣言した。これに対し、両公国からの支援要請を受けたプロイセンを中心とする北ドイツ諸国の軍が同地域を越えて、デンマーク領に進攻したことで、両者の間に軍事的衝突が生じた。しかし、ヨーロッパ列強の介入とデンマークの海上封鎖の圧力の中で締結されたマルメー休戦条約は、プロイセンのユトラント半島からの撤退を求める、プロイセンにとって屈辱的な内容をもつものであった。そのうえ、プロイセンは独断で休戦条約を締結したため、ドイツ国内からはプロイセンに対する強い反発が生じてもいた。その後、再度の戦火と休戦を経て、一八五二年一月に、ドイツ連邦、オーストリア、プロイセンとデンマークは、シュレースヴィヒとホルシュタインの統治をデンマークに委ねるための条件に合意した。それは、デンマークがシュレースヴィヒを併合しない代わりに、両公国との間の同君連合の形でデンマークの一体性を堅持するというものであった[57]。最終的にドイツとデンマークの争いの終結は、この合意を基礎とし、地域の国際的安定を最大の関心とする第二次ロンドン議定書（一八五二年五月）の形をとって、ロシア、オーストリア、イギリス、フランス、プロイセン、スウェーデンによって国際的に承認された。

ヨーロッパの大国の国際政治上の利害から現状維持に終わったこの戦争は、ドイツ側にシュレースヴィヒ・ホルシュタインの兄弟への裏切りというトラウマの感情を残すこととなった。マルメー休戦条約を念頭においた当時のある詩の一節にこの感情が次のように表現されている。「汝シュレースヴィヒ・ホルシュタイン、ドイツの国境地帯にして見殺しにされたかけがえのない祖国よ、汝に強い剣が与えられることを、男子がそれを強く握ることを祈る。もはや条約に耳を傾けることはない、たとえ全ドイツが沈黙していようとも[58]」。この詩が訴えかけるように、シュレースヴィヒ・ホルシュタインをめぐる紛争は、ドイツの「名誉」にかけて解決しなければならないものと位置づけられるようになった[59]。北部境界は、ドイツ全体に関わるナショナルな争点としてその重みを増したのである。西部境界に比べて北部境界を平穏なものとみなした先のアルントも、一八五〇年には「シュレースヴィヒ・ホルシュタインは、現在のところ、最大のドイツ問題である[60]」と認識するようになっていたのである。

このように北部境界は、西部境界と同じく、ドイツの国民意識の形成に大きな役割を果たし始めていた。ただし、言語を国民意識の中核と考えたアルントにとっても、ドイツとデンマークとの境界は、言語線すなわちシュレーズヴィッヒの内部を走るものではなかった。彼にとって、そしてドイツの統一運動にとっても、シュレースヴィヒ・ホルシュタインは「永遠に不可分である」ことが譲れぬ一線であった。シュレースヴィヒの分割はありえず、その全体がドイツに帰属するべきものであった。すなわちドイツとデンマークとの境界を定める基準は、言語ではなく、国家という統治機構が伝統的に支配してきた領域なのであった。

（1）ロジャース・ブルーベイカー（佐藤成基／佐々木てる訳）『フランスとドイツの国籍とネーション――国籍形成の比較歴史社会学』（明石書店、二〇〇五年）、二一九頁。

（2）Ernst Moritz Arndt, „Des deutschen Vaterland", in: August Leffson（Hrsg.）, Arndts Werke. Erster Teil（Gedichte）, Deutsches Verlagshaus Bong & Co., Berlin/Leipzig/Wien/Stuttgart, o. J., S. 126-127.

（3）このアルントの有名な詩の一句は、一八六〇年代には、言語共同体としてではなく、オーストリア中心のドイツである大ドイツをさす言葉としてしばしば用いられることになる。

（4）Ders., Germanien und Europa, J. F. Hammerich, Altona 1803, S. 410-411.

（5）Ebd., S. 410.

（6）Ders., „Deutschland", in: Wilhelm Steffens（Hrsg.）, Arndts Werke. Neunter Teil（Geist der Zeit IV）, Deutsches Verlagshaus Bong & Co., Berlin/Leipzig/Wien/Stuttgart, o. J., S. 26-27.「多数者支配」と小国による特殊地域主義を厳しく批判したアルントを、単一国家論者のトライチュケは高く評価する。この点について、Wolf D. Gruner, „Ernst Moritz Arndt—die nationale Frage der Deutschen und ihre Instrumentalisierung für die historische Legitimierung des preußisch-kleindeutschen Kaiserreiches", in: Walter Erhart/Arne Koch（Hrsg.）, Ernst Moritz Arndt（1769-1860）. Deutscher Nationalismus—Europa—Transatlantische Perspektiven, Max Niemeyer Verlag, Tübingen 2007, S. 60.

（7） John Breuilly, The Formation of the First German Nation-State, 1800–1871, Macmillan Press, Basingstoke 1996, p. 102.

（8） Wolf Lepenies, Kultur und Politik. Deutsche Geschichte, S. Fischer Verlag, Frankfurt am Main 2008, S. 53.

（9） Friedrich Meinecke, Weltbürgertum und Nationalstaat, S. 23.

（10） 具体的な分析の事例は、Georg Schmidt, „Friedrich Meineckes Kulturnation. Zum historischen Kontext nationaler Ideen in Weimar—Jena um 1800“, S. 597–621.

（11） 引用は、エッカーマン（山下肇訳）『ゲーテとの対話』（下）（岩波文庫、一九六九年）、二三五—二三六頁。

（12） Wilhelm von Humboldt, Denkschrift über die deutsche Verfassung an den Freiherrn von Stein vom Dezember 1813, in: Andreas Flitner/Klaus Giel（Hrsg.）, Wilhelm von Humboldt. Schriften zur Politik und zum Bildungswesen, Wissenschaftliche Buchgesellschaft, Darmstadt 2002（6. Auflage）, S. 304.

（13） Ebd., S. 308–309.

（14） Ders., Ueber die Behandlung der Angelegenheiten des Deutschen Bundes durch Preussen（1816）, in: Andreas Flitner/Klaus Giel（Hrsg.）, a. a. O., S. 353.

（15） Ebd., S. 371. ドイツ連邦には連邦国家に匹敵するような一体性が期待されることについてはさらに、Ebd., S. 375.

（16） フンボルトは、「法を確保し恣意を排することを目指すあらゆる内部機構を念頭に、連邦規約の改善と拡充をすること」こそが、「ドイツ連邦へのプロイセン使節がまず念頭におかなければならないことである」ことを強調した。Ebd., S. 355. これは、一八五〇年代にプロイセンのドイツ連邦使節を務めたビスマルクが、ドイツ連邦に対して示した敵意とは対照的なプロイセンのドイツ連邦観である。

（17） Ernst Rudolf Huber, Deutsche Verfassungsgeschichte seit 1789. Bd. II: Der Kampf um Einheit und Freiheit 1830 bis 1850, W. Kohlhammer Verlag, Stuttgart/Berlin/Köln/Mainz 1988（Dritte wesentlich überarbeitete Auflage）, S. 768 und 796–797.

（18） Wolfram Siemann, Die deutsche Revolution von 1848/49, Suhrkamp, Frankfurt am Main 1985, S. 148.

（19） ドイツの境界についての代表的な歴史研究は、Alexander Demandt（Hrsg.）, Deutschlands Grenzen in der Geschichte, C. H. Beck’sche Verlagsbuchhandlung, München 1993（3. Auflage）. より近年の包括的研究として、Daniel-Erasmus Khan, Die deutschen Staatsgrenzen, Mohr Siebeck, Tübingen 2004.

(20) Alexander Demandt, „Die Grenzen in der Geschichte Deutschlands“, in: Ders. (Hrsg.), a. a. O., S. 22–26.

(21) Hermann Aubin, „Die Ostgrenze des alten deutschen Reiches. Entstehung und staatsrechtlicher Charakter“, *Historische Vierteljahrschrift* 28 (1934), S. 225–272.

(22) Klaus Zernack, „Deutschlands Ostgrenze“, in: Alexander Demnandt (Hrsg.), a. a. O., S. 152.

(23) Otto Brunner, „Die Südgrenze des alten deutschen Reiches und des Deutschen Bundes zwischen Ortler und Quarnero“, in: Gesamtdeutsche Vergangenheit. Festgabe für Heinrich Ritter von Srbik zum 60. Geburtstag am 10. November 1938, F. Bruckmann Verlag, München 1938, S. 1–13.

(24) Ernst Moritz Arndt, Germanien und Europa, S. 411.

(25) Ders., „Der Rhein Teutschlands Strom, aber nicht Teutschlands Grenze“, in: Wilhelm Steffens (Hrsg.), Arndts Werke. Elfter Teil (kleine Schriften II), Deutsches Verlagshaus Bong & Co., Berlin/Leipzig/Wien/Stuttgart, o. J., S. 58.

(26) Manfred Botzenhart, „Die Österreichische Frage in der Deutschen Nationalversammlung 1848/49“, in: Michael Gehler/Rainer F. Schmidt/Harm-Hinrich Brandt/Rolf Steininger (Hrsg.), Ungleiche Partner? Österreich und Deutschland in ihrer gegenseitigen Wahrnehmung. Historische Analysen und Vergleiche aus dem 19. und 20. Jahrhundert, Franz Steiner Verlag, Stuttgart 1996, S. 118.

(27) Ernst Rudolf Huber, Deutsche Verfassungsgeschichte seit 1789. Bd. II., S. 797–798.

(28) Ebd, S. 814.

(29) Ebd, S. 816.

(30) ドイツのナショナリズム・国民意識の形成にとって、西部国境（地帯）がもつ意味と機能を分析した研究として、Thomas Müller, Imaginierter Westen. Das Konzept des »deutschen Westraums« im völkischen Diskurs zwischen Politischer Romantik und Nationalsozialismus, transcript Verlag, Bielefeld 2009.

(31) ナショナリズムとの関連でアルントについて研究した近年の文献として、Wiebke Otte, Arndt und ein Europa der

Feinde? Europagedanke und Nationalismus in den Schriften Ernst Moritz Arndts, Tectum Verlag, Marburg 2007; Walter Erhart/Arne Koch (Hrsg.), a. a. O.

(32) Ernst Moritz Arndt, Ueber Volkshaß und über den Gebrauch einer fremden Sprache, S. 16.

(33) ドイツにおける言語とナショナリズム・国民意識の形成との関係を広範に研究した著作として、Anja Stukenbrock, Sprachnationalismus. Sprachreflexion als Medium kollektiver Identitätsstiftung in Deutschland (1617–1945), Walter de Gruzter, Berlin/New Zork 2005.

(34) Ernst Moritz Arndt, „Der Rhein Teutschlands Strom, aber nicht Teutschlands Grenze“, S. 41–42.

(35) Peter Sahlins, “Natural Frontiers Revisited: France’s Boundaries since the Seventeenth Century”, *American Historical Review* 95 (1990), pp. 1423–1451.

(36) Ernst Moritz Arndt, „Der Rhein Teutschlands Strom, aber nicht Teutschlands Grenze“, S. 44.

(37) Ebd., S. 71.

(38) ライン危機についての最も詳細な研究は、Irmline Veit-Brause, Die deutsch-französische Krise von 1840. Studien zur deutschen Einheitsbewegung, PhD thesis, Köln 1967. より新しい研究では、Wolf D. Gruner, „Der deutsche Bund, die deutschen Verfassungsstaaten und die Rheinkrise von 1840. Überlegungen zur deutschen Dimension einer europäischen Krise“, *Zeitschrift für Bayerische Landesgeschichte* 53 (1990), S. 51–78; Robert B. Billinger Jr., “They sing the best songs badly: Metternich, Frederic William IV, and the German Confederation during the war scare of 1840–41”, in: Helmut Rumpler (Hrsg.), Deutscher Bund und deutsche Frage 1815–1866. Europäische Ordnung, deutsche Politik und gesellschaftlicher Wandel im Zeitalter der bürgerlich-nationalen Emanzipation, Verlag für Geschichte und Politik, Wien 1990/R. Oldenbourg Verlag, München 1990, S. 94–113.

(39) 「ドイツ人の歌」の大ドイツ的性格については、Jost Hermand, “On the History of the “Deutschlandlied””, in: Celia Applegate/Pamela Potter (eds.), Music and German National Identity, The University of Chicago Press, Chicago/London 2002, pp. 253–255. ファラースレーベンの生涯については、Irina Lucke-Kaminiarz/Hans Lucke, Hoffmann von Fallersleben.

Alles Schöne lebt in Tönen, weimarer taschenbuch verlag, Weimar 2006.

(40) Jacob Venedey, Der Rhein, Belle-Vue, Constanz 1841, S. 4, 5, und 12.

(41) Ebd., S. 12-13.

(42) Wolfgang Menzel, „Die westliche Grenzfrage", *Deutsche Vierteljahrsschrift* 1841-Heft 2, S. 68.

(43) Ebd., S. 63.

(44) Ebd.

(45) Ebd., S. 61.

(46) Ders., Unsere Grenzen, Verlag von A. Kröner, Stuttgart/Leipzig 1868 (Adamant Media Corporation 2006), S. 9.

(47) Hans Fenske, „Das Elsaß in der deutschen öffentlichen Meinung von 1820 bis 1866", *Zeitschrift für die Geschichte des Oberrheins* 119 (1971), S. 233-280; Ders., „Eine westliche Grenzfrage? Das Rheinland, Elsass und Lothringen in der deutschen öffentlichen Meinung 1851 bis 1866", in: Raymond Poidevin/Heinz-Otto Sieburg (éd.), Aspects des relations franco-allemandes à l'époque du Second Empire 1852-1866, Metz 1982, S. 137-160.

(48) Berthold Auerbach, Wieder unser. Gedenkblätter zur Geschichte dieser Tage, Verlag von F. G. Cotta'schen Buchhandlung, Stuttgart 1871, S. 51.

(49) Adolph Wagner, Elsass und Lothringen und ihre Wiedergewinnung für Deutschland, Verlag von Duncker & Humblot, Leipzig 1870, S. 6.

(50) Ernst Moritz Arndt, „Der Rhein Teutschlands Strom, aber nicht Teutschlands Grenze", S. 58.

(51) 一八六四年の戦争に至るシュレースヴィヒ・ホルシュタインをめぐるドイツとデンマークの対立を、一九世紀における二つの国家連合・多民族国家、すなわちドイツ連邦とデンマーク「統一連合国家(Helstat)」が相互に影響しあいながら国民国家へと変貌してゆく過程で生じた境界紛争として位置づけた論文に、Alexander Scharff, „Vom übernationalen zum nationalen Staat. Ursachen und Bedeutung des deutsch-dänischen Konflikts von 1864", in: Ders., Schleswig-Holstein in der deutschen und nordeuropäischen Geschichte. Gesammelte Aufsätze, Ernst Klett Verlag, Stuttgart 1969, S. 218-235. シュレー

スヴィヒ・ホルシュタインをめぐるドイツとデンマークの対立および両者におけるナショナリズムの発展についての数多い文献の中でも、この論文を初めとする同書所収の諸論文はとりわけ有益である。

（52）Hans Schultz Hansen, „Demokratie oder Nationalismus—Politische Geschichte Schleswig-Holsteins 1830–1918", in: Ulrich Lange (Hrsg.), Geschichte Schleswig-Holsteins. Von den Anfängen bis zur Gegenwart, Wachholtz Verlag, Neumünster 2003 (2. Auflage), S. 436.

（53）ハーダースレーベンのLyna紙（一八四一年五月二日号）の記事の一節である。Rudolf Bülck, Up ewig ungedeelt. Entstehungsgeschichte eines politischen Schlagworts, Verlag von Walther G. Mühlau, Kiel 1928, S. 18.

（54）ダールマンは、シュレースヴィヒ・ホルシュタインの一体性を主張する根拠を、一四六〇年三月の「リーペン特約（Ripener Privileg）」（シュレースヴィヒ・ホルシュタインの身分制議会がデンマーク国王クリスチアン一世をシュレースヴィヒ公とホルシュタイン伯にすることを決めた）が結ばれた時に国王が議会に対して述べた「それらは永遠に一体として不可分である（dat se bliven ewich tosamende ungedelt）」との保証に見出し、それをドイツ側の主張として逆用したのである。Wilhelm Beck, Friedrich Christoph Dahlmann. Eine Biographie, C. H. Beck, München 2010, S. 94–96.

（55）「リーペン特約」の文言を約めた「それらは永遠に不可分である（up ewig ungedeelt）」が、同句を取り入れたアペンラーデの医師ノイバーの一八四四年の詩を通じて、以後、普及したのである。その詩は注（53）で言及したLyna紙に引用されたものであり、注（53）で引用した文章はその詩に付された言葉である。詩の全文は以下に掲載されている。Rudolf Bülck, a. a. O., S. 18–19.

（56）Wilhelm Beck, a. a. O., S. 96.

（57）Jürgen Angelow, Von Wien nach Königgrätz. Die Sicherheitspolitik des Deutschen Bundes im europäischen Gleichgewicht (1815–1866), R. Olbenbourg Verlag, München 1996, S. 147.

（58）O. Kallsen, Das verrathene Schleswig-Holstein. Trauerlieder über den Waffen-Stillstand, Verlag der Hamburg = Altonaer Volksbuchhandlung, St. Pauli 1848, S. 8. デンマーク側でもこの戦争の経験が反ドイツ感情を強め、ドイツに対する「敵」「憎悪」のイメージがデンマークの国民意識の形成に大きな役割を果たし続けることになった。Gerd Stolz, Die schleswig-holsteinische Erhebung. Die nationale Auseinandersetzung in und um Schleswig-Holstein von 1848/51, Husum Druck-und Verlagsgesellschaft, Husum 1996, S. 187.

(59) Joachim Daebel, Die Schleswig-Holstein-Bewegung in Deutschland 1863/64, PhD thesis, Köln 1969, S. 32.

(60) アルントが一八五〇年八月にプロイセン国王フリードリヒ・ヴィルヘルム四世に送った直訴状の一節である。Immediateingabe Ernst Moritz Arndt's an König Friedrich Wilhelm IV. vom 10. August 1850, *Historische Zeitschrift* 68 (1892), S. 449.

第二節　全国制度と国民形成

はじめに

全国制度は国民形成にどのように寄与するのか。まず、特定の領域内において人々が全国的な制度を共有することを通じて、その人々の間に国民的一体感が強まるという場合がある。

本節は、そのような国民形成の代表的な例として、一九世紀のドイツ連邦下における法統一の動きを検討する。ヨーロッパが国民国家に分割されてゆく一九世紀は、法（とりわけ民法）の統一とそれが適用される領域が国民形成と密接な関係をもつようになった時代であった。すなわち、「ユス・コムーネ（ius commune）がヨーロッパ共通の法であったかつてとは異なり、一九世紀は国民単位で法典編纂が行われた時代であった。一体性の高い国民国家という観念は、民法の適用範囲に表現された。フランス人、オランダ人、ドイツ人、あるいはイタリア人であることとは、老若男女が生まれてから死ぬまで、同郷人として同じ民法の体系の下に生活することを意味した」。そして、「たいていは一巻に、多くともせいぜい二巻に収められた民法こそが、ベネディクト・アンダーソンが「想像の共同体」と呼ぶものを定義したのである」[1]。

もちろん、一九世紀の相当期間において実在のドイツであったドイツ連邦という国家的秩序も共有の対象である[2]。しかしドイツ連邦は、独立国家の緩やかな国家連合にすぎず、人々の間に国民としての強い共属意識をもたらすことはできなかった。そこでドイツ連邦の中小国の間からは、一八五〇年代後半以降に、ドイツ連邦を国民的な国家的秩序にしようとする改革の動きが現れたのである。ドイツ連邦における法統一に続いて本節が論じるのは、そうしたドイツ連邦の改革についてである。それは、人々がドイツ連邦を国民のための国家的秩序であると認識できるように改革するという意味で、国民形成の側面をもつ試みにほかならなかった。

さらに、実在の全国制度の共有だけが国民形成に関わったのではない。ドイツ連邦よりもドイツ国民にふさわしいとして、ドイツ連邦とは異なる国家的秩序を人々が想像することを通じてもまた、国民形成はなされたのである。本節の後半では、そのような国家的秩序として連邦国家と単一国家に論及する。ドイツ国民に適合的な国家的秩序が集権性の違いを焦点に競合的に思い描かれたのである。

一　ドイツ連邦と国民形成

ドイツ連邦の改革運動の最大のイデオローグとなるフレーベル（第一章第一節二参照）は、一八六〇年に、ドイツ連邦という国家連合の枠組みがドイツの地ですでに国民形成のための国家的秩序として機能していることを、イタリアとの比較から述べ、その存在を擁護している。

フレーベルはまず、国家の分裂状態が続いてきた地域であるというドイツとイタリアの共通点を指摘し、そのような地域にふさわしい国家的秩序のあり方を明示する。すなわち、「イタリアでは、ドイツや数多い小国の分裂に悩まされるどの国とも同じように、健全なる民主主義の真正なる精神が宿っている部分の特殊性および独自の生活の必要性と、全体の統一と権力の必要性とは、連合関係（Bundesgenossenschaft）のシステムによってのみ融和する」という[3]。ドイツやイタリアには各地の自治と自律を保障する国家連合が最適であり、そこに集権的な国家的秩序を築くことは誤りだというのである。

したがって一八六〇年にイタリアでまさに生じつつあること――サルデーニャ王国によるイタリアの併合を通じた国家統一――は、イタリアの地に本来はふさわしくない現象である。ただしフレーベルによれば、そのような国家連合的な国家的秩序の可能性を破壊するような行動は、イタリアにおいてはやむをえないものとして容認されうるものの、ドイツでは決して許されないという。すなわち、「イタリアの民衆精神はサルデーニャの行為を正当化するかもしれない。しかしドイツの民衆精神はプロイセンによる同様の行為の罪を放免することはない[4]」。なぜか。それは次のような理由による。

国家的組織体としてのイタリアはかつても今も存在してはいない。しかしドイツは、過去においては強力な帝国であったし、現在でも、その憲法には幾多の欠陥が含まれているにもかかわらず、強力な国家連合である。……イタリアが初めてイタリアの国民意識を創出し、初めてイタリアの政治を可能にするためにおかれた出発点に、ドイツはすでにいるのであり、イタリアがそうした目標に向かって進み、最も運に恵まれた場合に限って達することができる状態そのものに、形の上ではすでにドイツはおかれているのである。サルデーニャがイタリアのために試みたことをプロイセンがドイツのために試みようとすれば、それはサルデーニャとはまったく異なり、そこになかった何かを築くのではなく、逆に、そこにすでにある何かを壊すということになろう[5]。

ここには、これから国民形成という課題をこなさなければならないイタリアとの対比を通じて、ドイツでは国民形成が順調に、すなわちそれに最もふさわしいドイツ連邦の枠組みの下で、すでになされてきたことが指摘されているのである。

では何がドイツ連邦下での国民形成を進める原動力であったのか。それは、「国民的な一体感の強力な要素[6]」である法の統一という全国制度の創設であった。

すでに述べたように、一九世紀は法統一が国民形成と密接な関係をもつようになった時代であった。一九世紀のドイツもこの例外ではない。しかしドイツの特徴は、近代国家の建設が進んだ各地方単位のみならず、統一国家が不在であったドイツ全体でも法統一が進められ、それがドイツにおける国民形成に一定の貢献をなしたことである。それは、たとえば同様に国家連合であった同時期のスイスにはない現象であり、しかも同時代に明確に自覚されていたことであった。一八六五年のある論稿の中でトライチュケ――単一国家論の代表的イデオローグとして、ドイツ連邦には最も厳しい批判を加えた――は次のように述べている。

われわれドイツ人は自分自身のことを国民として意識している。国民的一体感の意識を欠くスイスでは特殊地域主義に任せられている一連の事柄を、われわれは、不完全な国家連合においても今日すでに、ナショナルな考え方によって整えているのである。誓約同盟では、刑法と監獄が各地でまちまちなことが強い義憤を引き起こしているにもかかわらず、すべての民刑事法は各カントンに委ねられている。これに対してわれわれの場合、すでに今日、私法の重要な部分が全ドイツのために統一的に整序されているのである。(7)

周知のように一九世紀ドイツにおける法統一の嚆矢たる議論は、いわゆる「法典論争」である。一八一四年にティボーが著した「ドイツのための一般民法典の必要性について」が統一民法典の制定を求めたこと、彼の主張が歴史法学派のザヴィニーとの間に「法典論争」を引き起こしたこと、そして歴史法学派の極めて強い反発の前にティボーの主張が実ることはなかったことはつとに知られたことである。しかし、「法典論争」が終結した後も、「大学教授、裁判官、官僚、弁護士、自由主義政治家は、前三月期に等しく全ドイツ的な法典編纂を求めた(8)」のであり、統一法典によるドイツの法的な統一を求める声は弱まることはなかった。

実際、ナポレオンからの解放戦争以降、ドイツ各地の自由主義者によって、自由主義的な経済社会の発展の基盤とすべく、民法、商法・手形法、刑法、訴訟法といった法律の統一が模索され[9]、一九世紀後半にそれは、自由主義陣営に限定されない党派を超えた事業とみなされるようになった[10]。なかでも重要なのは統一民法典の制定であった。法統一を求めた法学者・法曹として数え上げられる「クリスト、マルシュナー、アルンツ、ボルネマン、ネルナー、アーレンス、シュトッベ、トリップスらの言論活動は、すべて民法に向けられた[11]」のである。

一九世紀前半の法統一の要求の特徴は、それが、国家統一をともなわないで行われること、すなわちドイツ連邦の下で行われることを自明としていたことである。たとえばクリストは、一八四二年刊行の『ドイツの全国立法について』においてドイツの全国立法の必要性を唱えた際、単一国家のみならず、強力な中央権力を備えた連邦国家の必要性も否定している。彼によれば、「さまざまな政府と国家から構成される統一」という「多様性の中の統一（pluribus unum）」こそがドイツのあるべき姿である。そうした「巨大な国家が多数の個別の小国家に分解されている」状態を否定するような、「一つの政府しかもたない巨大な国家」の下では、「国、邦、地域、団体がそれぞれにもつ公的な利益が蔑ろにされてしまうか、あるいは国家の業務のすべてが一点に集められた結果、……その一点にすべての生活と活動が押し込められ、そしてすべての能力と才能が集中することとなり、首都から遠く離れ不自然な関係におかれた国家の残りの部分は、独自の活力がない状態に陥ってしまう」という[12]。

こうした一九世紀の前半の法統一において立法の主体として想定されたのは、ドイツ連邦ではなく、その構成国であった。全国法典の支持者の大半は、各国の同時並行的な立法による法統一、すなわち、「ドイツ連邦の役割を全国法の準備（法案作成）に限定し、各国を立法者と考えた」のであった[13]。そのような形態の法統一を、ティボーも、彼に続いてドイツにおける法統一を求めた人々も念頭においていたのである。一九世紀前半のドイツ連邦下の法統一の要求は、各国の主権を侵害するような国家統一はもちろんのこと、ドイツ連邦の立法機関の強化を求めるものですらなかった。

しかし、一九世紀前半にはこのような法統一も実現することはなかった。各国は、自国における法典編纂には積極的に取り組み始めたものの、全国的な法統一に対しては、自由主義的改革とナショナリズムを危険視する見地から否定的な態度をとったからである(14)。

その後、革命を経て一八五一年に復活したドイツ連邦の下でも、法統一への要求は提起され続けた。それは、あたかも「政治的に幻滅した自由主義が、エネルギーをここ（＝民刑事法の統一——筆者注）に集中し、法治国家と経済上の行動の自由を、ある意味では拒まれた政治的共同決定権の代わりに求めた」かのようであった(15)。そして一八五〇年代以降、ドイツ連邦を構成する各国が法統一に対する消極的姿勢を改め、ドイツ連邦の枠組み内で法統一への動きが現実化し、実際に統一法典が制定されるようになる。

たとえば、一八五五年一一月にバイエルン首相のプフォルテンは、ドイツ連邦が取り組むべき課題として、市民権・居住権に関する法律の調和、他国への移住民に関する統一組織の設置、統一商法典の制定、「共通の特許法、共通の意匠保護法、見本市・年の市についての共通の規制、行商その他についての共通の規制」の整備、貨幣と度量衡の統一などを挙げている(16)。そして、一八五六年一月には、バイエルンからの提案に基づき、連邦会議の下に市民権・居住権に関する法律と統一商法典の制定などを審議するための委員会が設置されている(17)。

実際には、ここで提案された法統一の事業の大半は、ビスマルクを連邦使節として派遣していたプロイセンの政治的妨害の前に挫折の結果に終わった。連邦使節の就任の当初よりビスマルクは、連邦会議にある「ますます色濃くなる反プロイセン色」、議長国オーストリアが中小国の支持を集めて数の力で連邦会議を支配していることに強い反発を抱いていたからである(18)。

しかし、そのようなプロイセンの姿勢があったにもかかわらず、法統一の成果はあった。一八六一年五月末に統一商法典が完成したこと、その商法分野における成功が民法、刑法、訴訟法の統一への期待をさらに高めたこと、ドイツ連邦下で準備された著作権法、度量衡規定、訴訟法の各草案がその後に北ドイツ連邦やドイツ帝国においてほとんど修正なく成立したこと、これらの事実はドイツ連邦が法統一を通じて国民形成に寄与したその貢献を物語っていたのである。

このように、一八五〇年代半ば以降にドイツ連邦における法統一が進んだことにはいくつか理由がある。まず、一九世紀前半とは対照的に、中小国の多くが法統一を、しかもドイツ連邦を立法の主要な担い手として積極的に主張し始めた、という事情があった。復活当初のドイツ連邦には、たしかに自由主義やナショナリズムへの抑圧的機構としての性格が備わっていた。しかし、中小国政府の間には、ドイツ連邦を国民的要求に沿って改革することなくしてはその存続は危ういという認識が次第に強まっていたのである。

さらに一八六〇年代には、プロイセン主導の統一国家という選択肢が有力になったことを背景に、オーストリアが従来の姿勢を転換し、ドイツ連邦下の法統一に協力的態度をとるようになったことが大きい[19]。その点は、たとえば一八六二年にドイツ連邦会議のハノーファー使節がハノーファー国王に宛てて述べた次の言葉に明瞭に窺える。オーストリアは、「他のドイツと、ここで問題になっている共通の法制度によっても、密接な関係の構築を試みることに価値をおいている。それは、小ドイツ的な潮流に対抗し、自らがドイツから排除されることがないようにするためである[20]」。

しかしなにより注目されなければならないのは、法統一がかつてないほどに国民の観念と結びつき、それゆえにこそ各国政府に不可欠の課題として認識されるようになっていたことである。

たとえばヘッセン＝ダルムシュタットの宮廷裁判所顧問官のネルナーが一八五七年に著した『全国的な立法と司法という意味でのドイツ統一の試み』によれば、「ドイツの国民感情、ドイツの民衆が一体として結びついているという意識、それに愛国心と高貴な愛国的つとめは、特殊地域主義的な立法と法学が克服され、その代わりに、……統一的でまさに国民的な法が策定されることがなければ、意味も根拠ももちえない」のであり、「ドイツ諸政府、とりわけドイツ連邦会議の最も重要な課題は、立法の統一という国民的な必要性（der nationale Bedürfnisse legislativer Einheit）に応えること」であった[21]。

民法や刑法の統一作業を担当した連邦会議の委員会でも、法統一によって「内部の持続的な統一」を形成することがドイツ連邦の目的と位置づけられ、法統一は「国法的かつ政治的に必要なもの」とみなされた。一八六〇年代初頭には、「民衆（Volk）が統一体の形をなすのは、共通の法が人々を結びつけている限りにおいてであり、自分たちの法を信用していない民衆は、自分の家にいても居心地の悪さを感じてばらばらになってしまう」という認識がみられたのである[22]。

このような評価を与えられるようになった法統一を公然と拒絶することは難しい。しかし、一八六〇年代初めにハノーファーの閣僚ボリスは、法統一の当然の帰結として国家統一があり、統一国家は各国政府の自律性と矛盾するという理由で法統一を拒む姿勢を明らかにした。それは、各国政府にあった、ある楽観的な計算への警告であった。各国政府の多くの政治家は、法統一に理解を示しつつ、法統一による国民統合を進めれば、「国民の政治的な構築」、すなわち国家統一は不要になるとの算段を行っていたのである[23]。

しかし、法統一が国民的要請に応えて現実化しつつあるのであれば、ドイツ連邦という国家的秩序はそのままでよいのだろうか。ドイツ連邦を同じく国民の必要に応じて改革することは必要ないのか。

各国政府もドイツ連邦の機構改革の必要性は認識していた。一八五〇年代半ば以降、各国政府からは、「あらゆる改革の試みは、現在ある国家連合を堅持するべきである」、「それらは、はっきりと認識された現実の必要性を満たすものに限定されるべきである」という原則[24]を共有したさまざまなドイツ連邦の改革案が提起されている。ドイツ連邦を国民の必要に応えうる国家的秩序にすること、ドイツ連邦を人々が国民のための機関であると共通して想像しうるような国家的秩序へと変貌させること、この意味でそれらの改革は、ドイツ連邦の存在を前提とした国民形成の側面を有していたのである。しかも、一八五四年のクリミア戦争においてヨーロッパ国際政治の中でドイツの利益をより直裁に反映させることが課題となると、ドイツ連邦の改革は、諸政府間の問題にとどまらない、メディアや世論をも巻き込んだ国民的な広がりをもつ問題となったのである[25]。

一八五〇年代後半の連邦改革論の中心はザクセン外相のボイストであった[26]。彼が一八五六年に作成した改革覚書の前提はやはり、主権国家が構成する国家連合の存続であり、それが「国民のしかるべき諸要求」に応えることである。各政府はそうした要求に背を向けてはならず、「逆に自身の諸機関でそのような諸要求を取り上げ、いわゆる国民の正当な権利を国際法および条約上の関係に照らして適切な範囲に定め、そこで確約された義務に抵触するような試みが実現するようなことがあればそれを決然と拒絶する。このような機会があれば、諸政府はそれを使わずにいるべきではない[27]」。そして連邦会議の場が、国民の「公共の福祉」を向上させるような立法を行うための諸利害の調整と自由闊達な議論の場になることが期待されたのである[28]。

しかもボイストは、ドイツ連邦を構成する各国の憲法体制の多様性がドイツ連邦の機能を妨げているという判断から、各国が立憲政治を発展させることによってその収斂をはかり、「大前提としての連邦の体制と各国の体制との調和的相互関係」を生み出すことを期待した。そして、「そのような変貌を引き起こしうるのは、その全体性からしてドイツ連邦のみ」であり、そのような変貌を経た連邦会議こそ、国民的機関への発展に「ブレーキ」のかかった状態からドイツを脱却させることができるものとされたのである[29]。

しかし、ドイツ連邦を国民的機関にしようとするボイストの構想をめぐる各国の反応は芳しくなかった。「第三のドイツ」の中心国であるバイエルンには、ドイツ連邦の強化が自国の主権の制約につながるとの懸念が強く、そのような提案をザクセンが勝手に行うことへの反発もあった[30]。さらに、数の上では多数を占める小国には、中規模国家の改革案への懐疑あるいは不信が強かった。バイエルンやザクセンが中心となる「第三のドイツ」の強化は小国の中規模国家への従属を意味するものとみなされていたからである[31]。

オーストリアには、ブオール外相のように、ボイストの改革構想を、「ドイツの連邦主義的紐帯の強化」と「ドイツ連邦本体および各構成国の威信・安全・福利の向上」に資するものと好意的に評価する声があった。しかしブオール自身も、改革の目的・方法・内容についてオーストリアとプロイセンと主要国の間で合意がなされなければならないとして、オーストリア自身がドイツ連邦の改革の先頭に立つことは想定していなかった[32]。

ただしそのオーストリアにも、連邦改革を求める世論の重要性に対する認識が次第に芽生え始めていた。ドイツ連邦使節のレヒベルクは、バーデンから提案されていた連邦裁判所の設置を「全ドイツが歓喜の声をもって歓迎する」とし、そのような世論に反する行動をドイツの諸政府はとれないだろうとの見通しを語っていた[33]。

たしかにオーストリアは連邦改革に積極的ではなかった。しかし、改革に消極的な点でプロイセンはそれ以上であった。中規模国家の提案であれ小国の構想であれ、プロイセンは連邦改革には全く関心を示さなかった。マントイフェル首相が一八五六年のボイストによる連邦改革案に対して示した所見は、ドイツ連邦内の各国の事情と必要性が多様なことが、経済的利益であれ、憲法体制であれ、ドイツ連邦レベルでの統一的な処理を非現実的なものにする、という姿勢に貫かれていた[34]。プロイセンは、法統一の一部を消極的に認める場合を除き、ドイツ連邦が国民的基盤を拡充する可能性のある改革にはおよそ反対であったのである。

しかし、オーストリアが世論の求める連邦改革の意義を次第に認識し始めた以上、連邦改革への全くの無理解は人心の離反を招くおそれがある。そこでプロイセン、とくに、当時、連邦使節であったビスマルクは、連邦改革に一般的な理解を示したうえで、その実現の「最大の障害は、オーストリア帝国の特異かつ他の連邦構成国の状況から著しくかけ離れた事情」にあることを強調し始めた。ボイストの改革案は、非同質的な「帝国の人口構成」ゆえにオーストリアには「適用不可能」であり、連邦の議長国に「適用不可能」な諸措置を連邦で講ずることは、「連邦の一体性を促進するのではなく、個々の部分が別々の方向に向かって展開してゆくことを固定化する」というのである。そのようなオーストリアには「ドイツのナショナルな共感の獲得をめぐる自由主義的な努力」はなしうることではなく、プロイセンの方がはるかに国民の支持を引きつける可能性をもつ。したがってボイスト案にある各国の立憲政治の整備が課題となった場合でも、「われわれがその気を出せば、この分野で短い間にオーストリアを凌ぐことは、ほとんど労力を必要としない」という。このように、オーストリアとプロイセンの競合は国民の支持調達の能力の優劣を争うという性質を帯び始めていたのであり、この点でプロイセンの優越性を表明することが、オーストリアに対して有利な立場に立つことができる方法であるとビスマルクは考え始めていたのである[35]。

それどころか、オーストリアが「ドイツの利益に対する配慮を帝国政府が行っていることを明らかにし、それによって共感を獲得するために」連邦改革に加担するとすれば、「プロイセン政府は、人々に人気があるという点でより進んだ提案をせざるをえなくなる」という心構えさえあったのである[36]。

ただ、一八五〇年代後半の時点でドイツ連邦の二大国が、連邦改革をめぐり全面的に国民の支持獲得競争をしたわけではない。オーストリアはもちろん、プロイセン政府内もビスマルクのような見解が支配的ではなかったからである。しかしそのプロイセン政府でも、連邦会議においてオーストリアがしばしば反プロイセン多数派を構築しようとしていることへの不満は強く、オーストリアに連邦改革に取り組む意思も能力もないことを喧伝する必要性は感じとられていた[37]。

こうしたプロイセンの姿勢は当然のごとくオーストリア側の強い反発を招いた。「共通のドイツの利益」に関わる諸問題について両大国は協調する道義的義務があり、オーストリアの行動は常にその義務の認識に導かれてきたにもかかわらず、プロイセンこそそれに歩調を合わせようとしなかった、との主張がなされた[38]。このように、ドイツ連邦の国民的基盤を拡充することを意図した連邦改革の論議は、ドイツ連邦の二大国の間の非難の応酬という結果に終わっていた。その応酬の中にあって連邦改革の具体化など望むべくもなく、一八五七年末から翌年初めにかけて、連邦改革の議論は終結させるべきとの認識がドイツ連邦内の共通了解となっていたのである[39]。

しかし、連邦改革の議論が立ち消えたわけではない。むしろ一八五〇年代半ば以降、社会における連邦改革の議論は活発化していた。たしかに国民形成という観点からみた場合、一八五〇年代の連邦改革の動きは、社会の側がそれを先導して求め、その動きを通じて国民的一体感がはぐくまれてゆくという性格のものではなかった。それは、ドイツ連邦を人々が自らの要求に応えうる国民的な国家的秩序であるとみなせるように改革しようとする政府主導の動きであった。しかし、次第に社会の側からも、ドイツ連邦をドイツの国民的な国家的秩序とし、ドイツ連邦を通じて国民意識を高めようとする声が出始めたのである。

まず、ボイストらの連邦改革論と同じく、ドイツ連邦の国民的基盤を拡大するという趣旨の改革論が展開された。たとえば先にもふれたネルナーである。ドイツ連邦の最重要課題として「立法の統一という国民的な必要性に応えること」を挙げたネルナーの前提は、「自己制約と調和した君主制の原則は、祖国の共同業務を行う際に国民性と国民的意識を呼び覚ましてその土台を固めることであり、そのような原則だけが全国的立法をもたらす」というものであった。歴史的にドイツの一体性を担保する全国制度の機軸は、各国の「聡明な主君」の共同かつ一体的な働きであって、全国議会のような代議制機関は、「いたるところに不和と情動の種をまいて分裂を招く」ものとしてそれに値しない。「ドイツにおける唯一有効な国民代表」とは、そのような君主制の「原則を各国の主君あるいは連邦会議における代表者を通じて、これ以上ないほど聡明かつナショナルに実現すること」にある。このような観点から、統一立法の制定を通じた国民形成の意義が強調され、ドイツ連邦がそのような統一立法を積極的に行いうる機関へと成長することが期待されたのである(40)。

さらにケーニヒスベルク大学の公法学教授カルテンボルンは、「ドイツ国民は、政治的な一体性を構築する希求を抱いている」とし、「今やドイツでも国民の精神こそが国家を構築する権力である」という認識を示す。その一方で、ドイツ連邦の改革は、いかなる形のものにせよ、「ドイツ人は喧しい個々人の集積からなる」という誤った認識から出発してはならず、既存の諸国家や部族に配慮しなければならないという（ただし「病的なまでの多様性」は「同化」により解消すべきである）。カルテンボルンはこの二つの側面を考慮して、ドイツの地に六つの中核国（北部にオーストリアとプロイセンとハノーファー、中部にザクセンとヘッセン、南部にバイエルン）を設け、それらの代表が連邦の執行部（Direktorium）を構成することを提唱した。そしてこの執行部（とその下に設けられる専門委員会）が連邦会議に代わって「全ドイツのために全国的な立法を成立させる」課題を担うとされたのである。他方、全国議会を設けることは、「無用の長物であり、国民的な必要でもない」とみなされた[41]。

ネルナーやカルテンボルンの提言は、国家連合たるドイツ連邦こそがドイツの国民形成にふさわしい全国的な国家的秩序であるという、先のフレーベルに通じる立場であった。しかし、ドイツ連邦を国民的な機構に改革するとすれば、国家連合の枠組みを維持したうえでの改革で足りるのだろうか。より集権的な国家的秩序が必要になってくるのではなかろうか。

二　国家連合に抗する国家的秩序

ドイツ国民によりふさわしい国家的秩序であるとして、ドイツ連邦に代わるものを思い描いた人々はいたのだろうか。もちろんいた。そもそも一八五〇年代に連邦改革の機運が高まった背景には、統一国家としての国民国家を生んだ一八四八年革命の影響、すなわち、革命後に機能を回復したドイツ連邦も国民的基盤を拡大せざるをえなくなっていた、という事情があった。それを考えれば、すでに一九世紀半ばにドイツ連邦に代わる国家的秩序が人々の間で思い描かれていたことは明らかである。ただ、革命の挫折は多くの亡命者や逮捕者を生み、一八五〇年代後半に至るまで統一を求める声やナショナリズムを鼓舞する動きは停滞していた。その後、国家連合ではドイツ国民の要求に十分に応えられないとの思いが広がるにつれて、より集権的な国家的秩序が必要であると考える人々の言動が活発化してゆく。

全国制度としてのより集権的な国家的秩序とは何か。それは、一八五〇年代にはまだ記憶が鮮明であった革命期の統一国家、すなわち連邦国家であった。

フランクフルト国民議会において、国家連合の存続を求める勢力はごく少数であった。オーストリアにおける反革命の勝利とともに国家連合の復活を求める声は増え始めたものの、当初の国民議会では最も強く連邦主義的秩序を求める者さえ、国家連合に加担はしなかった。それとは対極に位置する単一国家の支持者も少数にとどまった。単一国家は、ドイツ各地の君主制の廃絶という、ドイツの国家的秩序の革命的な転覆なしには実現しえないものであり、したがって一部の急進的な共和主義者によってのみ提示されたドイツ像であった。[42]

これに対してフランクフルト国民議会の圧倒的多数は連邦国家を支持していた。もちろん、連邦と構成国との権限の関係についての見解の相違はあり、しかも違いの幅は小さくなかった。しかし、オーストリアとプロイセンのような大国からごく小規模の国家に至るまでその王朝と独自性を温存しつつ、[43]中央には立法・行政・司法の全国機関を創設するという意見の合致は存在したのである。一八四九年のフランクフルト憲法に結実したのは、国民議会で圧倒的多数を占めた連邦国家支持者の中でも多数派の、中道自由派が目指した集権性の高い連邦国家であった。すなわちそれは、各国家間の条約ではなく国民の意思に基づいて創設される連邦国家であり、「個々のドイツ国家はその自律性を、ライヒ憲法によって制約されない限りにおいて保持し、あらゆる主権と権利を、ライヒ権力に明確に委譲されない限りにおいてもつ」（憲法第五条）と規定されたように、連邦権力の原始取得と優越性が明示された連邦国家であった。[44]さらに、まさに国民代表機関の名にふさわしい男子直接普通選挙によって議員選出がなされる全国議会という全国制度の創設も想定されていた。

この連邦国家は、国家連合からの脱却という点で従来のドイツとの断絶を示す一方、先に述べたように、領域の点では伝統的なドイツをほぼ自明のものとして踏襲していた。このことは、その連邦国家の魅力が、領域の範囲ではなく国家構造の集権性にこそあるということを意味していた。

しかも、フランクフルト国民議会における憲法案の審議に際してオーストリアの分割やドイツからのオーストリアの除外が議論の焦点となったことに示されるように、集権的な統一国家は、それを突き詰めれば、オーストリアを除いたドイツのイメージとかなりの程度において重なり合うようになっていたのである。すなわち、そのような国家を目指すことは、ドイツ人をまとめ上げるのではなく、その中から特定の、しかも伝統的にはドイツの中核であった部分を排除する国家を形成するための正当化事由となる可能性があったのである。
ただし、一八五九年に結成され、プロイセン主導の下に小ドイツ的な連邦国家の建設を目指す最大のナショナリズム組織となるドイツ国民協会の場合、早急にそうした結論は下してはいない。結成からしばらくの間の国民協会では、参加者の抱くドイツ像が多様であったことを反映して、必ずしも反オーストリア色は鮮明ではなかったからである。そこには、オーストリアを含む大ドイツ的な連邦国家のイメージを描いている人々も存在したのである。

これに対して革命期に現れた単一国家論者の中では、すでに反オーストリア的姿勢が鮮明に示されていた。たしかに単一国家論は最左派の一部が抱いたにすぎない。しかしそこには、目指すべき国家的秩序の集権性を高めてゆけば、ドイツからオーストリアを排除することが当然の帰結となることが、極めて純粋な形で示されていたのである。その格好の事例が、後に国民自由党の中心的政治家の一人になるバンベルガーであった。

バンベルガーは、もともとマインツ新聞のジャーナリストであり、若くして名高い革命運動家であった。彼は一八四九年六月の民主的ライヒ憲法を求める武装蜂起に加わったかどで欠席裁判による死刑判決を受けた後、国外に逃れ、パリとロンドンで活動していた。ヨーロッパ全土で革命が収束する一八五〇年三月に彼は、プルードンの『人民の声』紙に「ドイツ統一とエルフルト議会についての書簡」という文章を寄稿している。[45] プロイセンのエルフルト連合政策[46]への批判を意図して書かれたこの文章には、革命時代のバンベルガーのドイツ統一についての見解が明快に語られている。

バンベルガーによれば、革命の失敗も反動的なプロイセン連合政策の問題性も、さらには「イタリア、ポーランド、ハンガリー、ボヘミアにおける現在の運動」の欠陥も、すべて統一を「民族」の問題として考えたところにあるという。統一とは「民族性（nationalité）」の問題ではないからである。では何の問題か。それは政治的行政的課題であるというのが彼の見解である。すなわち、「私が否定することは以下のことである。理念的崇拝の、神秘的宗教の、ロマンチックな愛の対象としての統一、である。一言で述べれば、私は民族性の問題としての統一を否定する。しかし私はそれを、われわれの革命の第一の問題として、われわれの存在の根本条件として肯定する。一言で述べれば、私はそれを政治的行政的改革の崇高な手段として支持する」。それゆえに「重要なのは民族的統一の再構築なのではなく、政治的統一を構築することである。一言で述べれば、三四の主権国家を駆逐し、ドイツを単一の国家に集結させることである。統一問題の解決策はすべてそのような単純な操作にあり、それは非常に簡単なことであると私には思われる。いったん諸侯が放逐されたら、重大な問題は何も残っていない。たしかに統一は、障害に満ちた重大な問題として常に語られ、また今も語られている。しかし、問題をひどく複雑にしたり歪めたりしなければ、ことは自ずと進むだろう。三〇の主権国家の統合に大きな関心をもたない民族はいないし、その結果として、諸侯の廃絶には深刻な反対も重大な敵対も生じないであろう」。実際、「何世紀もの間、国の全体性を犠牲にし、どのように王朝の独立を強化し完成させるのかということだけを思案する定めを与えられた、三ダースもの支配的名家の存在と両立するような形のドイツ統一を、いったい誰が思い描けるだろうか」。

このように述べるバンベルガーにとって、統一ドイツとは単一国家にほかならず、既存の諸国家の存続はそれとは両立しないものと位置づけられていた。そして、ドイツにおける小国の存在を許す元凶としてオーストリアが名指しされ、統一の担い手としてプロイセンへの期待が高まってゆく。

オーストリアからの独立を求めるサルデーニャ王国を支持してフランスが対オーストリア戦に加わった一八五九年に、バンベルガーは、「イタリア万歳」という文章を発表し、その中でイタリアの独立を、「全く同様の不幸な状態にあるドイツ人が、自身の正義感と理性の判断の声にしたがうならば、イタリアの統一の努力に対し、何千もの歓声の声を挙げることになるだろう」として支持する考えを示した[47]。彼は、「イタリアはフランスの支援があって初めてハプスブルクのくびきを払いのけることができる」との立場から、「愚かしいフランス憎悪の感情を騒ぎ立てることは乱暴なことである」として、ナポレオン三世のフランスの行動に理解を示したのである[48]。

一方、ドイツがイタリアに続いて国家統一を目指す際に障害となるのがオーストリアの存在であった。「オーストリアの支配権」は「ドイツの根本的害悪」であり、「統治の分裂、領域の細分化、無知蒙昧、イエズス会的な狡猾さ、反動、あらゆる場と形における家父長的経営管理による粗末な経済」も「オーストリアの支配権」という「ドイツの根本的害悪」と密接に関係するものであった[49]。このような「ドイツの悲惨な状態から脱出する唯一の道であり、なおあり続けているのは、プロイセンができるだけ広範に盗賊国家体制を吸収することである」[50]。したがって、「われわれにとって重要なのはイタリアではないし、ボナパルトでもない。大切なのはドイツ、ドイツの幸福、そして統一である。それを妨げる最も危険な敵はアイダー川にもポー川にもいない。敵がいるのはドナウ川流域、豆粒のような国の君主が軍隊に皇帝フランツへの讃歌を歌わせながら行進させているようなあらゆるところである」[51]。

そして、ドイツにとっての敵はフランスではなく、オーストリアであることが明言される。すなわち、「敵が私の近くにいればいるほど、それだけその敵は憎むべきもの忌むべきものとなる。オーストリアの一〇〇年にわたり害毒をまいてきた体制に比すれば、フランスがこれまでドイツにもたらした悪弊は砂粒のように些細なものである。……ハプスブルクの専制とイエズス会との連合は一〇〇年の歴史を有する終わりなきものであり、フランスの攻撃は一時的、かつ体制転換と権力を抑制する諸条件に左右されるものである。オーストリアがドイツの栄光を損なうこと、フランスの一〇〇倍であり、まずはフランスの攻撃が重大であるなどということは決してないのである。第一の敵対者はオーストリアであり、この第一の敵対者に対して自らを守ることこそ、健全な良識の要請するところである」[52]。

この議論の中には、ドイツにおいて集権性の高い国家的秩序を求めてゆけば、自ずとオーストリアを排除したドイツ像が立ち現れることになる可能性が高いことが示されている。これは境界の争点化から生ずるナショナリズム、とくに反フランスを旗印とする国民意識の高揚の場合とは明らかに異質な国民形成の論理である。たしかにバンベルガーのような単一国家論はなお少数派の主張であった。しかし同じことは、国家連合に比べればはるかに集権的な連邦国家の場合にも該当した。後述のように、大ドイツ的な連邦国家を求める者も存在はしていた。しかし、国家連合を廃し、連邦国家の樹立を望むという国家的秩序の集権化の要求は、概してドイツからオーストリアを排除し、小ドイツ的なドイツをもたらす可能性の高い要求にほかならなくなっていたのである。

（1） Stephen Jacobson, "Law and Nationalism in Nineteenth-Century Europe: The Case of Catalonia in Comparative Perspective", *Law and History Review* 20 (2002), p. 312.

（2） ドイツ連邦は、一八一五年六月に、ウィーン会議において「ドイツの安全と独立」と「ヨーロッパの平和と勢力均衡」とを確保するために創設が決定された（ドイツ連邦規約序文）、大半の構成国を君主制国家とする（ウィーン最終規約第五七条）国家連合である。そのより具体的な目的は、「ドイツの内外の安全保障と各ドイツ国家の独立と不可侵の維持」である（連邦規約第二条）。連邦には旧帝国における皇帝に匹敵する国家主席も独自の行政機関もなく、その意思決定は、連邦に設置された唯一の機関である連邦会議（Bundesversammlung）でなされた（連邦会議の議長はオーストリアがつとめることが明文で規定されていた（同第五条））。すべての議案は連邦（小）会議で準備され、その決定は対等に一票ずつを有する各国による単純多数決でなされた（同第四条）。ただし、重要な案件ほど各国の一致が求められた。すなわち、「連邦の基本原則の策定と修正、連邦規約そのものに関する決定、連邦の組織的機構、その他の種類の共通の利益に関する指令」が議題の場合は、各国が国の規模に応じて異なる票数をもつ連邦（全体）会議が開催され、そこでの特別多数決で決定がなされた（同第六条。ウィーン最終規約第一二条では、全体会議の審議事項に開戦と和平締結の決定が加わった）。さらに、「基本原則の承認と修正、連邦の組織的機構、諸々の人の権利（jura singulorum）あるいは宗教に関する案件」の場合は、「小会議でも全体会議でも、多数決による決定を行うことはできない」（連邦規約第七条）とされ、ウィーン最終規約第一四条では、連邦の組織的機構に関する決定には「票決の全会一致」が必要であることが明記された。ドイツ連邦規約の全文は、Udo Sautter, Deutsche Geschichte seit 1815: Daten, Fakten Dokumente. Band II: Verfassungen, A. Francke Verlag, Tübingen/Basel 2004, S. 1-10. ドイツ連邦規約（全二〇条）の内容はより詳細に詰められ、一八二〇年に全六五条からなる「ウィーン最終規約」となった。Ebd., S. 34-47.

（3） Julius Fröbel, Die Forderungen der deutschen Politik. Ein Brief an den Verfasser der Studien über das europäische

Gleichgewicht, F. D. Sauerländer's Verlag, Frankfurt am Main 1860, S. 8-9.

（4） Ebd., S. 10.

（5） Ebd., S. 9.

（6） 一八六二年一〇月に開催された第一回大ドイツ大会におけるガーゲルンの発言。Verhandlungen der grossdeutschen Versammlung zu Frankfurt a. M. vom 28. und 29. Oktober 1862, S. 15. ドイツ連邦の改革として、いわゆる使節会議案が議論の対象となったこの大会において、ガーゲルンは、使節会議も「国民的な一体感の強力な要素である法統一に至る道としては、現状の連邦関係においては有効である」としつつ、ドイツにおける「真の国民代表」機関の必要性という立場から、使節会議の不十分さを指摘した（第一章第二節二参照）。

（7） Heinrich Treitschke, „Bundesstaat und Einheitsstaat" (Erste Auflage), in: Ders., Historische und Politische Aufsätze vornehmlich zur neuesten deutschen Geschichte, Verlag von S. Hirzel, Leipzig 1865（Erste Auflage）, S. 510.

（8） Claudia Schöler, Deutsche Rechtseinheit. Partikulare und nationale Gesetzgebung（1780-1866）, Böhlau, Köln/Weimar/Wien 2004, S. 182.

（9） Michael John, Politics and the Law in late nineteenth-century Germany. The Origins of the Civil Code, Clarendon Press, Oxford 1989, p. 342; Michael Stolleis, „»Innere Reichsgründung« durch Reichsvereinheitlichung 1866-1880", in: Ders., Konstitution und Intervention. Studien zur Geschichte zur des öffentlichen Rechts im 19. Jahrhundert, Suhrkamp Verlag, Frankfurt am Main 2001, S. 196-197.

（10） Jürgen Müller, Deutscher Bund und deutsche Nation 1848-1866, Vandenhoeck & Ruprecht, Göttingen 2005, S. 399.

（11） Michael Stolleis, a. a. O., S. 201-202.

（12） Anton Christ, Ueber deutsche Nationalgesetzgebung: Ein Beitrag zur Erzielung gemeinsamer für ganz Deutschland gültiger Gesetzbücher, und zur Abschaffung des römischen und des französischen Rechts insbesondere, Verlag der Her. Fr. Mueller'schen Hofbuchhandlung, Karlsruhe 1842（2., durchges. Auflage）, S. 7-8.

（13） Claudia Schöler, a. a. O., S. 172 und 289.

(14) Ebd., S. 182–183 und 299.

(15) Michael Stolleis, a. a. O., S. 201.

(16) Pfordten an Schrenk vom 10. November 1855, in: Jürgen Müller（Bearb.）, Quellen zur Geschichte des Deutschen Bundes. Abt. III/Bd. 2: Der Deutsche Bund zwischen Reaktion und Reform 1851–1858, R. Oldenbourg Verlag, München 1998, Nr. 86, S. 382–383.

(17) Jürgen Müller, a. a. O., S. 214–215 und 224.

(18) Bericht an Minister v. Manteuffel vom 22. Dezember 1851, in: Otto von Bismarck, Die gesammelten Werke. Bd. 1（Politische Schriften: Bis 1854）, Otto Stollberg & Co., Verlag für Politik und Wirtschaft, Berlin 1924, Nr. 84, S. 112–113.（以下、このビスマルク全集は、GW. と略記する）; Bericht an Minister v. Manteuffel vom 22. Dezember 1851, in: GW. Bd. 1, Nr. 86, S. 113–116.

(19) Jürgen Müller, a. a. O., S. 336–337.

(20) Ebd., S. 425.

(21) Friedrich Noellner, Die deutschen Einheitsbestrebungen im Sinne nationaler Gesetzgebung und Rechtspflege, Verlag von Voigt und Günther, Leipzig 1857, S. VI und 198–199.

(22) Claudia Schöler, a. a. O., S. 300–301

(23) Jürgen Müller, a. a. O., S. 426–427.

(24) バーデンのベルリン使節（直後にバーデンの国家・外務大臣に就任）マイゼンブークが一八五五年一一月に示した案における改革の原則である。Denkschrift Meysenbugs über die Reform des Deutschen Bundes vom November 1855, in: Jürgen Müller（Bearb.）, a. a. O., Nr. 92, S. 399.

(25) Jürgen Müller, a. a. O., S. 190, 198, 224 und 261.

(26) ボイストおよびその連邦改革構想については詳細な研究がある。Jonas Flöter, Beust und die Reform des Deutschen Bundes 1850–1866. Sächsische-mittelstaatliche Koalitionpolitik im Kontext der deutschen Frage, Böhlau Verlag, Köln/Weimar/Wien 2001.

(27) Denkschrift Beusts zur Bundesreform vom Juni 1856, in: Jürgen Müller (Bearb.), a. a. O., Nr. 102, S. 457–458.

(28) Ebd., S. 463.

(29) Ebd., S. 464 und 470.

(30) Jürgen Müller, a. a. O., S. 252–253.

(31) Ebd., S. 219–220.

(32) Buol an Hartig vom 14. August 1856, in: Jürgen Müller (Bearb.), a. a. O., Nr. 103, S. 471–472.

(33) Rechberg an Buol vom 22. April 1857, in: Jürgen Müller (Bearb.), a. a. O., Nr. 114, S. 525.

(34) Promemoria der preußischen Regierung zur Bundesreform vom August 1856, in: Jürgen Müller (Bearb.), a. a. O., Nr. 106, S. 478–483.

(35) Bismarck an Manteuffel vom 1. Juli 1857, in: Jürgen Müller (Bearb.), a. a. O., Nr. 123, S. 572–574.

(36) Schrenk an Pfordten vom 3. November 1857, in: Jürgen Müller (Bearb.), a. a. O., Nr. 126, S. 582.

(37) Manteuffel an Flemming vom 3. November 1857, in: Jürgen Müller (Bearb.), a. a. O., Nr. 127, S. 583–591.

(38) Buol an Koller vom 26. November 1857, in: Jürgen Müller (Bearb.), a. a. O., Nr. 128, S. 595–596.

(39) Jürgen Müller, a. a. O., S. 258–259.

(40) Friedrich Noellner, a. a. O., S. 81 und 85.

(41) Carl von Kaltenborn, Geschichte der Deutschen Bundesverhältnisse und Einheitsbestrebungen von 1806 bis 1856 unter Berücksichtigung der Entwicklung der Landesverfassungen. Zweiter Band, Verlag von Carl Heymann, Berlin 1857, S. 280–284, 296 und 299–300.

(42) Ernst Rudolf Huber, Deutsche Verfassungsgeschichte seit 1789. Bd. II, S. 792–793.

(43) 一九世紀初頭にナポレオン帝国の支配の影響を受けてなされた「領域革命」に匹敵するような大規模な領域変動は生じなかった。たしかにフランクフルト国民議会では、ある程度の領域区画の簡素化を実施する「忠臣化計画（Mediatisierungsplan）」も議論された。しかし各国政府からの反発に加え、「忠臣化」によって中規模国家が誕生することが自国にとってマイナスであると考えたプロイセンの反対で議論は進まなかった。国家連合から連邦国家に集権度は高まったとはいえ、その構成国の点では革命前とほとんど変化がなかった。Ebd., S. 794-796.

(44) Ebd., S. 794.

(45) Ludwig Bamberger, “Lettre sur l'Unité allemande et le Parlement d'Erfurth”, La Voix du Peuple, 4. mars 1850, Supplément; 11. mars 1850, Supplément. 次の論文からこの文章の所在について教示を得た。Christian Jansen, „Ludwig Bamberger: Mit Dampf und Elektrizität für ein modernes Deutschland“, in: Sabine Freitag (Hrsg.), Die Achtundvierziger. Lebensbilder aus der deutschen Revolution 1848/49, Verlag C. H. Beck, München 1998, S. 200-213.

(46) エルフルト連合とは、革命が挫折した後の一八四九年五月に、プロイセン、ザクセン、ハノーファーの三国が締結した「三王同盟」を中核とし、小ドイツ的なドイツ統一を目指した組織である。一八五〇年の三月から四月にかけては独自の議会も召集された。

(47) Ludwig Bamberger, „Juche nach Italia“, in: Ders., Gesammelten Schriften. Bd. III (Politische Schriften von 1848 bis 1868), Verlag von Rosenbaum & Hart, Berlin 1895, S. 175. この論文の初出は一八五九年であり、当初は匿名で出版された。

(48) Ebd., S. 189 und 191.

(49) Ebd., S. 170.

(50) Ebd., S. 179.

(51) Ebd., S. 168.

(52) Ebd., S. 183.

第三節　一八六〇年代初頭の国民形成

はじめに

第一節と第二節では、一九世紀のドイツ連邦の時代に、ドイツの境界と全国制度が国民形成に果たした役割について述べた。そこで確認されたことは、諸国家の緩やかな国家連合の時代にも、ドイツにおいて国民意識を高める動きがあり、一定の国民形成がなされていたことであった。

しかし、ドイツ連邦の存在を前提とした国民形成の限界が、一八五九年という年に露呈し始める。この年に起きたオーストリアとサルデーニャ王国の間の戦争がその発端であった。たしかにドイツの南部境界地帯をめぐるという当の戦争の性質から、ドイツ連邦下における国民的一体感が高まる可能性があったといえるかもしれない。しかし実際にはそのような事態は生じず、それどころか、戦争を通じてむしろドイツ連邦の組織的欠陥が明らかとなったのである。そして、国家連合に代わる連邦国家の建設をその最大の目的に掲げる組織、しかも「ドイツのブルジョワジーがいままでにもったことのある最も強力な政治組織」[1]が、戦争の直接的な影響の下で結成されたのである。

本節は、このように名状され、ドイツの国民形成に極めて重要な貢献をなした国民協会の結成とそのドイツ像について検討し、さらにそれに対するドイツ連邦側の反応を叙述して、次章へのつなぎとすることにしたい。

一　国民協会の結成

国民協会の結成の具体的な説明に先立って、その契機となったオーストリアとサルデーニャ間の戦争について、境界紛争と国民形成という視点から概観しておこう。

一八五九年四月末、ドイツの南部境界地帯をめぐり戦争が始まった。イタリアのオーストリアからの独立とイタリアの国家統一の先導役を期待されていたサルデーニャ王国とオーストリアとの戦争である。サルデーニャ側には、一八五八年一二月に締結された同盟条約に基づいてフランスも参戦した（フランスはサルデーニャのロンバルディーアとヴェネトの獲得を承認する一方、サルデーニャはサヴォイアとニースをフランスに割譲する、という密約を両国は同年七月に結んでいた)。

開戦の直前にエンゲルスが刊行した『ポーとライン』によれば、「今年の初め以来、ライン川はポー川で守られなければならない、というのがドイツの大部分の新聞のスローガンになっている」[2]という。ロンバルディーアとヴェネトをねらうサルデーニャをフランスが支援するのは確実である以上、現前に迫るドイツの南部境界への脅威に続いて、ドイツにとってより深刻なフランスとの西部境界が脅かされるおそれがあり、それを未然に防ぐためにもドイツは北イタリアを係争地とする戦争に力を注がねばならない——「ライン川はポー川で守られなければならない」というのはそのような意味であり、「こうした意味でたしかに全ドイツがポー川の防衛に関心をもった」[3]のであった。

このドイツの南部境界をめぐるサルデーニャとの戦争は、ドイツ連邦の議長国がまさに直接の当事者となった、しかもドイツの国民形成にとって歴史的に最も重要な役割を果たしてきたフランスとの西部境界が係争の対象となる可能性さえ秘めていた戦争であった。そのような南部境界地帯での戦争はしかし、ドイツ連邦下での国民形成の大きな画期となることはなかった。

その理由の一つは、ドイツ連邦側の動員体制が固まる前に、オーストリアとフランスが七月初めにヴィラフランカで休戦に合意したためであった(オーストリアはロンバルディーアをフランスに(さらにサルデーニャに)譲ったものの、ヴェネトはなおオーストリア支配の下にとどめおかれた)。オーストリアは戦争を通じたプロイセンの強大化を、フランスはイタリア戦争に加わることでライン川防衛が手薄になることをおそれたのである。そして両国ともにプロイセンだけが戦争の受益者になることを肯んじなかった[4]。

さらに、そもそもドイツ南部境界の性質が問題であった。ロンバルディーア゠ヴェネト王国はオーストリア皇帝が国王を兼ねる一方、その領域はドイツ連邦には帰属してはいなかった。それゆえこの地をめぐる戦争は、ウィーン最終規約の規定にしたがってドイツ連邦とは無関係なものとみなされることがありえたし、かりにオーストリアをドイツ連邦が支援するにしても、事前に連邦会議がそれをドイツ連邦への危機であると決議する必要があった[5]。しかし、そのような連邦会議の決定が困難なことは直近の事例が示すところであった[6]。

一八五八年末以降、プロイセンを除く諸国ではオーストリア支持の声が高まる一方、プロイセンはウィーン最終規約の規定を盾に静観を続けた。開戦前にドイツ連邦が決定したのは、連邦領土を守るための、「動員」ならぬ「進発準備」にとどまった。プロイセンが動員に応じ始めたのは、オーストリア軍が各地で敗走し、オーストリア政府がプロイセンに助力を求めるまでになってからのことであった。プロイセンはオーストリア支援の動員に、しかもプロイセン軍の指揮権の下に他のドイツ諸国の軍を従属させるような動員に応じ始めたのである[7]（ただし先述のように、動員体制が固まる前にフランスとオーストリア間で休戦が合意された）。

このような経緯のために北イタリアをめぐる戦争は、ドイツの国民意識を高揚させてドイツ連邦の国民的基盤を拡大することに資するどころか、対外的な統一行動をなしえないドイツ連邦の組織的欠陥を露呈させたのである。戦後、ドイツ連邦がドイツ国民のための国家的秩序に生まれ変わるための改革論が「第三のドイツ」を中心に再燃したことはごく自然なことであった。

しかし、改革といっても、国家連合という枠組みを維持している限り、それにどのように手を加えても国民的な全国制度にはなりえないのではなかろうか。北イタリアをめぐる戦争はそのような認識をも広める画期となったのである。それは、この戦争に続く一連の戦争を経て、カヴールの率いるサルデーニャ王国が国家統一を実現し、イタリアで国民国家が誕生したことの影響ばかりではない。イタリアの国家統一を結成の直接的な契機として、あるナショナリズム団体がドイツで生まれ、ドイツにおける連邦国家の建設を広く呼びかける運動が展開されることになったのである。

一八五九年のドイツ国民協会の結成は、ドイツ連邦がドイツ国民の要求を吸収しきれない限界をもつことを最も雄弁に物語る出来事であった。

一八五〇年代末以降のプロイセンにおける「新時代」の到来が、地域を越えた政治的結社の結成を可能にしていた。その中で設立された初の全国的組織であるドイツ国民経済学者会議の中の政治グループが、イタリアのオーストリアからの独立戦争に刺激を受けて結成したのが国民協会である。[8] 一八五九年九月にフランクフルトで開かれた創設大会には、一八四八年革命に加わった経験をもつ一〇〇名あまりの南北ドイツの自由派・民主派が集結した。サルデーニャ王国というイタリア随一の国家の外交と軍事力が主役であった対オーストリア戦争が組織結成の直接の契機であったように、当初の国民協会内で共有されていた目標の一つは、戦時におけるプロイセンへの軍事・外交権力の委議であった。国家連合たるドイツ連邦の解消を意味するこの権力移譲は、国家連合に代わる新しい国家的秩序の構築のために戦争終結後も元通りにしてはならないものとされた。そして国民協会はそのプロイセン中心のドイツの新たな国家的秩序の国民による正統化のために、ドイツにおける国民議会という全国制度の設置を組織の最重要目標として掲げたのである。

一八六〇年九月初めに開催された第一回総会のために委員会[9]が準備し、ごくわずかな修正を加えて可決された決議文[10]は、ドイツを連邦国家として統一することを全面的に訴えかけるものであった。ドイツ人には「連邦国家的統一への希望」があることが冒頭に掲げられ、そのために国民協会は「統一的中央権力とドイツ議会の創設」を使命として活動する一方、プロイセンは、その独自の歴史と大国として地位を有しているにもかかわらず、「ドイツの一部としての意識をもつこと」と「他のドイツ国家と同じく、ドイツの中央権力と国民代表機関に服すること」が必要であることが強調された。

その連邦国家にはオーストリアも含まれる。「国民協会は、ドイツの連邦領域を一部たりとも手放すつもりはない。オーストリアのドイツ諸州は祖国の当然の構成部分であると認識し、これらの州が統一ドイツに加わることができる機会を喜んで歓迎するだろう」というのである。プロイセン主導の連邦国家を望む国民協会にとっても、オーストリアを含むドイツ連邦の領域こそがドイツなのである。ただし、いわゆる小ドイツ的な統一の可能性は排除されてはいない。「協会は、諸情勢の影響や除去することができない障害のためにオーストリアのドイツ部分の連邦国家への参加に差支えがある場合には、それによって残りのドイツの統一を追求することを妨げられることはない」のである。

国民協会は、ドイツにおける近代的政治組織の原形とでもいうべき組織であった。一八六三年にそのメンバーは二五〇〇〇人に達した。組織構造の点で国民協会は、コブデン率いるイギリスの反穀物法同盟から多くを学んでいた[11]。その一方、国民協会の政治的モデルは、オーストリアからの独立戦争に際して、サルデーニャ王国における自由主義者カヴールの政府と協調したイタリア国民協会であった[12]。自由派と民主派の混在という点など両者には共通点もあった。しかし両者の相違は大きい。ドイツ国民協会は、イタリアの国民協会から再三なされた対オーストリア共同戦線の結成の申し出を、オーストリアへの親近感が強い南ドイツにおける支持者に配慮して受けることはなかった[13]。そこには、ドイツにはオーストリアが含まれるというイメージの根強さが反映されていた。さらに、一八六二年にプロイセンでビスマルクが首相の座に就いたことにより、ドイツ国民協会は、自由主義的な政府との協調どころか、自由主義の見地からは全く容認できない政府と対峙しなければならなくなったのである。

ビスマルク政権が誕生するのと前後して、国民協会の目標はより明確になり、目標達成の方法も多様化していった。まず、プロイセンだけに関心を向けるのではなく、ドイツ各国の政治の足並みをそろえさせ、全ドイツ的な改革の機運を高めてゆくという方法が加えられた。その手段は、一八六一年から六三年にかけて、プロイセン、ヴュルテンベルク、バイエルン、ヘッセン＝ダルムシュタット、ナッサウ、ハノーファーなどドイツ各国で結成された「進歩党」という名の政党であった[14]。各地の進歩党の指導者と国民協会の有力メンバーとの間には密接な人的結合関係があった。

実際、各地の進歩党は、それぞれの地域の事情に応じた独自性をもっていたものの、全ドイツのレベルでは、集権的な中央権力と直接選出の全国議会を備えた連邦国家の樹立を目標として掲げるという明白な一致点を有していたのである。一八六一年八月下旬に開催された第二回総会の決議は、「祖国の内外の現在の状況に鑑み、各国における人民代表の選挙に際しては、統一中央権力とドイツ議会の構築に向けた活動をする決意をもった候補者だけが選出されるように働きかけることが、協会メンバーの喫緊の義務であることを、総会は明確に宣言する」[15]というものであった。

さらに国民協会は、各国議会の議員の全国組織であるドイツ議員大会の結成にも尽力した。国民協会の代表ベニヒセンによれば、統一国家がなく全国議会もない現状のドイツにおいて、議員大会は各国議会において多数派を獲得しつつある自由派を結集した上院（Staatenhaus）の代替機関であり、国民協会は全国民の利益を代表する下院（Volks-haus）の代替機関であると位置づけられた[16]。

結成当初から国民協会は、ドイツ人の間に「連邦国家的統一への希望」が存在し、協会の活動はその希望の実現を目指すものであることを強調してきた。そしてその希望は、一八四九年憲法という形をとって一度は現実化したという自信もあった。そうだとすれば、より明確な活動の指針として国民協会は、一八四九年憲法を採用すべきではないのか。そのような議論は結成当初からなされていた。とりわけ、一八四九年憲法が多様な勢力から受け入れられる可能性の大きさ、つまり、一八四九年憲法の国民統合機能の高さに期待が寄せられたのである。「一八四九年憲法が与えてくれるのは、すぐに使えるもの、導入を待っているだけのもののようにみえる。憲法は歴史的名声をもち、オーストリアのドイツ人の希望に適い、ゴータ派にはプロイセンの皇帝を、民主派には基本権を、大ドイツ派にはオーストリアの編入を与えるのである」[17]。しかし、統合機能に対する評価の違いを初めとして協会内の議論は固まらず、一八四九年憲法をセンセーショナルに掲げることは協会の結束を乱すおそれもあるとして、それに綱領的な地位を与えることは見送られていた[18]。

しかし、一八六二年の第三回総会で国民協会は、一八四九年憲法を協会の綱領的文書と位置づけるに至った。同協会の委員会を代表して演説したブラーターによれば、その背景には一八五九年以降に再び始まった連邦改革の議論があった。国民協会は国民の間に蓄積されてきた連邦改革の要求を汲み上げ続けた唯一の政治組織であり、その活動自体によって各国政府が連邦改革の提案を行うような気運が高められたという。ブラーターは協会の活動をそう自負した後に、各国政府の連邦改革への協会の姿勢を明確に示す義務があるとして次の決議を提案したのである。いわく、「ドイツ人民は、分裂と政治的無能力をその最も根源的な特質とする連邦の国制をわずかばかり修繕したところで、それに満足することはできない。内部の傷を悪化させこそすれ、癒しはしないこと必定な使節会議（＝国民選出の議会ではなく、各国政府から派遣される使節から構成される会議体――筆者注）という歪んだ観念および同種の着想には、決して満足も安堵もできないのである。国民の正義の観念およびその権力と自由への希求に沿うものはただ一つ、合法的に選ばれた人民の代表によって決定された一八四九年三月二八日のライヒ憲法を、基本権と選挙法ともども実現することである。こうした法の実現、とりわけライヒ選挙法の規定によって選出された議会の召集を真摯かつ強力に求めてゆくことこそ、国民政党の課題なのである」[19]。この決議は満場一致で可決された[20]。ここでは、一八四九年の憲法と男子普通選挙法が連邦国家たる統一国家に不可欠な全国制度であることが強調されているのである。

二 ドイツ連邦側の反応

先に述べたように、北イタリアでの戦争後に、「第三のドイツ」からは再び連邦改革を求める議論が展開され始めた。しかし、多様な中小国の間の利害と思惑の違いから、共通の議論の場を設けることさえも難しかった。ザクセンとヴュルテンベルクが主たる呼び掛け役となった「第三のドイツ」主導の連邦改革のための動きに、バイエルン政府が応じる姿勢をみせ、各国閣僚会議の開催が具体的な形を取り始めたのは、一八五九年九月の国民協会の結成を経た後のことであった。一一月二三日から四日間にわたりヴュルツブルクに中小国が参集して開催された会議[21]のためにバイエルン政府が準備した議題の中には、「コーブルクにおけるいわゆる国民協会の結成は、連邦の介入の対象であるか否かについての議論」が挙げられていた[22]。

総じてこのヴュルツブルク会議は、国民協会の結成に結実した国民意識の高揚に十分な対応を示したものではなかった。一方では、ザクセンのボイストが求めた国民協会の活動に対する組織的な規制措置を、バイエルンとヴュルテンベルクが「カールスバードの決議」を想起させる抑圧的措置は望ましくないとして拒否し、国民協会の活動にドイツ連邦が干渉することは回避された[23]。しかし他方においてヴュルツブルク会議は、統一中央権力と国民議会の設置という国民協会の最大の要求についてはその議題としなかった。

国民協会への対応以外の事前に予告された議題は、連邦会議の議事録公開、報道部局の設置、連邦裁判所の設置、居住権・法的共助・連邦商法典についての議論の促進、統一民刑事法と統一民刑事訴訟法の導入、度量衡の統一、クールヘッセン憲法問題、ヨーロッパ情勢とドイツへの影響、であった[24]。この中で連邦会議に提案することが会議で合意されたのは、追加議題となった連邦戦争体制の改訂と議事録公開を除き、いずれも法統一に関するものであった[25]。それは、ドイツ連邦がその国民的基盤を拡大するために最も重視した方策ではあったものの、国民協会結成の後の状況では、国民的要求に応えるという点でその後塵を拝するものであったことは否めなかった。

このような連邦改革の動きと前後して、ドイツ連邦を構成する国家の中からもドイツ連邦の事実上の解体を意味するような大胆な改革案が示されるようになっている。その代表は、自由主義的なフリードリヒ大公の下で国内における自由化・議会化が進められていたバーデンであった。

大公の政策顧問であり後に外相となるローゲンバッハが大公とともに一八五九年一〇月に作成した連邦改革案は、「ドイツの将来の国家の状態の姿」[26]として事実上の小ドイツ的な連邦国家を提示している。ドイツ連邦は、「全国的なナショナルな目標を追求すべきものであったところ、各構成国のいずれもが非常に特殊な個別目的を繰り返し追求した」結果、とりわけ「ドイツ連邦を自己の目的のために濫用しようとするオーストリアの動きと、自国の分離政策の必要を妨げない場合にのみ連邦の存在を認めようとしたプロイセンの動き」との衝突が「システム全体の機能不全」をもたらしているという[27]。したがって、「ドイツの将来の国家の状態の姿」は、三重の利害、すなわち領域の一体性と保全に固執するオーストリア、ドイツ内での勢力拡大を望むプロイセン、自国の自律性の確保を死活問題とするその他の諸国の要望を満たす必要がある。そしてローゲンバッハによれば、「あらゆる正当な個別の要求を同時に配慮し、その一方で国民的利益を必ずしも悪化させず、ドイツを甚大な危機にさらさないような全く別の国家制度の状態をドイツに作り出すことは、きっと不可能なことではない」という。[28]

このような認識に立ってローゲンバッハは、まず、オーストリアと他のドイツ諸国が「オーストリアなき新たな連邦」を設立する――ただし両者の間では、従来の連邦忠誠義務と外国からの攻撃を受けた際の支援義務が条約の形で維持される――条約を結び、続いて「オーストリアなき新たな連邦」の設立のための条約を締結することを提唱したのである。[29]「ドイツ諸国家連合連邦（Bund der vereinigten Staaten von Deutschland）」と称される「オーストリアなき新たな連邦」は詳細な「連邦憲法規約」をもち、それによれば、「連邦指導権」はプロイセン国王が握り、各国の政府と議会の代表からなる国家院（Staatenrat）と全国から議員を選ぶ国民院（Nationalrat）と合わせて連邦権力が構成されるものとされた。[30]その陣容は、ドイツ連邦からの断絶を際立たせないような配慮をしつつ、プロイセンの優越的地位を制度化し、連邦司法と連邦軍をも備えた連邦権力を樹立するという点で、小ドイツ的な連邦国家そのものであった。

一八六〇年八月には、バーデン、ザクセン＝コーブルク・ゴータ、ザクセン＝ヴァイマールの三国が、ドイツ連邦の連邦国家への改組を検討する委員会の設置を連邦会議に求める動議を提出することで合意した。さらにローゲンバッハは、君主制の統一中央政府と二院制の国民代表機関の設置を求める動議の準備を行ってもいる。[31]これらの動議は、両大国はおろか他の中小国にも同調する動きがなかったために、実際に提出され議論されることはなかった。しかしバーデンを筆頭とするこの動きは、国民協会に集約された国家的秩序像、すなわち国家連合を脱した連邦国家こそがドイツにはふさわしいとの声が政府内からも示され始めたという点で大きな意義を有していた。そして間もなく、同種の声がプロイセン政府の内部からも聞こえ始めるのである。

ビスマルクは、一八六一年七月に国王ヴィルヘルム一世に対して示したドイツ情勢についての覚書の中で、ドイツ国民のある不満を指摘している。「すべてのドイツ人の間で、ある不満が抱かれ膨らんでいる。その不満は、この偉大かつ力強い国民が、全体的国家体制を欠いているがために、ヨーロッパにおいて与えられてしかるべき威信をもつことを初めから断念しなければならないだけでなく、異なる条件の下では十二分に対抗しうる隣国からの攻撃にも絶えず不安を抱いて生活しなければならないようになっている、という感情が蓄積される中から生まれたものである[32]」。しかし、この不満が出来したドイツ連邦の欠陥を克服すべく過去において試みられたのは、連邦会議におけるオーストリアと中規模国家からなる多数派の権限を強化し、プロイセンを少数派の地位に固定化しようとするものだけであったという。それは到底プロイセンが容認できるものではない。したがって今や国民の不満を解消する道はただ一つ、「連邦の中央機関におけるドイツ人の国民的代表機関」の設置しかない、というのがビスマルクの見解であった。連邦の改革は国民の動向に沿ったもの、「国民代表機関との協力を視野に入れる」ものでなければならないというのである。しかも、たとえオーストリアがドイツ系地域と非ドイツ系地域に分割されたとしても、そのような国民代表機関へのオーストリアの参加はほとんど実現不可能であるとされ、あわせて小ドイツ的なドイツ統一の可能性が示唆されたのである[33]。

ビスマルクは、以上の見解をプロイセン政府が公言することを進言した。その際、それがもたらす政治的効果が明確に認識されていた。すなわちビスマルクは、統一国家を求める国民の動きが活発化している以上、プロイセンが本格的な国民代表機関への理解を示すことがなければ、「プロイセンは現在の連邦会議をめぐるドイツの発展の動きが終結したとみなし、それを進展させる改革を真剣に追求してはいない、と意気消沈している人々の不満を打ち消す[34]」ことはできないことをはっきりと認識していたのであった。

ドイツ連邦の一部、そしてプロイセンからも国民協会の提唱する統一ドイツ像に共鳴するような動きが出始めたことは、国家連合こそがドイツの国民形成にふさわしい国家的秩序であるとの確信を抱く側において、ドイツ連邦を国民的要請に応えうる機構に改革しようとする動きをまたも引き起こした。ザクセンのボイストは、あくまで「国民の直接普通選挙から生まれる議会の提案」や「統一中央政府という考え」のような「国家連合を出発点としない改革はすべて非現実的である」と断じつつ[35]、一八六一年一〇月に再びドイツ連邦の改革を提唱したのである。

ボイストは、連邦会議は維持するべきとする——ただし、常時開会を改め、年二回、南北ドイツで開催すること、議長はオーストリアとプロイセンが交代でつとめること、審議の迅速化のための措置を導入することなどの大きな改革が求められた——一方で、新たな立法機関として、各国議会の議員から構成される「議員会議（Abgeordnetenversammlung）」を設け、さらに連邦政治の連続性を担保するために、オーストリア皇帝、プロイセン国王、他のドイツ諸国の君主の三者からなる連邦行政府の設立を提案した[36]。

ボイストの提案は、連邦会議がオーストリアのドイツ支配の道具となっているという不満をもつプロイセンに配慮し、ドイツ連邦の政治機構に両大国の「同権」の要素を取り入れることを企図していた。それに劣らず重視されたのは、国家連合の枠組みの中で可能な国民の利益代表の制度を実現することであった。提案にあたってボイストが強調したことは、人々の間に国民的一体感が広がって連邦の統一行動への要求が高まっていること、そしてそのような国民形成はドイツ連邦という国家連合の枠組みがあってこそ可能であるということであった。たしかに「ドイツ連邦はドイツ人の心の中に深く根を下ろしているわけではない」し、「連邦は国民的意識にわずかばかりの満足しか与えていない」。しかし、ドイツの国民的一体感はドイツ連邦とともに醸成されてきたことを見逃してはならないというのがボイストの立場であった。一方、連邦国家やドイツ議会の設立は、「今ある連邦主義的体制の転覆」にほかならず、それらを求める意識も革命の一時的な産物にすぎない。だからこそ、既存のドイツ連邦を、その中で連邦の統一行動を可能にし、「連邦と国民とを親和させる」ように改革することが、ドイツの伝統に忠実かつ現実的な方策であるとされたのである[37]。

しかし、ボイスト案の提示を受けた各国の反応は冷淡であった。たとえばバイエルン政府は、ドイツ連邦の改革を両大国の事前の合意なしに提案しても無駄であるどころか、連邦内の亀裂を深くするだけであるという理由でボイスト案を議論すること自体に消極的であった[38]。この言葉通り、オーストリアとプロイセンはそれぞれのドイツ像をもってボイスト案に反対した。

オーストリアは、ドイツ連邦の単独議長国の座を失うような改革には決して賛成できなかった。(39) ドイツ連邦の外国に対する政治的一体性を確保することや、広大な非ドイツ系地域を抱えるオーストリアの連邦における地位を維持することは、議長国の地位なくしては実現できないというのがその主たる理由であった。

プロイセンは、国家連合の存続を前提とするボイスト案の実現可能性を疑問視した。外務大臣ベルンストフによれば、「現実の勢力関係」を考慮したドイツ連邦の改革は、国家連合の存続を許さないものであった。(40) ドイツ連邦の最大の欠陥は、両大国やデンマークのようにドイツ連邦外に広大な領域を有している国家が存在し、国家連合たるドイツ連邦には構成国の「現実の勢力関係」が反映されていない点にあるという。したがって「現実の勢力関係」に沿ったドイツの国家的秩序を考えれば、それはドイツ連邦ではありえない。かりに国家連合を維持しながら全国制度を拡充するのであれば、「国家連合の中に連邦国家を作ること」という形以外には不可能である、というのがプロイセン外相の主張であった。

このようなプロイセン政府の反応は、各国から連邦と各国の自律性への挑発であるとの反発を招いた。さらに一八六二年に入ると、プロイセン政府がプロイセン下院議会における自由派の圧力を受けてドイツ連邦に対する挑戦的行為に出るのではないかという不安が広がった。(41) 実際にその後、事態はその不安を高めるように進展した。一八六二年二月半ばのプロイセン下院議会に、進歩党および自由派の議員からベルンストフ案に沿ったドイツの新たな国家的秩序の建設を政府に求める動議が提出され、動議を審議した委員会は三月初め、プロイセン主導の連邦国家を建設し、オーストリアとはその外部で国家連合を形成することを満場一致で政府に求めたのである。(42) 五月の下院選挙では進歩党が議会第一党となり、他の自由派と合わせて議会の圧倒的多数派を掌握した。そして一八六二年九月、プロイセン政府の中でもドイツ連邦に最も厳しい姿勢をとってきたビスマルクが首相の座に就いたのである。

一八五〇年代半ば以降、国民意識の高まりを背景に始まった「第三のドイツ」を中心とするドイツ連邦の改革の試みに大きな成果はなかった。それと反比例するように、国民協会の活動は活発化し、プロイセンが国民世論を引きつけて連邦を解体するという可能性が高まっていた。事態ここにおよんで、それまで連邦改革に距離をおいてきたオーストリア政府の姿勢が、いよいよ変化することになったのである。

(1) エンゲルス「歴史における暴力の役割」、『マルクス＝エンゲルス全集』第二一巻(大月書店、一九七一年)、四二七頁。

(2) Friedrich Engels, Po und Rhein, Verlag von Franz Duncker, Berlin 1859, S. 3. この論説の邦訳は、エンゲルス「ポーとライン」、『マルクス＝エンゲルス全集』第一三巻(大月書店、一九六四年)、二二五―二七二頁。

(3) Friedrich Engels, a. a. O., S. 4.

(4) Ernst Rudolf Huber, Deutsche Verfassungsgeschichte seit 1789. Band III: Bismarck und das Reich, W. Kohlhammer Verlag, Stuttgart/Berlin/Köln/Mainz 1988 (Dritte wesentlich überarbeitete Auflage), S. 263-264.

(5) ウィーン最終規約は、第四六条で「連邦の領域外にも領土を有する連邦の国家がヨーロッパ国家の資格で戦争を始めた場合、連邦には、そうした連邦の事情と義務とに関わらない戦争は全く無縁である」と定めるのに続き、第四七条では「そのような連邦の国家が連邦外にある領土を脅かされたり攻撃されたりした場合、連邦は、事前審議においてそれが連邦の領域に対する脅威であると連邦(小)会議が多数決で認めた場合に限り、共通防衛措置への、あるいは支援行動参加への義務を負う」と規定していた。

(6) クリミア戦争の最中の一八五五年にオーストリアが求めたドイツ連邦諸国の動員はプロイセンと他国からなる多数派によって実現せず、一八五七年にスイスのノイエンブルク(ヌーシャテル)がプロイセン支配からの離脱しようとした際、プロイセンが求めたドイツ連邦の支援行動がオーストリアによって阻まれていたのである。Jürgen Müller, Deutscher Bund und deutsche Nation 1848-1866, S. 277-278.

(7) Ernst Rudolf Huber, Deutsche Verfassungsgeschichte seit 1789. Band III, S. 260-262.

(8) Andreas Biefang, Politische Bürgertum in Deutschland 1857-1868, S. 66-79.

（9） 国民協会の執行部は、一二名のメンバーから構成され、重要案件を議論する委員会（Ausschuss）と、その中から選出された代表とその代理、幹事長からなる役員会（Vorstand）であった。

（10） 決議文の引用は、Verhandlungen der ersten Generalversammlung des deutschen Nationalvereins am 3., 4. und 5. September 1860, S. 15. 後述のように、第一回総会では一八四九年憲法を国民協会の綱領的文書と位置づけることは見送られ、連邦国家的統一への要求は、「一八四九年憲法の中にその法的な表現を見出した」という文言が決議の中に盛り込まれるにとどまった。決議文の修正とは、執行部が準備した文案にはない「法的な」という語句の追加であった。Ebd., S. 17 und 38.

（11） Andreas Biefang, Politische Bürgertum in Deutschland 1857–1868, S. 90–91.

（12） Ebd., S. 81.

（13） Ebd., S. 81–82, Anm. 5.

（14） Ebd., S. 273–274.

（15） Verhandlungen der zweiten Generalversammlung des deutschen Nationalvereins in Heidelberg am 23. und 24. August 1861, S. 11.

（16） Verhandlungen der dritten Generalversammlung des deutschen Nationalvereins in Coburg am 6. und 7. Oktober 1862, S. 4.

（17） Sybel an Duncker vom 9. Februar 1861, in: Johannes Schultze（Hrsg.）, Max Duncker. Politische Briefwechsel aus seinem Nachlaß, Deutsche Verlags＝Anstalt, Stuttgart/Berlin 1923, S. 263.

（18） Verhandlungen der ersten Generalversammlung des deutschen Nationalvereins am 3., 4. und 5. September 1860, S. 15.

（19） Verhandlungen der dritten Generalversammlung des deutschen Nationalvereins in Coburg am 6. und 7. Oktober 1862, S. 9–10.

（20） Ebd., S. 20.

（21） ヴュルツブルク会議については詳細な研究論文がある。Wolf D. Gruner, „Die Würzburger Konferenzen der Mittelstaaten in den Jahren 1859–1861 und die Bestrebungen zur Reform des Deutschen Bundes“, *Zeitschrift für Bayerische Landesgeschichte* 36（1973）, S. 181–253.

(22) Jonas Flöter, Beust und die Reform des Deutschen Bundes 1850–1866, S. 255.
(23) Ernst Rudolf Huber, Deutsche Verfassungsgeschichte seit 1789. Band III, S. 392 und 401.
(24) Jonas Flöter, a. a. O., S. 255.
(25) Jürgen Müller, a. a. O., S. 304.
(26) „Ideen zu einem Versuche, eine Reorganisation des Deutschen Bundes durch Ausgleichung der Interessen der beteiligten Regierungen zu erreichen“, in: Hermann Oncken (Bearb.), Großherzog Friedrich I. von Baden und die deutsche Politik von 1854–1871. Briefwechsel, Denkschriften, Tagebücher. Erster Band, Deutsche Verlags＝Anstalt, Stuttgart/Berlin/Leipzig 1927, S. 127.
(27) Ebd., S. 119.
(28) Ebd., S. 125.
(29) Ebd., S. 128–130.
(30) 「連邦憲法規約」の全文は、Ebd., S. 134–152.
(31) Jürgen Müller, a. a. O., S. 310 und 324–325.
(32) Denkschrift über die deutsche Frage von der Mitte Juli 1861, in: GW. Bd. 3 (Politische Schriften: März 1859 bis September 1862), Nr. 234, S. 267.
(33) Ebd., S. 267–268.
(34) Ebd., S. 269.
(35) Denkschrift zur Einführung des sächsischen Bundesreform-Projektes von 1861, in: Friedrich Ferdinand Graf von Beust, Aus drei Vierteljahrhunderten. Erinnerungen und Aufzeichnungen. Erster Band, Verlag Cotta, Stuttgart 1887, S. 292.
(36) Entwurf des sächsischen Bundesreform von 1861, in: Friedrich Ferdinand Graf von Beust, a. a. O., S. 298–302. 一八六一年のボイスト改革案の内容についての詳細は、Jonas Flöter, a. a. O., S. 332–338.
(37) Denkschrift zur Einführung des sächsischen Bundesreform-Projektes von 1861, S. 280–282 und 288.

(38) Jürgen Müller, a. a. O., S. 332.
(39) Ebd., S. 332; Jonas Flöter, a. a. O., S. 340.
(40) Ebd., S. 356–357.
(41) Jürgen Müller, a. a. O., S. 333.
(42) Ernst Rudolf Huber, Deutsche Verfassungsgeschichte seit 1789. Band III, S. 413.

第一章　大ドイツとしてのドイツ（一八五九―六三年）

はじめに

ドイツ連邦の中核国であるオーストリアを中心としたドイツは、オーストリアを除外したドイツである小ドイツに対して、大ドイツと呼ばれた。

すでに述べたように、その大ドイツ的な国家連合たるドイツ連邦を、ドイツ国民が有するにふさわしい国家的秩序に改革しようとするさまざまな試みが、一八五〇年代後半以降、ザクセンを筆頭とするドイツの中規模国家によってなされていた。これに対して、ドイツ連邦の議長国であるオーストリアは改革に消極的であった。しかし、そのオーストリアも、一八六〇年代に入って、改革に対する姿勢を変化させ始めた。

ドイツ全体をみれば、オーストリアがドイツ連邦の改革に乗り出さざるをえない明らかな理由が存在した。中小国が提唱したドイツ連邦を改革する幾多の試みが成果なく終わり、ドイツ連邦が国民的な国家的秩序へと変貌する可能性に疑問符が付された一方で、国民協会や各地の進歩党から、さらにはプロイセン政府によって、オーストリアを除いた統一ドイツ像というイメージが広められていたのである。無為無策のままでは、オーストリアなきドイツというそのイメージが強化され拡大するおそれが生じていた。

これらを背景として、一八六〇年代初頭から、対外的にはなおドイツ連邦の改革に対する消極的姿勢を崩してはいなかったオーストリア政府の内部において、ドイツ連邦の改革を検討する動きが始まったのである。

本章はまず、このようにして始まった連邦改革の動きの背景に、オーストリアが先頭に立って改革を導き、ドイツ連邦を国民的な全国制度にすることを期待する声があったことを指摘する。それらは、改革されたドイツ連邦の下でドイツの国民的一体感が高まることを望む声にほかならなかった。さらに、オーストリア主導の連邦改革を支持するために、大ドイツ的なナショナリズムの組織化も行われた。

続いて本章は、一八六二年から翌年にかけて試みられたオーストリア主導のドイツ連邦の改革の展開とそれに対する大ドイツ的なナショナリズムの反応をたどりながら、大ドイツ的なドイツ像の発展可能性について論ずる。すなわち、大ドイツ的な国家連合というドイツ像は、その勢いを伸ばすことができたのか、大ドイツ的な国家連合はドイツの国民意識をはぐくむ適切な国家的秩序たりえたのかといった問題を考察する。

第一節　「大ドイツ的連邦主義」

はじめに

オーストリア主導のドイツ連邦改革の背景には、それを求める人々からの支持があった。本節は、彼らがどのようにドイツ連邦を改革しようとしたのかを概観し、その後、オーストリア主導の連邦改革に実際に大きな影響をおよぼした点で特筆されるフレーベルの改革構想を、彼が念頭においたドイツ像を浮き彫りにしながら論ずる。

そもそもフレーベルによれば、オーストリアとは民族的多様性が保持され、「ドイツの民族的一体性」とは異質の、いわば「君主制の大スイス」であった。[1] そして、国民とは共通の文化ではなく国家を共有する人間集団であり、オーストリアはそうした多彩な文化を包摂するための国家的一体性を保たなければならない。さらに、ヨーロッパ国際関係の安定のためには、オーストリアが「ドイツから切り離されることも、……ドイツに同化されることも」ありえない。[2] こう考えるフレーベルは、「さまざまな民族が混ざり合った連邦主義的な国家建設の原則（das Prinzip föderalistischer Staatenbildung mit gemischten Bevölkerungen）」[3]に基づく国家的秩序こそ、ドイツの地にふさわしいとした。すなわち彼は、ドイツ連邦を中心とし、オーストリアを介して中央ヨーロッパへと広がる国家的秩序を思い描いていたのである。

一　オーストリア主導の連邦改革を求める声

オーストリアに対して連邦改革への加担を求める声は一八五〇年代末からあり、その数は次第に増えていた。ウィーン政府が連邦改革に乗り出したのは、それらの声の支持を受け、その期待に応えるためでもあった。なにより、オーストリアをドイツ連邦の改革へと促す最初の契機は、社会から、すなわち「大ドイツ運動の陣営からウィーンに向けられた数多くの私的な文書」[4]から与えられたのである。

その中には、ハプスブルク家と長らく密接な関係をもち、広範な地域の郵便事業を独占する民営の郵便事業体として財をなしてきたトゥルン・ウント・タクシス家のデルンベルクとグルーベンが起草した連邦改革構想なども含まれていた。彼らは、同家の各地に広がる郵便事業とオーストリアの利害の合致（親オーストリア的世論を広げ、プロイセンの中小国への接近を困難にする。逆にプロイセン郵便がタクシス郵便を駆逐することは、ドイツのプロイセンへの従属化を意味する）を指摘しながら、[5] ドイツ連邦の機構改革（とくに連邦裁判所の設置）を求めている。[6] その際に強調されたのは、現状ではなお大ドイツ的な心情が支配的であるとはいえ、次第に小ドイツ的なドイツ像が広がっており、何の対策も講ずることとなくしては両者の勢力関係が逆転してしまうということであった。かりにオーストリアなきドイツが生まれれば、その東部および南部においては境界地域が他国に奪われてしまうおそれもあり、そうならないために必要なのは、改革に向けたオーストリアの「熱心な行動」であり、「迅速な政治的行動」であり、「オーストリアが実際に前進すること」であるとされたのである[7]。

ウィーン政府がドイツ連邦の改革に乗り出すことを求めた人々は、この例に示されるように、なによりオーストリアのドイツ問題への積極的加担こそが、オーストリアなきドイツの姿に対抗するドイツ像を強化し拡大することになると考えていたのである。オーストリア主導の連邦改革を求める声が出始めた最初期にさかのぼって、さらにいくつかの例を検討しよう。

ヴュルテンベルクの国民経済学者シェフレ[8]（一八六〇年のテュービンゲン大学教授就任後、ヴュルテンベルク議会で活躍し、後にオーストリアの閣僚となる）は、一八五九年九月にオーストリアのレヒベルク外相に対し、オーストリアのドイツ問題に対する受動性と消極性がプロイセンの覇権志向的な政治を増長させていることを指摘し、オーストリアが「実際の国民的必要を満たすことを目指した多くの提案」をすることを推奨した。そして、その際に「世論を適切に活用して」改革に成功すれば、「どのような場合においても、オーストリアの指導力が功績のすべてを手に入れ、プロイセンが先取りし、オーストリアは脇に押しのけられたかもしれない場を、一瞬にしてオーストリアが先取りすることになるだろう」と述べている[9]。具体的には、ドイツ連邦の下で各種の法制度の統一と連邦裁判所の設置といった「法と行政の領域における同一の制度」を設けることができれば、ドイツに「政治的共通性と連合関係という堅いつながり」、そして「共通の市民観、共通の意識、共通の国民的利害、共通の道徳」が生まれるであろう、というのがシェフレの認識であった[10]。

また、ヴィンドホルスト——ハノーファーの下院議員や司法大臣を歴任し、後に中央党の指導的人物としてビスマルクと対決することになるカトリックの政治家——は、プロイセンがドイツ連邦から離脱し、ドイツにおける覇権を打ちたてようとする試みを不当なものと断じ、そうした試みに対抗して「全ドイツの利益とドイツにおけるオーストリアの地位」を強化・促進するための方法として次の事項を挙げた[11]。第一は、もっぱら義務の体系であるドイツ連邦を権利と利益の機構に改革することである。第二は、その改革が大幅なものにならないために、各国における政府と議会との協調的関係を形成することである。「ドイツ人は、自分の身近な祖国で満足感を覚えることができれば、外部に自分の満足を求めないであろう」から、というのである。そして第三に、プロイセンがドイツで影響力を高めることになった営みを、オーストリアも同様に実践することであった。プロイセンの営みとは、プロイセンと北ドイツの中小諸国との間で交わされた、活発な物質的・精神的な交流のことである。経済・教育・文化・学問の各分野での交流の促進こそが、「利害の一致と思考・感情・存在の同化」を生み出すものと考えられたのである。

この二つの例は、現行のドイツ連邦を基礎にドイツの全国制度を拡充し、その領域内における各分野の交流を活性化させることがドイツの国民的な一体感を高めるという考えを述べるものである。その背後にあるのは、オーストリアを欠くことのできない部分として含むドイツのイメージであり、国家連合をオーストリアの包摂を可能にする国家的秩序として採用するドイツのイメージであった。二つの事例はまた、改革を実行するために、オーストリア自体が国民の動向に敏感となるよう変貌することを求めている点でも共通していた。ごく簡単な提言ではあるものの、これらはその後に提示されることになるオーストリア主導の連邦改革の骨子をすでに示すものであった。そして、オーストリア政府に対して連邦改革への参画を促す主張の中には、ドイツ連邦規約のより詳細な改革案を提示する者が現れ始める。

その最初期の事例として、国法学者にして、後に改革協会や大ドイツ大会といった大ドイツ・ナショナリズム運動の中で活躍することになるツァヒャリーエの提案を挙げることができる。一八五九年末に刊行された彼の『現状を基礎としオーストリアを排除しないドイツ連邦の国家制度改革[12]』は、題名そのものがすでにあるべきドイツの方向性を明瞭に語っている。

ツァヒャリーエは、外交指導の統一性の欠如とドイツ連邦内での全国的な法制度の整備の遅れがドイツ連邦の抱える最大の問題と考え、その解決のための連邦改革を提唱した。改革の最も重要な目的は「ドイツ国民に対して、正当な要望に沿った全国的な国家制度を与えること」であった（「ドイツ連邦の現在の国家制度の基盤を壊すことがない」要望が「正当な」ものとされた）[13]。

彼によれば、ドイツ連邦の機関として、各国政府の使節から構成される連邦会議しかないというのは欠陥以外の何ものでもない。なぜなら連邦会議は、もっぱら「連邦に含まれる大中小すべての国々の主権」だけに配慮するものであり、ドイツの全国制度としては十全ではないからである。ドイツ連邦は、オーストリアとプロイセンの二大国の対立の弊害を克服するような仕組みを備えなければならないし、さらに、「道徳と正義において一致しているという生き生きとした意識をもち、精神的物質的な利害を共有し、その特質にふさわしい力強い政治機構の中で生き続け成長するという、古びることのない要求を抱くドイツ国民の存在」という要素にも配慮したものでなければならないという[14]。

ツァヒャリーエから具体的に提案されたのは、従来の連邦会議を「連邦参議院（Bundesrat）」として継承しつつ、戦争および外交指導を担当する「連邦執行部（Bundesdirektorium）」と、法律制定を含めた連邦参議院の諸決定を承認する「連邦会議（Bundesversammlung）」、そして「連邦裁判所（Bundesgericht）」を新設することであった[15]。

この改革構想は、その意図通り、ドイツ国民にふさわしい全国制度、ドイツの国民意識をさらに育て上げるような全国制度を提供するものとして評価され、支持を集めることができるだろうか。とくに、国民協会の結成によりさらに力を得た、小ドイツ的な連邦国家、普通選挙制度に基づく全国議会を備えるかもしれない統一ドイツへの対抗構想として十分な役割を演じることができるものだろうか。

ツァヒャリーエは、「最近、いわゆる国民的な党派の協会に結集した人々の呼びかけ」には「実質的成果は全く期待できない」[16]と述べている。その理由は、国民協会の主張の非現実性にあるという。そのうえでツァヒャリーエは、自身の構想が成果を約束された現実的なものであると自負している。そう判断する彼の根拠はどのようなものであったろうか。意外にもツァヒャリーエはそれを、プロイセン主導の小ドイツ的なドイツ統一を求める勢力と目されていた「ゴータ派」[17]の理念と行動から導き出している。

ツァヒャリーエは、「われわれは、いわゆるガーゲルン構想の根本思想が今なお理論的には最も正しいと認識しているということを認める」と述べている。[18]ガーゲルンがしばしば、一八四八年の革命の際のプロイセン世襲皇帝派や、プロイセン主導の小ドイツ的なドイツ統一を求めるいわゆる「ゴータ派」の代表的人物とみなされていたことを考えれば、「現状を基礎としオーストリアを排除しないドイツ連邦」の改革を主張したツァヒャリーエによるこの評価は意外に響く。

ツァヒャリーエはこう説明する。一八四八年革命の際に示されたガーゲルンの構想の根本思想、すなわち「真のゴータ派」の構想とは、「オーストリアは全体国家として、他のドイツは連邦国家として」、すなわち、オーストリアを除くドイツ諸国が連邦国家を樹立し、その連邦国家とオーストリアが「兄弟のような連合」を結ぶという「全ドイツ」的なものであった。しかし、オーストリアの拒絶でこの構想の実現可能性がないことが判明すると、「真のゴータ派」はプロイセン国王を皇帝とするフランクフルト憲法を支持した。そのライヒ憲法体制も頓挫すると、彼らはプロイセン中心の「(エルフルト)連合」構想を打ち出した。[19]このような、プロイセンの覇権を支持し続けたかにみえる「真のゴータ派」も、しかしその行動を規定した本当の動機は、決してプロイセンの覇権を樹立することではなかった。それは、「ドイツ国民の必要と要求に、より適合したドイツの全国的国家制度の実現を変わることなく断固として求めつつ、現状の諸情勢を冷静に判断して、その範囲を現実にこれだけは実現できるとみなされることに限定する」ことであった。[20]すなわち、その時々の国家状況において実現可能な改革構想に加担することであった。

では、現状において「今なお理論的には最も正しい」ドイツを求めることは可能だろうか。ツァヒャリーエによれば、「オーストリアは全体国家として、他のドイツは連邦国家として」構想されるドイツの実現可能性は乏しかった。なにより、「自由と統一を具現化するドイツの国家制度を求める」ような「真剣な意思」が、北ドイツにおける覇権確立を求めているかのようなプロイセンには欠けており、また、中小ドイツ諸国が自主的にプロイセンの庇護の下に入って主権の一部を放棄することも考えられないからである。この点において、まさに国民協会が目指すような小ドイツ的な連邦国家の建設は、実現の見通しのない目標であり、成就可能な目標の実現さえも遠ざけてしまう「政治的誤り」なのであった(21)。

そうだとすれば、現時点で求められているのは、これまでの「真のゴータ派」と同じく、現状において実現可能なことを行うこと、すなわちドイツ連邦の存続を前提にその改革に取り組むことであるというのがツァヒャリーエの認識であった。そして彼は、先にふれたように、今のドイツ連邦の欠陥である二大国の対立を克服するために「連邦執行部」を、さらに国民的基盤の不足を解消するために「連邦会議」を新設するという方策が現実的で望ましいと考えたのである。

その「連邦執行部」の設置には、たしかに外交指導の非統一性という、二大国の対立がもたらす弊害を克服するという意図がこめられていた。ただし、「連邦執行部」はオーストリアとプロイセンが一年ごとに交代でつとめるとされ、決して恒常的な「統一的頂点（die einheitliche Spitze）」ではなかった。しかもその運営上の「責任は分割されるのではなく、常にオーストリアあるいはプロイセンの一国によって担われる」ものとされた。「連邦執行部」にこのような折衷的な性格が与えられたのは、ドイツ連邦の存続を前提に、その下での両大国の「同権」とドイツの外交・戦争指導の統一性という二つの課題の両立を実現するためにはそれしかないと判断されたためであった(22)。しかしながら、より優れた外交と戦争のリーダーシップを発揮しうる制度が求められた場合、はたしてこの折衷的な「連邦執行部」は、ドイツ連邦を解消して建設される統一ドイツに対して優位性を主張することができるのだろうか。

あるいは「国民代表」を実現する制度はどうだろうか。ツァヒャリーエは、「ドイツ国民」の存在を無視したドイツの全国機構はありえないという立場から、ドイツ連邦に「国民代表機関」として、「連邦会議」を設けることを提案した。「連邦会議」は「各国の政府と議会から二年ごとに同数が選出ないし任命される議員」から構成された、たしかに各国の議員を通じて国民の利益を代表する国民代表機関ではあった。しかしそれは、普通選挙制度によって選出される全国議会といった、より本格的な国民代表機関ではなかった。そして、各国の主権を維持するドイツ連邦を国家連合として存続させることを前提とすれば、「国民」に対する配慮に限界が生じることは、ほかならぬツァヒャリーエ自身が認めていたことであった。すなわち、「最も必要なことは、連邦規約第一条およびウィーン最終規約第一条に記されたドイツ連邦の目的を、ドイツ国民の福利の促進へと明確に拡大することであるように思われる。しかし、各連邦構成国の政治的自律性（主権）というこれからも適用される原則に比べると、それ（＝ドイツ国民の福利の促進——筆者注）を表現するための怪しげでない表現を見出すことは難しい[23]」のである。

ツァヒャリーエも、以上のような「現状を基礎とし、オーストリアを排除しないドイツ連邦の国家制度改革」の成否はオーストリアの姿勢にかかっていることを強調している。「連邦の国家体制の欠点を実際に直すようないかなる改革にとっても、オーストリアにプロイセンとドイツの主導権を分有する用意があることが必要不可欠な条件である[24]」というのが彼の判断であり、オーストリアへの期待であった。そして、その期待に沿うかのように、オーストリア政府を連邦改革へと実際に動かし、「オーストリアの連邦改革政治にとっての最大の契機[25]」となった動きが展開されることとなった。大ドイツ主義者としてツァヒャリーエとも近しい関係にあったフレーベルの活動であった。

二　フレーベルのドイツ像

一八四八年革命に共和主義者として参加したフレーベルは、革命挫折後、多くの同志が亡命生活を送ったようにアメリカに渡った。数年後、クリミア戦争がヨーロッパ全体を巻き込む戦争となったことで、彼はヨーロッパ政治への関心を新たにし、一八五七年には約八年間におよんだアメリカ生活を終えてヨーロッパの土を再び踏むこととなった。

革命への幻滅とアメリカでの生活によって、フレーベルの政治に関する思考は現実主義的な志向を強め、彼は人民主権論者から国家主権論者に変貌していた。[26] 革命により現状を打破して新たな秩序を切り開くよりも、世論を喚起し、政府を改革に突き動かすことをフレーベルは重視するようになっていたのである。

そのフレーベルが、一八五〇年代末から六〇年代前半にドイツで展開した活動には、特筆すべき点が二つある。第一は、一八五九年からドイツ連邦の改革を要求する言論活動を展開し、一八六二年以降はオーストリア政府に入って直々に数々の提案を行い、実際にオーストリア政府の連邦改革案に影響をおよぼしたこと、第二は、オーストリアの連邦改革を支える社会勢力の結集をはかって大ドイツ大会の開催と改革協会の結成に尽力し、一八六二年一〇月末にはそれを実現させたことである。要するに、オーストリア主導のドイツ連邦改革のイデオローグにして推進者がフレーベルであった。

では、そのようなオーストリア主導の連邦改革の背後にあった、フレーベルにとってのあるべきドイツの姿とはどのようなものであったか。一八五九年から翌年にかけて刊行された『ドイツとヴィラフランカの和平』『ドイツ政治の諸要求』『ドイツの諸政党の構成要素と最近の政治文学』という小冊子からそれを抽出してみることにしたい。

フレーベルが抱くドイツのイメージはまず、かつてドイツの地を中心に大国の地位を誇った神聖ローマ帝国への憧憬に裏打ちされていた。「ドイツのライヒと教皇権力の全盛期には、多かれ少なかれ結束した一つのまとまりを構成していた西ヨーロッパの諸民族は、近代になって分裂した。それらをわれわれの時代精神の中で再び統合する絶対的な必要性が、日々強まっている」[27] と述べるフレーベルにとって、「真の大国とはわれわれがライヒと呼ぶところのもの」であり、中央ヨーロッパの地にそのような「真の大国」たるドイツ・ライヒを復活させるというのが彼のドイツ像の中心にあった。[28]

ライヒの再生は歴史的な憧憬の意識から求められただけではない。それはヨーロッパ国際政治の現実的な要請からも必要とされた。フレーベルは、自身の考察が、フランツの見解、とりわけフランツの『ヨーロッパの勢力均衡に関する研究』[29]の強い影響を受けていることを認めている。

フレーベルによれば、ロシア、プロイセン、オーストリア、イギリス、フランスによる「五大国支配」、すなわち、中世の普遍的秩序に代わって登場したヨーロッパ国際システムの一九世紀的な形態がクリミア戦争で解体し、その後の世界では、北アメリカ、ロシア、フランス、イギリスという、大国にして世界勢力でもある国々が新たな支配グループを形成しつつあるという[30]。そのような新たな趨勢に対抗してドイツが確固たる地位を保持するためには、オーストリアとプロイセンと他のドイツ諸国が協力しなければならない。とりわけ西ヨーロッパがフランスの支配下に陥ることがないよう、西ヨーロッパの地においてドイツ・ライヒを再興させることが必要である。ドイツが大国にして世界勢力であるためには、「ドイツ・ライヒがかつて担った使命、すなわち初めからナショナルではなくインターナショナルであった使命」を引き受けなければならないのである[31]。

西ヨーロッパ諸民族の統合を達成するための方法としてフレーベルは、集権化へと向かうフランス帝国主義と、連邦主義的なドイツ精神によるものとがあるとする。もちろん、フランスとロシアの間に広がるヨーロッパの地に、帝国主義的なその両国に対抗しうる連邦主義的な国際秩序を構築することがフレーベルの眼目である。そしてその中核に位置づけられるのがドイツの連邦主義的秩序、すなわちドイツ連邦であった。「ドイツの安寧は、すでに建設されている連邦主義的体制をさらに発展させ、その保護下において、……スイス、オランダ、ベルギー、デンマークといった周辺の弱小国の地位が次第に保全されるようになる開かれた国家体制を築くことにある。そのようなヨーロッパ国家連合の中核をドイツ連邦がつとめなければならない[32]」。

ヨーロッパの国家連合の中核がドイツ連邦でなければならないのは、ドイツとはプロイセンでもオーストリアでもその他のドイツでもなく、まさにドイツ連邦のみがドイツと呼びうるものだからであった。「ドイツ政治を明確かつ説得的な言葉で言えば、ドイツ全体のことを最終目的とする政治のことであり、それは全体としてのドイツからのみ発するものである。すなわちドイツ政治は、ドイツが今のように組織されている以上、ドイツ連邦以外には営むことができないものである[33]」。

ドイツ内部の秩序については、既存のドイツ連邦を基礎にしたドイツの「三つ巴（Trias）」「三元支配（Dreiherr-schaft）」をフレーベルは構想する。それはドイツの国家的秩序の発展から要請される当然の姿であった。フレーベルは再びフランツに導かれつつ、次のように述べている。「ドイツ・ライヒは、皇帝の権力と権威の下、われわれの今日の状態の起源となった二つの異なる特別な政治的存在形態を発展させた。公爵領と辺境領である。後者は、異民族地域におけるドイツの植民地であり、前者は、部族に分かれたドイツ民族の中核そのものを構成した。辺境領からはオーストリアとプロイセンが、公爵領からは中小の諸国家が生まれ、ドイツ・ライヒの解体後は、オーストリア、プロイセン、そして中小諸国の全体がドイツ国民の同権的な三構成要素となり、それらが今や新たな有機的つながりを求めているのである。それゆえ、今日の世界情勢とドイツの状況についての深い造詣に支えられた研究（＝フランツの『ヨーロッパの勢力均衡に関する研究』――筆者注）は、筆者を、いわゆる「三つ巴」（この本の中でこうした表現そのものは見当たらない）として実現が求められている考えに導くのである[34]」。

このようにドイツ連邦をオーストリアとプロイセン、そして中小ドイツ諸国によって建設される「三つ巴」あるいは「三元支配」として改組することを提唱したフレーベルは、それによってプロイセンとオーストリアの不和が解かれ、ドイツの結束が固まることを期待したのである。「三元支配によって代表される共通の中央ヨーロッパ的な利益がドイツの国民意識の一体性と結びつけば、三者の結びつきはより固いものとなるだろう[35]」というのである。

以上を要するに、フレーベルにとって「ドイツ連邦は、とりわけドイツの中小諸国を緊密に統合することを通じてヨーロッパ的性格をもった国家連合の核となり、それによってただのドイツ国家には決してなろうとしなかったドイツ・ライヒの国際的な課題を再び担おうとする[36]」国家的秩序にほかならなかったのである。

このようなドイツ連邦を核とした国家的秩序をドイツのあるべき姿としたフレーベルは、その基礎に「民族性原理（Nationalitätsprinzip）」をおくこと、すなわちドイツ国民国家の建設を断じて容認しなかった。人民主権論者から国家主権論者に転身した彼にとって、そもそも政治の主体は国家であり、「政治的な独立性をもつのは、国家であって、民衆でも、エスニックなあるいは言語的な意味での民族でもない」[37]。しかもフレーベルは、「民族原理」を、旧帝国の解体とその後のヨーロッパの混乱を引き起こし、フランスのような国家の官僚的集権化をもたらして各地の地域的多様性を圧殺した元凶であるとみなしていたのである。

さらにフレーベルは、民族性原理が実際にドイツに適用された場合に出現する可能性のある二つの国家的秩序を検討している。まず、「民族性原理をドイツの政治組織に適用するということは、オーストリアを解体し、そのドイツ系地域と他のドイツ諸国家を統合して統一国家を建設することを意味する」。このように民族性原理が「大胆に」適用された場合には、いわゆる大ドイツ的なドイツが現れる。一方、「民族性原理」が「控えめに」適用された場合には、小ドイツ的なドイツ、すなわち「プロイセンの受け皿の下に統一された非オーストリア的ドイツ」が現出する[38]。そしてフレーベルは、集権化――フランスとロシアが犯している「過ち」である――を批判する観点から、実質的なプロイセン支配の小ドイツ的なドイツのみならず、いわゆる大ドイツ的なドイツをも拒絶する。その点をフレーベルは次のように明言する。「小ドイツ的な計画と同じく大ドイツ的な計画も、現在ではわれわれの運命と結びついた他の民族の放逐をともなうドイツの政治的集権化として、……国民に内在する精神、オーストリアとプロイセンの別個ではあるものの同列かつ一致した使命、そしてドイツの小国の正統的な歴史的権利と矛盾するものである」[39]。

領域の面でオーストリアを含んだとしても、その大ドイツが集権的な国家的秩序であるならばそれは容認できないというのがフレーベルの立場であった。換言すれば、大ドイツ的なドイツは、国家連合の形でしか存在しえないというのがフレーベルの確信であった。「そのような形（＝オーストリアを含むドイツ――筆者注）を可能にするのは連邦主義でしかありえないというのは自明なことである。連邦主義は、大ドイツ的計画の、前提であると同時に帰結なのである」[40]。フレーベルは自身の立場を、文字通り、「大ドイツ的連邦主義者（grossdeutsche Föderalisten）」[41]と呼んだのである。

この連邦主義的な大ドイツは、否定さるべき集権的な大ドイツと領域面でも異なるイメージをもつ。後者は、ドイツ連邦の明確な境界からなる領域を有するドイツである。これに対して前者は、「ドイツの国家プランとでもいうべきものの中にオーストリアのドイツ系諸地域を加え入れ」、さらに「オーストリアもプロイセンもその全体を何らかの形でドイツと結びつける」。また、「オーストリア、プロイセン、デンマーク、オランダのドイツ連邦に属さない部分は、初期の誓約同盟法にいわゆる「属邦（zugewandte Orte）」に相当するような同盟関係の形態においてのみ連邦と関わるべきである」[42]。ドイツ連邦を中核としつつ、オーストリアを介して中央ヨーロッパに広がる国家的秩序こそが真の大ドイツとしてのドイツであった（本節「はじめに」参照）。

フレーベルがこのようなドイツ像を、小ドイツ的な連邦国家への対抗的なイメージとして打ち出したことはいうまでもない。彼によれば、一八六〇年のドイツにおける政治対立の構図とは、「自由主義者か反動的勢力かではなく、集権主義者か連邦主義者かが今日においてもなお厳しい対立争点である」[43]。フレーベルはその対立構図において、連邦主義の側から最も明確なイメージを提供したのである。そして「大ドイツ的連邦主義者」という立場からは、一八六四年以降に拡大する「特殊プロイセン的」な単一国家的ドイツを構想する人々と、「一八四九年の憲法をスローガンに掲げ」、「プロイセンよりもコーブルクやバーデンに基盤をおく」小ドイツ的な連邦国家としてのドイツを望む人々との違いは、ともに集権化によって「現在のドイツ連邦を解体し、ドイツからオーストリアを追い出さなければならない」と考える点において、さしたる意味をもたないものであった[44]。

「集権主義か連邦主義か」が決定的な時代の争点であると考えたフレーベルは、民主主義の名において、自由主義的な統一運動を否定する。彼にとって民主主義とは決して普通選挙制度で議員を選ぶ全国的な議会を設立することではない。実際、フレーベルは一八六二年以降に国民協会が明確に目標とした、一八四九年憲法を模範とするドイツの建設には警告を発していた。民主主義の本質は、地域的な自律と自治であり、全国議会は拒絶すべき集権主義にほかならない。「自由主義体制が集権主義であるように、民主主義体制は連邦主義なのである」[45]というのがフレーベルの信念であった。

ただし、集権化への対抗構想としてのドイツ連邦、その国家連合を基礎にした中央ヨーロッパの多民族的秩序を目指したフレーベルの構想にも、「三元支配」が中小国を連邦国家にまとめることを念頭におくものであったように集権化の要素が含まれており、それが集権化を拒絶する小国からの反発を招くおそれもあった。現にフレーベルは、自身よりも保守的な立場から「現状のドイツ連邦を緩やかに改善する」ことを目指す人々がおり、自説の「三元支配」を「過激」「危険」ととらえる向きがあることを自覚していた。そこでフレーベルは、「今ある形のドイツ連邦は、たとえ多くの点で国民的な要求をいまだ満たすことができないにせよ、国民を政治的にまとめる唯一の絆であること、その絆は壊すのではなく、より強くより固く結ばれなくてはならないこと、したがって、ドイツのより緊密な政治的統一に向けた働きかけはすべて、現行の連邦を所与のものとして始まり、その保護の下で遂行されなければならないこと」を確認し、「現状のドイツ連邦を緩やかに改善する」ことがドイツ問題解決の出発点であることを強調したのである。(46)

フレーベルは後述のように、ドイツ国民に連邦主義的秩序に対する強い共感があるのは歴史的なものであり、ドイツ連邦という国家連合はそれに適合的な全国制度であると考えていた。しかし彼は、現状においてドイツ国民の間に「集権性への共感（centraristische Sympathien）」が広がっているという事実から目を背けることはなかった。(47)「集権性への共感」が拡大する理由を、ドイツの国際政治における地位に対する不満と社会の人々が十分な権力と威信とを与えられていないことに認めた彼は、だからこそ、ヨーロッパ国際政治におけるドイツのあり方と民主主義の観点からするドイツ連邦の改革を構想したのである。

フレーベルがドイツ連邦のこうした漸進的改革の構想を打ち出したのは、ドイツ問題解決のために各国からさまざまな改革構想が示され、オーストリア政府の取り組みの鈍さが際立ち始めた時であった。したがって、フレーベルのドイツ連邦改革構想は、ドイツ問題をめぐる主導権を奪われつつあったオーストリア政府に対し、改革の推進者としての絶好のイデオロギー的基礎を提供するものとなった。そして実際に彼の構想は、オーストリア政府の連邦改革構想に大きな影響を与えたのである。

一八六一年三月、フレーベルはオーストリアの宮廷顧問官にして外務省の通商問題担当のガーゲルンから、ドイツ問題に関する私見を求められた。これに対しフレーベルは、プロイセンへの共感は南ドイツの一部にもおよび始めていることを指摘したうえで、今こそオーストリア政府が大胆な連邦改革の提案をすべきこと、小ドイツ的なドイツの支持に傾く諸侯に世論からの圧力を加え、その意向を変えさせるためには、連邦改革を支持し推進する社会勢力を組織化することが必要である旨を返答した(48)。そして自身の見解を六月に「大ドイツ的事項の遂行についての覚書」という文書にまとめて提出した。

その覚書においてフレーベルは、「連邦主義的大ドイツ的な意味におけるドイツのナショナルな夢をオーストリアが養い、その夢はオーストリアによって満たされるという希望を高めなければならない(49)」と述べている。オーストリアこそがドイツ国民の中心にあるべきことを強調しているのである。そして旧帝国の復活を夢見る立場からは、現行の連邦会議を実質的なオーストリア皇帝の政府に改組することを提案し、それに加えて、各国君主から構成され、プロイセンとバイエルンに中心的な役割が与えられる「諸侯院(Fürstenhaus)」と各国議会の代表からなる「人民院(Volkshaus)」を設置するという構想を示した(50)。また、そうしたオーストリアを軸にドイツの国家的秩序を拡充することが上手くゆかない場合には、先の「三元支配」や「三つ巴」に基づく制度構築(オーストリア、プロイセン、「第三のドイツ」からなる執行部(Direktorium)の設置)という案も提示された(51)。そしてそのような改革を進めるために、オーストリア政府の改革を支援する人々の組織的結集や世論の喚起の必要性が改めて強調されたのであった(52)。

ここに示された考えは『オーストリアとドイツ連邦の再構築』という小冊子にまとめられ、一八六一年九月末に一般向けに公にされている。そこでフレーベルは、小ドイツ的なドイツ像が広がりつつある世論に向けて、ドイツの国家的秩序と領域について次のような見解を示した。すなわち、たしかに「現代はある程度の集権化を要するとはいえ、同時に近代は概して行き過ぎの集権化に脅かされ、先見の明のある政治家はそれに抵抗する義務があると自覚する必要がある。これが否定することのできない事実であるとするならば、大ドイツ派は、自分たちのもくろみが連邦主義的な形態以外では実現することがありえない以上、自分たちの構想そのものがより広い範囲のドイツの結束に向けた偉大な一歩を含み、それが連邦主義の精神の下でしか進められないものであることを幸運なこととしなければならない。全体に統合すべき部分が多ければ多いほど、また多様であれば多様であるほど、それらの部分の自律的な形態に対する配慮は、より手厚くならなければならないからである」[53]。ドイツの領域が広くなればなるほど、全国制度たる国家的秩序は連邦主義的な特性をより強く帯びなければならないというのである。

しかもこのような国家的秩序と領域の組み合わせは、フレーベルによればドイツ国民にふさわしいものであり、かつドイツ国民がかねてより求めてきたものであった。自らが属する大ドイツ派は、「抽象的な本質と急進的な手法」をもった小ドイツ派と異なって歴史に根ざした党派であり、「ドイツ国民の歴史、この国民が支配的であった時代の精神、そしてゲルマン民族全体の天才」と結びついた党派であり、「過去の古臭いイメージを好む反動的趣味という意味ではなく、国民の発展の非断絶性という意味、国民の全精神と歴史的使命に応じた目標という意味」での歴史的党派であった[54]。ドイツの国民はすでにこのように歴史的に発展してきているのであり、たとえ集権化が何らかの形で必要とされるようになったにせよ、ドイツ国民の存在と意向を無視した新たな国家的秩序を構築することはできないというのがフレーベルの見解であった。

ガーゲルン顧問官から「貴殿の文書は今やわれわれの計画となった[55]」と高く評された以上の構想は、フレーベルによって直接、オーストリア政府首脳に伝えられた。すなわち、一八六一年八月から九月にかけてフレーベルは、閣内の実力者であるシュメルリンクとレヒベルクと会談する機会を得て、オーストリア主導の連邦改革の必要性を直々に説いたのである。そして政府首脳は、総じてフレーベルの構想に強い共感を抱き、高い評価を与えたのであった[56]。

さらにフレーベルは、一一月には「大ドイツ的改革構想」が順調に支持を広げていることを指摘し、参加者を増やす国民協会代表のベニヒセンと自身を比較して、「われわれは同じことを別のやり方、別の方法で望んでいる」とした。ベニヒセンが集権主義者であり、かつプロイセンに望みをかけているのに対して、自身は連邦主義者でオーストリアにこそ期待しているとの位置づけを行ったのである。(57)

以上の経緯を経てフレーベルは、一一月にオーストリア政府に「ドイツ連邦改革の遂行のための覚書」を示した。この時期のフレーベルの認識は、国民協会に対抗する喫緊の必要性があり、オーストリアには時間的余裕はもはやないというものであった。オーストリアが何も改革案を提示しないまま、「どこかから、たとえばバーデンから、一八四九年のドイツ・ライヒ憲法の改正が交渉の中で提案された場合」には、「オーストリアに勝ち目はない」というのである。(58)「ドイツ連邦改革の遂行のための覚書」の中では、連邦国家による国家統一を意味することになる一八四九年憲法が新たなドイツの基礎として既成事実化してしまう危険が生じるとされてもいる。(59)しかも、さまざまな党派からなる反オーストリア勢力が連合を組んでそれを推し進めるおそれもあるという。(60)だからこそ、オーストリアは自らがイニシアティヴをとって「国民の必要性に応じたドイツ・ライヒの再生」に力を注がなければならない。(61)端的に、「オーストリアはドイツ国民の間での人気を必要とする」(62)のであった。

具体的に「ドイツ連邦改革の遂行のための覚書」でフレーベルが求めた主要な点は三つであり、第一にドイツ連邦構成国がドイツ連邦の域外に所有する領土の保全(オーストリアの不可分)、第二に「三元支配」を具現化するような「執行部(Direktorium)」の設置、第三に各国諸侯の代表(Fürstenhaus)と各国議会の代表(Länderhaus)の二つからなる「ライヒ議会(Reichstag)」の設立であった。(63)

フレーベルは、これらをうけて一二月初めに、シュメルリンク、レヒベルク、外務省のドイツ問題担当のビーゲレーベンの三者とドイツ問題をめぐり意見交換をし、政府からドイツ連邦規約の改正草案の作成を依頼された。彼は、この依頼に応えて「ドイツ連邦の基本法への補充条項」を政府に提示した。「ドイツ連邦の基本法への補充条項」は、具体的な条文の形を示して従来のドイツ連邦規約の改正を目的とするものであった(64)。

フレーベルは、この改革構想が現実政治の中で実現可能か否かは不分明であったとしつつ、それが一八六三年のフランクフルトにおける諸侯大会とドイツ連邦改革規約（本章第三節一参照）に結実するオーストリアの連邦改革の基本的な方向性を規定したことを、次のように誇らしげに述べている。

> 歴史家が労力を割く価値があると考えて、一八六三年にオーストリア皇帝からドイツ諸侯の大会に提示されたドイツ連邦改革規約の草案の内容と、この仕事（＝「ドイツ連邦の基本法への補充条項」――筆者注）の内容、さらには以前に書いた二つの覚書（＝前記「大ドイツ的事項の遂行についての覚書」と「ドイツ連邦改革の遂行のための覚書」――筆者注）の内容とを比べてみたならば、彼は次のことに気づくだろう。すなわちウィーン政府の大ドイツ的政治は、フランクフルト諸侯大会が盛大に始まって一息つくまで、私の考えに頼ってきたということである。オーストリアの提案の中で私の考えは、さらに展開された一部を除き、あとはそのままの方がいいとして修正されることはなかったのである(65)。

一八六二年一月以降、フレーベルは、より積極的な連邦改革への助言と協力は、自身がオーストリア政府内に入ることなしには不可能であるとの姿勢をとった。そして三月にフレーベルは政府に迎え入れられ、連邦改革への支持を集めるための広報活動と、外務省のビーゲレーベンの下で作業が進められた改革案の具体的な作成に協力することとなったのである。

（1）Julius Fröbel, Theorie der Politik als Ergebniss einer erneuerten Prüfung demokratischer Lehrmeinungen. Zweiter Band: Die Thatsachen der Natur, der Geschichte und der gegenwärtigen Weltlage, als Bedingungen und Beweggründe der Politik. Carl Gerold's Sohn, Wien 1864, S. 228 und 234.

（2）Ebd., S. 242.

（3）Ebd., S. 234.

（4） Ernst Rudolf Huber, Deutsche Verfassungsgeschichte seit 1789. Band III, S. 415.

（5） Denkschrift des Freiherrn von Dörnberg vom Ende Januar 1862 (Reinschrift Gruben), in: Heinrich Ritter von Srbik (Hrsg.), Quellen zur deutschen Politik Österreichs 1859–1866. Bd II: November 1861 bis Januar 1863, Verlag Gerhard Stalling, Oldenburg i. O./Berlin 1935, Nr. 626, S. 163.

（6） Denkschrift des Freiherrn von Dörnberg vom 7. März (Reinschrift Gruben), in: Heinrich Ritter von Srbik (Hrsg.), Quellen zur deutschen Politik Österreichs 1859–1866. Bd II, Nr. 703, S. 275; Denkschrift des Freiherrn von Dörnberg vom 20. März (Reinschrft Gruben), in: Heinrich Ritter von Srbik (Hrsg.), Quellen zur deutschen Politik Österreichs 1859–1866. Bd II, Nr. 718, S. 305.

（7） Denkschrift des Freiherrn von Dörnberg vom Ende Januar 1862 (Reinschrft Gruben), in: Heinrich Ritter von Srbik (Hrsg.), Quellen zur deutschen Politik Österreichs 1859–1866. Bd II, Nr. 625, S. 160; Denkschrift des Freiherrn von Dörnberg vom 7. März (Reinschrift Gruben), S. 275.

（8） フレーベルがドイツ問題についての会談を重ねていた、シェフレを初めとするヴュルテンベルクの政治家・知人の、フレーベルにとっての問題は、彼らが少なからず「大ドイツ的ではある、しかしオーストリア的になろうとはしない」ことであった。Julius Fröbel, Ein Lebenslauf. Aufzeichnungen, Erinnerungen und Bekenntnisse. Erster Band, Verlag der J. G. Cotta'schen Buchhandlung, Stuttgart 1860, S. 127.

（9） Denkschrift des Dr. A. Schäffle an den Grafen Rechberg vom 10. September 1859, in: Heinrich Ritter von Srbik (Hrsg.), Quellen zur deutschen Politik Österreichs 1859–1866. Band I: Juli 1859 bis November 1861, Verlag Gerhard Stalling, Oldenburg i. O./Berlin 1934, Nr. 19, S. 32.

（10） Ebd., S. 33.

（11） Denkschrift des Ludwig Windthorst, in: Heinrich Ritter von Srbik (Hrsg.), Quellen zur deutschen Politik Österreichs 1859–1866. Band I, Beilage zu Nr. 60 (Bericht des Freiherrn von Kübeck vom 20. Januar 1860), S. 97–100. キューベックは、一八六〇年一月二〇日にこの覚書をウィーン政府に送っている。彼はヴィンドホルストの覚書の要諦を、「ドイツにおけるオ

ーストリアの影響力がますます低下している原因は、オーストリアの側が指導力を発揮せずにすべてを連邦に委ねてしまったことにある」という忠告と、「ドイツにおける優越的地位を作り出すというプロイセンの試みがますます幅を利かせてきたことに対していかなる手段で対抗するのか、そして、全ドイツの利益とドイツにおけるオーストリアの地位、より限定的には北および北西ドイツにおけるオーストリアの地位を最も効果的に強化・促進するにはどのようにすべきか」という問題に関する有益な考察にあるとしている。Bericht des Freiherrn von Kübeck vom 20. Januar 1860, in: Heinrich Ritter von Srbik (Hrsg.), Quellen zur deutschen Politik Österreichs 1859-1866. Band I, Nr. 60, S. 96.

(12) [Heinrich Albert Zachariä], Die Reform der deutschen Bundesverfassung auf der Basis des Bestehenden und ohne Ausschluß von Oesterreich. Von einem norddeutschen Publicisten, Verlag von Ferdinand Enke, Erlangen 1859.

(13) Ebd., S. 2.

(14) Ebd., S. 6.

(15) Ebd., S. 28.

(16) Ebd., S. 4-5.

(17) 一八四八年革命後からドイツ統一までの間に小ドイツ的なドイツを求めた人々をこう呼ぶことがある。一八四九年六月に、プロイセン世襲皇帝派が「三王同盟」やエルフルト同盟議会を支持することを議論した会議がゴータで開催されたことにちなんでいる。

(18) [Heinrich Albert Zachariä], a. a. O., S. 3.

(19) Ebd., S. 3-4.

(20) Ebd., S. 4.

(21) Ebd., S. 4-5.

(22) Ebd., S. 9 und 31-33.

(23) Ebd., S. 27.

(24) Ebd., S. 31.

(25) Ernst Rudolf Huber, Deutsche Verfassungsgeschichte seit 1789. Band III, S. 415.

(26) フレーベルの経歴と思想については詳細な研究がある。Dietmar Schuler, „Julius Fröbel (1805–1893). Ein Leben zwischen liberalem Anspruch und nationaler „Realpolitik"", *Innsbrucker Historische Studien* 7/8 (1985), S. 179–261; Rainer Koch, „Julius Fröbel: Demokratie und Staat", in: Sabine Freitag (Hrsg.), Die Achtundvierziger. Lebensbilder aus der deutschen Revolution 1848/49, S. 146–159. 邦語でも末川清氏の一連の論文がある。「一八四〇年代ドイツの急進民主主義の思想像――J・フレーベルを中心に」、西川長夫／松宮秀治／末川清編『ロマン主義の比較研究』（有斐閣、一九八九年）、二九〇―三二四頁、「革命後のユーリウス・フレーベル――ある Forty-eighter の足跡」、『立命館史学』第一〇号（一九八九年）、一―二二頁、「ユーリウス・フレーベルと『ドイツ問題』」、『立命館文学』第五三四号（一九九四年）、二〇一―二二二頁、「ユーリウス・フレーベルのドイツ連邦改革構想」、『奈良法学会雑誌』第一二巻第三・四号（一九九九年）、二五―六五頁、「オーストリア政府の「大ドイツ」連邦改革構想」、『愛知学院大学　文学部紀要』第三一号（二〇〇一年）、三〇三―三二二頁。

(27) Julius Fröbel, Die Bestandtheile der deutschen Parteien und die politische Literatur des letzten Jahres. Briefe an den „Beobachter an der Saale, Schwarza und Jlm", Verlagsbuchhandlung der F. priv. Hofbuchdruckerei, Rudolfstadt 1860, S. 10.

(28) Ders., Deutschland und der Friede von Villafranca, Literarische Anstalt, Frankfurt am Main 1859, S. 25.

(29) Konstantin Frantz, Untersuchungen über das europäische Gleichgewicht, Biblio Verlag, Osnabrück 1968 (Neudruck der Ausgabe 1859). フランツについては、板橋拓己『中欧の模索　ドイツ・ナショナリズムの一系譜』（創文社、二〇一〇年）の第二章参照。

(30) Julius Fröbel, Die Bestandtheile der deutschen Parteien und die politische Literatur des letzten Jahres, S. 55–57.

(31) Ebd., S. 58.

(32) Ebd., S. 59.

(33) Ders., Die Forderungen der deutschen Politik, S. 5.

(34) Ders., Die Bestandtheile der deutschen Parteien und die politische Literatur des letzten Jahres, S. 59.

(35) Ders., Deutschland und der Friede von Villafranca, S. 37–38.

（36） Ders., Die Bestandtheile der deutschen Parteien und die politische Literatur des letzten Jahres, S. 52.

（37） Ders., Theorie der Politik als Ergebniss einer erneuerten Prüfung demokratischer Lehrmeinungen. Erster Band: Die Forderungen der Gerechtigkeit und Freiheit im State, Carl Gerold's Sohn, Wien 1861, S. 114. フレーベルによれば、「政治的に組織化された民衆（Volk）が国民（Nation）に発展する。なぜなら、国民とは国家の中の民衆のことだからである」。Ebd., S. 110.

（38） Ders., Deutschland und der Friede von Villafranca, S. 23.

（39） Ebd., S. 23–24.

（40） Ders., Die Bestandtheile der deutschen Parteien und die politische Literatur des letzten Jahres, S. 46.

（41） Ders., Ein Lebenslauf, S. 134.

（42） Ders., Die Bestandtheile der deutschen Parteien und die politische Literatur des letzten Jahres, S. 46; Die Forderungen der deutschen Politik, S. 20.

（43） Ebd, S. 32.

（44） Ders., Ein Lebenslauf, S. 144.

（45） Ders., Die Bestandtheile der deutschen Parteien und die politische Literatur des letzten Jahres, S. 46.

（46） Ebd., S. 60.

（47） Ders., Die Forderungen der deutschen Politik, S. 32.

（48） Ders., Ein Lebenslauf, S. 102–103.

（49） Ders., Denkschrift über die Leitung der großdeutschen Angelegenheiten, in: Ebd., S. 109

（50） Ders., Ein Lebenslauf, S. 105.

（51） Ebd., S. 110–111.

（52） Ebd., S. 108.

（53） Ders., Oesterreich und die Umgestaltung des deutschen Bundes, in: Ders., Kleine Politische Schriften, J. G. Cotta'schen

Buchhandlung, Stuttgart 1866, S. 113.

(54) Ebd., S. 114.

(55) Ders., Ein Lebenslauf, S. 112.

(56) Ebd., S. 117.

(57) Ebd., S. 137–139.

(58) Ebd., S. 142.

(59) Ders., Denkschrift über die einer deutschen Bundesreform, in: Ebd., S. 147.

(60) Ebd., S. 144–145.

(61) Ebd., S. 143–144.

(62) Ebd., S. 142–143.

(63) Ebd., S. 148–150.

(64) Ders., Ergänzende Bestimmungen zu den Grundgesetzen des Deutschen Bundes, in: Ebd., S. 163–169.

(65) Ders., Ein Lebenslauf, S. 170–171.

第二節　オーストリアによる連邦改革と大ドイツ派の集結

はじめに

オーストリア政府主導の連邦改革を支えた動きの一つに、先に述べたような社会からの支持、とりわけフレーベルの言論活動があった。「しかし、オーストリアの政策を言論の面から推進することは私の活動の一部分にすぎなかった。ドイツの諸案件に関わるオーストリア政府の歩みの横に、大ドイツ党派の組織が必要不可欠なものとして連なった」(1)。フレーベルのこの言葉に示されるように、オーストリアが連邦改革に乗り出すのと前後して、大ドイツ派の結集と組織化の動きが始まっている。社会の側からの組織的な動きとして、大ドイツという領域と国家連合という国家的秩序を前提とするドイツ像を広める動きが展開されたのである。

本節は、オーストリア主導の連邦改革が動き始める局面を素描した後に、大ドイツ大会や改革協会の結成にみられる大ドイツ派の組織的結集の動きについて述べる。さらに大ドイツ的なナショナリズムの組織化というそれらの動きが、オーストリアの開始したドイツ連邦の改革に対していかなる反応をみせたかについて論じることを通じて、大ドイツ派の中に全国制度たる国家的秩序のイメージに関する重大な意見の相違があったことを明らかにする。

一　オーストリア政府の変化と使節会議

すでに述べたように、オーストリア政府には、フレーベルを筆頭にドイツ連邦の連邦規約改正を求める多くの提案が寄せられ、外務省ではフレーベルの助力も得て改革案の検討が行われていた。しかし、この段階でオーストリア政府内の連邦規約改正の作業はなお検討の途上であり、オーストリアには依然として大幅な連邦改革に踏み出すことへの逡巡があった。

しかし、一八六二年に入ると、オーストリア政府は、連邦改革に対する従来の消極的な姿勢を対外的にも次第に修正し始めた。一月にはバイエルンとの間で議定書が交わされ、オーストリアを排除したり、プロイセンの主導の下でなされたりするような連邦の改革を拒否し、状況に応じて連邦改革を討議するための閣僚会議を開催することに合意したのである。同議定書にはプロイセンとザクセンを除く主要国が賛同し、二月にはプロイセンに対してその同文通牒が送られた(2)。

プロイセン政府はこの同文通牒送付に対して強く反発し、これを拒絶した。プロイセンの姿勢は、世論において、連邦解体の可能性が高まり、その解体を防ぐための手段として実現可能な連邦改革を行うことがますます必要である、という認識を強めることとなった。オーストリアは、もはや連邦改革の先頭に立つことを避けることができなくなった。

一八六二年七月、ウィーン政府が示した連邦改革案は、オーストリア主導の連邦改革の端緒として位置づけられる。改革案の目玉は、ドイツ連邦に各国議会の代表から構成される「使節会議（Delegiertenversammlung）」を創設することであった。たしかにこの使節会議案は、ドイツ連邦の連邦規約の大幅な改正といった改革からすれば、ごく控えめな内容であることは否定できない。しかし使節会議案は、ドイツ連邦構成国が合意しうる、少なくとも連邦会議での多数派形成が見込める、ドイツ連邦の改革への手堅い第一歩であった。なぜなら使節会議案は、連邦規約改正を正面から求めるのではなく、現行のドイツ連邦内で進展しつつあった法統一の促進という実践的な要請に応えるものとして企図されたからである。一八六二年二月の連邦決定によって、近い将来に予定されている一般民刑事法典の制定作業に備え、また、一八六一年に成立したドイツ一般商法典に対する各国議会の承認が必ずしも円滑になされなかったことに鑑み、ドイツ連邦内の法統一作業の合理化・迅速化が求められていた(3)。使節会議の眼目は、各国議会による個別の承認手続きを経なければならなかった従来の手法に代えて、連邦に各国議会の代表者を集め、その賛同により法統一を実現させることにあったのである。

この使節会議案は、ヘッセン＝ダルムシュタットのダルヴィック首相によって、現実的な連邦改革の具体案として構想されたものであり、そのダルヴィックによってレヒベルクに示されたものであった。ダルヴィックは包括的な連邦改革の必要性は認めつつ、その実現が現時点で困難であるならば、オーストリアと中小ドイツ諸国との合意可能な案として、法統一関係に限定した各国議会の代表者による使節会議がありうるとの認識を示していたのである。要するに、「すでに舞台では連邦改革の全面的計画に関する議論がなされていたものの、レヒベルクはヘッセン＝ダルムシュタットの提案、すなわち、民事訴訟法および債権法の草案の精査のために各国議会の議員から構成される使節会議を連邦に召集するという提案に手を伸ばした(4)」のである。

オーストリア政府から各国に示された使節会議案は七月七日と八月一日の事務レベルの代表者協議での合意を経て、八月一四日に、オーストリア、バイエルン、ザクセン、ハノーファー、ヴュルテンベルク、クールヘッセン、ヘッセン＝ダルムシュタット、ナッサウの八政府によって連邦会議に提案され、さらに同案の審議のための委員会に付託された。使節会議案の審議は、提案の直後に始まった連邦会議の夏季休会を経て一〇月初めの休会明けの連邦会議で始まり、一一月には委員会での賛成決議がなされた。そして、年明け一八六三年一月二二日に連邦会議で採決を行うことが決せられた[5]。

連邦会議への上程から採決までの間、連邦会議の外では、このオーストリア主導の連邦改革に対する支持がさまざまな方面から示されていた。しかしその反面、使節会議案には批判も多かった。批判の急先鋒は、ビスマルクを首相に戴くことになったプロイセン政府であった。先にふれたようにビスマルクは、オーストリアが連邦改革に向けて何らかの動きを始めた場合、その機先を制するような対案をプロイセンは示さなければならないと考えていた。実際、使節会議案の採決を控えた一月末、ビスマルクは、連邦会議のプロイセン代表ジュドウに向けて、プロイセンが使節会議案に対してとるべき厳しい態度を指示している。ビスマルクは使節会議案を、オーストリアが連邦会議の数の力でプロイセンを屈服させようとする、反連邦的な精神の行為であると評したばかりではなかった。彼は、かりに使節会議が実現すれば、連邦の意思決定はさらに遅延するようになると、使節会議がもたらす具体的結果をも酷評したのである[6]。

そのうえでビスマルクは、プロイセンが「各国家の人口に応じて、各国から直接投票によって構成される代表機関」を他国に対して提案することを主張した。政府間の閉鎖的な議論の場である使節会議ではなく、そのような「人口を基準に査定された国民代表機関」の中にこそ、「ドイツ国民は共通の案件に対して働きかけをする正当な機関を見出すことができるのである[7]」。ビスマルクがこのような立場を決めたのは、それがオーストリアに対抗するために有効であると考えたからであった（一八六三年九月には公然と同様の要求を行ったことについては、本章第三節二参照)。ドイツで国民意識が高まり、それを吸収することが国家間の競合にとっても重要な意味をもち始めていたのである。

ところで、以上のような対立の状況は、当時、どのようにみなされていたのだろうか。かつてフランクフルト国民議会の議員であり、当時はチューリヒの工科専門学校で美学と国文学の教授であったフィシャーは、「ドイツ国民の根本感情は、今も昔も連邦主義的なもの、ある部分の他の部分への指導を排除するという確たる意味での国家連合的なものである(8)」と明確に論じる、反プロイセン的な大ドイツ派である。その彼が、一八六二年秋の時点で示した状況認識は次のようなものであった。「両者はほぼ互角の強さであり、大ドイツ派は数の上でははるかに多く、これに対し小ドイツ派は、数量の点で足りない分を活動と組織で補っているだけに、よりまとまっている(9)」。ドイツ人の感情として、領域的な広がりとしてはオーストリアを含む国家連合的な大ドイツをドイツと考えることが自然である。しかし急速に、集権的な国家的秩序を全国制度として備える小ドイツこそがドイツと考える人々の数も増えてきている、というのである。フィシャーの立場からすれば、そうした小ドイツ派の攻勢がさらに強まれば、それへのより本格的な対抗措置が必要となってくることは確実である。

換言すれば、拡大する小ドイツ派にオーストリアの連邦改革を支持する勢力が対抗するためには、自ら進める改革の正統性、とりわけ使節会議の正統性をより強く主張しなければならない。たとえば、後に改革協会の副代表となる(フレーベルとも近しい)ヴィーデンブルックは、一八六二年に著した『ライヒスタークかパーラメントか』という小冊子の中で、次のような議論を展開した。ヴィーデンブルックは、「各国議会(Landtag)を通じて選ばれる連邦の代表機関」、すなわち使節会議を、ドイツ諸国家・諸部族に共通の経験を与えてきた「ライヒ」の存在にちなんでライヒスターク(Reichstag)と呼び、イギリス流の集権的な全国議会(Parlament)とは異質の制度であることを強調したのである。そして彼は、ドイツの伝統と連邦主義的な政治構造を考えれば、「ラントタークからライヒスタークを作るというシステム」は、中央集権的な議会主義体制よりも優れ、かつドイツに適してもいると主張したのであ

さらに、オーストリアの連邦改革案を支持すべく、大ドイツ派の組織的結集の試みが始まっていた。小ドイツ的なナショナリズム運動に比べて立ち遅れていた大ドイツ的なドイツ像を抱く人々の組織化が、オーストリアが連邦改革に乗り出すことになったことを契機に開始されたのである。[10]

二　大ドイツ主義者たちの集結

フレーベルは一八六一年以降、ドイツの各地に赴いてオーストリア主導の連邦改革に対する支持を呼びかけると同時に、改革を支持する大ドイツ主義者の集結を試みていた。そのような試みの中で、一八六二年九月七日と八日にローゼンハイムで、フレーベル、レルヒェンフェルト、ヴィーデンブルックら各地の有力な大ドイツ主義者が参集した会談が開催され、大ドイツ派の結集への本格的な準備がなされたのであった。[11]

ローゼンハイムでの会談で合意されたのは、同月末にヴァイマールで開催される予定のドイツ議員大会への出席を見合わせること、直接選挙による全国議会への反対、八ヶ国の政府から提案されている使節会議案への賛成、「大ドイツ的な諸政府の精神」による連邦改革の支持、そして「大ドイツ党の大会」開催などの諸項目であった。[12] それらは間もなく開催される大ドイツ大会とその場で結成が予定される「大ドイツ党」（これが改革協会となる）の方針の骨格をなすものとなった。

ただしこの少数の会談の中にも意見の相違がなかったわけではない。後の大ドイツ大会でも最大の焦点となったオーストリアの使節会議案に対して、国民代表の機能の点からその不十分さを指摘し、より広範な国民参加を実現する議会の設置を求める声が存在した。ドイツ議員大会への出席についても、議員大会にはドイツ統一の全般的気運を高めるという観点からは出席すべきであるという意見があった。しかし、議員大会は小ドイツ的なドイツを求める諸勢力が優勢な場となるおそれがあり、参加はそうしたドイツ像の強化に加担するとの懸念も強かった。とりわけオーストリアから議員大会に出席することは、連邦国家の支持やオーストリア分割などへの賛成とみなされる可能性があって参加へのハードルは高く、実際に九月末の大会にオーストリアから参加した者はいなかった[13]。このローゼンハイム会談を経て、一〇月二八日と二九日に、フランクフルトで第一回大ドイツ大会が開催されている。

大会で採択が予定されていた決議文は、ドイツ連邦の改革を喫緊の課題とし、しかもその改革が、既存のドイツ連邦を基礎とし、いずれのドイツ諸国をも排除することなくその一体性を保ちながら進められるべきことを強調していた。具体的には、「強力な連邦行政権力と国民代表の設置」を求め、「連邦行政権力」としては「議決権が正しく配分された集中的な合議制行政」を、「国民代表」としては「八政府から提案された使節会議」を想定していた[14]。

決議の趣旨説明をしたレルヒェンフェルト（改革協会の代表となる）によれば、決議を支える基本思想は極めて単純である。「われわれが出発点としているのは、ドイツを全体として維持しなければならないということであり、全ドイツをまとめなければならず、またそうすべきであるということである。なぜなら、まさにそのようなドイツだけが、世界史の中でドイツが直面する課題をこなせるからであり、半分だけのドイツではその力が不十分だからであり、多くの人が信じるように、われわれの課題をやりやすくするために同じ血筋と歴史を与えて兄弟としたものをわれわれの仲間から排除する権利など誰ももっていないからである[15]」。

このようなドイツの一体性の強調は、ドイツの境界と領域が脅かされているという現状認識の裏返しであった。レルヒェンフェルトによれば、「われわれの課題は近年ますます難しくなってきた。つまり、われわれはすでに長きにわたって西の境界に大きな欠陥を抱えていることに加えて、南半分において劣勢状態に陥って以降、地理的な困難さが相当に強まってきているのである[16]」。ここでは、フランスとの西部境界の不安定さとプロイセンの強大化による南北ドイツの間の力の不均衡が、ドイツの一体性の重要性を再認識させ、そうしたドイツにふさわしいものとして、現行のドイツ連邦を基礎にし、それに改革を加えた国家的秩序の構築が提唱されているのである。

大会の参加者の間には、ドイツの一体性を維持し、ドイツの一部を排斥することを目的とする、あるいはそうした帰結をもたらす動きと戦うという原則の下で、ドイツ連邦の改革を推進するという認識が共有されていた。その結果、決議案は修正されることなくそのまま採択されたのである[17]。また、翌日の二九日には、大ドイツ協会、すなわちドイツ改革協会の設立が決定され、協会の規約が採択された。協会の目的は決議文の内容の促進、すなわち、現行のドイツ連邦を基礎としたドイツ連邦の改革の推進にあると明言されていた[18]。

ただし、このように一見して円滑にことが進んだのは、レルヒェンフェルト自身が認めるように、決議文の提案にさほどの魅力がなく、それが労なくして実現可能なものであったためかもしれなかった[19]。あるいは、現状ではそれが最善の案であったためかもしれなかった。たとえばヴィーデンブルックは、ドイツの一体性の確保にはプロイセンの改心が必要である、すなわち、ドイツの一部だけしか含まない連邦国家の建設は不可能であるという認識がプロイセンに広がって初めて実現するという立場であった。しかしそれは長期的な目標であり、現状では使節会議をドイツの一体性を確保する最善の案とみなしたのである。すなわち、「使節会議への異議を唱える人はいるだろう。しかも、現時点で実現可能なよりよい案を示す人もいるかもしれない。しかし私はそのような人を全く知らない[20]」。

そして、何より大会が大きな紛糾なくして進行したのは、「われわれに関しては、使節会議と議会のどちらを設立することがよりよいことなのかについては意見の一致がなかったとしても、〔領域という――筆者注〕この点においてわれわれは一致している[21]」から、すなわち大ドイツという領域イメージが広く共有されていたためかもしれなかった。

このように平穏に大会が進められ、加えて改革協会の設立が決定されたとはいえ、国民協会に集う小ドイツ派に比べて組織的活動の出遅れは否めず、それどころか、大ドイツ派の活動は広がりをもたないであろうことが大会出席者自身に認識されてもいた。すなわち、「大ドイツ的な考え方をする人々は、ドイツ各地のあらゆるところにいる。何千もの、本当に何千もの心の中に、いや何百万の心の中に、大ドイツ的な考えがしっかりと根ざしている。しかし残念なことに、それはまことにひっそりと、かつ閉鎖的なままに終わっているのである[22]」。

さらに、そもそもフレーベルらが結集を想定する大ドイツ派は、プロイセン主導の集権的な国家建設は拒絶するという一点は共有していたものの、それ以外の多くの点で、とりわけ全国制度の形態の点では意見の相違や対立を内包する人々の集まりであった。大きな紛糾なくして進んだ大会にあっても、オーストリア主導のドイツ連邦改革の目玉である使節会議案に対しては、いくつかの疑義が示されていたのである。

ある出席者は、国民全体が共属の意識を抱くことのできる枠組みをますます求めるようになっているにもかかわらず、使節会議は直接的に国民から選出されたものではないために、そのような要求を満たす全国制度ではない、として使節会議案を排している㉓。

そして、決議案に対抗して提案された二本の重要な修正動議、すなわちガーゲルンとモールの動議は、いずれも使節会議構想により具体的で詳細な疑問を呈するものであった。

ガーゲルンの立場は、使節会議はドイツの国民代表機関に発展してゆくような制度ではないという点に尽きる。ガーゲルンは、そもそも国民代表機関が必要な理由を、それが二大国間を初めとする諸国の間の利害調整を行い、ドイツの一体性を確保できる唯一の全国制度であるという点に認めていたのである㉔。法統一のための議論をするだけならば政府間の合議体である使節会議で足りるかもしれぬ。しかしドイツ連邦に国民全体の代表機関が本当に必要であるというならば、そのような機関へと発展しうる可能性のない使節会議では不十分であるというのである。

さらにガーゲルンが使節会議に反対したより本格的な理由は、プロイセンの動向に関わっていた。たしかに両大国および他のドイツ諸国の足並みをそろえるという点だけに限定すれば、それは使節会議にプロイセンが参加することで十分である。しかしプロイセンは使節会議に反対であってその可能性はない。そのうえ、なによりプロイセンこそ国民代表機関の必要性を主張する当事者となり始めている。「真の国民代表」創設の必要性という主張はプロイセンに負うのが現実であり、プロイセンの連邦改革への賛成を確保するためには、使節会議では国民代表機関として不十分である、というのがガーゲルンの主張なのであった㉕。

より徹底した反対意見を展開したのがヴュルテンベルクのモール[26]であった。モールはまず、ドイツの一体性を損ね、その内部で服従関係が生じるような、具体的にはオーストリアが排除され、プロイセンが圧倒的位置を占めるようなドイツの国家的秩序を否定する。そして一体性の確保されたドイツの全国制度は次のようであらねばならぬと説く。すなわち、「代表は、身分ごとでも身分制議会によってでもなく、国民によって、そして共通の選挙法にしたがって選出・構成される」必要があり、「各国の身分制議会の使節から構成される会議という提案」には断固として反対する、と[27]。そしてこのような前提から、より具体的な使節会議への反対理由を挙げる。その第一は、使節会議の召集にプロイセンが反対する可能性は極めて高く、その場合には、オーストリアと中小国からなる（通常とは別の意味での）小ドイツが生まれ、それこそ大ドイツの理念に反してしまうことであった。「そのような制度は、私がはっきりと大ドイツと名状する観念、一つの全体的なドイツが有するであろう観念と完全に矛盾する[28]」というのがモールの主張であった。しかも、実際に使節会議を構成する段になれば、各国から派遣される使節は、通常の意味での親プロイセン的な小ドイツ派が多くなるという懸念もあった[29]。

このモールに賛意を示したバイルハンマーによれば、大ドイツ大会に参集した人々は、オーストリアが参加しない限り、「暫定的であれ最終的であれ、いかなる形のドイツ統一」もあってはならない、との立場で一致している。さらに、ドイツ連邦に国民代表機関を設置する形での改革が必要であるとの認識も共有されている。しかし、「使節会議か議会か」という大きな意見の相違もまた存在する[30]。たしかに使節会議もドイツ諸国の団結の動きではある。しかし、「ドイツ国民は、統一の試みに確固たる基盤を与えるためには議会を創設しなければならない[31]」。そしてその議会は、ドイツにおいてフランスやイタリアのような「絶対的な単一国家」がありえない以上、各国代表から構成される連邦主義的な上院を備えるものでなければならない。「われわれが一八一五年以来の国家連合から移行を望んでいるのは、ドイツの連邦国家へ、であって、単一国家、とりわけピエモンテをモデルとした単一国家に、ではないからである[32]」。こうして、議員直接選出の全国議会を統一のシンボルとする大ドイツ的な連邦国家の建設の要求が打ち出されたのである。
バイルハンマーはさらに、「いかなるドイツ人も同盟者である」と述べる一方で、「同盟者としてのマジャール人、イタリア人、スラヴ人」は望まない（それらの民族とは外国人としての関係をもつ）と断言した。統一国家にはドイツの民族的な刻印が押され、その多民族的性格は明確に拒否されたのである。[33]
大会の出席者の間にはさらに亀裂があった。「使節会議か議会か」が多数派と少数派の対立争点となったとはいえ、ドイツの一体性の保持は大会参加者の最大公約数のはずであった。しかしその最大公約数も、不動の前提であり続けたわけではなかった。オーストリアなきドイツ以上に、議会なきドイツを嫌う勢力の声が高まり、その勢力が大ドイツ派を分断する可能性があったのである。それは、連邦改革における全国制度と領域の優先順位の違いの問題にほかならず、その問題が大ドイツ派の結集にとって死活的な問題として存在していたのである。このことは、フレーベルによって次のように明確に認識されていたのであった。

こうした男性たちをウィーンから試みられた連邦改革のために獲得する私の努力は、しかしながら部分的な成果しかもたらさなかった。シュヴァーベンの民主主義が要求していたのは、とりわけドイツ議会であり、何を措いても議会以外になかった。人々は、一八四九年に終わった地点から出発しようとしており、新しいドイツからオーストリアを排除することに対する反感をどれだけ強く抱いていようとも（そのイメージは民主主義者の夢の中に生きていた）、プロイセンの小ドイツ的な政治が議会さえ保障してくれるのなら、それを前金払いとして受け取り、あとはその議会が万事うまくやってくれると考えて、そのプロイセン政治への同調を拒むようには思われなかったのである。オーストリアとその支持諸国は、議会主義的な連邦主義の基盤を獲得するために各議会から構成される使節会議を念頭においているのに対し、シュヴァーベンやその他の民主主義者は、プロイセンを通じてならば議会が手に入るという発想があったために、ヴァイマールへの招待を受ける傾向があったのである。[34]

このフレーベルの言明には、「シュヴァーベンやその他の民主主義者」が、大ドイツという領域への愛着を示しながら、同等かそれ以上の執着を全国レベルにおける国民議会という特定の全国制度のあり方に向けていることが示されている。実際、大会に出席していたテュービンゲン大学のシェフレによれば、「概してヴュルテンベルクでは、使節会議という形態に対する反発やある不信感のようなものが支配的」であったのである[35]。

しかもこの違いは単に全国制度の形態をめぐる相違ではなかった。それは大ドイツという領域が本当は何を意味するか、という問題とも連動していたのである。フレーベルのような使節会議の支持者は、オーストリアの分割を嫌う、したがって多民族帝国と結びついた大ドイツを念頭においていたのに対し、全国議会の賛同者は、ドイツ系オーストリアと他のドイツから構成される地域を大ドイツと考えたのである。そしてこれらの違いは、大会内部には確実に存在したにもかかわらず、それが表面化し、公然と議論されることはなかった。その証拠に、大会の最後にある参加者が、オーストリアのドイツ系地域だけが国家に加わるのかどうか、そのオーストリアのドイツ系地域がドイツ国家の一部を構成するとして、その地域と非ドイツ系地域との関係はいかにあるべきかについての議論はなされなかったと述懐したのである[36]。大ドイツ大会は、大ドイツの境界と領域について明確な姿勢を打ち出さなかったのである。

フレーベルの先の不満は、大ドイツ派の全国制度および領域に関する不明確さの反映であった。そして彼がそうした感情を抱いたのにはより大きな理由があった。なぜなら、第一回大ドイツ大会が開催された時点ですでに、領域よりも全国制度の形態を優先する立場をとる大ドイツ派の人々にとって、使節会議案よりも魅力的な案が競合的に示されていたからである。

そのような案が示された場の第一は、一八六二年一〇月六日と七日にコーブルクで開催された国民協会の第三回総会である。すでに述べたように、この大会は、国民協会にとって極めて重要な大会となった。なぜなら、この大会において国民協会は、一八四九年憲法を組織の綱領的文書とし、普通選挙制度による議員選出がなされる全国議会を備えた連邦国家の建設を、具体的な目標として正式に認めたからである（序章第三節一参照）。フレーベルに不満を抱かせた一部の大ドイツ派にとってこの国民協会は、全国議会の実現を最優先課題としている点ではまずもって連携すべき組織であったかもしれない。しかしながら国民協会は、プロイセン主導の統一国家を目指す組織と自他ともに認められており、実際、小ドイツ的なドイツ統一の可能性を排除していなかった。したがって件の大ドイツ派にとって国民協会は、無条件に支持することができる組織ではなかった。

全国議会を優先する大ドイツ派が現実的に連携しうる人々が参集したのは、国民協会の第三回総会よりもさらに前の九月二八日と二九日にヴァイマールで二〇〇名の出席者を集めて開催されたドイツ議員大会であった。議員大会は、近接諸国の議員同士の間ではすでに各地で進んでいた議員の結集の動きを、初めて全国レベルで実現させたものであった。

先に述べたように、大ドイツ派の主流はこの大会に批判的であり、九月初めのローゼンハイム会談では大会への出席の見合わせを取り決めている。しかし、議員大会には、プロイセン選出および親プロイセン的な国家選出の議員や国民協会に近しい議員ばかりでなく、連邦主義的・大ドイツ主義的観点から彼らに批判的な議員も参加していた。なによりその証左として、大会開催前から、議員大会にオーストリア選出の議員の参加を認めるか否かが争点になっていたのである[37]。そして結局、ドイツ連邦各国の議会の議員で「特殊地域主義的な思想をもつ者」を除いて、オーストリアを含む全ドイツからの参加が認められたのである[38]。

それにもかかわらず、先にふれたようにオーストリアからの出席者は皆無であり、実際、大会の基調はオーストリアに対して距離をおき、あるいはオーストリアに反発するというものであった。たしかに、オーストリアが提案した国家連合を前提とした使節会議にも理解がなかったわけではない。ガーゲルンは、オーストリアとプロイセンの「同権」的立場の実現の重要性を強調する一方、連邦改革とは国民代表機関の導入の謂いであるとし、使節会議はそれには該当しないと述べながらも、使節会議には国民代表機関に発展する余地があるとした[39]（ただし先に述べたように、約一月後の大ドイツ大会ではガーゲルンの使節会議案への評価はより否定的になっていた）。また、プロプストは、議員大会の趣旨はドイツ全国の自由主義者の結集であるのに、オーストリアからの出席者が皆無なのは、大会が念頭におくドイツ統一のイメージがオーストリアにとって集権的にすぎるから、すなわち、オーストリア抜きの連邦国家であるからであると主張した。しかもその連邦国家は、プロイセンのドイツ支配の隠れ蓑であるとも述べ、そのような連邦国家を作ることも現実には難しいであろうという見解を示した(40)。

しかし、大会の決議案が、この二名を含むわずか四名の反対のみで可決された(41)ことに示されるように、議員大会は、オーストリアが提案した使節会議を否定し全国議会をドイツ国民に不可欠の制度であるとする点でほぼ一致していたのである。

決議案の当初の文案では、「国家連合を連邦国家へと移行させることだけが、ドイツの国民を満足させることができるのであり、それは一八四九年のライヒ憲法においてすでに認識された通りである(42)」といった表現が想定されていた。しかし、フェネダイの強い主張に譲歩する形で、「一八四九年三月二八日のドイツ・ライヒ憲法の中にその法的な表現を見出すことができる形のドイツの連邦国家的統一は、自立とドイツの対外的な威信にとっても、また、国内における自由と確固たる法秩序の創出と確立にとっても政治的に不可欠なことである(43)」というように、一八四九年憲法に沿う連邦国家による国家統一が、より明確な形でドイツ国民の権利であり義務であると位置づけられたのである(44)。しかも注目すべきことに、決議ではそれがプロイセンの主導で行われるべきとの言及や示唆はなく、それを警戒する人々への配慮もなされていたのである。

実際、この議員大会では、プロイセン主導のイメージが強く、そこから小ドイツ的なドイツを想像させがちな国民協会の場合とはやや異なるドイツ像が示されている。大会の決議によれば、もちろん「国民的統一は全ドイツを含まなければならず、一つとして排除されてよいドイツの兄弟部族などない。そしてこの全体的な結合に加わることは諸国家すべての権利であると同時に義務なのである。とくにこのことは、ドイツ系オーストリアとの関係に該当する」。ただしこれに続けて、「ドイツ系オーストリアをも包含する連邦国家的統一を作ることが、当初、乗り越えられない障害によって実現しなかったとしても、そのことをもって、残りの国家が自分たちの側でナショナルな事業を遂行し始めることを妨げる理由としてはならない」[45]と述べられていることもまた事実である。

この前段と後段のどちらに比重があるのか。それは前段、すなわち、この時点での議員大会において、オーストリア排除の雰囲気は強くはなかった。大会の冒頭で、議長をつとめたブルンチュリが、議員大会は国民協会と協力関係にあるとしながらも、その組織の目的は同種の政治組織をもう一つ作ることではなく、「ドイツ諸国の議会における全自由主義者の必要性を第一に満たす独立した組織」の結成にあると明言した[46]ように、議員大会は、ドイツ全国から自由主義者を集めてその結束を目指す組織であり、そこにオーストリアを排除するといった契機は強くはなかったのである。フェネダイも、自身は国民協会の一員であるとしながら、議員大会の目的は全ドイツの議員の結集であり、一部のドイツをそこから排除することは許されないとしたのである[47]。

このように、九月末のドイツ議員大会と一〇月末の大ドイツ大会とは、念頭におくドイツの領域に関して決定的と断ずるほどの差異はなく、事実上、全国議会を有する連邦国家を支持するのか、使節会議をもつ国家連合を求めてゆくのか、という全国的な国家的秩序の形態をめぐる相違が両者を明確に分けていたのである。だからこそ、議員大会の開催は、オーストリアの使節会議構想を公然と否定する場となったばかりでなく、同案をめぐる意見の相違を内包する大ドイツ派内に楔を打ち込み、大ドイツ派から「シュヴァーベンや他の民主主義者」など、全国議会を有する統一国家建設を支持する勢力を離反させる効果をもちうるものであったのである。

こうした事情があったために、大ドイツ大会で中心的役割を果たす人々は、大ドイツ派がヴァイマールでの議員大会に出席することに過敏な反応を示し、欠席の決定をしたのであった。一〇月末の大ドイツ大会は、このような大ドイツ派の内部分裂を誘う圧力に直面しながら開催されたのである。そして実際、大会では、先にふれたように、使節会議案への批判がガーゲルンやモールから展開されたのであった。

しかし、以上に述べてきた使節会議か全国議会かという問題は、大ドイツ派を分裂させたり、その内部に深い亀裂を残したりすることなく、決着してしまっている。一八六三年一月二二日に開催された連邦会議は、ビスマルク首相の下で同案への拒絶姿勢を鮮明にしていたプロイセンの多数派工作が奏功して、使節会議案を僅差で否決したからである。(48) かくしてオーストリアが初めて主導した連邦改革は挫折したのであった。

この挫折はどのような政治的意味をもっていたのだろうか。

使節会議案の否決は、オーストリア主導の連邦改革への期待を高めていた「自由主義的あるいは穏健保守的世論」に、連邦改革の実現可能性への懐疑心を芽生えさせた。(49) あるいは逆に、オーストリアに残された道は真に国民を意識した改革に乗り出すこと以外にないと説く者もいた。オーストリアの連邦改革の主役ともいうべきフレーベルはといえば、彼はオーストリア政府の受動性と改革の停滞に対する幻滅の心情をヴィーデンブルックに吐露している。すなわち、諸政府を改革へと駆り立てるためにはナショナリズムの支援が必要である。しかし、使節会議だけでは「国民感情を燃え上がらせるには不十分」である。そして、このままだとドイツは南北に分断され、ドイツの強国としての地位が損なわれてしまう。このような不満をヴィーデンブルックに告白したフレーベルは、オーストリア政府高官に対して、使節会議以上の、より包括的な改革に乗り出すこと以外に国民の支持を得る途はないことを訴えたのである。(50)

連邦改革を放棄するのか、あるいは使節会議案よりも踏み込んださらに大幅な改革を提示するのか。支持から幻滅へと反転しかねない大ドイツ派の世論を前にオーストリア政府が直面したのは、こうした選択であった。そして、そのような岐路に立ったウィーン政府が選んだのは後者の途であった。

（1） Julius Fröbel, Ein Lebenslauf, S. 191.
（2） Ernst Rudolf Huber, Deutsche Verfassungsgeschichte seit 1789. Band III, S. 411-413.
（3） Jürgen Müller, Deutscher Bund und deutsche Nation 1848-1866, S. 337.
（4） Jonas Flöter, Beust und die Reform des Deutschen Bundes 1850-1866, S. 398.

(5) Jürgen Müller, a. a. O., S. 339–341.

(6) Erlaß an den Bundestagsgesandten in Frankfurt von Sydow vom 19. Januar 1863, in: GW. Bd. 4（Politische Schriften: 1862 bis 1864）, Nr. 24, S. 39.

(7) Ebd.

(8) Friedrich Theodor Vischer, Kritische Gänge. Neue Folge, Viertes Heft, J. G. Cotta'scher Verlag, Stuttgart 1863, S. 46.

(9) Ebd., S. 45. 引用は同書の「防護の道（Ein Schützengang）」と題された文章からのものである。序文によればその文章は、一八六二年の秋に執筆され、その時点での状況判断を示したものである。Ebd., S. VI.

(10) Oskar von Wydenbrugk, Reichstag oder Parlament?, Friedrich Frommann, Jena 1862, S. 1 und S. 8–9.

(11) この会談については、Willy Real, „Zur Geschichte der Bundesreformbestrebungen in den Jahren 1859–1862", in: Kurt Stephenson/Alexander Scharff/Wolfgang Klötzer（Hrsg.）, Darstellungen und Quellen zur Geschichte der deutschen Einheitsbewegung im neunzehnten und zwanzigsten Jahrhundert. Vierter Band, Carl Winter Universitätsverlag, Heidelberg 1963, S. 196–200; Ders., Der Deutsche Reformverein. Großdeutsche Stimmen und Kräfte zwischen Villafranca und Königgrätz, Matthiesen Verlag, Lübeck/Hamburg 1966, S. 31–35.

(12) Julius Fröbel, Ein Lebenslauf, S. 199.

(13) Andreas Biefang, Politische Bürgertum in Deutschland 1857–1868, S. 240.

(14) Verhandlungen der großdeutschen Versammlung zu Frankfurt a. M vom 28. und 29. Oktober 1862, S. 11.

(15) Ebd.

(16) Ebd., S. 12.

(17) Ebd., S. 34.

(18) Ebd., S. 36, 38 und 43.

(19) Ebd., S. 13.

(20) Ebd., S. 24.

(21) Ebd., S. 27.
(22) Ebd., S. 40.
(23) Ebd., S. 24.
(24) Ebd., S. 16. プロイセン世襲皇帝派の代表的人物であるガーゲルンが大ドイツ大会に出席したことは驚きをもって受けとめられ、彼の大ドイツ派への転向を口にする人々もいた。しかし彼の立場は、一八四八年革命当時より、小ドイツ派というよりはドイツの一体性を最重要視する全ドイツ派（小ドイツ的な連邦国家（小連邦）は、オーストリアとの緩やかな国家連合（大連邦）と結びつく）とでもいうべきものであり、この大会でもオーストリアを含むドイツの一体性を強調するその立場は変わらなかった。Willy Real, „Zur Geschichte der Bundesreformbestrebungen in den Jahren 1859–1862", S. 222.
(25) Verhandlungen der großdeutschen Versammlung zu Frankfurt a. M vom 28. und 29. Oktober 1862, S. 17–18.
(26) モールについては次の研究文献がある。Jörg Westenmayer, Politik als Beruf. Der Parlamentarier Moritz Mohl 1802–1888, Droste Verlag, Düsseldorf 1998.
(27) Verhandlungen der großdeutschen Versammlung zu Frankfurt a. M vom 28. und 29. Oktober 1862, S. 18.
(28) Ebd., S. 19.
(29) Ebd.
(30) Ebd., S. 26–27.
(31) Ebd., S. 27.
(32) Ebd., S. 28.
(33) Ebd.
(34) Julius Fröbel, Ein Lebenslauf, S. 193.「ヴァイマールへの招待」とは、一八六二年九月末に予定されていたドイツ議員大会への招待のことである。大ドイツ派の多くがこの大会への出席に批判的であったことは、本文で述べた通りである。
(35) Verhandlungen der großdeutschen Versammlung zu Frankfurt a. M vom 28. und 29. Oktober 1862, S. 31.
(36) Ebd., S. 49.

(37) Andreas Biefang, a. a. O., S. 221–222 und 233–235.
(38) Ebd., S. 238.
(39) Verhandlungen des Congresses deutscher Abgeordneter in Weimar am 28. und 29. September 1862, S. 47–48 und 57.
(40) Ebd., S. 67–68. このプロプストにしてオーストリアの使節会議案は、現行のままでは実現が難しいと判断された。Ebd., S. 70.
(41) Ebd., S. 79.
(42) Ebd., S. 21.
(43) Ebd., S. 58.
(44) フェネダイは、一八六六年以降に、プロイセンが圧倒的に優位なドイツ統一への道が切り開かれると、それに対抗するための南ドイツ諸国の結集を構想し、全ドイツを覆う緩やかな国家連合を提唱する代表的人物となる（第四章第三節一参照）。そのフェネダイがここでは、集権的な連邦国家を擁護しているのである。
(45) Verhandlungen des Congresses deutscher Abgeordneter in Weimar am 28. und 29. September 1862, S. 58.
(46) Ebd., S. 2.
(47) Ebd., S. 37–38.
(48) Ernst Rudolf Huber, Deutsche Verfassungsgeschichte seit 1789. Band III, S. 418–420.
(49) Jonas Flöter, Beust und die Reform des Deutschen Bundes 1850–1866, S. 399.
(50) Christian Jansen, Einheit, Macht und Freiheit, S. 431–434.

第三節　大ドイツ派の成果と挫折

はじめに

使節会議案が一八六三年一月末に否決された後、オーストリアはドイツ連邦の改革の断念ではなく、より積極的に改革に加担する途を選んだ。その選択は、一八六三年八月のドイツ諸侯大会の開催と九月一日のドイツ連邦改革規約の採択に結実した。それは、フレーベルのいう「大ドイツ的連邦主義」的なドイツ像、すなわち、全国制度としては国家連合、領域としてはその中心に決して分割されないオーストリアが位置するというドイツ像が最高潮を迎えた時であった。しかも諸侯大会の後に開かれた大ドイツ大会第二回総会は、諸侯大会と連邦改革規約をほぼ全面的に支持するものとなった。しかしながら、「大ドイツ的連邦主義」はその後、さしたる広がりをみせることはなかった。

本節は、「大ドイツ的連邦主義」が大きく高揚した局面を描いた後に、大ドイツ派あるいは大ドイツ的なドイツ像の一層の発展が妨げられた事情を、連邦改革の展開をたどり、大ドイツ派内部の意見の相違や競合するドイツ像に注目しながら論ずる。

一　諸侯大会と大ドイツ大会

オーストリア政府による連邦改革構想は、外務省ドイツ問題部門のビーゲレーベンを中心に検討された。先に述べたように、この作業には、フレーベルを筆頭とする大ドイツ陣営からの改革提案が影響をおよぼし、改革構想の最終案は、一八六三年七月九日に皇帝の裁可が下って閣議決定された(1)。

その主な内容は、連邦会議しか機関をもたないドイツ連邦の機構の拡充であった。具体的には、連邦の全国機関として、連邦行政を担う「連邦執行部（Bundesdirektorium）」、立法機関である「連邦議員会議（Versammlung der Bundesabgeordneten）」と決定された法案を認可する「諸侯会議（Fürstenversammlung）」、連邦主義的機関として条約の批准や宣戦布告・和平締結などを主に担う「連邦参議院（Bundesrat）」、そして「連邦裁判所（Bundesgericht)」を設置することであった。[2]

オーストリア政府は、連邦改革をまとめあげるために、ドイツ連邦を構成する各国に諸侯大会の開催を呼びかけ、フランクフルトで八月一六日に開催予定の同大会への招待状を送付した。招待状には、オーストリアの連邦改革への姿勢を記した「ドイツの連邦体制の改革の必要性についての覚書」という文書が添付されていた。

この文書はその冒頭において、「連邦を通じてドイツの共通の利益を促進するというあらゆる試みが実を結んでいないために、世論から連邦は価値のないものとみなされている」とか、あるいは「どのような程度にしろ、オーストリアもプロイセンもその他のドイツ諸国も現在の連邦を信じて頼りにすることはできない」などと、現状のドイツ連邦の限界を指摘し、「連邦構造の根本的な新編成の必要性」があることを強調している。[3]

しかし、「連邦構造の根本的な新編成の必要性」という文言がごく自然に与える期待とは異なり、オーストリアが提案するのは、ドイツ連邦を再編してドイツの統一を導くことでも、国家連合を解体して連邦国家を建設することでもなかった。統一も連邦国家も、それは「各国の活力の消滅」と「ドイツの分裂」をもたらすものとされたからである。「ドイツの国家連合は諸々の君主制国家、とくに二つの大国から構成されている以上、単一の頂点あるいは人々の直接選挙から生まれる議会のような機構はそぐわない」[4]のである。したがって「新編成」は、新たな国家的秩序を導入するのではなく、ドイツ連邦が創設された際の基本的条件を確認し強化するものでなければならず、具体的には先にふれたように、その範囲内で連邦の機構改革を目指すものとなった。要するに、オーストリアによる今次の連邦改革の目的は、ドイツ連邦が諸君主の同盟に起源をもつことを確認しつつ、国民の要請に応えなければならないという必要性をも勘案し、それに要する措置を講ずることにあったのである。

八月一六日に始まった諸侯大会[5]には、ドイツ連邦を構成する三四の国々のうち、参加を拒んだプロイセン——国王は皇帝の諸侯会議への招待に対し、「確実な成果が見込まれない改善の試みによって現状のよきものを犠牲にすることはしない」という意図は理解する、しかし、望まれる成果を得るためには「君主の会談」に先立って「それぞれの閣僚の詳細な準備会議」を先行して行うことが望ましい方法であるとした[6]——などを除く三〇の国が参集し、九月一日の最終日に連邦改革規約を採択して閉会した（ただし、六ヶ国が反対したため、連邦改革規約の賛成国は二四ヶ国であった）。

連邦改革規約はまず、ドイツ連邦の目的が従来のそれからは変化していることを宣言した。ドイツ内外の防衛・安全保障と各国家の独立と不可侵性の確保に加えて、ドイツの対外的地位の向上と国民の共通の利益の実現（とくに各種の統一法の導入）とがドイツ連邦の新たな任務とされたのである[7]。

具体的な機構改革[8]では、先のオーストリアの案にほぼ沿う形で、連邦会議を唯一の機関とする全国制度としての現行のドイツ連邦を、常設の五機関からなる国家的秩序へと拡充することが合意された。「連邦執行部（Bundes-direktorium）」は連邦の執行機関であり、オーストリア、プロイセン、バイエルンという恒常メンバーと他の一国から構成されるものとされた（第四のメンバーは、ザクセンとハノーファーとヴュルテンベルクが一年ごとに交代してつとめるものとされた）。従来の連邦会議は新たに「連邦参議院（Bundesrat）」として、ドイツ連邦における連邦主義的機関の機能を担う。「連邦議員会議（Versammlung der Bundesabgeordneten）」と「諸侯会議（Fürsten-versammlung）」は立法機関であり、前者は各国議会から議員が送られて法案審議にあたり、後者はその決定の審査のための機関で、連邦参議院と同様の票配分が想定された。「連邦裁判所（Bundesgericht）」は古くから全ドイツの機関としてその設置が求められてきたものであった。

こうした改革の動きは、大ドイツ派からはどう受けとめられたのだろうか。

ヴィーデンブルックは、新聞紙上で改革規約の詳細な紹介と検討を行っている。その冒頭におけるオーストリア主導の改革に対する全体的評価は次のようなものであった。

今、われわれの前には、提案された連邦改革についての詳細な報告がある。いかなる曖昧さも懸念もなしにわれわれは次のように判断することができる。すなわち、オーストリア皇帝が諸侯および共通の祖国をもつわが国民の前に差し出したのは、非常に優れた完全な作品である、と。規模が異なる多様な諸国家に極めて不均等に分割されたドイツを改革へと導くほとんどすべての主要なものがある。ただしそれは、その改革が事実において平和、自由、祖国の限りない大きな力、連邦主義的原則に基づいた共通の生活の持続的かつ有益な発展を望むものである場合の話である。諸国家の存在を弱体化させるか、あるいはそれこそ解体させてしまうに違いないような、互いに妨げになることが明白な諸制度の設立の話では決してないし、ドイツの将来を確たるものにするどころか、内外における争いを予測できない偶然に委ねてしまうような諸制度の設立の話でもない(9)。

このように、大ドイツ派の代表的な人物は、連邦改革規約を「非常に優れた完全な作品」と極めて高く評価した。他の大ドイツ派の人々の反応はどうだったのだろうか。諸侯大会の終了後の一八六三年一〇月二八日に、第二回大ドイツ大会が開催されている。

レルヒェンフェルトは、「(先の使節会議)計画はつぶれた、しかしその代わりに改革規約が登場した(10)」との位置づけを行い、諸侯大会が採択した連邦改革規約を、前年の使節会議案よりもはるかに優れたものであるとの認識を示した。さまざまな勢力から批判を受けた使節会議案にも、もともと大ドイツ大会は発展可能性を認めていたうえ、すでに多くのドイツ諸国からの賛同を得ている今次の改革規約は、大ドイツ大会の意向に沿うものであり、それを「ここにいるすべての者が感謝の念をもって歓迎する(11)」というのである。

続いてヴィーデンブルックは、改革協会執行部として大会決議の趣旨説明を行った。それによれば、「大会は、改革規約を生み出すドイツ諸侯大会の召集と開催の中に愛国的行動を見出す」ものであり、「大会はすなわち、改革規約の中にドイツの国家体制がより緊密な一体性とより進んだ自由をもつものへと発展する基礎を認め、その成立を支持する」立場にある(12)。そして大ドイツ大会に集った人々は、この決議を満場一致で支持したのである(13)。

この第二回大ドイツ大会では、一年前の第一回大会と同じく、領域としての大ドイツと国家連合としてのドイツ連邦の存続がさまざまな形で、たとえば次のように擁護されている。

「ドイツ」は存在する。すなわち、「ドイツにおいて重要なのは、個別の国家のすべてを超えた何か、中小国のみならずオーストリアとプロイセンをも超えた何かである。それはわれわれの心が欲し、われわれの魂が求めている、おそらくは表現しえない共通の何かである。それは個別なものすべてがその中に収まるべき場所を見出しながら、自らをその下位におく……普遍的な何かである[14]」。

ある意見は、こうした個々の国家の上位に存在するという「ドイツ」を、ドイツ連邦改革規約との関連で別様に表現する。改革規約は、「現在すでに存在するドイツの三つの部分（＝オーストリア、プロイセン、「第三のドイツ」——筆者注）を基礎としたドイツの一体性、つまり「ドイツ語が響き、天上の神が歌曲を歌うところ」というドイツの一体性を保障する[15]」ものである、すなわち大ドイツとしてのドイツの一体性を確保するものである。したがって改革規約は支持されるべきであるというのである。領域としての大ドイツへの支持は確固たるものがあった。

さらに別の意見は、全国制度としての国家的秩序のあり方の面から大ドイツを擁護する。「われわれは、一なるものに与する連邦国家と単一国家を非難し、ドイツの全ての権力領域を包み込むものとしては国家連合だけがふさわしいと考える[16]」。その国家連合においては、オーストリアもプロイセンもその上位権力に服すことができない以上、「合議制的な中央権力だけが国家制度として容認される[17]」。

この第二回大会でも、議員を直接選出する全国議会には前回と同様に反対意見が相次いでいる。プロイセン主導の統一をねらう国民協会が普通選挙による全国議会の設置を提案している以上、そのような議会は「プロイセンを頂点としオーストリアを排除したドイツを形成するという前提」に立つものとされ、あるいは「(プロイセン以外の——筆者注）諸国を完全に忠臣化（mediatisieren）する」ための手段として警戒されたのである[18]。

この第二回大会で注目すべきことは、大ドイツ領域という領域とそれに適合的とされる国家的秩序としての国家連合を擁護することが前面に出て、議員直接選出の全国議会を設置するという要求が後退したことである。すなわち、第一回大会には少数意見として、しかし厳しい異論として存在した国民議会という全国制度の要求の声が弱まっていたのである。

まず、「各議会が使節を送るという構想が実現・貫徹できなかった場合には、改革協会は直接選挙で選ばれた議会には少なくとも反対せず、逆にそれを支持する」という提案が圧倒的多数で否決されている[19]。

さらに、第一回大会においてモールとともに使節会議を厳しく批判し、全国議会を求めたバイルハンマーの演説が、そうした大ドイツ大会の変化を雄弁に物語っている。バイルハンマーによれば、「改革規約を支持する際にまず念頭におかねばならないのは、ドイツの領域を一八一五年および連邦規約を基盤にして維持すること、ドイツ国民の諸要請に沿ってヨーロッパ中央におけるドイツの権力地位および利益を、大きな課題に適合した新たな国家制度を通じて再生し確保すること」であった。改革規約の理念はあくまでドイツの国際的地位に関わることであり、それが保持される限りにおいては、全国制度の形態問題は副次的なものとされたのである。すなわち、「第一の存在意義をもつのは議会か使節会議か」という問題や、「改革規約の価値はそれが議会あるいは使節会議を含んでいるか否かによってのみ判断される」といった主張は、さほど意味のあることではないとされたのである[20]。

以上を要するに、大ドイツ大会からは、第二回大会にしてその大勢に対する異論が消え、大ドイツ派はオーストリアを一体として含む領域と国家連合という国家的秩序を擁護する集団としてその純度を高めたのであった。そしてそれは、諸侯大会に続いて、フレーベルのいう「大ドイツ的連邦主義」が確固たるドイツ像として立ち現れた瞬間であった。

二　大ドイツ派の挫折

しかし、このような大ドイツ大会におけるドイツ像の同質化が意味したのは、大ドイツの領域に国家連合ではなく、議員直接選出の国民議会をもつ連邦国家を樹立したいと願う人々が、大ドイツ派の多数派に距離をおき始めたということであった。

すでに述べたように、大ドイツ派の中には、フレーベルの構想やオーストリア政府のドイツ連邦改革案に対する批判的意見をもつ人々がいた。大ドイツという領域を重視しつつも、しかしそれ以上に連邦国家の建設と全国議会の確立という全国制度の問題を重視した勢力である。しかし、オーストリア政府が主導する連邦改革やそれを支持する大ドイツ大会の大勢は、そのような国民議会を容認しない。一方、国民協会や議員大会に集う統一運動は、連邦国家の建設と議員の直接選出を行う国民議会の設立を最大の目標に掲げている。

このような情勢において大ドイツ派の中でオーストリア政府の連邦改革案に批判的な勢力は、八月一六日から始まっている諸侯大会でのドイツ連邦改革の帰趨を見すえ、オーストリアを含む大ドイツという領域の意義が失われないよう努めながら、同時に国家統一と全国議会の設立に向けた動きにも加担することとなった。その動きとは、ドイツ議員大会が、一八六三年の八月二一日と二二日に諸侯大会と同時期に開催した第二回大会のことである。彼らはその大会において全国議会の重要性を説き、同時にドイツ国家統一がオーストリアを排斥せず、しかもプロイセンが優越的な地位を得ることなく実現することを訴えたのである。

大会は、彼らのこうした期待に応えたであろうか。

大会の席上、彼らが講じた手段はといえば、まず、議員大会が諸侯大会において議論されるオーストリアの連邦改革案への反対姿勢を早々に打ち出し、小ドイツ的なドイツの自明性が高まることを回避することであった。具体的には、議員大会の開催を諸侯会議の終了まで延期し、その時点まで連邦改革に関する議論は行わないという動議を提出することであった。この動議を、ヴュルテンベルクからの大会参加者とともに提出したフェネダイによれば、大会延期の意図は、ナポレオンに対する諸国民戦争の戦勝記念日である一〇月一八日にドイツ国民を代表する議員すべてを結集した大会を開催し、オーストリアの連邦改革案が諸侯大会で合意を得られていればその案を国民の名において審議してより良質な案へと改善し、諸侯大会が成案を生み出せないならばそれを制憲議会召集の契機とする、というものであった。(21)

これに対して議長のベニヒセンはまず、同動議はドイツ問題に関する議事であり、大会の決議案に関する審議を進めた後に議論すると述べ、実際に大会は決議案に関する動議についての討論を開始した。そのうえで彼は、「この動議は何を措いても先議すべきものだろうか」と会場に問うた。参加者は圧倒的多数でそれを否定し、大会は決議案に関する具体的な議論を始めた。フェネダイの動議は、その採決を待たずに事実上、拒絶されてしまったのである。実際、フェネダイはこれらの経緯によってオーストリアの連邦改革案に関する議論の回避という要求の意味が否定されたと認め、動議の取り下げを行わざるをえなかったのである[22]。

フェネダイらは、その後も、徹底して大ドイツ的な連邦国家を求めていたモールとともに、諸侯大会の結論がどうあれ、特定の党派色が際立つことのないドイツ国民のすべての代表を集めた大会を開催することが必要である旨を主張した。ドイツ統一という事業が、「ただ一つの党派から生まれた歴史」になってはならないという彼の主張には、議員大会が「ただ一つの党派」によって牛耳られつつある、すなわち、小ドイツ的な連邦国家を目指す場所になりつつあるという現状への批判が表現されていたのである[23]。

大会決議をめぐる実質的な議論においても、大ドイツ派の主張は少数派意見であった。ただし大会の決議案は、彼らの主張を退けるどころか、そのかなりの部分と重なるものであり、彼らを排斥するのではなく、少数派として大会およびその方針に結びつける効果をもっていたのである。

たしかに決議案は、オーストリアが示している連邦改革案を否定する。オーストリアの連邦改革案を子細に検討すれば、憂慮しなければならない一連の規定があり、その憂慮すべき最たるものが、「各地の身分制議会の使節から構成される代表機関（＝オーストリア改革案と後の連邦改革規約における「連邦議員会議」――筆者注）の形態と権能」である、というのである[24]。

しかしながら決議案は、連邦改革案に対して全く議論の余地がないかのような否定的姿勢をとったわけではない。むしろその冒頭において、オーストリアが連邦改革に積極的な姿勢を示したことを評価している。すなわち、オーストリアの改革案に示された国家連合ではなく、「一八四九年三月二八日のライヒ憲法のような連邦国家的統一だけ」

が「ドイツ国民」の自由と統一および内外の安全のために要請される必要性を満足させうるものであることを明言する一方、「現状では、とくに国内の危機と持続的な外的脅威に直面しているため、議員大会は、国家連合を少人数による合議的行政と代表機関によって再編しようとするオーストリア案に対して、ただ否定的な姿勢をとるようなことはしない」としてもいるのである[25]。

オーストリアの改革姿勢を評価しつつ国民議会ではない全国制度は否定するというこの論理こそ、大ドイツ的な連邦国家を求める人々の主張であった。この点で議員大会は大ドイツ派の一部をオーストリア主導の連邦改革ではなく議員大会や国民協会に連なる統一運動に引きつける効果をもっていたのである。ただし彼らからすれば、議員大会には各国議会からの使節で構成される類の会議を否定するだけでなく、さらに国民代表機関としての全国議会の設置を、しかも大ドイツの領域を前提として、より明確に打ち上げてもらわなければならない。実際、決議案への修正の動議は、先のフェネダイの動議と同じく、いずれもこうした観点から提出されたものである。そしてすべての動議に共通していたのは、一八四九年のライヒ憲法と選挙法の意義を明確に強調することであった。

バーデンの自由派議員であったヴェルカーは、「ドイツ国民の中の法意識」の重要性を説き、「ライヒ憲法のよき法の意識」が生き続けるドイツ国民の法意識こそ、国家統一の基礎にしなければならないと主張した（同内容の動議三本が彼の動議の下に一本化された）。いわく、「プロイセンとオーストリア、これらの強国に私は敬意を払う。しかしこの両国が一つになることはないし、ある憲法の中で協力することもないであろう。そこで第三者を舞台に上がらせようではないか。ドイツの法意識である。それだけが、われわれの土台になりうるのである[26]」。

さらに、大会が、一八四九年憲法の受諾を、まさに同じ時期にフランクフルトの諸侯大会に集うオーストリアを初めとする各国の主君およびプロイセン国王に正式に呼び掛けるよう求める動議も提案された。その際、一八四九年憲法は、ドイツ内外に対する強力な中央権力の基礎となるとされたばかりでなく、それを受け入れることを表明した大国にその中央権力が移譲され、ドイツ皇帝位も与えられるという、新国家の元首の選別機能をも果たすものとして位置づけられたのである[27]。

大ドイツ的な議会中心の国家統一への志向を色濃く帯びたこれらの動議は、しかしプロイセン主導の小ドイツ的な統一を求める傾向の強い大会多数派の受け入れるところではなかった。

たとえばプロイセン進歩党に属したシュルツェ－デーリッチュは、決議案への修正動議は、議員大会による将来の国民議会への制約や侵害にほかならず、「私たちが議会を手に入れる見込みを小さくさせる[28]」ものであるとしてそれらを牽制した。バイエルン進歩党のフェルクも、ドイツ人の法意識を育み、それを一つの権力に高めることの重要性を認めつつも、そのような段階に至っていない現時点で諸侯に一八四九年憲法の受諾を求めることは、準備と能力のないままで革命を起こそうとするようなものだとして修正動議を批判した[29]。

修正動議を提出した人々は、そのような多数派の情勢を前にして、決議の修正に固執することが統一運動の一体感を損ねることへの懸念から、動議を取り下げることとなった。プロイセン進歩党のレーヴェの次の演説の一節には、少数派が多数派にしたがわざるをえなかった事情が示されている。すなわち彼は、一八四九年憲法こそが国家統一の基点であることを認めつつ、「法」への絶対的な固執が現実における「権力」の問題を等閑視させてしまう弊害を指摘した。「法を貫くために権力にはどう対処すればよいのか」、これこそが重要な問題であるというのである。そのような問題を考慮する「健全な戦略的精神」から彼は、決議案を無修正のまま議決することを強調したのであった[30]。

動議がすべて取り下げられたことにより、決議案は無修正のまま可決された。大ドイツ大会の大勢が国民議会を有する連邦国家に背を向けてきたことに失望し、国民議会の設置を期待して議員大会に参加した大ドイツ派にとって、こうした議員大会の結末は、たしかにオーストリア主導の連邦改革の中心にある代表機関を否定するという点ではその意に沿うものであった。しかしながら、それは、統一運動の多数派の志向がプロイセン主導の小ドイツ的なドイツを建設する方向にあることを痛感させ、自らの立場がそこでも広い支持を得ているわけではないという現実に直面させるものでもあったのである。

ただし、大ドイツ派の主流、すなわち国家連合としての大ドイツを構想する人々にとっても事態は深刻であった。諸侯大会の開催とドイツ連邦改革規約の採択という成果、大ドイツ大会による全面的な支持という状況にあって、しかし、「大ドイツ的連邦主義」というドイツ像には大きな打撃が加えられたのであった。

一八六三年九月に諸侯会議で合意された連邦改革規約の受諾をプロイセンが拒み、オーストリアが主導するドイツ連邦の改革が頓挫したのである。これにより、国家連合としての大ドイツというイメージも、その制度的基盤を損なって拡大の足がかりを失うことになったのである。

フランクフルトの諸侯大会への参加を拒んだプロイセンは、九月二二日にプロイセンが連邦改革規約を受諾するための条件として、連邦の領域が直接的に攻撃されていない場合の戦争の開戦に関する拒否権、連邦機関におけるオーストリアとの「同権」、そして「各国政府の使節ではなく、各国家の人口に応じた直接投票から構成される国民代表機関」の設置など三項目を求めていた(31)。これに対し、一〇月二三日と二四日にニュルンベルクでプロイセンの交換条件を受諾するか否かについて審議する会談が諸侯大会出席国の間で開かれ、同月三〇日にオーストリアはプロイセン側の条件の受け入れの拒絶を表明した。総じてプロイセンの三要求は、ドイツがよって立つべき「連邦主義的原則」に背馳するものであるというのがその理由であった(32)。

たしかにこの間のプロイセンの姿勢には強硬さがみられた。しかし、オーストリア主導の「大ドイツ的連邦主義」的な改革の成就を阻んだのは、決してプロイセン政府だけの責任ではなかった。オーストリア政府の非妥協的姿勢もその責めを負うべきものであった。後にフレーベルは、諸侯大会が「偉大な政治的行動」から「挫折した突発事件」へと零落した原因がオーストリア側にあったことを強調している(33)。プロイセンとオーストリアの双方の非妥協的姿勢のために、ドイツ連邦改革規約を軸にしたドイツ連邦の改革は潰えたのである。

オーストリア主導の連邦改革を期待してきた大ドイツ派の主流は、連邦改革規約の挫折を大いなる失望をもってとらえた。フレーベルは、改革規約が頓挫して数ヶ月に次のようにその幻滅を表明している。

フランクフルト諸侯大会の連邦改革規約は、その内容からして十分に考え抜かれた計画であった。そのようなドイツの再編が昨年の八月か九月に受け入れられて即座に発効していたならば、それは世界史的な事件であったろう。そうした人類史の転換のための機会はもはやなく、いったん失われた機会が同じように戻ってくることはない。その試みだけでも、政治の世界に電撃のように響いたのであった。ドイツの諸侯大会が実効性をもたなかったことは、すべての力関係を変化させる第一級の否定的な事件となった(34)。

「すべての力関係の変化」――連邦改革規約の頓挫は、オーストリアにおいてもプロイセンにおいても中小のドイツ諸国においても、ドイツ連邦を中心にドイツの国家的秩序を考えるという発想からの離反を加速化させる転機となる、というのがフレーベルの判断であった。そして、ドイツ連邦の活性化あるいはその改革がその後に実現することはなかったという意味で、彼のその判断は正しい予言となった。

オーストリアを含む領域としてドイツを想像する大ドイツ派の中には、全国制度の構造の点でも、大ドイツが実際に意味する領域の範囲の点でも、極めて異質の考えが存在していた。すなわち、連邦国家をドイツ連邦の領域に建設することに多くの支持が集まっていたわけではないし、ドイツ連邦を「大ドイツ的連邦主義」の理念を基礎に改革する機会も、結果として、何の成果もないままに失われたのであった。

このように、一八六三年という年は、広く大ドイツ派と呼ばれる人々にとって挫折の年となったのである。しかも、その後に大ドイツ大会が開催されることもなく、改革協会の活動が広がりをみせることもなかった。

一八六三年一〇月一六日、まさにドイツ連邦改革規約の実現が難しいことが判明し、国家連合としての大ドイツ構想が挫折しつつある時に開催されたドイツ国民協会第四回総会は、オーストリア主導の連邦改革の欺瞞性を鋭く批判し、国家連合に対する連邦国家の正統性を強調する場となっていた。ハノーファーのミーケルは大会決議案の趣旨説明をした際に、諸侯大会を念頭に次のように述べた。

教皇至上主義者、南ドイツの特殊地域主義者、北ドイツの貴族、多種多様なすべての国の反プロイセン主義者が、新たなドイツの連邦国家を打ち立てようとする国民の努力を挫くために集合した。彼らは国家連合を改革しようとしている、しかしそれは国家連合を維持するためであり、連邦国家を阻止するためである。彼らは、真のドイツにおそれをなして大ドイツなるものを宣し、真の議会と中央権力に脅えて使節会議と執行部とを求めている。もはや何も差し出さないわけにはいかないということで、彼らは改革案を示して改革者を自称してはいる、しかしそれはうわべのことにすぎない。真の改革の阻止を彼らは狙っているのである。[35]

ドイツ連邦はなお実在する。しかし、ドイツの全国制度たる国家的秩序としてのその地位に対しては、このような批判が高まっていた。それに随伴するかのように、ドイツ連邦に代わる国家的秩序としての連邦国家のイメージが力を得てゆくのである。

（1）Jonas Flöter, Beust und die Reform des Deutschen Bundes 1850–1866, S. 408.

（2）Ernst Rudolf Huber, Deutsche Verfassungsgeschichte seit 1789. Band III, S. 420.

（3）Österreichische Denkschrift über die Notwendigkeit einer Reform der deutschen Bundesverfassung, in: Ernst Rudolf Huber（Hrsg.）, Dokumente zur deutschen Verfassungsgeschichte. Band 2, Verlag W. Kohlhammer, Stuttgart/Berlin/Köln/Mainz 1986（Dritte neubearbeitete Auflage）, Nr. 103, S. 135–136.

（4）Ebd., S. 137.

（5）諸侯大会に関する近年の研究書として、Norbert Wehner, Die deutsche Mittelstaaten auf dem Frankfurter Fürstentag 1863, Peter Lang, Frankfurt am Main 1993. 概観的な解説としては、Ernst Rudolf Huber, Deutsche Verfassungsgeschichte seit 1789. Band III, S. 421–435; Jonas Flöter, a. a. O., S. 415–421; Jürgen Müller, Deutscher Bund und deutsche Nation 1848–1866, S. 351–360.

（6） Die preußische Ablehnung der Teilnahme am Fürstentag. Schreiben des preussischen Königs an den Kaiser vom Österreich vom 4. August 1863; Die preußische Ablehnung der von den deutschen Fürsten wiederholten Einladung zum Frankfurter Fürstentag. Schreiben des preussischen Königs an den Kaiser vom Österreich vom 20. August 1863, in: Ernst Rudolf Huber (Hrsg.), Dokumente zur deutschen Verfassungsgeschichte. Band 2, Nr. 104, S. 139-140; Nr. 105, S. 140-141.

（7） Reformakte des Deutschen Bundes, in: Ernst Rudolf Huber (Hrsg.), Dokumente zur deutschen Verfassungsgeschichte. Band 2, Nr. 108, S. 142-143.

（8） Ebd., S. 143-153.

（9） Oskar von Wydenbrugk, „Der Inhalt der vom Kaiser von Oesterreich vorgelegten deutschen Verfassungsreform I", Augsburger Allgemeine Zeitung（以下ではこの新聞をAAZ.と略記する）, Nr. 234, 22. August 1863, S. 3869-3870. ヴィーデンブルックは、八月二二日から九月一日までの間、八回にわたって、連邦改革規約を提案された機関ごとに詳細に検討した記事を掲載した。

（10） Verhandlungen der großdeutschen Versammlung zu Frankfurt am M. Vom 28. Oktober 1863, S. 10.

（11） Ebd., S. 11.

（12） Ebd., S. 12-13.

（13） Ebd., S. 35.

（14） Ebd., S. 19.

（15） Ebd., S. 28.

（16） Ebd., S. 23.

（17） Ebd., S. 24.

（18） Ebd., S. 22.

（19） Ebd., S. 18 und 35-36.

（20） Ebd., S. 29.

(21) Verhandlungen des zweiten Congresses deutscher Abgeordneter in Frankfurt a. M. am 21. und 22. August 1863, S. 3-4.

(22) Ebd., S. 4, 9 und 22.

(23) Ebd., S. 36-37.

(24) Ebd., S. 5.

(25) Ebd., S. 4-5.

(26) Ebd., S. 24.

(27) Ebd., S. 29-30.

(28) Ebd., S. 31.

(29) Ebd., S. 48.

(30) Ebd., S. 53-54.

(31) Identische Antwortschreiben König Wilhelm I. vom 22. September 1863 an die deutschen Fürsten und die Vertreter der Freien Städte, die das gemeinsame Schreiben vom 1. September 1863 unterzeichnet hatten, in: Ernst Rudolf Huber (Hrsg.), Dokumente zur deutschen Verfassungsgeschichte. Band 2, Nr. 110, S. 157-158.

(32) Österreichische Ablehnung der preußischen Präjudizialpunkte. Erlass des Aussenministers Graf Rechberg an den Gesandten Graf Karolyi in Berlin vom 30. Oktober 1863, in: Ernst Rudolf Huber (Hrsg.), Dokumente zur deutschen Verfassungsgeschichte. Band 2, Nr. 114, S. 161-164.

(33) Dietmar Schuler, „Julius Fröbel (1805-1893)", S. 244.

(34) Der Botschafter vom 1. Januar 1864, zitiert in: Ebd., S. 245.

(35) Verhandlungen der vierten Generalversammlung deutschern Nationalvereins am 16. Oktober 1863, S. 6.

第二章　連邦国家像の拡大とその非正統化（一八六三―六六年）

はじめに

一八六三年秋までにオーストリア主導の連邦改革の動きが挫折し、大ドイツ的な国家連合たるドイツ連邦は、その国民的基盤を拡大する好機を逸することとなった。それとは逆に、ドイツ国民にふさわしい国家的秩序として、以前にもまして支持を集め始めたのは、より集権的な連邦国家であった。

連邦国家は、最大のナショナリズム組織である国民協会の目指すドイツの姿であり、しばしばプロイセンが優越的な地位を有する小ドイツ的なドイツであるとみなされていた。たしかに国民協会は、集権的な統一国家をドイツに建設するためにはプロイセンの力が不可欠と考えていた。しかし国民協会は、オーストリアが排除されたドイツを自明なものとはしていない。しかも、国民協会は一八四九年のフランクフルト憲法を組織の綱領的文書に位置づけていたこともあって、連邦国家は、大ドイツ的なドイツを好む傾向の強い南ドイツ諸国にも支持を得て、広い国民的な基盤を備えつつあったのである。

この連邦国家像には、さらにその国民的支持を拡充する機会があった。一八六三年末に生じたデンマークとの対立によって、ドイツでは国民的一体感の意識が一気に高まったからである。境界の政治争点化を梃子に強まるナショナリズムの通例にもれず、この国民的一体感は多様な国家的秩序のイメージを包摂していたものの、国家連合の権威が低落しつつある時期にあっては、結果としてそれは連邦国家の国民的基盤の拡大に寄与したのであった。

しかし、この北部境界の争点化は、連邦国家像にとって深刻な意味を有してもいた。なぜならそれは、ドイツ政治にシュレースヴィヒ・ホルシュタインのドイツの国家的秩序の中での位置づけという難問を投げ入れ、その中で、同地域の併合を端緒とする単一国家を求める声、国家連合はおろか、連邦国家さえ容認しない単一国家論を支持する声が高まる端緒となったからである。単一国家論は、連邦国家の正統性に対する重大な挑戦となる可能性を秘めていたのである。これ以降、全国制度としての国家的秩序の形態が、ドイツにおける最も重要な政治争点の一つになるのである。

本章は、以上の経緯を叙述する。まず、一八六三年末から一八六四年初めの時点における連邦国家像の特徴を述べた後、その時期に生じたシュレースヴィヒ・ホルシュタインをめぐるデンマークとの対立の中で、境界の争点化による国民的一体感がドイツ国内に生まれたことを指摘する。続いて、デンマークとの戦争が終結した後、ドイツ内の政治的関心が境界から全国的な国家的秩序の形態へと転じ、プロイセン主義者の一部から単一国家論が唱えられ始めたことを述べる。そして最後に、諸地域のプロイセンによる併合によって建設される単一国家というイメージが、プロイセン主義者を越えて拡大し、連邦国家の正統性を掘り崩してゆく様を描く。

第一節　連邦国家と国民的一体感

はじめに

一八六三年秋までに国家連合たるドイツ連邦の改革が失敗に終わったことは、ドイツ国民にふさわしい全国的な国家的秩序としての連邦国家の地位を相対的に向上させたといってよい。本節では、国民協会の総会や議員大会の場で、連邦国家の建設としばしば結びつけられたプロイセンの優位やオーストリアの排除という、南ドイツの大ドイツ派が抱くことが多かった懸念が払拭され、連邦国家への支持がさらに広がったことを論ずる。

続いて本節が述べるのは、連邦改革の挫折から間もなく、デンマークとの境界紛争を通じて生まれた国民的な一体感についてである。ドイツ国民にふさわしい国家的秩序は国家連合なのか連邦国家なのかという対置の構図を後者に有利に変えていた流れは、突如として現れた全ドイツ的なナショナリズムによりどのような影響を受けたのだろうか。この問題を念頭におきながら、ドイツの北部境界の政治争点化がもたらした国民的一体感の特徴を描いてゆく。

一　連邦国家とその領域

諸侯大会とドイツ連邦改革規約の失敗はドイツ連邦の発展可能性に疑問符を付すものであり、したがってドイツの国家的秩序として国家連合こそがふさわしいとする立場を悪化させるものであった。その結果、先にふれた国民協会第四回総会でのミーケルの演説が示すように、連邦国家がドイツ連邦を真に改革した、ドイツ国民に適格な国家的秩序としてみなされるような傾向が強まったのである。

連邦国家を目指すべき目標として共有しうる諸勢力の間において、しかしその連邦国家の領域的広がりについての共通の了解があったわけではない。統一運動の最大の主体である国民協会は、たしかに一八四九年のライヒ憲法に基づく連邦国家の建設——憲法は統一国家の領域を、オーストリアを含むドイツ連邦のそれ、すなわち大ドイツとしていた——をうたってはいる。しかし、同時に国民協会は、大ドイツ的な連邦国家を組織的な目標に掲げていたわけではない。国民協会の主張は、その連邦国家建設をプロイセン主導の下に行うことであり、オーストリアを除いた小ドイツ的な統一という選択肢を除外してはいなかった。それゆえ国民協会に対しては、それがオーストリアなきドイツを生み落とすのではないかとの不安が常に抱かれていたのである。

連邦国家の支持者の中でも、とりわけ大ドイツという領域に親近感をもつ人々は、国民協会がそのような傾向を強めてゆくことに警戒心を抱いていた。一八六二年一〇月の国民協会第三回総会において、一八四九年のライヒ憲法および選挙法が公式に組織の綱領的な文書としての地位を与えられて以降、その民主的性格に期待した人々の協会への参加が増加する一方、その人々を中心にして、統一ドイツの領域的縮小あるいは事実上の拡大プロイセン成立への懸念が、国民協会内部からの声として公にされるようになっていたのである。換言すればそれは、将来に建設されるであろう連邦国家にはオーストリアは属していないかもしれないという懸念が広がっていたことの証左であった。

一八四九年憲法に基づく統一を重視する国民協会の左派ともいうべき人物によって、一八六三年夏に著されたある小冊子には、国民協会に対するそのような期待と不安とが明瞭に記されている。国民協会のエッカルトによる『ドイツ系オーストリアとそのドイツとの関係』がそれである。

エッカルトは、国民協会を自由と統一を実現しうる唯一の担い手であると評価しつつ、現在の協会が二つの欠点をもつことを指摘する。一つは、国民協会がプロイセンにイタリア統一時のサルデーニャ王国の役割を求めていることであり、もう一つは、ドイツからドイツ系オーストリアを意識的に排除しようとしていることである(1)。エッカルトによれば、このドイツ系オーストリア問題こそが、大ドイツ派と小ドイツ派の分裂をもたらして、統一運動が目指すべき連邦国家像の拡散を招いている原因であり、「国民協会から大ドイツ民主派(の支持――筆者注)を奪っている」問題なのであった(2)。先に述べたように、大ドイツ派の中には、国家連合ではなく、全国議会を備えた連邦国家の樹立を求める勢力がいた(フレーベルが「シュヴァーベンやその他の民主主義者」と呼んだ人々である(第一章第二節二参照))。エッカルトはそうした人々を「大ドイツ民主派」と名づけたのである。

したがってエッカルトは国民協会に次のように期待する。プロイセンは国民協会にとってあくまで手段であり、その目標は「ドイツ」である。国民協会は、一八四九年ライヒ憲法を基礎とする統一を目指す以上、同憲法が、第一条に「ドイツ・ライヒは従来のドイツ連邦の領域からなる」という明確な領域規定をおいていることを初めとして、ドイツ系オーストリアが「ドイツ」に含まれることを自明視していることを忘れてはならない[3]。エッカルトによれば、これらは、「ドイツとドイツ系オーストリアとの、大ドイツ派と小ドイツ派との協調のために」必要な条件であった[4]。

このようなエッカルトの期待と不安は、彼が孤立して抱いていた類のものではなく、より広く、大ドイツ派の支持をも集めつつあった国民協会の一部で共有されるようになっていた認識であった。一八六三年一〇月一六日に国民協会がライプツィヒで開催した第四回総会の場は、そうした「大ドイツ民主派」の懸念が開陳される場となった。

ある参加者の演説が、プロイセンの突出とオーストリアの排斥を回避しようとするそうした雰囲気の広がりを、次のように具体的に描いている。「オーストリアのある地方、ミュンヘン、ニュルンベルク、その他、私がここに来るまでに立ち寄った都市では、どこでも人々が同じことを口にしているのを耳にした。いわく、プロイセンの首位とオーストリアの排除が回避されるのならば、自分は国民協会に加わるつもりがある、と[5]」。この論者によれば、「プロイセンの首位とオーストリアの排除」は決してドイツの統一をもたらすことはない。それはただ、「内戦」を引き起こすだけのものであるという。

この総会に際して国民協会の執行部が準備した決議案は、諸侯大会の連邦改革案を空疎なものと難じ、プロイセンがその受諾の条件として示した「各国家の人口に応じた直接投票から構成される国民代表機関」の設置も不十分な内容であるとの批判を加え、一八四九年ライヒ憲法を基礎とした連邦国家の建設を目標として打ち上げるものであった。決議の文案にいわく、「国民政党はライヒ憲法から決して離れることはない。その目標が真の連邦国家の建設であることに変わりはない。われわれをこの目標に近づけるような手段であれば、どのようなものであれ拒むことはないのである[6]」。

一八四九年憲法に基づく連邦国家建設という目標は、ドイツ連邦の改革があれば足りるとするごく一部の参加者からの「過激すぎる[7]」との批判を除き、大会全体の共有するところであった。しかし、「大ドイツ民主派」にとっては、

「われわれをこの目標に近づけるような手段であれば、どのようなものであれ拒むことはない」という文言が問題となっていた。なぜならこの文言は、暴力的手段による統一、それゆえ軍事力において他の追随を許さないプロイセンの独行や専断を正当化するおそれがあったからである。そこでエッカルトやフェネダイらはこの文言の削除を提案した。そして「大ドイツ民主派」からのこの要望は、採決を待たず、執行部が自ら当の文言を決議案から削除することで受け入れられたのであった。⑧

「プロイセンの首位とオーストリアの排除」という方向性が顕在化することを回避したこの決定には、一八六三年秋の時点での国民協会の方針——プロイセン主導の連邦国家建設を目指す一方で、それに対する南ドイツからの懸念の払拭と統一運動への支持の拡大を求める——が反映されていた。小ドイツ的な統一の方針は排除されていないにもかかわらず、国民協会の中には、ドイツ系オーストリアを含む連邦国家の実現を夢見る人々が増えていたのである。

こうした南ドイツを中心とした「大ドイツ民主派」の期待、つまり、オーストリアを排除しない連邦国家の実現への希望は、後述する一八六三年一一月以降のシュレースヴィヒ・ホルシュタイン紛争に際し、連邦改革問題では鋭く対立したプロイセンとオーストリアの両国がデンマークに対して結束した対応をとったことによってさらに高まった。デンマークとの対立が深まる一八六三年の末にフランクフルトで開催されたドイツ各国議会議員大会⑨は、そのような「大ドイツ民主派」の期待が膨らむ場となった。五〇〇人におよんだ各地の議会からの参加者の多くは、小ドイツであれ大ドイツであれ、国民議会を備えた連邦国家によるドイツの国家統一を求める自由主義者であった。そして、デンマークからのシュレースヴィヒ・ホルシュタイン両公国の分離を求める決議を「熱狂の中、全会一致で⑩」可決した参加者の中には、プロイセンとオーストリアの両国が協調して行動したことを賞賛する声が少なくなかった。

たとえば、プロイセン進歩党のレーヴェは大会が全会一致で支持した決議案の可決について、プロイセンとオーストリアが共通の敵に立ち向かったことがもつ意義の大きさを強調した。デンマークとの対立に際して、「われらの二大国の政府が協調したことにより、この問題、すなわち、ドイツ国民の一体感をますます強め、完全なものとし、育てあげるようなこの問題において共通の相手に対抗したこと、そしてドイツ国民を共感で満たすような形の二元主義が初めて登場したこと」という「成果」がもたらされた、というのである。[11] 国家連合としてのドイツ連邦を擁護する立場からすれば、これは、協調的な二大国を抱える新たなドイツ連邦の姿なのかもしれない。しかし、大ドイツ的な連邦国家を望む者にとっては、二大国の協調はその実現の希望を高める事象であった。オーストリアを排除しない大ドイツ的な連邦国家を築くためには、そもそもドイツ連邦内の二大国であるプロイセンとオーストリアが敵対関係にあってはならないからである。

さらにレーヴェによれば、決議を南ドイツの代表者と結束して可決することができたことが意義深いという。「この全会一致は、諸君の行った投票に対し、国民の投票という意義、いかにそれがそれぞれの国家によって寸断され分割されているにしても、全国民の投票という意義を与えたのである。ここでは全国民の代わりにわが祖国の南部出身の弁士が決議を支持し、その結果、全般的な支持の下で、すなわち南も北も、西も東も区別しない、そうした全般的な支持の下で、決議は大会の可決するところとなったのである[12]」。

こうして、大ドイツ派の中にあって、国民議会を備えた連邦国家の建設を求めてきた南ドイツの民主派勢力は、オーストリアを排除しない大ドイツ的な連邦国家への期待をさらに強めることになったのである。

一方、この大会には、同じ大ドイツ派ながらオーストリアの主導権や国家連合としてのドイツをなおも期待する改革協会系の議員も参加していた。デンマークとのシュレースヴィヒ・ホルシュタインをめぐる対立は、思い描くドイツの全国制度の態様を問わず、さまざまな党派の人間を広範な国民的一体感の中においていたのである。

しかし、改革協会系の人々は、大会におけるある重要な提案に反対の立場をとることとなった。すなわち、大会には、先にふれたレーヴェにより、シュレースヴィヒ・ホルシュタインにおけるドイツ国民の権利実現のための活動拠点として、「三六人委員会」という組織の設置が提案された。彼によればこの「三六人委員会」は、今なお十分な中央の国家機構をもたず、地理的概念を越えられないドイツにおいて、全国議会の代替的な役割を期待される性格のものであった⑬。この提案に対し、全国議会の類の組織を嫌ってきた改革協会に近い約四〇名議員（大半がバイエルンとヴュルテンベルク選出である）が、「個々の心情に矛盾するような決議に関する投票に加わる義務はない⑭」として反対の姿勢を示したのである。

多数派はこの反発の姿勢を、多数派たる「運動の党」にしたがわない少数派の「秩序の党」という、いわば「進歩対反動」の図式の中に位置づけ、さらに「少数派が多数派にしたがうこと」という「自己統治する能力を備えた国民の第一の基準」に背く反「国民」的な振る舞いとして非難した。数の上での明らかな劣勢に加え、このような厳しい批判を無視してまでレーヴェ提案に反対する参加者はほとんどなかった。その結果、レーヴェの提案は「ほぼ全会一致で」可決された。ただし、「三二六人委員会」の構成員には、オーストリアを含む全ドイツからの代表が選ばれたものの、その中心は国民協会系のプロイセン進歩党議員であって、その小ドイツ的な志向は否定できなかった⑮。

このドイツ各国議会議員大会はその終わりに、「ドイツ国民の現況においてもはや否定できないしかるべき権利」としての「一般的代表機関、すなわち議会」を設置すること、およびその議会の設置が不可欠であることを議決した⑯。南ドイツの大ドイツ派が、国家連合への固執を払拭できない大ドイツ派からの離反の動きと並行して行っていた連邦国家による統一を目指す勢力への接近が、議会設置を期待させる形で強化されたのである。それは同時に、議員直接選出の全国議会をもった連邦国家としての統一国家が、南北ドイツに支持を得た共通のドイツ像として強く立ち現れたことを意味していたのである。

二　北部境界の政治争点化とその意味

大ドイツと小ドイツの別は第一義的にはドイツの領域をめぐる相違である。同時にその相違には、かなりの程度、国家連合と連邦国家という、ドイツの全国的な国家的秩序のイメージの違いが重なっていた。一八六三年後半以降、領域と国家的秩序の組み合わせのうえで、いわばねじれの状態にあった勢力、すなわち、領域としては大ドイツを望み、国家的秩序としては連邦国家を期待する勢力が、連邦国家の樹立を期待して小ドイツ的統一をも辞さない勢力に接近していった。この意味するところは、連邦国家への支持がますます広がっていったということであり、同時に、その連邦国家と大ドイツという領域との結びつきが、事実上、さらに弱まってきているということであった。オーストリア主導のドイツ連邦の改革の挫折という事情も加わって、全国的な国家的秩序の基盤としての大ドイツという領域は、まずますその訴求力を失いかけていたのである。

しかし、一八六三年の冬、このような傾向に歯止めをかけるかのような事件が出来した。シュレースヴィヒ・ホルシュタインをめぐり、デンマークとの間に軍事的衝突を含む緊張状態に入ったドイツにおいて、全土でナショナリズムが高揚し、ドイツ連邦を覆う国民的一体感の心情が広がったのである。

まず、ドイツとデンマークの開戦から和平に至る経緯を簡単にたどっておこう。

今次の紛争の発端はデンマーク側の行動であった。シュレースヴィヒをホルシュタインから切り離してデンマーク王家との一体性をさらに強化しようとする動きが、一八六三年三月の「三月勅令」および一一月の「一一月憲法」という具体的な形をとって断行されたのである[17]。これは、シュレースヴィヒの併合はしないとはいえ、シュレースヴィヒ・ホルシュタインとデンマークとの一体性の堅持をうたった第二次ロンドン議定書に反する行動であった。さらに、くしくも新憲法制定とほぼ同時に死去した国王フレデリック七世の後継に、一八五二年の第二次ロンドン議定書の規定——フレデリック七世の後継には親ドイツ的なアウグステンブルク家ではなくグリュクスブルク家の承継を決めた——に基づきグリュクスブルク家のクリスチアン九世がデンマーク国内のナショナリズムの支持を受けて就位したことがドイツ側の反発を一層のこと強めた[18]。

これに対しドイツ側では、一一月半ばにアウグステンブルク公フリードリヒがフリードリヒ八世として両公国の君主となることが宣言された。ドイツの世論はこの擁立を支持し、国内ではデンマークに対するナショナリズム意識が高まった。ただし、シュレースヴィヒとホルシュタインの君主とされたアウグステンブルク公の存在は、両公国とデンマークとの一体性を合意事項とした第二次ロンドン議定書に反するため、その合意を破るような新たな紛争が生じない限り、議定書の署名国であったプロイセンとオーストリアがアウグステンブルク公を支持することはなかった。[19]

こうした中、ドイツ連邦は、一〇月一日にホルシュタインに対する「連邦執行（Bundesexekution）」措置を決め、一二月七日にはその実施を決定した。ドイツ連邦は、デンマークのシュレースヴィヒ分離政策により、シュレースヴィヒと一体であるはずのホルシュタインの国家体制が傷つけられたとみなし、ホルシュタインをドイツ連邦の管理下におく措置を講じようとした。そして、一八六三年末には、ホルシュタインは、実質的にドイツ連邦の軍事的な支配下に入ることになった。[20]

ドイツとデンマークとの対立が両者のナショナルな対決の様相を深めてゆく中で、さらにプロイセンとオーストリアは、シュレースヴィヒにおける「一一月憲法」の撤回を同地の占領をちらつかせて実現しようとした。しかし、この「担保占領（Pfandbesetzung）」の方針は、デンマーク政府の対応次第では、シュレースヴィヒがデンマークに帰属することに終わる可能性があった。そのため同方針は、アウグステンブルク公を擁する国家の建設を求める自由主義者の反対にあったばかりか、連邦会議でも否決されてしまった。その結果、プロイセンとオーストリアは単独でシュレースヴィヒの占領の意向を表明し、一八六四年一月半ばにデンマークに対して「一一月憲法」の撤回を求める最後通牒を発した。[21] しかし、デンマーク側の姿勢に変化はなかった。こうして、二月一日、プロイセンとオーストリアの軍隊がホルシュタインの北を流れるアイダー川を渡ってシュレースヴィヒに進攻し、デンマークとの間に戦争が開始されたのである。[22]

戦闘はデンマークの劣勢が続き、四月一八日にデュッペル砦を攻略されてその敗戦が決定的となった。その後、四月二五日から、イギリスの仲介でシュレースヴィヒ・ホルシュタイン問題の解決を議題とする国際会議がロンドンで開かれた[23]。二ヶ月の間続いた会議は結論が出ぬまま終わり、ドイツとデンマークの間には再び戦火があがった。しかしデンマークの劣勢は変わらず、デンマークは直後に休戦を申し入れ、七月下旬以降、和平のための交渉が行われた[24]。その結果、一〇月三〇日に成立したウィーン和平においてデンマークは、シュレースヴィヒ、ホルシュタイン、ラウエンブルクをドイツ側に譲ることになった[25]。国家連合であると同時に多民族国家でもあったデンマークの「統一連合国家（Helstat）」はこうして崩壊した。一方、ドイツ側はそのウィーン和平によって、シュレースヴィヒの北限であるケーニヒスアウ川までの地をデンマークから獲得したのであった。

デンマークとの対立と戦争という以上の経緯の中で注目すべきは、一八六三年一一月にデンマーク政府がとった一連のナショナリスティックな動きに対抗して、ドイツでナショナリズムが盛り上がったことである。この対抗的に発揚したナショナリズムは、一一月下旬から一二月上旬までにドイツ全土を覆うものとなり、その結果、ドイツに国民的一体感の意識が現れたのである。

この間の各地の新聞紙上には、シュレースヴィヒ・ホルシュタイン問題を前にドイツ国内の亀裂や対立が消え、ドイツに強い国民的な結束の意識が現れたことが記されている。総じてそれらをみれば、次のような評価を下すことができよう。すなわち、「情動に満ち満ちた強い動きが、両公国からアルプス地域まで、ラインプファルツから東プロイセンやベーメンまでにおよぶドイツ文化圏をとらえ、なかでも中部および南西ドイツでは顕著な動きがあった。三五の国々に分散していることに加え、オーストリアとプロイセンの二元主義によって分断され、しかも部族と身分による相違や党派・宗派の対立によって分裂した国民が、短期の間、ほぼ完全な統一体となったのである。その強さ、すなわち種々の示威行動や自発的運動の数とその参加者の多さからして、あるいは当初においてはことのほか高まった期待に鑑みて、一一月二〇日から一二月七日の連邦決定までの期間は、シュレースヴィヒ・ホルシュタイン運動全体の絶頂とみなすことができる。人々は、いまだ幻滅を知ることなく、自然と現れたこの一体感が持続的な政治的統一体に変貌することを期待したのである」[26]。ドイツを「政治的統一体」の結成へと導くことを期待させるほど強い国民的な結束感が生まれていたのである。

ここに指摘された国民的一体感は、当時の新聞にしばしば掲載された詩によっても表現された。たとえば、南ドイツのある有力紙の一一月二九日の一面には、「そして党派は物言わぬものとなった、／今やドイツは一つである／シュレースヴィヒ・ホルシュタインを解放すること／これがドイツ全体の合言葉である」という一節を含む詩が掲載された[27]。また、一八六三年に出版された『シュレースヴィヒ・ホルシュタインのための一二の戦いの詩』の中のある詩の冒頭には次のような一節がある。「小と大、大と小、ここではただ一つでなければならない／大ドイツと小ドイツ、ここに参集せよ、ここには一つのドイツがある／かくのごとく一体となり、一丸となって戦場に立つわれわれは、世界が一つであることを喜ぶ[28]」。

こうした国民的一体感が立ち上がる決定的なきっかけとなったのが、デンマークを敵とし、その敵とドイツとの間を分かつ境界線に人々の注目が集まったことであったことはいうまでもない。シュレースヴィヒ全体をデンマークから切り離すべく、その北辺を流れるケーニヒスアウ川がデンマークとの境界とされ、ドイツの領域的限界が明示され強調されたのである。

ある新聞記事は次のように記す。「ドイツはケーニヒスアウまで――これがすべてのドイツ諸侯とドイツ男性の合言葉である。今なお決定的な選択のときである。ケーニヒスアウまで、ドイツの利益とドイツの道徳・秩序・言語を守ることができ、また守ろうとするドイツなのか。それとも、ドイツは無となり、イギリスとフランスとロシアに分割されたヨーロッパが現れるのか。舌をもつ者は語り、ペンをもつ者は字を書き、そして剣をもつ者は戦うのである[29]」。そしてこの言葉は、「シュレースヴィヒ・ホルシュタインの兄弟たちに向けて、ドイツ人の心が高鳴るすべての場所で、力強い反響を見出した[30]」。「ドイツはケーニヒスアウまで」という境界と領域に意識が集中的に注がれることで、ドイツ人は国民として一体となったのである。

境界と領域への注目は、全ドイツが領域として一体であるという形でも表現された。ナショナリズムに沸く中で開催されていたプロイセン議会で進歩党のトゥヴェステン[31]は、プロイセンの他のドイツ諸国に対する関係からして「ドイツの一体性（die Integrität Deutschlands）を擁護することはプロイセンの義務である」としたうえで、「われわれは、いかなる外交的難題に際しても、祖国の境界とその領域的一体性を脅かす危険に対して警戒しなければならない」と述べた[32]。

トゥヴェステンのこの立場は、シュレースヴィヒとホルシュタインをデンマークから分離し、両地域が「ドイツという祖国にしっかりと結びつく」ことを求めるという限りにおいては、進歩党の他の議員の要求と大差はない。しかしトゥヴェステンは、憲法紛争で進歩党がビスマルク政府と厳しい対決状態にあったこの時点で、ビスマルク政府を明確に支持した数少ない存在であった。そしてその政府支持の理由が、ほかならぬ「領域的一体性」がもつ、すべてに優先するその重要性であった。トゥヴェステンは述べる。「ドイツという祖国の領域的一体性が問題になっている場合には、ドイツの各国家の内部における紛争もドイツ諸国家の相互の間における紛争も、それが重きをなすことがあってはならない[33]」、と。トゥヴェステンにあっては、敵との境界やその境界によって画された領域が争点となって生じたナショナリズムの中で、全国制度や政治体制のあり方の重要性が後退していたのである。

そして、以上のような国民的一体感の感情は、次のような驚きをもって迎えられるほど強いものであった。すなわち、「大切なのは犠牲と行動であるとの了解がなんと広く共有されるようになったことか」、「抗争を重ねてきた諸党派がその不和の負荷をなんと素早く下ろしたことか」、「その雰囲気は、なんと一体的で確固たるものか、それはいわば決死の覚悟に満ちたものなのである[34]」――ここに示された「決死の覚悟」は、文字通り、命を賭してシュレースヴィヒ・ホルシュタインをデンマークから解放しようとするものである。全ドイツで高揚したナショナリズムは、戦争を肯定する好戦的気分を濃厚に帯びていたのである。

これは特定の個人が抱いた感想に尽きるものではない。実際、国民協会は、今こそ「国民的戦争のためのアジテーション」と「国民とドイツ諸侯に向けたエネルギッシュな呼びかけ」が必要であるとの立場を表明した㉟。戦争は、国民協会や、プロイセン進歩党を筆頭とした広範な自由主義者から組織的に求められたのである。

ただしそれには条件があった。早くもビスマルク政府を支持していた先のトゥヴェステンとは異なり、デンマークに対する戦争が必要であるにせよ、それは自由主義的なプロイセンが先導すべきであると、多くの自由主義者は考えていたのである。すなわち、「今こそ、嵐の怒号と雷鳴のようにドイツ全土に広げなければならない目標がある。一にロンドン協定の廃棄、二にデンマークとの戦争、そして三にプロイセンにおける自由主義の政権」。これは、バウムガルテンがベニヒセンに述べた言葉である。そしてこの言葉に続いてバウムガルテンが示すところによれば、プロイセンの反動的政治がこれまでにシュレースヴィヒ・ホルシュタインの住民に嘗めさせてきた辛酸を考えれば、反動的政府を退けた「自由主義的かつ民主的なプロイセン政府だけが宣戦を布告し戦争を指導できる」のであった㊱。しかし、このような立場が表明されたとしても、デンマークに対する好戦的なナショナリズムを多くの自由主義者が抱いていたことに変わりはなかった。

さて、先に述べたように、デンマークとの対立から生まれた国民的一体感は、ドイツの北部境界に対する意識が高まることからもたらされた。ではその北部国境は、具体的には何と何を分かつ境界線として考えられていたのだろうか。

シュレースヴィヒは、北部にデンマーク語の同質的な地域が広がり、南下するにしたがってドイツ語の使用が増えてゆく。ドイツとデンマークとの国境地帯をエスニシティの観点から、すなわち言語の分布にそくして切り分けるならば、その境界は、シュレースヴィヒ公国の領域を分割することになる（民族自決の気運が高まった第一次世界大戦後の一九二〇年には実際にそのような分割がなされた）。しかし、一体となったドイツ国民が考えた境界も、そしてドイツにナショナリズム意識の高まりをもたらす契機を与えたデンマーク側が前提とした境界も、そのような性質のものではなかった。

「ドイツはケーニヒスアウまで」というスローガンにいうケーニヒスアウ川は、シュレースヴィヒ公国の北部境界に等しい川である。これに対しデンマークのナショナリズムは、シュレースヴィヒとホルシュタインの境界を流れるアイダー川をドイツとの境界とする「アイダー・デンマーク」を主張した。境界線の位置は異なれど、両国のナショナリズム運動にとってシュレースヴィヒの領域的一体性と不可分性は自明のことであり、それを分割することは決して容認されなかった。境界を画する基準として通用していたのは、伝統的に形成されてきた国家領域のもつ境界線であった。換言すれば、デンマークであれドイツであれ、両国のナショナリズム運動においては、両者の間の境界線を、二つの異なる民族を分かつ線ととらえる見方は弱かったのである。

ただし、ドイツとデンマークとの境界線の位置を検討する際に、民族性が全く考慮されなかったわけではない。ドイツとデンマークが停戦に入った後、一八六四年四月末から開催されたロンドン会議において、和平のためにこのシュレースヴィヒを分割するさまざまな案が検討されている。その際、シュレースヴィヒの言語分布状況が参考にされたのである。しかしそれは、ドイツとデンマークとの国境の確定のために、国家の領域を言語の分布範囲とできる限り一致させるべきとの原則を適用しようとするものではなかった。あくまでそれは、「ドイツはケーニヒスアウまで」と「アイダー・デンマーク」とが非妥協的に対立する中で、和平に向けた両者の妥協点を見出すための一手段でしかなかった㊲。

興味深いことに、シュレースヴィヒ分割問題に対してビスマルクは、同公国の分割を容認するどころか、住民投票を実施し、現地住民の帰属意識のあり方が明らかになったところで境界を画定することさえ考えていた。ビスマルクによれば、境界線は住民の意識と無関係には引くことはできないというのである。しかしこれも、境界線は、民族的アイデンティティを共有する人々の分布状況をなるべく忠実に反映するように画定さるべきとの立場、あるいは住民の自決権を擁護する立場から提案されたものではなかった。境界の決定は住民の意向ではなく、外交交渉で決まることはビスマルクにとっては自明であって、彼にとって住民投票は、交渉を有利に進めるための「単なる手段」でしかなかったのである。つまり、「イギリスとフランスからなされた不利な分割提案を退けるためには、住民の意向を尋ねるという武器を用いなければならない[38]」。一見、住民の意向を尊重するかのようでありながら、実のところこのビスマルクの姿勢は、小国家の境界を自由に決めうる強国の行動の論理の表れであったのである。

以上のように、シュレースヴィヒ・ホルシュタインをめぐるデンマークとの対立は、ドイツに、高度の国民的一体感をもたらした。その熱狂は、デンマークを敵視し、デンマークとの境界線に注目が集まった結果として現れたものであった。そこには、ドイツの領域や国家的秩序に関する国民的な合致は存在しなかった。むしろそれらが問われなかったからこそ、あるいは、それらの相違にもかかわらず、ほかならぬ境界線が争点となったからこそ、ドイツ人は国民としての一体感を感じることができたのである。換言すれば、境界の政治争点化から生じた国民的一体感の中では、人々の思い描く国家的秩序像は一様ではなく、それらが特定の型に収斂してゆくこともなかったのである。

しかしながら、そうした国民的一体感であっても、結果として特定の領域や国家的秩序とより親和的に結びついたことを否定することはできない。

まず、オーストリアをドイツの不可欠の一部と考える人々の間には、デンマークとの対立に際し、オーストリアに対する不安が高まっていた。「三ヶ月前にフランクフルトで連邦改革のための提案を行ったのと同じオーストリアが、シュレースヴィヒ・ホルシュタインの王朝と人民の正統な諸権利を脅かすようなドイツ政策を現時点で行うとは考えられない。しかし、もしもそのようなことが起これば、オーストリアのドイツにおける地位はさらに危ういものとなるだろう[39]」というのである。すなわちオーストリアが、シュレースヴィヒ・ホルシュタインに対するデンマーク支配のくびきを断つという「国民の名誉にかかわる問題」においてそれを軽視しているかのような対応をとれば、人心は一気にオーストリアを離れ、「ドイツの名誉を最大限に尊重してくれる」国に集まるだろうというのである[40]。

オーストリアが弱腰になるかもしれないというこうした大ドイツ派の懸念は、デンマークをオーストリアとプロイセンの共同軍が破ることで杞憂に終わった。両国の協調的な行動は、ドイツ連邦の発展を望む立場からすれば、ドイツ連邦がなお十分に機能しうる国家的秩序であることの証となるかもしれなかった。しかし、大ドイツ的な国家連合たるドイツ連邦は、諸侯大会とオーストリア主導の連邦改革の失敗で、もともと低かった国民的な国家的秩序としての正統性を低落させていた。加えて、国民的一体感の高揚を契機に、ドイツ連邦を国民の必要性に機敏に対応しうる国家的秩序へと改革しようとするような動きが現れることも、もはやなかった。

一方、小ドイツ的な連邦国家の建設を期待していた人々は、この国民的熱狂の中でますますプロイセンへの期待を高め、プロイセンだけがデンマークとの対決を主導しうるとの確信を強めていった（ただし、自由主義的なプロイセンという留保条件がなお付されてはいた）。したがって、そこで立ち現れた国民的一体感は、プロイセン主導で建設される小ドイツ的な連邦国家への支持を高めこそすれ、低めるようなことはなかった。さらに、先に述べたように、プロイセンとオーストリアとが共同してデンマークに対抗したことが、大ドイツの領域に連邦国家を築くという希望を抱く人々の期待を集めてもいた。このようにみれば、総じてシュレースヴィヒ・ホルシュタイン問題をめぐって現れた国民的一体感は、結果として、連邦国家像の国民的基盤を広げる方向に作用したのである。

さて、シュレースヴィヒ・ホルシュタインは、一八六四年一〇月のウィーン和平によってデンマークの権利が放棄されて、同地域はドイツの支配下におかれることとなり、これをもってドイツとデンマークの境界をめぐる紛争は落着した。しかし、ドイツ側にとってこれは、ある激しい対立の物語の始まりにすぎなかった。ドイツ側に譲られたシュレースヴィヒ・ホルシュタインは、ドイツの中でどのような地位を与えられるべきなのか。これこそが、境界に代わって全国制度としての国家的秩序の形態を政治的対立の焦点に転化させ、国家的秩序をめぐるイメージの競合を展開させることになった問題にほかならない。

（1） Ludwig Eckardt, Deutschösterreich in seinen Beziehungen zu Deutschland. Eine den Führern der deutschen Bewegung gewidmete Denkschrift, Verlag von Ehr. Limbarth, Wiesbaden 1863, S. 10.

（2） Ebd., S. 9.

（3） Ebd., S. 10–11.

（4） Ebd., S. 26.

（5） Verhandlungen der vierten Generalversammlung des deutschen Nationalvereins am 16. Oktober 1863, S. 23.

（6） Ebd., S. 8.

（7） Ebd., S. 13 und 16–18.

（8） Ebd., S. 13–14 und 31–32.

（9） ドイツ各国議会議員大会（Versammlung von Mitgliedern der deutschen Landesvertretungen）は、形式上はドイツ議員大会（Deutscher Abgeordnetentag）と別組織であるとはいえ、実質的には執行部や参加者の構成などからみてドイツ議員大会と同一であり、それゆえこの大会は八月の第二回議員大会に続くドイツ議員大会と考えてよい。ドイツ議員大会とは別名称の新たな大会が開催された理由は、ドイツ議員大会と国民協会の密接な結びつきを敬遠する人々への配慮であった。Andreas Biefang, Politische Bürgertum in Deutschland 1857–1868, S. 327.

（10） Verhandlungen der Mitglieder deutscher Landesvertretungen in Frankfurt a. M. am 21. Dezember 1863, S. 23.

（11） Ebd., S. 24.

（12） Ebd., S. 23.

（13） Ebd., S. 24.

（14） Ebd., S. 38.

（15） Ebd., S. 37–38, 46 und 49.

（16） Ebd., S. 50–51.

（17） Ernst Rudolf Huber, Deutsche Verfassungsgeschichte seit 1789. Band III, S. 456–459.

（18） Ebd., S. 460–462.

（19） Ebd., S. 462.

（20） Ebd., S. 459 und 465–467.

（21） Ebd., S. 471–472.

（22） Ebd., S. 473.

（23） Ebd., S. 478.

（24） Ebd., S. 482.

（25） Ebd., S. 486.

（26） Joachim Daebel, Die Schleswig-Holstein-Bewegung in Deutschland 1863/64, S. 59.

（27） „Schleswig = Holstein“, AAZ., Nr. 333, 29. November 1863, S. 5513.

（28） Friedrich Rückert, Ein Dutzend Kampflieder für Schleswig-Holstein, F. A. Brockhaus, Leipzig 1863, S. 20.

（29） „Die Erwartungen in Schleswig = Holstein“, AAZ., Nr. 324, 20. November 1863, S. 5362.

（30） AAZ., Nr. 333, 29. November 1863, S. 5515.

（31） トゥヴェステンについては次の研究文献がある。Veronika Renner, Karl Twesten. Vorkämpfer der liberalen Rechtsstaatsidee. Studien zu seiner politischen Entwicklung, PhD. thesis, Freiburg 1954; Harald Biermann, Ideologie statt Realpolitik. Kleindeutsche Liberale und auswärtige Politik vor der Reichsgründung, Droste Verlag, Düsseldorf 2006.

（32） Stenographische Berichte über die Verhandlungen des preussischen Abgeordnetenhauses 1863/1864, 10. Sitzung (1. Dezember 1863), S. 207.

（33） Ebd.

（34） Lammers an Böhmert vom 22. November 1863, in: Julius Heyderhoff (Hrsg.), Die Sturmjahre der preussisch = deutschen Einigung 1859–1870. Politische Briefe aus dem Nachlass liberaler Parteiführer, Kurt Schroeder, Bonn/Leipzig 1925, S. 184.

（35） Ausschussprotokoll des deutschen Nationalvereins vom 22. November 1863, in: Andreas Biefang (Bearb.), Der Deutsche

Nationalverein 1859–1867. Vorstands- und Ausschussprotokolle, Droste Verlag, Düsseldorf 1995, S. 282.

(36) Baumgarten an Bennigsen vom 17. November 1863, in: Hermann Oncken, Rudolf von Bennigsen. Ein deutscher liberaler Politiker. Nach seinen Briefe und hinterlassenen Papieren. Bd. 1: Bis zum Jahre 1866, Deutsche Verlags = Anstalt, Stuttgart/Leipzig 1910, S. 627.

(37) Walter Platzhoff, „Bismarck und die Nordschleswigsche Frage von 1864 bis 1879", in: Ders. et al. (Hrsg.), Bismarck und die Nordschleswigsche Frage 1864–1879. Die Diplomatischen Akten zur Geschichte des Artikels V des Prager Friedens, Deutsche Verlagsgesellschaft für Politik und Geschichte, Berlin 1925, S. 1–55; Alexander Scharff, „Bismarcks Plan einer Volksbefragung im Herzogtum Schleswig 1864", in: Ders., Schleswig-Holstein in der deutschen und nordeuropäischen Geschichte, S. 236–250.

(38) Erlass an den Gesandten in Wien Freiherrn von Werther vom 29. Mai 1864, in: GW. Bd. 4, S. 446–447.

(39) „Die Wiener Presse über Schleswig = Holstein", AAZ., Nr. 326, 22. November 1863, S. 5397.

(40) AAZ., Nr. 326, 22. November 1863, S. 5408.

第二節　単一国家論の登場

はじめに

ドイツの北部境界の争点化にともなって出現した国民的な団結は、それまでのドイツにおけるさまざまな対立を休止させるかのような効果をもっていた。しかし、そうした状態は長くは続かなかった。シュレースヴィヒとホルシュタインがデンマークの支配から離れた後、同地域のドイツにおける処遇が問題となり、それを通じて再び全国的な国家的秩序の形態が争点となり始めたからである。

何が具体的に争われたのであろうか。統一運動の主流は、同地域を将来の統一国家たる連邦国家の一構成国と位置づけていた。これに対して、同地域をプロイセンが併合し、その併合を単一国家によるドイツ統一への出発点とすることを望む声が現れ始めたのである。併合と併合を通じた単一国家の建設は、連邦国家を支持する勢力には決して容認できない警戒すべき対象であった。

本節は、以上の経緯、すなわち、ドイツ内の政治的関心の対象が境界から全国制度としての国家的秩序の形態へと転じたことに注目し、その中から、連邦国家よりもさらに集権的な単一国家を目指す議論が登場してきた経緯を描く。

一　境界から全国制度へ——併合論の登場

プロイセンとオーストリアがデュッペル砦を攻略してデンマークに決定的な打撃を与えた直後の一八六四年四月、南ドイツにおける反プロイセンの代表的な勢力の一つであるヴュルテンベルク人民党のプファウの手になる『集権化か連邦化か』と題された文書が発表された。

プファウは「あらゆる輝かしい戦闘行為の中で最も輝かしいもの」とされているデュッペル砦攻略が、しかしドイツのためにではなく、その利益に反してなされたものと断ずる。なぜなら、「ドイツ国民の道徳的・知的・政治的中心は中小諸国にある」にもかかわらず、対デンマーク戦が、両大国、とりわけ軍国主義的で反動的なプロイセンの強国化をあからさまに進めるものであったからである。「プロイセンはドイツ最大の国家である、プロイセンはドイツ最強の国家である、プロイセンの覇権を！　プロイセンによる併合を！　プロイセンによる統一を！」という声を押しとどめること。「そのままにしておけば、われわれを征服し、併合し、懲戒し、苦しめ、搾取し、虐待する可能性がある」プロイセンの力を抑制すること。現在のプロイセンをいくつかに解体したうえで、中小ドイツ諸国とともに「結束した、一体の、そして自由なドイツ」、全国議会に象徴されるドイツを建設すること——これらが、ヴュルテンベルク人民党の綱領ともいうべきこの文書におけるプファウの主張であった[1]。

この中でプファウは、「君主制か共和制か、オーストリアかプロイセンか、大ドイツか小ドイツか、ドイツ統一のとるべき形態として問われているのはこれらではない」と指摘している。政体、二大国の間の選択、ドイツの領域的範囲などのさまざまな政治的対立に通底する、現代におけるより大きな対立があり、それが今や前面に出て問われ始めているというのである。プファウによればそれは、「集権化か連邦化か（Centralisation oder Föderation?）」という全国的な国家的秩序の形態の選択であり、それこそが時代の真の争点なのであった。(2)

ここには、境界紛争を契機に始まったデンマークとの対立が、ドイツの政治情景に全ドイツ的な国家的秩序のあり方に関する争点を投げ入れたことが示されている。境界から全国制度としての国家的秩序へと人々の関心の対象が移り変わり、その中で「集権化か連邦化か」が問われる——北部境界の争点化を経て、ドイツに再び国家的秩序に関する対立が生じたのは、デンマークの支配から解き放たれたシュレースヴィヒとホルシュタインを、ドイツ連邦の中でどのように処遇するのか、それが問題となったからであった。

注目すべきことは、その際、両地域をプロイセンが併合してその一部とするという主張がなされたことである。そしてその主張は、シュレースヴィヒとホルシュタインにとどまらず、ドイツの他の中小国をも待つ運命とみなされたことにより、プロイセンの動向に対する警戒心を強めることとなったのである。換言すれば、シュレースヴィヒとホルシュタインを端緒に、諸国家の併合を次々と断行しかねないプロイセンの強大化の脅威とそれへの警戒が「集権化か連邦化か」を係争の焦点にしたのであった。

誰がシュレースヴィヒとホルシュタインの併合を求め始めたのだろか。

併合を求める動きが明確な形を取り始めたのは、プロイセン保守派の内部からである。

プロイセン保守派は、自由主義者が多数派を占め、憲法紛争で政府と厳しく対立している下院ではなく、上院（貴族院）にその牙城を築いていた。そしてその中には有力な二大グループがあった。まず、貴族院保守派の一翼を担ったのは、クライスト‐レッツォウ(3)に代表される旧保守派(die Altkonservativen)であった。そしてこの旧保守派には、一八五八年に議会活動を止めた後、活動の中心を言論の舞台に移していたゲルラッハ(4)がなお大きな影響力を保持していた。ゲルラッハは、憲法紛争においてビスマルク政府が自らの立場を正統化するために援用した理論のイデオローグであった。神聖ローマ帝国の消滅後も普遍帝国に憧憬の念を抱き続けた彼は、ナショナリズムの政治的比重が高まるという時代の動きに背を向け、ドイツ連邦の現状をオーストリアとともに保持することがドイツのあるべき姿であるという考えをもっていた。そしてシュレースヴィヒ・ホルシュタイン問題は、第二次ロンドン議定書に基づいて現状を維持する形で終結させることを望んでいた。

この旧保守派と並んで、アルニム‐ボイツェンブルク(5)を中心とする一派が貴族院保守派のもう一つの勢力を形成していた。一八四八年の三月革命の際、短期間ながらプロイセン首相を務め、その後は議会活動に従事し、一八六三年以降は、憲法問題で下院と対立するビスマルク政府をプロイセン貴族院保守派の首脳として擁護したアルニム‐ボイツェンブルクは、旧保守派に比べれば現実的な政治的感覚をもち、ナショナリズムや立憲主義にも一定の理解を示していた。保守派の中で、大ドイツ的な旧保守派に対し、アルニム‐ボイツェンブルクを中心とする勢力が小ドイツ派と呼ばれたゆえんである。

このアルニム‐ボイツェンブルクは、一八六四年五月、シュレースヴィヒ・ホルシュタインのプロイセンへの併合を求める国王ヴィルヘルム一世への請願書を発表し、その請願書への賛同を世に求めている。請願書には、「われわれは、シュレースヴィヒとホルシュタインをデンマークから切り離し、それを一つのまとまりに結びつけること――独自の主君と強力なドイツ国家の事実上の保護の下であれ、そうした国家の一部としてであれ――こそが、われわれが払う犠牲に見合った唯一の解決策であるとみなしている」と述べられていた(6)。

このようなアルニム‐ボイツェンブルクの言動は、ヨーロッパ国際政治における地政学的な現状維持を望む旧保守派のゲルラッハの逆鱗にふれるところとなった。ゲルラッハによれば、併合は正当な戦争において得られる成果ではあるものの、シュレースヴィヒ・ホルシュタインの併合は国際法違反の無法な行為であり、結果として将来におけるプロイセンの国内および国際政治上の立場を傷つけるものである。「プロイセンはドイツのピエモンテになってはならない。プロイセンの高貴な使命がそれを禁じている」。そして、なにより「併合の欲望は、なかなか達成することが難しいプロイセンとオーストリアの協力――それはすべての革命的党派には障害となるものである――をぶち壊しにするものである」。このゲルラッハの言辞は、併合がオーストリアとプロイセンの二大国を中心とするドイツ連邦という、ドイツの現在の国家的秩序の大変動をもたらすことへの強い警告であった(7)。

しかし、このような警告にもかかわらず、アルニム‐ボイツェンブルクの請願書は、短期間に七万人もの署名を集めたという(8)。また、併合要求はアルニム‐ボイツェンブルク周辺の保守派以外からも、たとえばカトリックの一部からも現れていた(9)。アウグステンブルク公を認めず、シュレースヴィヒ・ホルシュタインをプロイセンに併合せよという要求は、すでに党派横断的な支持をもち始めていたのである。

一方、自由主義者たちは、先に述べたように、ドイツ連邦に代わる連邦国家を樹立して国家統一を成就し、シュレースヴィヒ・ホルシュタインにその連邦国家を構成する一国家としての自律的な地位を与えようとしていた。ただし、プロイセン進歩党の中にも、この段階においてすでに併合を肯定する声、しかもデンマークとの戦争以前からの一貫した立場から発せられた併合要求の声が少数ながら存在したことを見逃すことはできない。そのような声の主の代表は、一八四八年革命時にプロイセン憲法の審議をリードし、進歩党結党以来の左派の著名な政治家であり、憲法問題をめぐりビスマルク政府と最も苛烈に対決していたヴァルデックであった。

一八六三年一二月のプロイセン下院において、シュレースヴィヒ・ホルシュタイン問題が議論された際、自由主義者の多くが賛同を示したある動議に対するヴァルデックの批判的対応に、彼が筋金入りの併合主義者であることが明確に示されている。

動議とは、進歩党のフィルヒョウと中央左派（linkes Zentrum）のシュターフェンハーゲンが代表者となり、進歩党・中央左派一〇〇余名の支持を受けて提案されたものである。この自由主義者による動議の内容は、アウグステンブルク公のシュレースヴィヒ・ホルシュタイン公としての正統性と両公国の権利擁護を宣する一方、デンマークの「三月勅令」や「一一月憲法」あるいはドイツ国民とドイツ語に対する一連の恫喝行為によって第二次ロンドン議定書は失効し、プロイセンとオーストリアはそれに拘束されないこと、さらにはホルシュタインにデンマーク軍が駐留することは「連邦の領域への侵害行為」であることを強調し、以上の事項を下院が決議することを求めるものであった(動議は賛成二三一票、反対六三票で可決されている)[10]。

ヴァルデックは、この動議に賛成せず、それに対する修正動議を提出している。修正動議の内容は、デンマークと両公国の同君連合を解消し、デンマーク新国王クリスチアン九世をシュレースヴィヒ・ホルシュタイン公としては認めないという点は多数派と見解を共有しつつ、しかしアウグステンブルク公についてはー切の無視を決め込んでそれを否認するという立場を示すというものであった(動議は賛成三七票、反対二六四票、棄権一五票で否決されている)[11]。アウグステンブルク公の承認は自律的な新国家の容認であり、それは決して認められないというのである。

もちろんヴァルデックは、シュレースヴィヒ・ホルシュタインがデンマークから独立することには他の自由主義者と同じく賛成である。北海とバルト海の間の領域がドイツのものになることは、とりわけドイツの海洋的利益に資するともいう。しかし同地域が新国家として自律することには絶対に反対である。ヴァルデックは述べる。「プロイセンはヴェーザー川とエルベ川の大部分の流域を所有しており、またバルト海沿岸の最大の国家である。率直にいって私は、ドイツが将来どのような形をとるのかに関して夢見ることには、実際のところさしたる価値をおいてはいない。私が強く望むのは、この両国がプロイセンの掌中に収まることである。なにやら弱小の公爵の下におかれた両国が、ドイツにおける現在の諸情勢において、われわれに北海とバルト海の間の海洋上の要地を与えてくれるとは考えられないのである」[12]。ヴァルデックは、プロイセンを越えたドイツ全体を視野に入れ、その中にシュレースヴィヒとホルシュタインの地を位置づけるという発想とは無縁である。彼にとってシュレースヴィヒとホルシュタインは、プロイセンの一部としてしか存在しえないものであった。

こうしたヴァルデックのドイツ像の中核には、自由主義的なプロイセン、より具体的には議会政治が中核的位置を占めるプロイセンがあった。この大プロイセン的ドイツ像からは、連邦国家とはプロイセンの上層に得体の知れない何ものかを重ねる未知の国家的秩序として、警戒の対象でしかない。議会主義的なプロイセンを確立し、そのプロイセンをその他のドイツの地に拡大することこそが彼の最大の関心であった。併合を肯定するヴァルデックの「民主的大プロイセン主義」とでもいうべきこの立場[13]は、あくまで統一運動や進歩党の中では少数派であったものの、シュレースヴィヒ・ホルシュタインの併合が話題となり始めたごく初期から、自由主義陣営にも徹底した併合論者がいた点は注目されるのである。

以上のように、デンマークとの対立が戦争へと転じる中でシュレースヴィヒ・ホルシュタインの併合を求めた中心勢力は、必ずしも国家統一に積極的とはいえない勢力、とりわけ保守派であった。その併合の目的は、ヨーロッパ権力政治におけるプロイセン国家の支配権の拡大にあった。

ただしこの時期の併合要求の声は、一八六四年の夏ごろまでには沈静化したようである。併合に批判的である国民協会のメンバーであるブラーターの『両公国問題におけるプロイセンとバイエルン』（一八六四年八月）という小冊子の次の記述からそう判断することができる。すなわち、「併合のもくろみは、両公国における不信感を、また他のドイツ地域では警戒感を引き起こした以外に、影響はなかった[14]」。

しかしその後、自由主義者の間からも併合論が唱えられ始め、次第にその支持の範囲が広がってゆく。デンマークがシュレースヴィヒ・ホルシュタインの権利を放棄した一八六四年一〇月末のウィーン和平の後、プロイセンの動向から、併合の実現可能性が高いとの判断が自由主義者の間に抱かれ始め、一部の自由主義者の間で併合への抑制的ないし批判的態度が変化していった。シュレースヴィヒ・ホルシュタインをめぐる国家状況の変化が、自由主義者の間の併合熱を高め始めたのである。

二　単一国家論の台頭

デンマークとの講和を定めたウィーン和平は、国民協会や議員大会の意向に反し、シュレースヴィヒとホルシュタインを独立した構成国として連邦に参加させるのではなく、オーストリアとプロイセンの共同統治の下におくものであった。プロイセンはこの状態を、シュレースヴィヒとホルシュタインを、プロイセンに併合ないし併合に近い形で編入する形で解消することを企図していた。このようなプロイセンの併合主義の方針を前に、オーストリアは、中小国や世論の支持が高いアウグステンブルク公とその下での独立国家建設の方針を容認する方向へと向かわざるをえなかった(15)。

これに対してビスマルクは一二月、連邦会議がアウグステンブルク公の権利を認め、両大国のシュレースヴィヒ・ホルシュタインにおける権限を制約するような決議を行ったとしたら、それは連邦の権限逸脱であると批判し、ドイツ連邦からの離脱をほのめかした(16)。しかし、このような露骨なプロイセンの姿勢には、オーストリアのみならず中小国の反発も強かった。そのため、シュレースヴィヒとホルシュタインの処遇に関し、一八六四年二月にプロイセンがオーストリアに提示した案にはプロイセンによる併合は含まれてはいなかった。しかしそれは、事実上、シュレースヴィヒ・ホルシュタインのプロイセンへの従属化を進めるものであり、オーストリアの受け入れるところではなかった。この結果、シュレースヴィヒとホルシュタインに対しては、従前通り、プロイセンとオーストリアの共同統治が続くことになったのである(17)。ただしこの間の経緯を通じて、プロイセンによるシュレースヴィヒとホルシュタインの併合の可能性が高いことが世論に認識されたことは確実であった。

シュレースヴィヒ・ホルシュタインの併合論の拡大に最も大きな影響を与えたトライチュケの一連の言論活動が始まったのは、こうした併合の実現可能性の高さが次第にはっきりと認識されてゆくという状況においてであった。トライチュケの併合論の中でもとりわけ重要なのが、一八六四年の秋に完成し、一八六五年初めに刊行された『歴史政治論集』に収められた「連邦国家と単一国家」と、その発表とほぼ同時期に書かれ、一八六五年前半の『プロイセン年報』に掲載された「シュレースヴィヒ・ホルシュタイン問題の解決」という二論文である。とくに前者「連邦国家と単一国家」は、トライチュケ自身が「集権主義者の信条を知的な形で提示し説明したドイツ初の試み[18]」と位置づけた論文にほかならない。

その「連邦国家と単一国家」の意図と結論を、トライチュケ自身が次のように簡潔に要約している。

私は、ドイツ連邦国家の可能性についての理解を、われわれの過去とイタリアおよび現代における主要な国家連合三ヶ国の発展とを比較することによって、深めようと試みた。その結果到達したのは、われわれの祖国は、その歴史に自ら忠実であるのならば、プロイセンの王冠の下で単一国家あるいは単一国家に近い政治的統一を迎える、という確信であった[19]。

トライチュケは、連邦国家が特定の歴史的環境においてのみ成立しうる国家形態であると考えていた。彼によれば、民主主義と地方自治の伝統を有するアメリカとスイスが連邦国家を保持しうる。その伝統が、連邦国家の存立に必要な、構成国の自由で機動的な活動を可能にするからである[20]。これに対してそのような伝統をもたず、三〇以上の官僚国家――その仕組みはそれ自体として複雑である――が並存するドイツを連邦国家にすれば、「ドイツの連邦国家の混乱はカオス的になるばかりである[21]」。したがってドイツには連邦国家は適さず、イタリア流の単一国家が要請されるわけである。

この「連邦国家と単一国家」は、一八六五年初めの『政治歴史論集』の刊行後に時をおかずして重大な削除と加筆が施され、その改訂版が改めて発表されたという論文である。そしてその内容の変化自身が、一八六五年における併合論の広がりを明瞭に物語るという代物なのである。すなわち修正の前後の論文を比べてみるならば、併合による単一国家建設の唱道者であるトライチュケ自身が、当初は併合の実現可能性に疑念を抱いていたこと、しかし併合の実現可能性が高まるとともに併合に対する逡巡を拭い去ったこと、そして併合と単一国家を断固として求めてゆくようになったこと、そうしたトライチュケ自身の変化が浮かび上がるのである。

改訂版の「連邦国家と単一国家」論文の中でトライチュケは、「一年半前にこの原稿を書き始めた際（＝一八六四年七月――筆者注）、著者はまだ、シュレースヴィヒ・ホルシュタインを完全にプロイセン国家に併合することは当面は実行不可能なことであるという意見であった[22]」と述べている。この言葉に対応するようなシュレースヴィヒ・ホルシュタインの併合に対する慎重な姿勢が、それどころか「狭量な併合要求」への警戒が、初版の論文には記されていた。トライチュケは、ドイツ諸国家間に存在する政治的紐帯と現状のドイツ連邦の体制を区別し、前者からプロイセンが離脱することは望ましくはないとしたうえで、こう述べている。「さらに、それ以上にわれわれが望まないことは、ベルリンで目下のところ現れている、狭量な併合要求を擁護することである。プロイセンが今日、ブラウンシュヴァイクやシュレースヴィヒ・ホルシュタイン、あるいはプロイセンの南部に対する自然要塞であるドレスデンを思いのままにするためのコストが、全ドイツを支配するコストに比べて小さいなどということは決してないのである[23]」。一八六四年春ごろに保守派からシュレースヴィヒ・ホルシュタインの併合要求が出されていたことは先にふれた。トライチュケのこの主張は、そうした併合の要求が、ドイツ統一とは無関係な「狭量な」要求であることを批判したものである。

トライチュケによれば、そのような併合にともなう重大な「コスト」とは、ドイツの地にプロイセン以外の外国の影響力が強まることであった。シュレースヴィヒ・ホルシュタインや中小国の併合によって、北ドイツへのプロイセンの支配が強化されれば、ドイツがマイン川を境界にして南北に分断され、それが南ドイツへの外国の介入を招くというのである。トライチュケは述べる。「プロイセンの積極的な政治をまずは北部に限定するという計画は、多くのもっともらしい理由で支持されてはいるものの、それが不可避的に行き着くところは、フランスかオーストリアがわれわれの南西部において支配的な影響力を獲得するということである[24]」。プロイセンはあくまで全ドイツの統一を目指すべきであり、それとは無関係であるどころかドイツの分断をもたらすような併合は行うべきではない、というのがトライチュケの立場であった。

その後、併合に批判的な彼の立場に変化が生じた。一八六四年一二月初めに『プロイセン年報』編集人のヴェーレンプフェーニヒ（彼自身「併合主義者」を自称していた）は、彼の多くの友人が「併合が実現する可能性は極めて高い」と考え始めるようになっていると記している[25]。トライチュケもその例外ではなかった。一二月一四日のヴェーレンプフェーニヒへの書簡の中で彼は、「私は数週間前にはなおそれ（＝併合――筆者注）が実行不可能であると考えており、だからその旨の意見を述べた。必要もないのに特殊地域主義を刺激してはいけないからである。（しかし）今や希望の薄明が見えたのである[26]」と書いている。「新たな版で書物の単一国家的方向性がより鋭くより確固たるものになっているとすれば、それは著者の自己正当的な独善に帰するものではなく、ここ数ヶ月の経験による[27]」のであった。併合と併合を通じた単一国家の可能性が高くなったことがトライチュケの姿勢を変化させたのである。

トライチュケは、改訂版の「連邦国家と単一国家」に先立つ「シュレースヴィヒ・ホルシュタイン問題の解決」論文において、そうした併合に対する留保を取り去った自己の姿を明らかにしている。すなわち彼は、「連邦国家と単一国家」初版における併合への消極的姿勢を誤りと認め[28]、「予測のできない運命の流れを前に恥をさらしたくないと望むのであれば、ドイツの連邦国家はわれわれにとってドグマであってはならない。われわれの方針をより大胆かつより慎重に述べれば、次の通りである。われわれは、小国をプロイセンに併合することによるドイツ統一を望むのである[29]」。このように彼は、シュレースヴィヒ・ホルシュタインの併合と単一国家によるドイツ統一を公然と主張したのである。

さらにトライチュケは、「連邦国家と単一国家」の初版から、併合に対する消極的姿勢と読まれうる箇所の一切を削除し、併合の断行、併合による単一国家の建設という姿勢を貫徹するようになった。併合に対する慎重な姿勢の理由であった南北分断への懸念、すなわち「そのような道を進めば、われわれの行き着くところは、マイン川を基準としたドイツの分断である、という疑念」に対しては、逆に、北ドイツにおけるプロイセンの権勢拡大を果敢に進めるべきであるとの立場が明確に打ち出された。トライチュケによれば、「マイン線問題」にはオーストリアの影響力を強めてしまう「自殺的」な計画のほかに、もう一つの側面があるという。それは北ドイツにおけるプロイセンの影響力の積極的拡大こそが、南ドイツに対するオーストリアやフランスの介入を防ぎ、事実上、南北の分断を回避する効果をもつ、というものである。一国家の強化が地域の分断ではなく地域の統一に至った事例としてイタリアの経験があるではないか、というのが「マイン線問題」に対してトライチュケの準備した解答であった(30)。そして併合の断行が、さらに次のように正当化される。

事情がどうあれ、両公国の併合は、遅かれ早かれプロイセンの州になるはずの半主権的な国家を建設することよりも有益である。王朝の主権的要求という、よからぬ、また、ありえない夢など語るにはおよばない。シュレースヴィヒ・ホルシュタインの自決権は、ドイツ民族の権利と利益によって制限される。われわれの民族は、政治的には目下のところ、なお形をなしてはいない。こうした暫定的な状況においては、プロイセン国家が全体の要求の代表者となることはごく自然なことであり、そのようなものとして、アイダー川沿いの半主権国家を容認できる条件を課す資格をもつのである。こうした条件が拒絶された際には、――実際にそれは、公爵の利己心と民衆が義務多き政治生活を嫌ったために拒絶された――われわれプロイセンは、特殊地域主義の勝利を防ぐ他の手段がない場合、征服という行動に出ることをよしとするのである(31)。

トライチュケの最終目的は、諸国家をプロイセンに併合することによって単一国家を樹立することであった。ただし、それは教条的な主張ではなく、現実の国家状況に合わせた現実主義的な対応が準備されていた。まず、既存の全国家が新たな中央権力の下に服する「全面的忠臣化」は、非現実的であってとるべき途ではない。「全面的な忠臣化によって(durch eine Generalmediatisierung)われわれの分裂状態に終止符を打つ機会がそのうちに与えられるのか、与えられるならばそれはいつなのかを断言できる人はいない。国家人たるもの、そのような、わずかな可能性しかない夢にかまけて、好機を逃すようなことがあってはならない(32)」からである。

また、単一国家は一瞬にして完成するわけではなく、現実にはプロイセンを不断に強大化してゆくことが必要である。その際、「さしあたり重要なのは、プロイセンと小国の利益が一層のこと近づき、中身のない愛国心に対して実質をともなった国民的な政治が対抗するようになることである」[33]。そのためにプロイセンには、「各国と条約を結ぶことで国民の実質的統一のために尽力する」ことが求められ、中小国には、「オーストリアからの分離と独立」と「プロイセンへの編入」が要請されるのである[34]。

そして、現在のプロイセンに難点があるからといって、プロイセンがそうした努力を行うことを躊躇すべきではないというのがトライチュケの見解であった。なぜなら、ナショナリズムの前に人々の心情は変わりうるからである。すなわち、「そのような混乱においては、唯一の権力、すなわち行動だけが対立する心情を和解に導くことができるのである。ナショナルな政治的行動の大胆な勇気の前には、憎しみ・ねたみ・疑念は最終的には消えてなくなるに違いない」[35]。ここには、自己の利害や利益の主張を抑え、諸勢力間の対立を弱め、諸派の結束をもたらすナショナリズムの統合の力、予期せぬ団結をもたらすナショナルなものの力の働きが指摘されているのである。

トライチュケが抱く併合を通じたこの単一国家の建設という目標は机上の空論ではない。それは、現実政治の中に明確な批判の対象をもって打ち出されたものであった。その標的は、連邦国家の樹立を最大の目標として掲げてきた国民協会であった。トライチュケの単一国家論は国民協会のドイツ像と激しく衝突するものであったのである。

この点を確認するために、連邦国家を強く擁護していたこの時期の国民協会の動向を概観しておこう。

国民協会は、一八六四年一〇月三一日と一一月一日の両日に第五回総会を開催している。初日には、国民協会の活動の目標が一八四九年憲法および選挙法を基礎とした「統一された中央権力と全国議会を備えた連邦国家」を目指すことにあり、国民協会が連邦国家の形でドイツ統一を目指すことを改めて確認する決議がほぼ満場一致で可決されている[36]。しかし、総会の場に対立がなかったわけではなく、結果として実現した結束は巧妙な執行部の議事運営によるところが大きかった。

決議文に関して最も活発な議論の対象となったのは、その中に、「中央権力の担い手については議会における全国民の代表が決定する」という一文があったことである。

エッカルト（一八六三年以降、ヴュルテンベルク人民党に属していた）のように、プロイセンが統一ドイツの頂点に立つこと、その結果としてオーストリアがドイツから排除されることを嫌う南ドイツからの参加者は、この方針を高く評価した[37]。これに対して、国民協会は、オーストリアを排除してプロイセンが頂点に立つ統一ドイツを追求する組織であると断ずるヴェーバーは、この一文が南ドイツに対する過剰な譲歩であると極めて強い反発をみせた[38]。

執行部が組織の結束を維持するためには、南ドイツからの評価を保持しつつ、「ある種の自由主義に彩られた大プロイセン主義」（ミーケル[39]）の暴走に対する歯止めをかけ、連邦国家を擁護しなければならない。かくして執行部および執行部の準備した決議文を支持する人々は、国民協会がプロイセン主導の連邦国家を目指す組織であることをさまざまな表現で主張し、反対者を説得していったのである。メッツいわく、「ライヒ憲法は統一的な中央権力については関知している、しかしプロイセン的な中央権力については関知していない[40]」。より巧みにベニヒセンは、ヴェーバーから批判を受けた表現を削除してもよいという構えさえ示しながら、それ以外は執行部の準備した決議文をすべて受け入れるように強く参加者に迫ったのである。そして、自身はオーストリアがドイツに属すべきではないという考えを決して抱いていないとする一方で、「諸状況が現在のようであれば、プロイセンが首位に立ち、オーストリアの諸州が一時的に除外された場合にのみ、ある種のドイツ統一は実現する[41]」との中間的な立場を強調したのである。

総会の二日目は、シュレースヴィヒ・ホルシュタイン問題についての具体的な議論が行われ、前日と同じく、執行部の用意した決議が圧倒的多数により採択されている。それは、「両公国のプロイセンへの併合は、国民の連邦国家的統一に対する重大な侵害であり、これに強く反対する」という主張を行う一方、ドイツの沿岸防衛や通商・産業発展の観点から、シュレースヴィヒのドイツ連邦への加盟、シュレースヴィヒ・ホルシュタインの関税同盟への参画、そして両国の海事面でのプロイセンとの統合を求めるものであった[42]。

この決議にも批判はあった。シュレースヴィヒ・ホルシュタインのリーペンらは、併合反対はもちろんのこと、両国の完全な自決権と他のドイツ諸国との対等な立場を要求し、そのような見地から、プロイセンとの海事や軍事面での協定締結にも消極的な評価を下したのである。シュレースヴィヒ・ホルシュタインが犠牲を払う準備はある。しかしそれは、「ドイツのためであって、プロイセンのためにでも、プロイセンとともにでもない」というのである。[43]

こうした立場は、執行部とその支持者たる多数派には、統一の現実的可能性を理解せず、また、ドイツ全体の利益を考慮しない特殊地域主義的な立場と映った。ミーケルによれば、プロイセンの突出を嫌い、ドイツ統一をめぐる対立を「集権化か連邦化か」あるいは「単一国家か連邦国家か」と描いたエッカルトの図式は不適切であり、「問われているのは、単一国家か連邦主義かではなく、連邦国家か特殊地域主義か、である」というのであった。[44]

しかし実際には、「単一国家か連邦国家か」の対立も厳しかった。すなわち、この日のより強い批判は、前日と同じく、ヴェーバーから寄せられた。彼は、併合に反対する執行部の決議は、自律的な小国家を新たに設けることでドイツの小国家世界をさらに増殖させるものにほかならず、その可決は、プロイセンとドイツの地位を危うくするものであると批判し、シュレースヴィヒ・ホルシュタインの併合を求める動議を提出したのである。たしかにヴェーバーは、「自分の動議の運命には幻想を抱いていない」と述べてはいる。しかしヴェーバーによれば、この総会の場では自身の動議は多数を得られないものの、「数十万人のドイツの愛国的な男性は自分と同じ意見である」というのであった。[45]

こうした見解、すなわち、「プロイセンを強化することがドイツを強化することにほかならない」という併合主義者の見解は、連邦国家を擁護する立場からは、厳しく駁しておく必要があった。そこでミーケルはこう主張する。

そのことがたとえ真実であるとしても、それは単一国家を望み、単一国家はプロイセンを徐々に拡大してゆけば生まれると信じている人々にとっての真実でしかありえない。……諸君、われわれが望むのは単一国家ではない。少なくともわが綱領の下ではそうではないのである。そもそもわれわれは、北ドイツをだんだんと飲み込んでゆくことが全ドイツの単一国家につながるということを信じてはいないのである。[46]

先に述べたように、トライチュケの単一国家論は、具体的な対決の対象をもって打ち出されたものであった。彼が厳しい批判の的としたのは、こうした国民協会の連邦国家への固執と単一国家への否定的態度であったのである。トライチュケは、「最近の国民協会の諸決定の中に……国民的党派の焼身自殺」をみると難じ、「こうした狼藉に対して、力の限り明確な集権主義者の信条告白をもって対抗する」ことが自身の「義務」であるとさえ述べたのである[47]。

トライチュケは、たしかに「北でどのような決定がなされるにせよ、ドイツの将来という問題は未解決のままわれわれの前にある[48]」と述べ、シュレースヴィヒ・ホルシュタイン問題の解決と将来のドイツ像とは別問題であるとの立場を明らかにしている。だからこそ、「無条件に連邦国家を支持する者も、目下の重大な状況においては併合を支持するように活動すべきである」という。「これまでは従属的地位におかれ、今は主君不在の状態の新たな秩序を必要としている地域を併合したからといって、それが半世紀にわたって自律性と法的秩序を享受してきた諸国家を併合してよいという先例となるわけではない[49]」からである。シュレースヴィヒとホルシュタインの併合が許されるからといって、それは他の諸国家の併合、そしてそれを通じた単一国家の建設を正当化しないというのである。しかしいうまでもなくトライチュケは、併合をシュレースヴィヒ・ホルシュタインに限定し、残りの中小国をすべて自律的な国家として連邦国家の構成国とすることを主張しているのではない。「シュレースヴィヒ・ホルシュタインをプロイセンの主権の下に従属させることは、ドイツ連邦国家を認める先行事例では決してない[50]」こともまた明らかなのである。あくまでトライチュケの構想はドイツ全土におよぶ単一国家の建設であった。

国民協会のベーメルトによれば、こうしたトライチュケの言動は統一運動に「巨大な影響力をおよぼした」のであり、その結果、「特殊地域主義か併合主義かの二者選択[51]」を迫るような分極的な状況が生まれつつあるという。これは、先の国民協会内の議論の状況と照らし合わせれば、連邦国家を支持する多数派の基盤が崩れかけているとの認識であった。

逆にこのような分極的な状況において連邦国家を擁護する者は、併合と単一国家に対抗しつつ、加えて特殊地域主義者の汚名を着せられることを避けなければならなかった。併合主義に反発するあまりその対極の立場を強めること、すなわち、シュレースヴィヒ・ホルシュタインのプロイセンとの一切の協力関係を否定することは、ドイツ全体の利益に反する特殊地域主義的な姿勢として、避けなければならないものとされたからである。先の国民協会の総会における連邦国家支持派の立場もそのような教訓に基づくものにほかならない。

こうした教訓を正面から論じたものに、ホルシュタイン議会の議員であるシュラーダーのトライチュケ批判である『ハインリヒ・トライチュケ氏「シュレースヴィヒ・ホルシュタイン問題の解決」短評』がある。彼によれば、併合はドイツ統一という至高の目標を損なわせ、ドイツを分断に導くものである。同時に、プロイセンとシュレースヴィヒ・ホルシュタインとの密接な関係は、ドイツにとって否定できない重要性をもつ。「現在のドイツの状況において、プロイセン国家とのいかなる関係の強化をも拒絶することは、まぎれもない特殊地域主義だとして、では、いつそしてどこで、かの地がプロイセンとの密接な関係に反対したというのか。われわれのところにも特殊地域主義者はいるかもしれない。しかし、それを知る者はいないし、その数はいずれにせよごく少ないであろう[52]」。

このように述べるシュラーダーは、シュレースヴィヒ・ホルシュタインとプロイセンとの関係を、併合という暴力ではなく条約などの合法的手段によって強化すべきだと主張した。彼にとっては、「プロイセンの強く正しい指導の下でドイツは強くなる」のであった。しかも、プロイセンとシュレースヴィヒ・ホルシュタインとの関係は、あくまで他のドイツ諸国の理解を得たうえで強化されなければならない。「そのような関係が、一方ではオーストリアとドイツ連邦の協力の下で、他方では公爵と正統な地方議会の協力の下でしか形成しえないものであることは自明である[53]」。

シュラーダーの、こうしたトライチュケ流の併合主義を批判すると同時に、地域特殊地域主義からも距離をおこうとする立場は、広く統一運動に共有されるところとなった。一八六五年三月末にはベルリンで、「三六人委員会」の呼びかけにより開催された会談はそのための試みの一つであった。同委員会、プロイセン進歩党、シュレースヴィヒ・ホルシュタイン協会から参加者を得たこの会談では、「シュレースヴィヒ・ホルシュタイン問題の処理がさらに遅れれば、ドイツを愛する者たちが共同で成果を挙げることはもっと難しくなる」[54]という認識が共有され、アウグステンブルク公を君主フリードリヒ八世とする独立国家の建設要求が確認される一方、シュレースヴィヒ・ホルシュタインの新国家とプロイセンとの軍事面での密接な協力関係の必要性についての合意も形成されたのである。この合意は「ベルリン合意」と呼ばれ、その後のシュレースヴィヒ・ホルシュタイン問題に関する統一運動内の主流の考え方を形作るものとなった。

しかしながら、一八六五年前半の段階ではなお限定的な広がりにとどまっていた併合を支持する声が、この年の後半には、プロイセン主義者を越えて発せられるようになる。連邦国家像は併合主義のより厳しい攻勢の試練の前に立たされたのである。

（1） Ludwig Pfau, „Centralisation oder Föderation?“（1864）, in: Ders., Politisches und Polemisches aus den nachgelassenen Schriften, Druckerei & Verlagshaus Stuttgart, Stuttgart 1895, S. 160, 163, 166–167 und 173.

（2） Ebd., S. 151–152.

（3） Wolf Nitschke, „Junker, Pietist, Politiker—Hans Hugo v. Kleist-Retzow（1814–1892）“, in: Hans-Christof Kraus（Hrsg.）, Konservative Politiker in Deutschland. Eine Auswahl biographischer Porträts aus zwei Jahrhunderten, Duncker & Humblot, Berlin 1995, S. 135–155.

（4） Hans-Christof Kraus, „Ein altkonservativer Frondeur als Parlamentarier und Publizist—Ernst Ludwig von Gerlach（1795–1877）“, in: Hans-Christof Kraus（Hrsg.）, a. a. O., S. 13–35.

（5） Wolf Nitschke, „Konservativer Edelmann und Politiker des Kompromisses—Adolf Heinrich Graf v. Arnim-Boitzenburg“, in: Hans-Christof Kraus（Hrsg.）, a. a. O., S. 89–110.

（6） Ders., Adolf Heinrich Graf v. Armin-Boitzenburg（1803–1868）. Eine politische Biographie, Duncker & Humblot, Berlin 2004, S. 374. アルニム－ボイツェンブルクは、この請願書の内容を事前にビスマルクに知らせ、その了承を得ている。ビスマルクは一八六四年二月初頭には両公国の併合を戦争目的の一つであると認識していた。しかし、イギリスを初めとする他国の反対や干渉をおそれ、当面は、両公国のデンマークからの分離をロンドン会議での交渉目的とした。

（7） Hans-Christof Kraus, Ernst Ludwig von Gerlach. Politisches Denken und Handeln eines preussischen Altkonservativen. Bd. 2, Vandenhoeck & Ruprecht, Göttingen 1994, S. 780, Anm. 219 und S. 783.

（8） Wolf Nitschke, Adolf Heinrich Graf v. Armin-Boitzenburg（1803–1868）, S. 375.

（9） たとえば、一九世紀ドイツにおけるカトリック知識人の最も重要な雑誌である『カトリックドイツのための歴史政治雑誌』の編集者であるバイエルンのヨルクである。「われわれの意見は、当初から、両公国の分離は、ほとんどのヨーロッパを相手にする征服戦争という犠牲を払うことになるだろう、というものであった。そしてそうした戦争は、自由主義的な民主的党派の支配地域としてバーデンやコーブルクのような中規模国家を建設し、ドイツの重要な境界の監視をそのような党派の操り人形に委ねることを目的として行うべきではないと考えてきた。シュレースヴィヒとホルシュタインをめぐる大戦争が行われることになるとすれば、それはプロイセンに両国を併合することを目指すものでなければならない。このことだけでも、今日のドイツはわきまえていなければならない」。„Zeitläufe（24. April 1864）“, *Historisch-politische Blätter für das katholische Deutschland* 54（1864）, S. 743.

（10） Anlagen zu den Verhandlungen des preussischen Abgeordnetenhauses 1863/1864, Nr. 11, S. 23–24 und Nr. 14, S. 31–37; Stenographische Berichte über die Verhandlungen des preussischen Abgeordnetenhauses 1863/1864, 11. Sitzung（2. Dezember 1863）, S. 284.

（11） Anlagen zu den Verhandlungen des preussischen Abgeordnetenhauses 1863/1864, Nr. 15, S. 37–38; Stenographische Berichte über die Verhandlungen des preussischen Abgeordnetenhauses 1863/1864, 11. Sitzung（2. Dezember 1863）, S. 282.

（12） Stenographische Berichte über die Verhandlungen des preussischen Abgeordnetenhauses 1863/1864, 10. Sitzung（1. Dezember 1863）, S. 211.

(13) より広くヴァルデックおよび彼の「民主的大プロイセン主義」については以下の文献を参照。Heinrich Bernhard Oppenheim, Benedikt Franz Leo Waldeck, der Führer der preussischen Demokratie (1848–1870), Verlag von Robert Oppenheim, Berlin 1873; Wilhelm Biermann, Franz Leo Benedikt Waldeck. Ein Streiter für Freiheit und Recht, Ferdinand Schöningh, Paderborn 1928; Ludwig Dehio, „Benedict Waldeck", *Historische Zeitschrift* 136 (1927), S. 25–57; Manfred Botzenhart, „Franz Leo Benedikt Waldeck", in: Robert Stupperich (Hrsg.), Westfälische Lebensbilder. Bd. 13, Aschendorffsche Verlagsbuchhandlung, Münster 1985, S. 108–129.

(14) Karl Brater, Preussen und Bayern in der Sache der Herzogtümer, Verlag der C. H. Beck'schen Buchhandlung, Nördlingen 1864, S. 12.

(15) Ernst Rudolf Huber, Deutsche Verfassungsgeschichte seit 1789. Band III, S. 487.

(16) Ebd., S. 493.

(17) Ebd., S. 494–495.

(18) Treitschke an Gutschmid vom 16. November 1864, in: Max Cornicelius (Hrsg.), Heinrich von Treitschkes Briefe. Bd. 2, Verlag von S. Hirzel, Leipzig 1913, S. 349.

(19) Heinrich Treitschke, Historische und Politische Aufsätze vornehmlich zur neuesten Geschichte, Verlag von S. Hirzel, Leipzig 1865 (Zweite Auflage), S. IV.

(20) Ders., „Bundesstaat und Einheitsstaat" (Zweite Auflage), in: Ebd., S. 510–511.

(21) Ebd., S. 512.

(22) Ebd, S. 580–581.

(23) Ders., „Bundesstaat und Einheitsstaat" (Erste Auflage), in: Ders., Historische und Politische Aufsätze vohnemlich zur neuesten deutschen Geschichte (Erste Auflage), S. 570.

(24) Ebd., S. 571.

(25) Wehrenpfennig an Häusser vom 8. Dezember 1864, in: Julius Heyderhoff (Bearb.), Die Sturmjahre der preussisch=

deutschen Einigung 1859–1870, S. 232–233.

(26) Treitschek an Wehrenpfennig vom 14. Dezember 1864, in: Max Cornicelius (Hrsg.), a. a. O., S. 370–371.

(27) Heinrich Treitschke, „Vorwort zur zweiten Auflage“, in: Ders., Historische und Politische Aufsätze vohnemlich zur neuesten deutschen Geschichte (Zweite Auflage), S. VI.

(28) この冒頭でトライチュケは、バーデン議会の下院議員である歴史家ホイサー（小ドイツ的な連邦国家の支持者である）が併合を批判した論文の中で、併合反対の論拠として、「ドイツにおけるプロイセン路線の最も熱心な支持者」であるトライチュケ自身が併合に慎重である点を挙げている（Ludwig Häusser, „Sylvesterbetrachtungen aus Süddeutschland“, *Preussische Jahrbücher* 15 (1865), S. 101）ことにふれ、ホイサーの論拠は誤りであったと述べている。すなわち、「連邦国家と単一国家」初版中の「ブラウンシュヴァイクやシュレースヴィヒ・ホルシュタイン、あるいはプロイセンの南部に対する自然要塞であるドレスデンを思いのままにするためのコストが、全ドイツを支配するコストに比べて小さいなどということは決してないのである」という一節をホイサーが引用して併合反対を主張したのに対し、トライチュケは、同論文執筆の一八六四年七月には「シュレースヴィヒ・ホルシュタインをプロイセン国家に併合することは非常に望ましいものの、実現不可能と考えていた」。しかし、「それ以来、両公国の併合が現実の問題となり、あの文章の誤りが自分に明らかになっていた」と述べたのである。Heinrich Treitschke, „Die Lösung der schleswig = holsteinischen Frage“, *Preussische Jahrbücher* 15 (1865), S. 169.

(29) Ebd., S. 185.

(30) Ders., „Bundesstaat und Einheitsstaat“ (Zweite Auflage), S. 582–584.

(31) Ebd., S. 581.

(32) Ebd., S. 582.

(33) Ebd., S. 585.

(34) Ebd.

(35) Ebd., S. 586.

(36) Verhandlungen der fünften Generalversammlung des deutschen Nationalvereins am 31. Oktober und 1. November 1864, S. 8 und 24.
(37) Ebd., S. 12.
(38) Ebd., S. 15.
(39) Ebd., S. 21.
(40) Ebd., S. 11.
(41) Ebd., S. 15.
(42) Ebd., S. 42 und 66.
(43) Ebd., S. 48.
(44) Ebd., S. 57 und 65.
(45) Ebd., S. 50-51.
(46) Ebd., S. 64.
(47) Treitschke an Häusser vom 23. November 1864, in: Max Cornicelius (Hrsg.), a. a. O., S. 362.
(48) Heinrich Treitschke, „Herr Biedermann und die Annexion“, *Die Grenzboten* 24 (1865), S. 397.
(49) Ebd.
(50) Ebd.
(51) Böhmert an Bennigsen vom 18. Februar 1865, zitiert in Hermann Oncken, Rudolf von Bennigsen. Bd. 1, S. 655.
(52) Ludwig Schrader, Kurze Bemerkungen zu Heinrich v. Treitschke's „Die Lösung der schleswig=holsteinischen Frage“, Verlag von Carl Schöder & Comp, Kiel 1865, S. 26.
(53) Ebd., S. 27-30.
(54) Berliner Kompromiss vom 26. März 1865, in: Andreas Biefang (Bearb.), Der Deutsche Nationalverein 1859-1867, S. 345.

第三節　連邦国家の非正統化

はじめに

シュレースヴィヒ・ホルシュタインの併合論の始まりは、一部の保守的なプロイセン主義者を中心に、プロイセン国家の勢力拡大に最大の関心をおいて唱えられたものであった。これに対し、一八六五年後半以降のトライチュケによる併合論は、それをドイツの国家統一（単一国家の建設）と結びつけて展開された。たしかにトライチュケの併合論や単一国家論は当初、ごく少数派の主張にすぎなかった。しかし、次第にその支持者は拡大し、より広範な人々から併合論と単一国家論が唱えられるようになっていったのである。

本節はまず、そのような併合や単一国家を求める声の広がりを具体的に描いてゆく。それに続いて、そうした広がりが連邦国家像に与えた影響を指摘する。国民協会が掲げる連邦国家によるドイツ統一という目標には、極めて重大な疑義が突きつけられるようになったのである。

一　広がる併合支持

トライチュケによって本格的に展開されたシュレースヴィヒ・ホルシュタイン併合要求は、一八六五年の後半に政党政治の場面において具体的な動きを生み出し、さらに統一運動内においてより広い支持を見出すようになっていた。まず、プロイセンによるシュレースヴィヒ・ホルシュタインの併合と単一国家の建設を目標とする政治勢力を、連邦国家による国家統一を求める進歩党に対抗して作り出そうとする動きが現れた。

国民協会の機関誌の一八六五年一〇月のある記事は、「ザクセンの大プロイセン主義者トライチュケの併合主義への熱狂」が、「両公国の問題におけるナショナルな政党」の結成計画に「真の激励」を与えた旨を、揶揄と警戒をこめて指摘している。①ここでいう「ナショナルな政党」とは、プロイセンの併合による単一国家を目指す政治勢力の結集体をさし、併合論が拡大するうえでの最大の媒体である『グレンツボーテン』や『プロイセン年報』が後援者となった「大プロイセン党」にほかならない。②国民協会代表のベニヒセンが幹事長のナゲルに対して送った書簡によれば、この「大プロイセン党」の概要はおよそ次のようなものであった。

偶然にも私はライプツィヒで、挫折に終わった特殊プロイセン的な政党の結成計画について正確に知ることとなった。どのようにして私に情報がもたらされたのか、それを公表することはできないが。両公国での孤立した立場のためにプロイセンとドイツにおいて支持を集めようとしたレーマーとレフェントロウがこの計画を企てたのである。レーマーは、プロイセンではシュミットとヴェーレンプフェーニヒに、ザクセンではブッシュに、そしてブレーメンではマイヤーその他に接触し、遅れてトライチュケとも連絡をとった。レーマーの計画に乗る用意のある者が何人かはいたので、八月一〇日にハンブルクで話し合いがもたれることが告知された。しかし最終的には全体が失敗に終わった。プロイセンの友人が異議を唱え、件の集会への参加を断り、それによって集まりが行われずに終わったためである。③

この手紙に登場するレーマーとレフェントロウは、一八六五年二月に、シュレースヴィヒ・ホルシュタインのレンズブルクで、両公国のプロイセンへの併合を掲げる新政党の結成のための集会を催した。しかしそれが大きな動きになることはなかった。④支持を得られなかった二人はその後、プロイセンで同様の政治勢力の結成を企てている。それがここに記された「特殊プロイセン的な政党」結成の試みである。一八六五年八月一〇日の集会には、トライチュケも参加する意向であった。⑤しかし、「大プロイセン党」が実現することはなかった。それは、レーマーとレフェントロウの計画が、「プロイセンではほとんど反響を得られず、自分たちの目的のために獲得できた数少ない人――主要なのはシュミットとヴェーレンプフェーニヒ――でさえ、ハンブルクの集会を取りやめることを進言した」⑥ためであり、より直接的には先の手紙に記されているように、「プロイセンの友人」が「大プロイセン党」に疑念を抱いたためであった(「プロイセンの友人」が誰をさすのかは明らかではない。それはおそらくトゥヴェステンのような進歩党の右派をさすのではないかと推定される)。

このように直接的な結果としては、「大プロイセン党」の結成は失敗に終わっている。それは、多くの者がなお抱いていた単一国家や併合に対する反発のためであった。したがって、「たしかに新しい政党結成への動きは水泡に帰した」のであった。「しかし、国民協会の内部には、後々まで止むことなくその影響が残った[7]」こともまた明らかなことであった。影響とは、併合支持の声が統一運動内において拡大したことにほかならない。

一八六五年半ばの時点で、シュレースヴィヒ・ホルシュタインの併合を支持する声は、トライチュケとその周辺、進歩党内の左派(ヴァルデックら)と右派(トゥヴェステンら)などに限定されていた。これらはいずれも、プロイセンとドイツの利益を同一視するプロイセン主義者、あるいは(拡大プロイセンにとどまらない)小ドイツ的な連邦国家を目指す国民協会に批判的あるいは疎遠な人々であった。

しかし、一八六五年後半以降、併合支持の層が拡大する。統一ドイツは決して拡大プロイセンであってはならないと考えてきた人々の間にも併合論が支持を獲得していった理由は、併合が、彼らが目指すべき国家統一を実現に導く端緒として強く訴えかける力をもっていたからであった。シュレースヴィヒ・ホルシュタインの併合は、小国分立というドイツが抱える時代遅れの悪弊を解消する手段であり、それに続いてドイツの領域を大胆に再編してゆく過程の始点と受けとめられたのである。国家統一を創出する原動力として、併合が位置づけられたのである。

たとえば、進歩党のジーモンは、一八六五年九月二六日に「私は依然として併合主義者であり、……ナショナルな意識は広い裾野で豊かな成果を挙げるその前に、まずはより高次の地域に現れなければならない、という考えを支持している。その実現のために併合政策は卓越したものである[8]」と述べている。ドイツの国民意識やナショナリズムは、諸国家の分立によって分断さるべきではなく、それを解消したより集権的な大国家に収斂あるいは集中させるべきとの主張である。これは、国家連合はおろか、連邦国家を前提としたナショナリズムにも敵対的な見解である。

ここで注目すべきは、ジーモンの「依然として併合主義者である」という言明である。ジーモンは、かつて自由主義左派として一八四八年革命に参加し、革命当時から、高度に集権的な国家を支持していた人物であった。フランクフルト国民議会での憲法審議に示されたように、革命時に小国を併合してドイツの地図から抹消することを望んだのは、単一国家の実現を夢想する一部の革命的な共和主義者に限られていた。その後に結成された進歩党や国民協会には、ジーモンのように、かつて自由主義左派や共和主義者、社会主義者として革命に参加し、極めて集権的な統一国家の実現を求めて挫折した経験をもつ者が少なくなかった。ジーモンの「依然として併合主義者であり」という言葉には、彼の単一国家志向が革命以来の伝統の上にあることが示唆されているのである。

シュレースヴィヒ・ホルシュタインの併合に強い魅力を感じ取ったのは、そのような伝統の中にあり、併合を集権的な連邦国家、より徹底的な形をとれば単一国家への端緒と考えた人々であった。そして実際に、遅かれ早かれ国民協会や自由主義者の中で併合を最も熱心に説くようになったのは、そうした、いわば民主的な単一国家志向の伝統に連なる人々であったのである。[9]

その一例としてバンベルガーを挙げておこう（バンベルガーについては序章第二節二参照）。バンベルガーは、一八六五年五月にパリで開催された全国ドイツ体育祭での講演の中で、一八六〇年以来のアメリカ内戦における北側の勝利を、「偉大な国民に必須の国家統一という問題を不十分ながらも解決しつつある」北側の勝利とみなして次のように述べている。「私にとって南の敗北は、同時にすべての特殊地域主義的な主権の敗北である。そして私は、心の中で次のような確信を抱いて生きている。すなわち、中途半端な連邦主義や地域の偏狭な活動とは無縁の、密に固く統合されたドイツというシンボルで未来を語ろうとしないすべてのイメージが消え去って初めて、ドイツは救済されうるということである。祖国は聖書の神と同じく動じないものであり、唯一にして不可分のものである」[10]。この言葉から明らかなように、バンベルガーは明確に単一国家としてのドイツ統一を望んでいる。

さらに、革命期の共和主義者の前歴をもったルーゲのように、進歩党や国民協会の外部にあって最も徹底した併合主義者の一人となり、国家の集権性を極限まで進めた単一国家を志向し、その実現のためにビスマルクの熱烈な支持者となった人物もいた（ルーゲについては第三章第一節1参照）。

一八六五年から翌年にかけて、併合、そして併合による単一国家の実現という、かつては一部の革命派に限定された少数派の主張が、シュレースヴィヒ・ホルシュタイン問題を介して統一運動の中に流れ込み、その流れは、両公国併合の実現可能性が次第に高まってゆくにつれて増幅されていったのである。そしてそれが、ドイツの国家統一の一つのイメージとして描かれ、期待を集めたのである。併合支持の広がりと単一国家志向の強まりに対して連邦国家は、国家連合に対して勝ちえてきた国民にとって理想の統一ドイツのイメージを脅かされ始め、さらにとどまることを知らない単一国家論の攻勢を前に、その国民的な国家的秩序としての正統性を深く傷つけられるという、厳しい試練にさらされるようになったのである。

二　連邦国家像の後退

併合支持が一八六五年の後半にプロイセン主義者を越え、小ドイツ的な連邦国家建設を目指す人々の間にも拡大していった、その拡大を促す契機となったのが、ローマ法の権威であると同時に進歩党所属のプロイセン下院議員であったモムゼンの、広く読まれた『シュレースヴィヒ・ホルシュタインの併合――ハレ市とザールクライスの選挙人への書状』という小冊子（一八六五年四月）である。

モムゼンのシュレースヴィヒ・ホルシュタイン問題に対する見解は、もともとは国民協会や進歩党の大勢のそれと変わりはなかった(11)。しかし、デンマーク戦におけるプロイセンの軍事的成功という国家状況の変化を前にした彼は、プロイセン政府に対する批判的立場を次第に緩め、その存在を容認するようになっていった。その後のシュレースヴィヒ・ホルシュタイン問題の顛末は、彼にとって、プロイセン以外の諸国の無力を痛感させるものであった。

そして、シュレースヴィヒ・ホルシュタインの併合とそれを端緒とするドイツ統一に期待をかけるようになったこのモムゼンに、トライチュケの言動が強い影響を与えた。トライチュケの「シュレースヴィヒ・ホルシュタイン問題の解決」論文を評してモムゼンは次のように述べる。「すべてに同意するわけではない、とくにトライチュケが望むように強制的に進めるのは不必要だし、有害とも思う」。しかし「それは、この両面から歪められた問題において、これまで長きにわたり現れた言葉の中で初めて納得のゆくものである」[12]。プロイセン進歩党内に直接的な代弁者をもつことができなかったトライチュケの主張は、モムゼンによって、より受け入れられやすい形でプロイセン進歩党に流入し始めるのである。

トライチュケと同じ目的に、より穏便な方法で到達しようとするモムゼンの主張はこうである。彼はまず、かつてナポレオン統治下で進められた「領域革命」のような暴力的な併合を、ドイツが進むべきではない恥ずべき道として退ける。「パウロ教会において支配的であった偉大なる理念を実際に再現できるのならば、暴力を含めたあらゆる手段が正当化される」とはいえ、現在のドイツ連邦にもプロイセンにもそのような行動を断行する資格はないとモムゼンは述べる[13]。

しかしモムゼンは、こうした主張があらゆる条件において該当するものとは考えない。「両公国を自らに併合するという権利をドイツがもっているわけでは全くないし、プロイセンにそうした義務があるわけでもない、しかし軍事的海事的関係ではそうしたものはある」として、ドイツの国境と領海の安全を確保するという観点から両公国の併合の可能性を肯定するのである[14]。

換言すれば、モムゼンは、シュレースヴィヒ・ホルシュタインの自決権を否定はしない。しかしそれは無制約なものではなく、「ドイツ国民の一般的な利益に照らして制約される」ものであった[15]。そして彼は、ドイツがとるべき道として、完全な自律性を奪う併合ではないものの、相当の権利の制約をともなう道、すなわち、「すべてに共通した、できる限り各地の自律性を尊重する、しかしそれができなければ容赦ないほど徹底した、全面的な忠臣化（General-mediatisierung）」を推奨したのである[16]。彼によれば、「これもまた併合、ただし部分的な併合」であり、「われわれには、部分的併合を進める権利と義務がある」のであった[17]。また、こうした性格の併合を進める際にはシュレースヴィヒ・ホルシュタインの議会を召集するのではなく、シュレースヴィヒ・ホルシュタインの有識者の会議とプロイセン政府との間で細目を詰めることで足りるとの主張がなされた[18]。

このようなモムゼンからすれば、先にふれた、シュレースヴィヒ・ホルシュタインに独立した国家を設けることを内容とする「ベルリン合意」は、「南ドイツとシュレースヴィヒ・ホルシュタインの特殊地域主義者諸氏が、ベルリンにいるお人よしの進歩党の人々を頭に立てて開いた子供じみた集まり」として、厳しく批判さるべきものであった[19]。

一八六五年四月半ばの時点でこのようなモムゼンの主張と自らの立場が同一であるとしたのは、進歩党のレーヴェとトゥヴェステンだけであったという[20]。しかし、モムゼンの主張はトライチュケの露骨なプロイセン主義に賛同できない自由主義者に対しても受け入れられやすいものであり、その後の進歩党内において併合に賛同する声が広がる素地を作るものとなった。

進歩党に併合賛成の声が浸透していることを露呈させたのが、一八六五年一〇月一日にフランクフルトで開催が予定されていたドイツ各国議会議員大会に対する多くのプロイセン進歩党議員の冷淡な態度であった。

大会の開催のきっかけは、一八六五年八月にプロイセンとオーストリアがシュレースヴィヒ・ホルシュタインをめぐりガスタイン協定を締結したことである。ガスタイン協定とは、同地の併合を狙うプロイセンと、世論および中小国の支持があるアウグステンブルク公を君主とする自律的な国家の建設支持へと傾いていたオーストリアとの間に結ばれた一種の妥協である。それは、同地域に対する支配の本質は共同統治を維持するものの、支配の権利の行使は両国で分割する、すなわちプロイセンがシュレースヴィヒを支配し、オーストリアがホルシュタインを支配するというものであった。このガスタイン協定は、ドイツ国内の広範な世論から、シュレースヴィヒ・ホルシュタインの自律性を損なうものとして厳しく批判された。批判は、同地の併合をさらに実現へと近づけたプロイセンのみならず、アウグステンブルク公を戴く国家への期待を裏切ったオーストリアにも向けられた[21]。

こうしたガスタイン協定をめぐる論議がなされる中で、シュレースヴィヒ・ホルシュタイン情勢の変化に的確な対応をとることが責務であるとする「三六人委員会」が、ガスタイン協定成立という「そうした新たな重大な出来事」[22]をうけてドイツ各国議会議員大会の開催を呼びかけたのである。

しかし大会に対しては、その開催に先立って、プロイセン進歩党からの厳しい批判が相次いでいた。九月一九日にはベルリンで進歩党議員十数名が参集した会談が開かれて大会不参加の方針が決定され[23]、その方針がトゥヴェステンとモムゼンによって、大会議長への公開書簡の形で公表されたのである。

トゥヴェステンによれば、不参加の理由は、一つに議員大会がプロイセン国家への批判の場となって、プロイセンなきドイツの姿が広がることであり、さらには、シュレースヴィヒ・ホルシュタインをめぐるプロイセンと南ドイツ諸国の議員との議論は無益に終わるか南北の亀裂を深めるかしかないと考えられることであった[24]。

その一方で、九月一九日の会談の参加者の中には、シュルツェ゠デーリッチュのように、現状での「議員大会の開催は、……プロイセンにおける併合賛成という憂うべき意見をさらに勢いづかせることになる」との別の理由で不参加に賛成する者もいた[25]。シュルツェ゠デーリッチュの見解は、参加を見送るにせよ、より友好的な調子の対応を望むものであった。友好的とは、南ドイツ諸国に対してという意味であり、露骨なプロイセン主義を避けて全ドイツ的視野に立つという意味である。このような彼の立場からすれば、プロイセンから大会に参加しようとするベッカーらラインラントの議員たちは、進歩党という自由主義政党に属しつつ、プロイセンの利益のみを考え併合も辞さない勢力[26]、すなわち「民主的・反ナショナルな党派（die demokratisch = antinationale Partei）[27]」と評しうる勢力であった。しかし、シュルツェ゠デーリッチュの意向は他の参加者から強く拒絶された[28]。

トゥヴェステンと並んで議員大会への不参加を表明したモムゼンは、次のように露骨な併合主義をかざして議員大会への冷淡な姿勢を明らかにした。モムゼンによれば、「そのような集会が、今の時点で流動的な問題の解決の場となりうる」のは、それが「ドイツのすべての中小国が、現時点ではとりわけ両公国が、プロイセン・ドイツ国家の下に恒久的かつ決定的に服従する」という方針を示した場合である。今や「われわれの選択はドイツの大国家への従属か民族の没落か」なのである。[29]

議員大会は、このような経緯を経たうえで一八六五年一〇月一日に開催されたのである。大会の全出席者二六八名中、プロイセンからの参加者は、先のベッカーら、わずかに七名であった。それは、ドイツ各地から五〇〇名以上の議員が参加した前回一八六三年一二月の大会から一変した情景であった。しかも一変したのは、参加人数とプロイセン議員の出欠状況だけではなかった。

シュレースヴィヒ・ホルシュタインをめぐり、デンマークに対してオーストリアとプロイセンが共同歩調をとったことが称賛され、連邦国家としての統一国家建設（しかも大ドイツ的な領域を排除しない統一）への期待に満ちていた前回大会とは異なり（本章第一節【参照】）、今大会では、ガスタイン協定を結んだプロイセンとオーストリアへの非難が相次ぎ、両政府の動向を暴力の肯定とドイツ分断を招くものと批判する各地の声が紹介されたのである。大会は、一八六五年三月に「三六人委員会」、シュレースヴィヒ・ホルシュタイン協会、進歩党の間で合意された「ベルリン合意」の方針にならい、シュレースヴィヒ・ホルシュタインにおける独立国家の樹立を求めること（その権利の一定の制約およびプロイセンとの協力は、ドイツ全体の利益の観点からのみ許されること）を決議し、連邦国家を否定するシュレースヴィヒ・ホルシュタインの併合に対して強い警告を行った。[30]

この大会決議案の趣旨説明を行った、バイエルン進歩党のフェルクが述べたように、シュレースヴィヒ・ホルシュタインの併合は、両公国に限られた問題ではなく、「さまざまな中小国が抹消される危機」として、ドイツ全体に関わる問題として受けとめられていたのである。[31]

プロイセン併合主義の圧力が高まっているとはいえ、この大会で、連邦国家による国家統一という目標が放棄されたわけではない。実際、大会の決議案は、若干の文言を追加した後にそのまま可決されている。[32] こうして議員大会は、従来の連邦国家の理念を維持することに成功したのである。その最大の理由が、併合要求を掲げるプロイセン議員が参加を見送り、大会の場において公然たる併合主義者が不在であったことにあるのは明らかであった。しかしそれは、諸国家のプロイセンによる併合を支持する声が広がっていることの証左でもあった。すなわち、「基本的には、プロイセンの全国民はビスマルクの政治に同意している、つまり、プロイセン議員がフランクフルト（＝議員大会——筆者注）に行かなかったことは、トゥヴェステンとモムゼンの考えに無言の承認を与えることであった」という国民協会の機関誌の記事の一節[33]が示すように、「トゥヴェステンとモムゼンの考え」、すなわち併合支持、連邦国家批判の声がますますその強さを増していたのである。

一〇月一日の議員大会に続き、同じくフランクフルトの地で同月二九日に国民協会の第六回総会の開催が予定されていた。総会を控えた国民協会の機関誌は次のような記事を掲載し、トライチュケ流の併合主義・単一国家を厳しく批判している。

ドイツ統一という問題は——これをトロイチュケ（Troitschke）氏はご自身のこの点に関する見解の変更をより高次元の原理で正統化するために持ち出した——、ここでは全く無関係でなければならない。どのように理解するにせよ、プロイセンが今日はシュレースヴィヒ・ホルシュタインを、別の機会にはザクセンを、その次はハノーファーを、さらには、と、ドイツを隅々まで一国ずつ飲み込むという、ビスマルク流の策略と暴力によってドイツを統一することができる、あるいは統一するなどということは全く想像できないからである。……ここでももっぱら重要なものとされているプロイセンの拡大を、ドイツにとってプラスであるとみなす人もいるかもしれない。しかしそれをドイツの統一と混同することは、やはり実際には、下心なき誤りというにはあまりに重大すぎるものである。[34]

一〇月二九日の総会で決議案の趣旨説明を行ったメッツは、デンマークとの戦争以降の国民協会内部の状況を次のように整理し、ほかならぬ連邦国家こそ国民協会が支持すべき国家的秩序であることを改めて強調している。すなわち、ドイツが先年、長らく外国の支配下にあった領土を奪還したことは喜ばしいことである。しかし、まさにそのシュレースヴィヒ・ホルシュタイン問題が統一問題の解決を困難にしている。一方で、国民協会の一部には、シュレースヴィヒ・ホルシュタインの主権の制約を一切認めない者がいる。他方において、プロイセンへの完全な併合を支持する者もいる。この両極の立場は、突き詰めればそれぞれ国家連合と単一国家の肯定に行き着くものである。前者は「無力」であり、後者は「数々の王朝を法的に抹消する」という「解決することが極めて難しい障害」にすぐに直面する。メッツによれば、国家連合と単一国家の双方から峻別される連邦国家を擁護することこそが国民協会の任務である。[35]

総会は、委員会が準備した決議案――一八四九年憲法にならった「統一的な中央権力とドイツ議会を備えた連邦国家」の建設を協会方針として再確認し、その方針の下に、シュレースヴィヒ・ホルシュタインについては一八六五年三月末の「ベルリン合意」を維持すること、すなわちシュレースヴィヒ・ホルシュタインに独立国家を建設し、その国家とプロイセンとの密接な協力関係を構築すること――を圧倒的多数で承認した。[36]

しかし、この承認は連邦国家の正統性が盤石であったことを意味しない。大会では、現状の国民協会が併合主義を実質的に容認しているのではないかという激しい批判がなされたからである。

その代表として、ビュルガースによって提案された代替決議案がある。その代替案は、ガスタイン協定の締結によって「ベルリン合意」はその前提を失った以上、シュレースヴィヒ・ホルシュタインは一切の主権の制約を受けるべきではないと主張し、反ナショナルなともいうべき行動をとったプロイセンとオーストリアに断固たる反対派として立ち向かうことを国民協会の責務として訴えるものであった。[37]

この代替案は、「協会の分裂か執行部案への賛成か」を参加者に迫るような形で議事が進められた中で圧倒的多数により否決された。[38] しかし、ビュルガーもその支持者も、連邦国家を否定するものではないし、国家連合の存続を望んでもいない。ただ、「プロイセンにおける併合に好意的な雰囲気に断固として立ち向かうこと」[39]を使命とする彼らの目には、現在の国民協会と進歩党とが、同じく併合主義の担い手であると映ったのである。

たしかにこれは大会の多数派により否定された見方である。しかし、併合主義の広がりにより、国民協会および進歩党の主張してきたプロイセン主導の連邦国家建設と、併合を端緒とする単一国家建設との区別が曖昧になってきていることもまた事実であった。先のメッツの演説や大会決議案を支持する演説の随所において、現在の国民協会の主張がいかに併合を支持し、単一国家を目指していると誤解されることが多いのかという点が指摘され、それが不当であるとの弁明に時間が費やされたのは、その証左であった。(40)

しかし、連邦国家の理念を否定しかねない併合主義は、国民協会の中にその支持者をさらに見出していた。強まる併合主義と、それへの反発から先鋭化する反プロイセンの声という両極から挟撃されていた国民協会の理念に対する、より警戒すべき相手は、前者の併合主義にほかならなかったのである。

実はこの国民協会第六回総会には、提出はされたものの、議論がなされなかった動議があった。それは、一年前の国民協会第五回大会の舞台において連邦国家を併合と単一国家に対して力強く擁護したミーケルによるものであった(本章第二節二参照)。今回のそのミーケルの動議は、前年からは一変してシュレースヴィヒ・ホルシュタインの併合を求めるものとなっていた。

ミーケルの動議は、委員会の多数派の反発のためであろうか、提案者のミーケル自身が大会を欠席したために、趣旨説明が行われず、議論の対象とはならなかった。しかし、国民協会の理念を大会の席で断固として守ろうとした者が、一年後にそれを否定するような立場に転向したことは、いかに国民協会の中に併合主義が広がっているかをはっきりと示していた。

ミーケルによれば、たしかにシュレースヴィヒ・ホルシュタインを暴力的にプロイセンに併合したり両者の同君連合を編成したりすることは不必要である。しかし、両公国の「すべての軍事力と海事力をプロイセンのそれと統合し、政治的・国民経済的問題においてはプロイセンの指導に服すること」は必要である。このミーケルの言明は、「国民の一体性と不可分性からして、ドイツの個別の国家や部族の、あるいは国民の一部の自決権と主権は認められない」、しかもそのような主権の制約は、全ドイツ統一国家の成立を待たずして、すなわちプロイセンとの関係においてすでに可能であるという、プロイセンによる両公国の併合を強く求める立場を表すものであった(41)。

このような併合主義の蔓延にともない、一八六六年に入ると、国民協会の内部から、協会が求めてきた連邦国家を当面は断念せざるをえないという、諦念にも似た声が聞かれるようになった。一八六六年一月末に委員会内で作成が認められた「一八六六年初頭の国民協会の状態」と題された文書の中で、国民協会の委員会のメンバーにして同協会の機関紙の編集人であったロヒャウは、「周知の現状と将来に確実に起こることからして、国民協会の方針の有効性は変わらない。しかし現況では、その有効性は弱まってはいないものの、かげりがみえる」という認識を示した(42)。

ロヒャウによれば、併合による単一国家に対して、連邦国家こそが国民協会が訴えるべき統一ドイツの姿であることに変わりはない。「君主制国家から連邦国家を構築するという問題は、これまで歴史によって一度も解決されたことのない問題であり、今回もまた解決不能ということになる可能性がある。しかし、国家連合を連邦国家に有機的に発展させる試みをせずにいることはできないし、その試みの際にありうるのも、ドイツが二つの選択——現在の分裂状態の恒久的な固定化か、それとも最上位の国家権力の徹底的な集権化、すなわち各地の自治行政には最大限の行動の自由を与えつつ、個別の主権あるいは半主権の存続は無条件に排除するような集権化——の前にあることが現実に示されるほかない。しかし当面は、単一国家は共和制と同様に党派政治の目的とはなりえず、それは万が一のケースとしてのみ念頭におくことができる。ビスマルク的手法でプロイセンを拡大しドイツ単一国家を作ることができると信じている現在の大プロイセン主義に至っては、想像を絶する政治的な精神錯乱であり、一年半前のシュレースヴィヒ・ホルシュタインでの経験以降、その異常さは倍加している」(43)。しかしながら、とロヒャウは続ける。しかしながらプロイセンにおけるビスマルクの政治は、「自由主義、ライヒ憲法、歴史と未来および全ドイツの名において彼に与えられたナショナルな役割を否定する」ものであり、それが続いている以上、「ドイツ問題の国民協会流の解決は当面無理であり、不定期にそれを延期せざるをえない(44)」。

このように、併合と単一国家を否定し、連邦国家によってドイツ統一を行うという「ドイツ問題の国民協会流の解決」は、極めて厳しい状況に陥ったのである。

（1） Wochenblatt des Nationalvereins, Nr. 29（19. Oktober 1865）, S. 227.
（2） Wochenblatt des Nationalvereins, Nr. 27（5. Oktober 1865）, S. 210.
（3） Bennigsen an Nagel vom 4. September 1865, in: Hermann Oncken, Rudolf von Bennigsen. Bd. 1, S. 671.
（4） Artikel „Reventlow, Ludwig（Louis）Christian Detlev Friedrich Graf zu“, in: Gesellschaft für Schleswig-Holsteinische Geschichte und des Vereins für Lübeckische Geschichte und Altertumskunde（Hrsg.）, Biographisches Lexikon für Schleswig-Holstein und Lübeck, Karl Wachholtz Verlag, Neumünster 1985, S. 239.
（5） Treitschke an Busch vom 13. Juni 1865, in: Max Cornicelius（Hrsg.）, Heinrich Treitschkes Briefe. Bd. 2, S. 401.
（6） Bennigsen an Lammers vom 13. Oktober 1865, in: Hermann Oncken, Rudolf von Bennigsen. Bd. 1, S. 674.
（7） Ebd., S. 681.
（8） Simon an Venedey vom 26. September 1865, Bundesarchiv Berlin, N2316（NL Venedey）, Nr. 50, Bl. 33.
（9） ビーファングは、そうした人物として、ミーケル、バンベルガー、オッペンハイム、レーヴェ、カップ、ヴァーラウを挙げている。Andreas Biefang, Politische Bürgertum in Deutschland 1857–1868, S. 359.
（10） Ludwig Bamberger, „Rede, gehalten am Schlusse des ersten allgemeinen deutschen Turnfestes in Paris am 27. Mai 1865“, Der Beobachter, 1. und 2. Juli 1865. この新聞は、ヴェルテンベルク人民党の機関紙である。
（11） 一八六〇年代のモムゼンについては以下を参照。Christian Jansen, „....wünsche, ein Bürger zu sein.“ Theodor Mommsen und die deutsche Politik in der ersten Hälfte der sechziger Jahre“, in: Ders./Lutz Niethammer/Bernd Weisbrod（Hrsg.）, Von der Aufgabe der Einheit. Politische Verantwortung und bürgerliche Gesellschaft im 19. und 20. Jahrhundert. Festschrift für Hans Mommsen zum 5. November 1995, Akademie-Verlag, Berlin 1995, S. 29–49.

(12) Theodor Mommsen an seinem Bruder Tycho vom 9. Februar 1865, in: Lochart Wickert, Theodor Mommsen. Eine Biographie. Bd. IV: Grösse und Grenzen, Vittorio Klostermann, Frankfurt am Main 1980, S. 61.

(13) Theodor Mommsen, Die Annexion Schleswig = Holsteins. Ein Sendschreiben an die Wahlmänner der Stadt Halle und des Saalkreises, Weidmannsche Buchverhandlung, Berlin 1865, S. 12–13.

(14) Ebd., S. 15.

(15) Ebd., S. 17.

(16) Ebd., S. 12.

(17) Ebd., S. 15.

(18) Ebd., S. 22–23.

(19) Christian Jansen, Einheit, Macht und Freiheit, S. 46.

(20) Mommsen an Sybel vom 18. April 1865, in: Julius Heyderhoff (Bearb.), Die Sturmjahre der preussisch = deutschen Einigung 1859–1870, S. 248.

(21) Ernst Rudolf Huber, Deutsche Verfassungsgeschichte seit 1789. Band III, S. 505 und 508–509.

(22) Verhandlungen der Mitglieder deutscher Landesvertretungen am 1. Oktober 1865, S. 38.

(23) Ludolf Parisius, Leopold Freiherr von Hoverbeck. Ein Beitrag zur vaterländischen Geschichte. Zweiter Teil. Abteilung II: Ende des Verfassungskampfes und Reichstag von 1864 bis 1875, J. Guttentag, Verlagsbuchhandlung, Berlin 1900, S. 61; Andreas Biefang, a. a. O., S. 377.

(24) Twesten an Müller vom 28. September 1865 (Offener Brief aus der National-Zeitung vom 29. September 1865), in: Julius Heyderhoff (Bearb.), a. a. O., S. 256–257.

(25) Schulz-Delitzsch an Bennigsen vom 20. September 1865, in: F. Thorwart (Hrsg.), Hermann Schulze-Delitzsch's Schriften und Reden. Bd. III, J. Guttentag, Verlagsbuchhandlung, Berlin 1910, S. 220.

(26) 元来、ベッカーらは、ビスマルク政府の内政方針にとりわけ批判的な進歩党の左派に属していた。しかし左派には、党派の連携戦略の点では極めて対照的な二つの潮流が混在していた。すなわち、ヴァルデックら、プロイセン以外の勢力との連携に関心が弱い民主的な併合主義者と、ベッカーやグローテのように、南ドイツ諸国の人民党勢力との連携を模索する勢力である。この両者の立場の違いのために、左派が、より民主的な新たな党を結成することを視野に入れてビスマルク政府批判で結束を固め、さらに広範な勢力基盤を築くことはできなかった。新党の結成や民主的勢力の全ドイツ的連携は、主としてヴァルデックの反対で頓挫した。Manfred Botzenhart, „Franz Leo Benedikt Waldeck", S. 124. その挫折によってベッカーは、次第にヴァルデックに接近し、ヴァルデックらと同じく併合主義者となった。ベッカーの抱くドイツ像の変容については、Andreas Biefang, „Hermann Heinrich Becker (1820–1885)", in: Franz-Josef Heyen (Hrsg.), Rheinische Lebensbilder. Bd. 13, Rheinland-Verlag, Köln 1993, S. 153–181.

(27) Schulz-Delitzsch an Bennigsen vom 20. September 1865, S. 218.

(28) Twesten an Lipke vom 7. Oktober 1865, in: Julius Heyderhoff (Bearb.), a. a. O., S. 262–263.

(29) Mommsen an Müller vom 28. September 1865 (Offener Brief aus der National-Zeitung vom 30. September 1865), in: Julius Heyderhoff (Bearb.), a. a. O., S. 253–255.

(30) Verhandlungen der Mitglieder deutscher Landesvertretungen am 1. Oktober 1865, S. 38–46.

(31) Ebd., S. 41.

(32) Ebd., S. 69.

(33) Wochenblatt des Nationalvereins, Nr. 29 (19. Oktober 1865), S. 227.

(34) Ebd., S. 230–231.

(35) Verhandlungen des sechsten Generalversammlung des deutschen Nationalvereins am 29. Oktober 1865, S. 4–7.

(36) Ebd., S. 24.

(37) Ebd., S. 8–10.

(38) Ebd., S. 24.

(39) Ebd., S. 19.

（40） Ebd., S. 6 und 21.

（41） ミーケルの動議は議事録には掲載されている。Verhandlungen des sechsten Generalversammlung des deutschen Nationalvereins am 29. Oktober 1865, S. 10.

（42） Ludwig August von Rochau, „Die Lage des Nationalvereins im Anfange des Jahres 1866", in: Andreas Biefang (Bearb.), Der Deutsche Nationalverein 1859–1867, S. 492.

（43） Ebd.

（44） Ebd.

第三章　併合と連邦国家の構築（一八六六—六七年）

はじめに

一八六六年夏に、シュレースヴィヒ・ホルシュタインをめぐる対立を直接的な契機としてプロイセンとオーストリアがドイツを二分して戦争状態に入った。戦争は間もなくプロイセン側の勝利に終わり、戦後、長らくドイツの全国的な国家的秩序であったドイツ連邦の解体が決定された。ドイツ連邦解体後のドイツの新たな国家的秩序の中心はプロイセンが主導的な地位を占める北ドイツ連邦であり、その一方でオーストリアはドイツから離脱することとなった。

この時期のドイツの国民意識に関して特筆すべき点は、国家的秩序の集権化を求める志向の強さである。一八六五年以降に高まっていた併合熱や単一国家への熱望が頂点に達している。しかしながら、連邦国家も解体した国家連合たるドイツ連邦に比べればはるかに集権的な国家的秩序であり、いかに単一国家論の勢いが強かろうとも連邦国家への支持が消え去ることはなかった。

実際、戦後に成立した国家的秩序の特徴は、それが国家連合ではない集権的なものであるという点にあった。そして、この集権的な国家的秩序をより具体的にみれば、連邦国家を理想とする国民協会などの統一運動の主流が回避を望んだ併合が断行された点で、プロイセン単一国家が部分的にせよ実現したとみなすことができる。しかしながら、それは決して拡大プロイセンではなかった。プロイセンの上層には北ドイツ連邦という連邦国家が構築され、しかもその北ドイツ連邦には、国民統合のシンボルとして、ドイツ諸国のどこにも存在しない男子普通選挙制度とそれに基づく全国議会が導入されたのである。

ただし、これらはあくまで北ドイツに限定された事情である。北ドイツ連邦には南ドイツ諸国は参加しなかった。その不参加は主に国際政治上の理由によるものであり、オーストリアの場合とは異なって、北ドイツ連邦と南ドイツ諸国との関係は、今後に解決さるべき開かれた問題なのであった。真に全ドイツ的なもの、ナショナルなものをいかに構想するかはなお未解決な問題だったのである。

本章はまず、一八六六年のプロイセンとオーストリアとの戦争によってドイツ連邦が解体された際に、北ドイツにおける集権的な国家的秩序が人々にいかに思い描かれたのかを、プロイセンによって断行された併合に注目しながら論じる。続いて、北ドイツに限定されていたにせよ、男子普通選挙制度が連邦国家としての国民国家のシンボルとして導入されたことを叙述し、あわせて、北ドイツに連邦国家の理念が厳然と存在したことを指摘する。そして最後に、ドイツ連邦が消滅した時期に全ドイツ的な意識はいかに形成されえたか、とくに、地域限定的ながら最も本格的なドイツの国家的秩序として姿を現した北ドイツ連邦が、ドイツの全国的な国家的秩序へと発展してゆくことが諸勢力からどのようにみなされていたのかを概観する。

第一節　併合の断行

はじめに

一八六六年前半の国民協会内の議論に示されたように、連邦国家の正統性は併合主義や単一国家論の広がりによって低落していた。それらの拡大が止まらないほどに蔓延した背景には、シュレースヴィヒとホルシュタインをめぐるプロイセンとオーストリアの対立が一八六六年に入って高まり、両国の戦争の可能性とともに両地域をプロイセンが併合するのではないかとの憶測が広がっていたという事情があった。

本節ではまず、一八六六年の戦争を、それがオーストリアなきドイツを生み出したという点に注目しながら概観した後、プロイセンにおいて併合主義と単一国家論が最高潮に達した情景を描く。それは、ドイツ史上、人々の期待する国家的秩序のイメージが最も集権的なものとなった場面であった。しかも併合はプロイセンだけが求めたのではない。併合を断行しようとする側におとらず、併合されるおそれのある地域の側にも、併合を積極的に求める声は強かったのである。自身の祖国の存在が地図上から抹消され、大国の一部に編入されるという事態を、憤激でなく歓迎をもってとらえた人々は、どのような理由からそのような発想を抱いたのだろうか。

一　小ドイツ的なドイツとプロイセンの併合主義

プロイセンとオーストリアが戦火を交え、ドイツにオーストリアを除外した新たな国家的秩序を建設することが決定されるまでの過程は次のような経過をたどった。

一八六六年一月末にホルシュタインにおいてアウグステンブルク家を支持する集会をオーストリアが容認したのを、プロイセンがガスタイン協定の共同統治の合意に反すると非難したことを契機に、シュレースヴィヒ・ホルシュタインをめぐるプロイセンとオーストリアの対立が深まっていた[1]。そして両国の競合的な軍備増強が始まった一八六六年三月以降、その対立は軍事的衝突の可能性をはらむものとなり[2]、世論の中でも、プロイセンとオーストリアの対立は両国間の戦争をもたらすかもしれないとの観測がなされ始めていた。プロイセンがホルシュタインの併合を断行すれば、それを契機にドイツはプロイセン支持国とオーストリア支持国とに分かれて「内戦」状態となり、その結果、ドイツはマイン川を境に南北に分断されるというのである。また、戦争がプロイセン側の勝利に終わればドイツをプロイセンの併合主義が壟断し、さらにドイツ内の戦争に乗じてフランスが領土拡張を求めて介入するかもしれないとの不安も広がっていた。

したがって、連邦国家の否定とドイツの分断を招くことになるプロイセンによるシュレースヴィヒ・ホルシュタインの併合を阻止することは、統一運動にとって、極めて重要な課題となっていたのである。しかし、統一運動はもはや、オーストリアとの戦争をも辞さないとするビスマルク政府のドイツ政策への反対で結束する状態にはなかった。統一運動内にはプロイセンによるシュレースヴィヒ・ホルシュタインの併合がドイツ統一への端緒になるとの観点からその行動を容認する動きも出ていたからである。

一八六六年三月に開始されたプロイセンとオーストリアの動員によって高まった戦争の危機に対し、ドイツ連邦は五月二四日に動員解除を求める決定を行った[3]。オーストリアは、動員解除の条件を、シュレースヴィヒ・ホルシュタイン問題がドイツ連邦の場で平和的に解決されることとした[4]。これに対しプロイセンは、オーストリアの姿勢をガスタイン協定違反と改めて批判し、その軍事動員こそがドイツ連邦を危機に陥れたという認識を強調した[5]。

後述するように、プロイセン政府は、連邦改革を行うことこそがシュレースヴィヒ・ホルシュタイン問題の平和的解決につながるとの立場を表明し、実際、一八六六年六月一〇日には、ドイツ連邦の改革案を発表している（本章第二節一参照）。しかしこの立場とは裏腹に、改革案の公表以前の六月七日、プロイセンはホルシュタインへの進攻を開始したのである[6]。ガスタイン協定違反のオーストリアの行動が、シュレースヴィヒ・ホルシュタインにおけるプロイセンの利益を損なっているというのが進攻の理由であった。オーストリアはこれに対し、プロイセンに対する連邦軍の動員を求める決議案を提出し、六月一四日に連邦会議はそれを可決した[7]。しかし、プロイセンは同日、「プロイセンはこれまでの連邦条約が破綻し、したがってもはや拘束力をもたないとみなす。より正確にはそれを消滅したとみなし、取り扱うことになろう[8]」と、ドイツ連邦からの離脱のみならずその解体をも宣言したのである（ただし、「ドイツ連邦の消滅とともにドイツ連邦を支えてきたナショナルな基盤も解体したとみなすことはできない」との理由から、新たに連邦国家の建設が目指されることになる)。

連邦からの離脱を表明したプロイセンを、オーストリア以下、連邦に忠誠を誓う国々が厳しく非難する一方、プロイセンは六月一五日、ザクセン、ハノーファー、クールヘッセンの三政府にプロイセン側に立つよう勧告し、さらに北ドイツ諸国に対して戦時の同盟締結を呼びかけた。同日、プロイセンは、勧告を拒否した三国との国境を越えて軍を進駐させ、このプロイセンの軍事的行動を阻止するために連邦側も、一六日に対抗措置の発動を決定した。こうしてドイツの「内戦」が開始されたのである[9]。

戦争は、開戦して間もなく、七月三日のケーニヒグレーツの戦いでの圧勝でプロイセン側の勝利が明らかになった。そして、七月末のニコルスブルク暫定和平の合意を経て、八月二三日調印のプラハ和平条約においてドイツ連邦を解体し、ドイツにオーストリアを除外した新たな国家的秩序を築くことが決定された[10]。すなわち、オーストリア皇帝自身が、「従来のドイツ連邦は解体したものと認め、オーストリア帝国が参画しないドイツの新編成に賛成する」と宣言したのである[11]。そしてこれに次の宣明が続いた。「プロイセン国王閣下がマイン川の北に建設するであろう密接な連邦関係を承認することを約束し、同川の南に位置する諸国は特定の連合関係に入ることに同意することを明言する。その連合の北ドイツ連邦との全国的な結びつきは、両者のより詰めた合意に委ねられ、また、連合は国際的に独立した存在となるであろう」。

開戦からケーニヒグレーツにおけるプロイセンの勝利を経て和平へと至る以上の過程は、長らくドイツの中心的存在であったオーストリアがドイツから離脱する過程であった。そしてこの間、多くの人々から、オーストリアがドイツから離脱することに対する警戒心がさまざまに表明された。たとえば、オーストリアがドイツから切り離されれば、ヨーロッパにおける民族問題の混乱が生じるおそれがあることが示唆された。さらに、より直接的にオーストリアがドイツの不可欠の部分であることが強調された。すなわち、「オーストリアの皇帝支配の存在意義はそのドイツとの結びつきにある」との見方が主張されもしたのである[12]。

ドイツの新たな国家的秩序が、オーストリアを除いたものになった理由は、直接的には、その中核が、戦時におけるプロイセンの同盟関係にあったからである。加えて、ドイツ連邦に代わる国家的秩序の形態としてイメージされてきたものが何であったかを考えれば、オーストリアの除外は当然であったともいえよう。統一運動の主流も、後述のようにプロイセンも、国家連合よりもはるかに集権的な国家的秩序として、一八四九年憲法にならった連邦国家を求めるようになっていた。それは本来、オーストリアを含む枠組みであったとはいえ、状況次第では小ドイツ的な国家統一の選択肢も排されないと考えられていたのである。集権的な国家を求めるドイツの国民意識がオーストリアなきドイツを準備していたのである。

統一国家建設への道程という観点からすれば、オーストリアがドイツから離脱したことの意味はたしかに大きい。小ドイツ的なドイツによる国家統一への方向性が示されたからである。しかし、ドイツの国民形成の面からもオーストリアの離脱は意義深いのである。たしかに、その後もオーストリアを含んだ大ドイツ的なドイツの国家的秩序を思い描く構想はたびたび登場する。また、プラハ条約で正式にオーストリアの離脱が決定された後に、「ドイツ国民の中には、変わらずオーストリアのドイツ人も含まれているし、オーストリアなきドイツなど真のドイツではない」という言葉もみられた[13]。しかし、オーストリアなきドイツという国家状況を前にしてオーストリアを含むドイツ国民の意識を醸成してゆくことは容易ではなかったし、現実的でもなかった。なにより、「オーストリアの離脱は、大ドイツ派の戦意を消失させたのである[14]」。

その一方で、小ドイツ的な国家統一を追求してきた者にとっては、オーストリアのドイツからの排除は、新たなドイツの国家的秩序の形成にとって喜ぶべきことであり、強いナショナルな高揚感をともなうものであった。ある新聞記事は「オーストリアなきドイツ」が実現する喜びを次のように記している。

オーストリアなきドイツ、それは、一八四九年のライヒ憲法の国際的な核心と、オルミュッツでの敗北からプロイセンが立ち直ろうとして以来のナショナルな党派の努力を説明するものである。われわれプロイセンの自由派、すなわち、国民協会の準備活動に誠実で、いかなる下心もなくそれを支持してきた者は、当然のこととして、広く展開された努力の根本思想がプロイセン政府の基本方針に寄与したことに、確実な満足を覚えるのである。⑮

また別の記事は次のように記している。

ドイツ国民は政治的統一を求め、特殊地域主義は特定の国家による個別の持続的な支配を望む。両者は対立物である。ドイツ連邦はそのような個別の自律性のために、それを守る後ろ盾となるものを保障し、それらの間の調整をも試みたものの、成果なく終わった。先の戦争は、ドイツ連邦を解体し、オーストリアを排除し、大プロイセンの政治が勝利することによって、ごくわずかの間に終結した。勝利が新たなナショナルな発展の時代の始まりのようにみえ、暴力的征服に道徳的征服が続くのであれば、祖国の友人たちは、この結末に満足であると明言することであろう。⑯

この記事は、プロイセンのオーストリアに対する勝利によってドイツの政治的な統一が達成され、ドイツに「ナショナルな発展」、すなわち国民形成の進展がもたらされる可能性があることを示唆している。ただし、ここでのナショナリズムの基底に存在したのは、戦争がドイツの「内戦」であった以上、それは反フランス感情のような、民族的な「敵」を焦点にして高まる感情といったものではありえない。その中核にあったのは、集権的な国家的秩序を構築することへの期待感であった。

しかし期待感は、幻滅や憤激に容易に転化する。集権化が過度に進行し、各地の地域主義が抑圧される事態がプロイセンによってもたらされたらどうだろうか。ドイツ連邦を解体し、オーストリアのないドイツを建設する道筋をつけたのはたしかにプロイセンであるとしても、プロイセンの利害が一方的に強調され、「プロイセン特殊地域主義」とでも称すべきものがドイツを壟断したらどうだろうか。

オーストリアとの戦争の過程でプロイセンは、オーストリアを支持した北ドイツの国々をその占領下においた。すなわち、ガスタイン協定以後にオーストリアの管理下にあったホルシュタインを端緒に、一八六六年の六月から七月にかけて、ザクセン王国、ハノーファー王国、クールヘッセン（ヘッセン選帝侯国）、ナッサウ公国、フランクフルト自由市、ヘッセン＝ダルムシュタット（ヘッセン大公国）の上ヘッセン州部分を、さらに八月に本家ロイスを、そして九月にはザクセン＝マイニンゲン公国を次々に占領した。そして、オーストリアとの戦争が終結して間もない一八六六年八月一六日に、プロイセン国王ヴィルヘルム一世からプロイセン議会に対し、占領地域の中のハノーファー、クールヘッセン、ナッサウ、フランクフルトの四地域をプロイセンに併合するとの教書が示され、同日、プロイセン議会においていわゆる併合法の審議が開始された[17]。

それから一ヶ月足らずの後、九月七日にプロイセン下院は併合法を、賛成二七三票、反対一四票という圧倒的多数で可決している[18]。一王国、一選帝侯国、一公国、一自由市をドイツから抹消するという、一八四八年の革命時にもごく少数の革命派しか考えなかったことを、ドイツにおける最大の国家の議会がほぼ満場一致で支持する事態とは、ドイツにおいて単一国家への熱望が最も高まった時期にほかならなかった。

そのような熱望を抱いた人物の極みの一人がルーゲである。一八四八年革命時の極左革命派であり、その後イギリスを中心に亡命生活を送っていたルーゲは、一八六六年四月に普通選挙制度に支えられたドイツ全国議会の設置を軸とするドイツ連邦の改革案を明らかにしていたビスマルクに対し（本章第二節一参照）、「オーストリア以外のドイツをプロイセンは単独で所有しなければならない。それはドイツの議会を通じてではなく、プロイセン人民の力強く熱狂的な高揚を通じて達成さるべきものである」との批判的意見を書き送っている[19]。彼にとってビスマルクの提案は連邦主義的にすぎるものであったのである。

「国民的精神」は政治制度を通じて初めて成立し、その唯一の制度は議会であると考えていたルーゲにとって、「国民の存在とは単一の議会のこと、つまり、あらゆる州・地域・国家の議会を廃止することである」[20]。このような観点からすれば、既存の各国議会を温存し、その上にドイツの全国議会を重ねるというビスマルクの案は、ドイツの国民意識をはぐくむ器として全く不完全なものだったのである。プロイセン議会が各国議会を飲み込む形でドイツが単一国家となること。これがルーゲの夢見る統一ドイツ像であった。

もっともこのルーゲの立場は一種の極論であり、文筆家のそれとして現実的な政治的影響力をもつものではなかった。しかし、政府以上に過激な併合要求と単一国家論が世論にあったことは軽視できない事実である。実際、熱狂をもって併合を強く支持し求めたのは、併合法を審議するプロイセン議会と統一運動の側であったのである。

ビスマルク自身、ケーニヒグレーツの圧勝以降の世論の動きを、「われわれの世論は、ザクセンとハノーファーとクールヘッセンのプロイセンへの併合を求めている」と認識し、「それをプロイセンの他の領域を割譲することなしに達成できれば、そのことはたしかに利害関係者のすべてにとって理にかなった解決策であろう」という印象を抱いていた。そして併合問題に関しては、議会とできるだけ協調しながら進めてゆくという構えも示していた[21]。ビスマルクが被占領地域の併合の意向を明らかにしたのは、そのような認識に立ってのことであった。

併合法に対する数少ない反対者の一人であった進歩党のヤコビーは、下院審議の始まる直前の八月七日に、「トライチュケとシュミットは時の英雄である」という言葉を残している[22]。いうまでもなくトライチュケは、一八六五年にシュレースヴィヒ・ホルシュタインの併合を唱導して以来、プロイセンが諸国を併合することを通じてドイツに単一国家を建設することを夢見た代表的な人物である。

シュミットもまた、六月のプロイセン下院議会選挙で大敗北を喫した進歩党がビスマルク政府を支持すべきことを説いた『新しい政党結成の必要性』という小冊子で、併合を次のように正当化していた人物である――これまで進歩党は小ドイツ的な国家統一を目指す国民協会に遠慮して、「われわれは暴力的強制や併合を望んではいない。望むのは連邦国家だけである。すべての併合は連邦国家の理念と対立する」との立場をとり、逆に国民協会はプロイセンの進歩党に気兼ねして、「ドイツ統一の理念はプロイセンで進歩党が権力を握るまで先送りにしなければならない」という姿勢をみせてきた[23]。しかしシュミットによれば、統一運動の両頭がお互いにそのような本意でない配慮を交わすという「虚偽の織物」こそ、統一運動全体の活力を削いできたものである。また、国民協会が「南ドイツで非常に人気があるという外見面を強調するために、大ドイツ主義者の常套句に調子を合わせている」という例が示すように、両者には、組織防衛だけを目的とした「外交」的な振る舞いが目立っていたという。[24] こうした振る舞いも、「何かを達成しようとする組織にはふさわしくない」ものである。一八六六年六月の選挙はこうした「虚偽の織物」や「外交」的振る舞いを行ってきた進歩党を大きく後退させる一方、内政の上では最適者とはいえぬにせよ、比類のない外交手腕をもつビスマルクによって統一が完成へと実際に動き始めた。今や、「輝く栄光とともに始まった統一事業を支持するべきか否か」という問題がすべての問題に優先する時である[25]——このような見地からシュミットは、ドイツを確実に統一に導く道の端緒として、さらには特殊地域主義の形をとった「ドイツ統一への背信」を根絶するための手段[26]として、プロイセンによる北ドイツ諸国の併合の正当性を主張したのである。

ハノーファー、クールヘッセン、ナッサウ、フランクフルトの四地域をプロイセンに併合するための法律、いわゆる併合法の審議が行われたのは、このような筋金入りの併合支持者が「時の英雄」と名状された状況の下、換言すれば、単一国家としてのドイツが現出し始めたとの実感が、統一運動の中に最も強く広がった時期にほかならなかった。

国王から議会に示された教書の中で併合は、四地域が「プロイセンが、領域存続の保証を約束したうえで、再三にわたり最後の時点まで提案していた」プロイセンとの同盟（あるいは中立）を拒否したこと、四地域の存続を許せばその地理的位置からプロイセンにとっての脅威が消えないことを理由として断行されると説明された。さらに強調されたのは、併合が「ドイツのナショナルな新編成に、より広く確実な基盤を与えること」に資するということであった。四地域の存続は、プロイセン国家の安全にとっての障害であるだけでなく、「ドイツ国民の満足すべき状態の達成と相容れない」、だからこそその存在は、プロイセンによって抹消されなくてはならないとされたのである。[27]

当初、プロイセン政府が議会に上程した案によれば、四地域とプロイセンとの関係は、被占領地域の独自性に配慮するという観点から、当面は同君連合とし、プロイセンへの完全な編入は将来の課題とすることが予定されていた。[28]

しかし、法案審議を委ねられた委員会は、同君連合では被占領地域に議会の統制がおよばないことなど、さまざまな理由から同君連合案に反対し、四地域の完全な併合を求めた。[29] ビスマルクはこうした委員会の意向を「政府案の改善」[30]と評して受け入れた。さらに併合の期日を明確化することを求めた委員会の要望も受け入れられた。[31] 委員会が修正案として可決したのは、四地域はプロイセンに完全に併合され、同地域には一八六七年一〇月一日にプロイセン憲法が適用されるというものであった。[32]

このように、被占領地域の自律性を否定する点において議会は、政府以上に強硬であった。「将来のドイツ国家は、プロイセンと他の国家との有機的な結合を除いては誕生しえない」との立場から、併合を「ナショナルな発展における怒濤の一歩」[33]と位置づけた議会の併合観は、ビスマルク政府のそれと同一あるいはそれ以上に過激なものであったのである。

九月七日の本会議においては、先に述べたように、委員会における修正案が圧倒的多数で可決されている。併合に異論をはさむ声は極めて少数であった。これに対して併合支持の声の中でも顕著であったのは、プロイセン拡大によりドイツ統一の過程が始動したことを歓迎する声である。進歩党のヴァルデックによれば、「小規模な君主が多数存在することはドイツ統一に背くものである。……諸王侯からは暴力的な圧力を通じて初めてなにがしかを得ることができる」[34]のであった。

プロイセンによる四地域の併合が支持されただけではない。単一国家を支持する立場からは、併合がなお不十分であることを嘆く声も少なからず聞かれた。併合をドイツ統一の端緒と考えた多くの議員の中には、進歩党のキルヒマンのように、連邦国家ではなく、「全ドイツのための単一国家」こそ、「近隣からドイツを脅かす危険を撃退することができ、ドイツの住民が統一のために捧げる犠牲から期待してしかるべき利益を生み出すことができる唯一の形」という見地から、プロイセンの「より広い領域的拡大」が実現しなかったことに不満の声を上げる者もいたのである。不満の具体的な理由は、オーストリアやその同盟国の領土がほとんど無傷のままであるという、敗戦国への寛大すぎる措置がなされたことだけでなく、戦時にはプロイセン側に立った北ドイツの国々の存続が許された点にもあった。「かの小国が行った援助は、誰もが知る通り全く重要ではなかったし、大半は決定がなされてからしばらくしてからの遅すぎるものであった。にもかかわらず領域的な存続は保障されたのであった。思うにこれは、ドイツ統一のためには非常に憂慮すべきことであり、ザクセンを含む全北ドイツが一つのプロイセン国家へと飛躍していたとしたら、強国プロイセンにとって極めて実りあることであったろう[35]」。

先に述べたように、併合法は党派を問わず圧倒的な支持を得ている。反対したのは、一部のカトリックや進歩党の議員、保守派の人々だけであった。

進歩党のヤコビーはこう論ずる。「政府自体が活気づけ、今や世論をほとんど完全に支配しているナショナルな期待と志向が極めて真っ当なことであることは疑いえない。ただ忘れてはならないことは、法、道徳、自由という恒久的原則だけが人民の幸福のよりどころとなるということである」。彼にとって、ドイツの「内戦」と外国の支持によって、さらに「ドイツの領土を強制的に獲得することによるプロイセンの支配権の強化」によって生まれる「政治的に統一されたドイツ」は、その「恒久的原則」に背馳するものであった。彼にすれば現在の状況は、「以前の連邦会議と戦争前の状態以上に、ドイツの統一と自由という目標」からかけ離れたものであった[36]。しかしこのようなヤコビーの立場は、プロイセン世論の併合支持の熱狂の中では明らかに孤立したものであった。

ヤコビーとは対極的な政治的立場である保守派のゲルラッハも、併合法が成立した直後に出版された『併合と北ドイツ連邦』の中で、「併合、それは何も割譲することなくして他国の領土を獲得することであり、初代ナポレオンがそれを大規模に断行して以降、つまり、一八一三年以降はドイツにおいてみられなかったものである。しかしイタリアでは、主として併合によって新たな王国がわれわれの眼前に現れたのであった。われわれ保守党とその機関は、一八六〇年以降、こうした併合とその主唱者たちを、これ以上はないというくらい厳しい言葉で批判してきたのである[37]」と述べている。ゲルラッハは、ナポレオン支配の拡大やイタリアの国家統一の過程で断行された併合を、各王朝の正統性とドイツ連邦の法を否定するものとして非難したのである。しかし、「こうした姿勢をとるゲルラッハは政治的に孤立した地位にあった。伝統的な保守主義者ですら、同時代の人々にとって偉大なプロイセン軍の軍事的功績に舞い上がったからである」[38]。

「併合法」成立という形で最高潮を迎えることになる併合と単一国家支持の世論の過熱状態は、プロイセン議会とその周辺に限定されたものではなかった。一八六六年初頭までに連邦国家を当面は断念せざるをえないとの判断が強まっていた国民協会の内部からも、公然たる単一国家論が展開されていた。一八六六年七月二〇日にカップは次のように述べている。

私はビスマルクの存在にもかかわらず、徹底してプロイセンを支持し、われわれの勇敢な友が勝ち取るいかなる勝利にも、ドイツの統一と自由に向けての進展を見出す。したがってドイツの大国家にとってなにより大切なのは、オーストリアが存続を望むに違いない強欲な諸国家を抹消することである。その大国家を物欲しげな隣国、すなわちフランス（共和制であれナポレオン帝制であれ）から守り、それに攻撃を加えることがその次の問題となる。共和制か君主制かという政体の問題はそれからまだ先の話である[39]。

カップにとってなにより問題なのは、プロイセンの現政府の性格でもフランスの脅威でもなく、ドイツに「強欲な諸国家」が残存していることであった。カップにあっては、併合によるその抹消と、それに続く単一国家の建設が、あらゆることに優先する問題として位置づけられていたのである。

二　被併合地域の併合主義

プロイセンの力にドイツにおける多国家世界の解消と単一国家の建設を強く期待したのは、プロイセンの自由主義者たち以上に、プロイセンに占領された地域の自由主義者たちであった。これらの地域では、ハノーファーのグルンプレヒトが的確に指摘したように、「ビスマルク伯爵の政治に対する断固たる敵対者」であった自由主義者が、誰も否定することのできないビスマルクの「偉大かつ重要な成果」を前にし、政治的行動の合理性と正義を決める「ほとんど唯一の基準は成果である」との観点から、併合を正当化していったのである[40]。たしかに「より望ましいのは連邦国家という形態か単一国家という形態か、については議論があるところである。多くの理由からわれわれは前者に賛成の態度を示している」。「しかし単一国家、敵がいうところの大プロイセンも拒絶さるべきではない。状況次第ではそれが、なんとより優れた対策になることもあるだろうし、それどころか不可欠になることもありうるのである[41]」。

では、自分の祖国がプロイセンに飲み込まれてゆくことは、どのようにみなされていたのか。ナッサウのブラウン、クールヘッセンのエトカー、そしてハノーファーのミーケルという、非占領地域の代表的な自由主義者にして国民協会の委員会メンバーは、プロイセンの勝利を契機に自国内に急速に広がる併合支持の様子を、それぞれ次のように描いていた。

ナッサウ[42]のブラウンは、多くの自由主義者と同じくナッサウの中立論者から急速に併合支持者になっていった人物である。ナッサウをプロイセンの中に解消すべき理由として、彼はまず、現行のナッサウ国家に対するナッサウ国民の共感や愛着の弱さを指摘する。彼が『いかに併合するか、いかに併合されるか』（一八六六年八月・九月）の中で述べるところによれば、ナッサウの大部分は、ナポレオンのライン同盟とウィーン体制の下で作られた政治的な寄木細工、すなわち必ずしも関係が深いとはいえない諸部族の住む地域を併合によって寄せ集めたものである。したがって、「「ナッサウ国民」の創造（die Erfindung einer „Nation der Nassauer"）」は、それ以来の短い歴史をもつにすぎない[43]。彼らは「たしかにその大半は生まれながらのナッサウ人ではある、しかし先祖代々のナッサウ人であるということはない[44]」のである。それは、ナッサウ人からプロイセン人になることを促す好条件にほかならない。

ただ、「ナッサウ国民」の実在が怪しいというだけでは、ナッサウをプロイセンの一部とする理由としては不十分であろう。そこでブラウンは、まさに現ナッサウが一九世紀初頭に併合によって国家の基盤を整えたことを指摘し、一八一八年三月に当時のマーシャル大臣が行った併合正当化の演説——ナッサウが併合を通じて国家を築いたのは、政治・経済・文化の各面での発展を妨げる「小国家（die Zwergstaaterei）」や特殊地域主義的な利益追求の弊害を除去するためである——が今日にも通用すると強調する。すなわち、「ヴィードとシャウムブルク侯爵領、バッセンハイムとヴェスターブルク伯爵領、ボースとベッテンドルフとマリオートの小領主の領地は、進歩する文化を前に、ともかくも国家としての存立をはっきりと主張するには、やはり相当に小さすぎる、と一八一八年にマーシャル氏は正しくも主張した。しかし、この鋭敏な政治家が今も生きていれば、論理と事実を厳しく突き詰めたのちに、次のような結論に到達するにちがいない。今日、ナッサウ家は、それ自身が五〇年前に、ヴィードとヴェスターブルク、バッセンハイムとシャウムブルク、ボースとマリオートとベッテンドルフの諸家に対して冷酷にももたらした運命と同じ運命に従うべきではないのか、と」[45]。つまり、ナッサウはプロイセンに併合さるべきなのである。

クールヘッセン[46]では、九月五日クールヘッセン議会の議員一二名が、プロイセンの併合法に対して、「カッセルにいるクールヘッセン身分制議会のメンバーは、委員会が提案した法案の受諾を、委員会報告に記された意味において、クールヘッセンの利益にかなうものと判断する」との声明を発表している[47]。もちろん異論がなかったわけではない。国民協会のエトカーは、次のような懸念を示している。「大プロイセン国家がナショナルな利益のために挙げた輝かしい成果と希望に満ちた発展に対し、私がどれほど力強く、また心の深くからの関心を抱こうとも、なお私は、全面的な併合熱の中で、ドイツの立憲国家と法治国家の生活を脅かす損失を見失わないような冷静さをもっている」[48]。エトカーも国民協会の一員として、プロイセン主導のドイツ統一が実現の過程に入ったことを歓迎している。クールヘッセンが大国プロイセンとの関係を緊密化することも当然である。しかし、特殊地域主義者の汚名を着せられるのを嫌うあまり、クールヘッセン国家が培ってきた法を初めとする諸制度の存続を許さず、地域の自律と自治を認めないような風潮は行きすぎである。自らの立場が孤立したものであることを自覚していたこうしたエトカーの懸念は、逆に、クールヘッセンにいかに併合熱が広がっていたかを示すものであった。

そして、エトカーが「ハノーファーの友人たちは、クールヘッセンの人々よりもはるかにたやすく、また毅然として併合の構想に乗り出していった」[49]と評価したように、ハノーファーのミーケルに、最も力強く併合と単一国家を支持することになった人物の姿を認めることができる。[50]

ミーケルは、プロイセンとオーストリアとの間の戦争に対し、フランスの介入とオーストリアの反動とを招くとの懸念から反対し、その回避のためにハノーファーの中立を主張していた。プロイセンによる占領が行われた後も、ハノーファーの独立を回復することが彼の願望であった。しかし、プロイセンのオーストリアへの勝利と北ドイツ諸国の占領という国家状況の変化の中に、ドイツ統一がプロイセンによって実現されてゆく過程を目の当たりにした彼は、七月下旬ごろから次第にプロイセンへの同調を呼びかけ、ハノーファーをプロイセンに編入することを肯定するようになってゆく。七月二五日にミーケルは、ハノーファー政府の閣僚に宛てた書簡の中で、「われわれの政治を迅速かつ断固として変更することが、わが国により望ましい平和を確保するという信念」からプロイセンへの恭順が必要である旨を強調している。[51]もっとも、こうした自身の主張を、「連邦国家的統一をずっと望んできたにもかかわらず、いやそれだからこそ、怪しいものではない」と評価したミーケルの念頭には、まだ連邦国家の影があったのかもしれない。しかし間もなくミーケルは、「連邦国家も今や終わりであり、すべての部分について併合だけが唯一ありうる、そして有益であるとの見解が、少なくともナショナルな政党の中ではごく一般的である」と指摘するに至る。[52]そして八月二〇に発表された「ナショナルな政党の課題」という論説においてミーケルの主張は、併合による単一国家の建設を全面的に説くものとして展開されることになった。

われわれが日々目の当たりにしているのは、ナショナルな政党の中で単一国家の陣営に鞍替えする人の数が増えているという光景である。その理由は明白で、単一国家がさほどコストをかけずにより多くのものを保障してくれるからである。単一国家は現実に存在するものであり、連邦国家は乗り越えられるべき土台、あるいは実現のための現実的前提のない単なる計画にすぎないからである。連邦国家という「原則」に固執する指導者は、すぐに完全なる孤立状態に陥ることになるであろう[53]。

この一節に示されている通り、ミーケルにとって連邦国家はありえない。それは、「プロイセン政府、小君主たち、プロイセンと中規模国家の国民の間の合意」という「連邦国家を実際に実現する」ための前提がないからである。加えて「大国のメリット」のためである。ハノーファーがプロイセンの一部になれば、連邦国家の一構成国の場合以上に、経済や軍事を初めとするあらゆる分野での「大国のメリット」が享受できるようになる、というのである。さらにミーケルが強調したのは、多国家世界が解消されない限り、国民の統一的な発展が阻害され続けるという点であった。「本物のナショナルな考えをもってしても、ナショナルな国家の外部にいる人々の心をつかむことがいかに難しいかを、われわれは経験してきた。これに対し、小国であってもその国家意識はいかに強力かつ圧倒的なものであるか、ということも[54]」。ミーケルにとって、単一国家こそ国民形成の最適の枠組みなのであった。

ただし現時点では単一国家はドイツ全体を覆ってはない。ドイツ全体の統一はどうなるのだろうか。ミーケルによれば、「当面は――というのは北と南の分断が永続的に続くのは考えられないので――マイン川のこちら側とあちら側で諸国家がやってゆくということもありうる。（ただし）それが必然かといえばそうではない」。いずれ、「北ドイツの小国と組織的な連邦制的関係に入った人口二四〇〇万のプロイセンが、南ドイツ諸国に対して、昔のプロイセンと同様、連邦制的関係をもって立ち現れることになるだろう[55]」。こう記すミーケルは、プロイセンが将来において連邦国家を築くことを見込んでいるかのようである。しかしその直後にミーケルは、連邦国家の建設は特殊地域主義の勝利にほかならないと断ずる。

ナショナルな政党の課題は国民を統一させるような展開を促すことであり、いつの時代にもそれは変わらない。北ドイツについては、われわれの関与はなかったにせよ、統一は現実に行われた。われわれにとって連邦国家への復帰とは、

> プロイセン国家に対する戦いに勝つことによってのみ起こりうるものである。そのような戦いは、われわれが使命をもって撃退しなければならないあらゆる特殊地域主義的勢力が動員されることによってなされるものである。それがわれわれの課題を不可能にしてしまうこともありうる。しかしそうした逆行するような行為が行われても、成功する見込みは皆無である。[56]

したがってドイツ全体を単一国家の枠組みの中に統一しなければならない。そしてその道程は、連邦国家を含むこうした地域特殊主義を認めず、プロイセンをさらに強化することであった。すなわち、「南ドイツにおけるヘゲモニーを求めるプロイセンは、その優越性が高まれば高まるほど、抵抗を受けることがこれまでよりも少なくなるだろう。現在すでに南ドイツで始まっている急変がそのことを示している。まさに現時点での権力増大の大きさこそ、プロイセンをいやおうなく大プロイセン的な制約から解放し、ドイツの道へと向かわせる」ものなのである。プロイセンの強大化こそが、プロイセン一国主義を克服する道なのである。そして、「マイン川のこちら側のドイツがより早く一体になればなるほど、それだけ容易に目下のところドイツを制約している不自然な境界が乗り越えられ、われわれの望み欲したドイツが現れるであろう[57]」というのがミーケルの結論であったのである。

（1） Ernst Rudolf Huber, Deutsche Verfassungsgeschichte seit 1789. Band III, S. 514-515.
（2） Ebd., S. 520.
（3） Ebd., S. 526.
（4） Ebd., S. 531.
（5） Ebd., S. 534.
（6） Ebd., S. 539.
（7） Ebd., S. 540.
（8） Erklärung des preußischen Bundestagsgesandten v. Savigny über den Rücktritt Preußens vom Bundesvertrag vom 14.

Juni 1866, in: Ernst Rudolf Huber (Hrsg.), Dokumente zur deutschen Verfassungsgeschichte. Bd. 2, Nr. 177, S. 241.

(9) Ernst Rudolf Huber, Deutsche Verfassungsgeschichte seit 1789. Band III, S. 556–558.

(10) Ebd., S. 576–577.

(11) Der Friedensvertrag von Prag vom 23. August 1866, in: Ernst Rudolf Huber (Hrsg.), Dokumente zur deutschen Verfassungsgeschichte. Bd. 2, Nr. 185, S. 250.

(12) „Zu den Friedensverhandlungen", AAZ., Nr. 203, 22. Juli 1866, S. 3342.

(13) „Das Großdeutschthum III", AAZ., Nr. 240, 28. August 1866, S. 3949.

(14) „Das Großdeutschthum I", AAZ., Nr. 233, 21. August 1866, S. 3827.

(15) „Dir Grundzüge der neuen Bundesverfassung", National-Zeitung, Nr. 270, Juni 14. 1866 (Morgenausgabe).「オルミュッツ」とは、一八五〇年一一月にプロイセンが、オーストリアとロシアと締結したオルミュッツ協定をさす。プロイセンのエルフルト連合政策は、オーストリアからの強い反発を招き、その巻き返し工作としてヴュルテンベルク、バイエルン、ハノーファー、ザクセンからなる「四王同盟」が結成されていた。プロイセンは、ドイツ内のみならず、ロシアがオーストリアを強く支持したため国際的にも孤立感を深め、オーストリアとロシアと協定を結んで小ドイツ的政策を放棄せざるをえなくなった。この協定締結はプロイセンにとって屈辱的なものであった。

(16) „Der kleinstaatliche und der preußische Patricularismus", AAZ., Nr. 238, 26. August 1866, S. 3915.

(17) 一八六六年のプロイセンによる併合については、各地域についての論文を集めた文献として、Peter Baumgart (Hrsg.), Expansion und Integration. Zur Eingliederung neugewonnener Gebiete in den preussischen Staat, Böhlau Verlag, Köln/Wien 1984; Hans Patze (Hrsg.), Staatsgedanke und Landesbewusstsein in den neupreussischen Gebieten (1866), Selbstverlag des Gesamtvereins der deutschen Geschichts- und Altertumsvereine, Marburg/Ulm 1985. また、四地域を概括的に扱った論文として、Hans A. Schmitt, "Prussia's Last Flings: The Annexation of Hannover, Hesse, Frankfurt, and Nassau, June 15—October 8, 1866", *Central European History* 8 (1975), pp. 316–347; Ders., "From Sovereign States to Prussian Provinces: Hannover and Hesse-Nassau, 1866–1871", *Journal of Modern History* 57 (1985), pp. 24–56.

(18) Stenographische Berichte über die Verhandlungen des preussischen Abgeordnetenhauses 1866/1867, 15. Sitzung (7. September 1866), S. 273. なお、シュレースヴィヒとホルシュタインは、プラハ条約の規定に基づきプロイセンの所有するところとなった。そして両国をプロイセンの一州にする法律が、一八六六年一二月二四日に成立している。Ernst Rudolf Huber, Deutsche Verfassungsgeschichte seit 1789. Band III, S. 585.

(19) Ruge an Bismarck vom 3. Mai 1866, in: Arnold Ruge, An's Volk und an Politiker. Zur Förderung des Umschwungs seit 1866, Verlag der Stuhr'schen Buch=und Kunsthandlung, Berlin 1869, S. 1.

(20) Arnold Ruge, Aufruf zur Einheit, Verlag von Alexander Jonas, Berlin 1866, S. 13-15.

(21) Kanzleikonzept eines Erlasses an königlichen Botschafter in Paris Grafen von der Goltz vom 9. Juli 1866, in: GW. Bd. 6 (Politische Schriften: Juni 1866 bis Juli 1867), Nr. 460, S. 44.

(22) Jacoby an Adolf Stahr vom 7. August 1866, in: Edmund Silberner (Hrsg.), Johan Jacoby. Briefwechsel 1850-1877, Verlag Neue Gesellschaft, Bonn 1978, S. 388.

(23) Julian Schmidt, Die Nothwendigkeit einer neuen Parteibildung, Verlag von Julius Springer, Berlin 1866, S. 25. この冊子の末尾に記されている日付は、一八六六年七月二九日である。

(24) Ebd., S. 26.

(25) Ebd., S. 27.

(26) Ebd., S. 28.

(27) Anlagen zu den stenographischen Berichten über die Verhandlungen des preussischen Abgeordnetenhauses 1866/1867, Nr. 29, S. 117.

(28) Ebd., S. 118.

(29) Anlagen zu den stenographische Berichten über die Verhandlungen des preussischen Abgeordnetenhauses 1866/1867, Nr. 47, S. 204.

(30) Ebd.

(31) Ebd., S. 206.

(32) Ebd., S. 209.

(33) Ebd., S. 203.

(34) Stenographische Berichte über die Verhandlungen des preussischen Abgeordnetenhauses 1866/1867, 15. Sitzung (7. September 1866), S. 259.

(35) Ebd., S. 255–257.

(36) Stenographische Berichte über die Verhandlungen des preussischen Abgeordnetenhauses 1866/1867, 8. Sitzung (23. August 1866), S. 73–74.

(37) [Ernst Ludwig von Gerlach], Die Annexionen und der Norddeutsche Bund. Vom Verfasser der Rundschauen, Verlag von Stilke & van Muyden, Berlin 1866 (Dritte Auflage), S. 25.

(38) Volker Sthalmann, Die Partei Bismarcks. Die Deutsche Reichs- und Freikonservative Partei 1866–1890, Droste Verlag, Düsseldorf 2000, S. 34.

(39) Kapp an die Redaktion der »Abendzeitung« vom 20. Juli 1866, in: Friedrich Kapp, Vom radikalen Frühsozialisten des Vormärz zum liberalen Parteipolitiker des Bismarckreichs. Briefe 1843–1884, Insel Verlag, Frankfurt am Main 1969, S. 84.

(40) Friedrich Wilhelm August Grumbrecht, Politische Betrachtungen für Gegenwart und die nächste Zukunft von einem alten (nicht Alt-) Liberalen, G. Hunckel, Bremen 1866, S. 9.

(41) Ebd., S. 14.

(42) ナッサウの併合と自由主義については，Winfried Seelig, Von Nassau zum Deutschen Reich. Die ideologische und politische Entwicklung von Karl Braun 1822–1871, Selbstverlag der Historischen Kommission für Nassau, Wiesbaden 1980; Wolf-Arno Kropat, „Die nassauischen Liberalen und Bismarcks Politik in den Jahren 1866–1867. Die Reaktion der Fortschrittspartei und der Bevölkerung in Nassau auf die preußische Annexion, insbesonders im Spiegel der Reichstagswahlen vom 12. Februar und 31. August 1867“, *Hessisches Jahrbuch für Landesgeschichte* 16 (1966), S. 215–296; Ders., „Das liberale Bürgertum in Nassau

und die Reichsgründung (1866-1871)", *Nassauische Annalen* 82 (1971), S. 307-323; Wolf-Heino Struck, „Das Streben nach bürgerlicher Freiheit und nationaler Einheit in der Sicht des Herzogtums Nassau. Ein Beitrag zur Beurteilung der Entscheidung von 1866", *Nassauische Annalen* 77 (1966), S. 142-216; Bernd-Rüdiger Kern, „Studien zur politischen Entwicklung des nassauischen Liberalen Karl Braun", *Nassauische Annalen* 94 (1983), S. 185-201; Michael Riesener, „Die Politik der Herzöge von Nassau zur Sicherung von Besitz und Herrschaft (1806-1866)", *Nassauische Annalen* 102 (1991), S. 145-173 (Teil I), 103 (1992), S. 181-215 (Teil II), 104 (1993), S. 155-188 (Teil III); Andreas Anderhub, „Der Weg vom Herzogtum Nassau zum preußischen Regierungsbezirk Wiesbaden", in: Peter Baumgart (Hrsg.), a. a. O., S. 403-420.

(43) Karl Braun, „Wie man annektirt und wie man annektirt wird", in: Ders., Bilder aus der deutschen Kleinstaaterei. Erster Band, Verlag von Otto Wigand, Leipzig 1869, S. 328.

(44) Ebd., S. 332.

(45) Ebd., S. 343-344.

(46) クールヘッセンの併合と自由主義については、Robert Friderici, 1866. Bismarcks Okkupation und Annexion Kurhessens, Gerog Wenderoth Verlag, Kassel 1989; Friedrich P. Kahlenberg, „Preußen und die Annexionen des Jahres 1866. Nationalstaat und Selbstverwaltung während des Übergangsjahres in Kurhessen", *Hessisches Jahrbuch für Landesgeschichte* 16 (1966), S. 165-214; Thomas Klein, „Hessen-Nassau. Von der Annexion zur Integration", in: Hans Patze (Hrsg.), a. a. O., S. 19-61.

(47) Friedrich Oetker, Lebenserinnerungen. Bd. III: Neue Studien und neue Kämpfe 1856-1867, Verlag von Theodor Fischer, Kassel 1885, S. 474.

(48) Ebd., S. 484.

(49) Ebd., S. 450-451.

(50) ハノーファーの併合と自由主義については、Heide Barmeyer, Hannovers Eingliederung in den preußischen Staat. Annexion und administrative Integration 1866-1868, Verlag August Lax, Hildesheim 1983; Ders., „Annektion und Assimilation. Zwei Phasen preußischer Staatsbildung, dargestellt am Beispiel Hannovers nach 1866", *Niedersächsisches*

Jahrbuch für Landesgeschichte 45 (1973), S. 303-336; Ders., „Die hannoverschen Nationalliberalen 1859-1885“, *Niedersächsisches Jahrbuch für Landesgeschichte* 53 (1981), S. 65-85; Ders. „Liberale Verwaltungsreform als Mittel zur Eingliederung Hannovers in Preußen 1866—1884/85“, in: Peter Baumgart (Hrsg.), a. a. O., S. 357-402; Ders., „Preussische Verwaltungspolitik und die Integration Hannovers“, *Die Verwaltung* 20 (1987), S. 73-100; Stephan Verosta, „Die Völkerrechtswidrigkeit der Annexion Hannovers durch Preussen 1866“, in: Dieter Blumenwitz/Albrecht Randelzhofer (Hrsg.), Festschrift für Friedrich Berber zum 75. Geburtstag, C. H. Beck'sche Verlagsbuchhandlung, München 1973, S. 523-548; Hans-Georg Schoff, „Politische Strömungen und Entwicklungen in der Provinz Hannover zwischen 1866 und 1914“, in: Hans Patze (Hrsg.), a. a. O., S. 63-93. 二〇〇九年に開催されたハノーファーの国家消滅に関する展覧会のカタログとして， Anne G. Drews (Hrsg.), Der lange Abschied. Das Ende des Königsreich Hannover 1866 und die Folgen, MatrixMedia Verlag, Göttingen 2009.

(51) Miquel an Bacmeister vom 25. Juli 1866, in: Wilhelm Mommsen, Johannes Miquel. Erster Band 1828-1866, Deutsche Verlags-Anstalt, Stuttgart/Berlin/Leipzig 1928, Anhang IV-1, S. 394.

(52) Miquel an Abeken vom 12. August 1866, in: Wilhelm Mommsen, Johannes Miquel. Erster Band, Anhang IV-2, S. 396.

(53) Johannes Miquel, „Die Aufgabe der nationalen Partei“, Zeitung für Norddeutschland, 20. August 1866, Nr. 5373.

(54) Ebd.

(55) Ebd.

(56) Ebd.

(57) Ebd.

第二節　貫徹されないプロイセン単一国家の論理

はじめに

独立国家をドイツの地から抹消するという併合の断行は、連邦国家というドイツ像にとっての大きな打撃であった。プロイセンによる併合はプロイセンが他のドイツ諸国を飲み込んで作り上げる単一国家のイメージと結びついていたからである。しかし、併合がなされ、単一国家への期待が高まったことは否定できない事実にせよ、連邦国家の理念が廃れたわけでも、完全に放棄されたわけでもなかった。

本節はまず、国民協会の最大の目標の一つであった男子普通選挙制度が北ドイツ連邦で成立したことを論じる。国民協会にとって普通選挙制度の導入は、連邦国家の建設と並ぶ最も重要な目標であったばかりではない。両者は事実上、密接に結びついていた。普通選挙制度は、ドイツ諸国家の人々をドイツ国民として全国的に統合するための制度、プロイセンを含む既存の諸国家の上層に新たに設けられた国家（連邦国家）を国民の観点から正統化するための制度として構想されたからである。そして本節の後半では、その北ドイツ連邦というドイツ北半分の国家的秩序の中に――いかにプロイセンの比重が大きかろうとも――連邦制の実態と理念とが歴然と存在したことを指摘する。

一　男子普通選挙制度の導入

統一運動内に広がった併合主義は、プロイセン政府による併合の断行を下支えした。単一国家としての統一国家への期待はかつてないほど高まり、それによって統一運動が目指してきた連邦国家の正統性は重大な打撃を受けることとなった。しかもドイツが南北に分断され、ドイツにおける新たな国家的秩序が北ドイツに限定されつつあったことは、統一運動にとって一層の挫折であった。

しかしながら、統一運動の理念がここで潰えてしまったわけではない。それどころか、統一運動が追求してきた連邦国家の建設と並んで最も重要な目標の実現の機会が訪れていたのである。その目標とは、連邦国家における国民の存在を象徴する制度、すなわち男子普通選挙制度およびそれによって議員の選出がなされる全国議会の設置であった。

先に述べたように、プロイセンはシュレースヴィヒ・ホルシュタインを自国の支配下におくことをねらい、同地をめぐる対立こそがプロイセンとオーストリアの戦争の原因であった。しかし、対立の焦点がこの地をめぐる問題に限定されたままでは、そして同地域の併合にはなお反対がある以上、オーストリアとの対立においてプロイセンの立場を強化することは容易ではなかった。そこでプロイセンは、オーストリアとの対立の局面をドイツの国家的秩序のあり方の問題へと拡大し、ドイツ連邦の改革を争点として提示し始めたのである。「われわれの考えでは世襲公国の問題よりも重要な連邦改革の問題を断固として提案してゆく」[1]ことが喫緊の課題とされるに至ったゆえんである。その意図は、自国の側に、オーストリアにはないナショナリズムの支持を取りつけることであった。ドイツ連邦の改革問題は、一八六三年までの経緯からオーストリアの消極性が目立つ問題であると同時に、積極的に踏み出せば統一運動の関心と期待に応えられるという種類の問題であったのである。ここにビスマルクが統一運動の支持を獲得できる余地が生まれ、逆に統一運動の側にしてみれば、自身の目標実現に絶好の機会が与えられたのである。

実際、統一運動内にビスマルク政府のドイツ政策を容認させる気運を広げることになる提案が、一八六六年四月九日にプロイセン政府からなされている。連邦改革を審議するための議会を開催するとの提案である。すなわち、「連邦憲法の改正についてのドイツ諸政府による提案を受けとめ審議するために」、「全国民の直接投票と普通選挙権から生まれる議会」の開催がプロイセン政府から提案されたのである[2]。

プロイセンの提案は、ドイツ連邦の一〇年来の改革の歴史において「諸政府の間の一方的な議論だけでも、選挙を経た会議の議論と決定だけでも、ナショナルな憲法という新たな作品を構築することはできない」という歴史的な認識を示す[3]。これは、一八六三年の諸侯大会におけるオーストリア主導の連邦改革とも、一八四八年の革命とも異なる形の、すなわち普通・直接選挙に支えられた国民代表機関と政府側との共同によるドイツ連邦の改革を目指す立場であった。

一八六三年にオーストリア主導の連邦改革論議が各国政府からの使節から構成される機関の導入を焦点として行われた際、プロイセンは、「諸政府の間の一方的な議論」を行う機関たるその種の会議に反対し、すでにドイツ連邦諸国に「各国政府の使節ではなく、各国家の人口に応じた直接投票から構成される国民代表機関」を提案していた（第一章第三節二参照）。プロイセンは、国民を代表するという点においてオーストリアよりも大胆な構想を提案する歴史をすでに有していたのである。四月九日の提案はこうした前史の延長線上に位置づけられるものであった。

ただし、この「全国民の直接投票と普通選挙権から生まれる議会」は、自由主義的な統一運動が目指す、一八四九年選挙法に基づく全国議会とは異質のものが念頭におかれていた。ビスマルクが想定したのは、革命時とは異なる「保守的な基盤に立って構成される議会[4]」であった。ビスマルクは、普通・直接選挙が「保守的な基盤に立って構成される議会」を生み出す理由を次のように説明している。「私は、直接投票と普通選挙権は、既成の多数派を獲得することを計算に入れた作為的な選挙法よりも、保守的な立場のより大きな保障となるものと考えている。われわれの観察からして、投票の資格として何がしかの財産評価を導入することによって優遇されうる階級の指導者よりも、民衆の方が国家秩序により高い関心を抱いているのである[5]」。

国民協会の機関誌は、以上の四月九日のプロイセンの提案が公表された直後に、プロイセンの提案に対して次のような短評を掲載した。「ビスマルク伯が連邦会議への彼の提案でおそらく目指したこと、そのことをわれわれはあえて突き詰めようとはしない。（しかし）確実なこと、そしてこのプロイセンの大臣によって疑いのないものとして前提にされているのは、この提案が、その直接的な提案先であるドイツの諸政府の間では、最悪の反応しか見出せないということである[6]」。

連邦会議の場で実現の可能性のない普通選挙制度と全国議会の設置を、ではなぜビスマルクは提案したのだろうか。国民協会の見解によれば、それは、ビスマルクとそれに敵対してきた統一運動との橋渡しのためであった。他の政府によって「初めから拒絶されるものとビスマルク伯が確信しているのだとすれば、政治的論理の単純かつ確実な法則から推定されるのは、彼の計画はその内容からして、民衆を対象にしたものであるということである。革命的なナショナルな政治との架橋として、連邦会議への改革提案は、実際のところ非常に大きな意義をもつのである」[7]。ビスマルク自身、「連邦改革とドイツの議会のためにはドイツの民衆を動かさなければならない」という考えであった[8]。実際、四月九日の提案がなされて以降、ベニヒセンやウンルー、ミーケル、トゥヴェステン、さらにはトライチュケなど自由主義陣営の有力者とビスマルクの間に数多くの会談がもたれ、国民協会や自由主義政党と連邦改革を提案したプロイセン政府との間の協力関係の構築が模索されている[9]。

もちろん、このような接近が即、ビスマルク提案への賛成につながったわけではない。五月一七日の国民協会の全会員に向けた声明[10]では、四月九日の提案は「内容が不確かであり、提案の出所たる政府の体制がどのようなものであるかに鑑みて」、ドイツ人の信頼を獲得するには不十分なものである、とされている。これが意味するところは、「プロイセンの憲法が死文状態である限りは、プロイセン政府が約束するようなドイツの憲法をわれわれ国民は信ずることはできない」ということであった。

念願の普通選挙制度と全国議会の実現可能性が高まっている、しかしその原動力たるプロイセン政府の併合主義と権威主義的統治には反対せざるをえない。一八六六年五月二〇日にフランクフルトで開かれた第三回ドイツ議員大会の議論が示していたのは、こうした統一運動が陥っていた二律背反が次第に克服されていったことであった。

大会は、執行部が準備した決議文を圧倒的多数で可決した。その決議は、統一運動の従来の主張、そして右の国民協会の立場を踏襲して、普通選挙制度と全国議会の創設を求めていた。すなわち、「シュレースヴィヒ・ホルシュタインにおけるドイツの利害を決定できる機関はドイツ議会だけであるのと同様、自由に選ばれたドイツの国民代表を通じたドイツ憲法問題の解決だけが、そのような（「ドイツにおける全面的反動の新たな時代」といった――筆者注）災いに満ちた状態に対して首尾よく対抗できるのである。それゆえ、一八四九年四月一二日のライヒ選挙法によって選出された議会をできる限り早く召集することを、ドイツ各地のすべての議会と全国民は要求する⑪」。

四月九日にプロイセン政府による議会提案がなされた後という時点で、この文言に反対があることはある意味では当然である。つまり、「これはビスマルクが差し出したものであり、だからわれわれはそれを望まない」という立場は十分にありえた。しかしこの文言を説明したフェルクによれば、普通選挙制度に基づく全国議会は、「国民議会の中にドイツの諸力を集中させることなしにはドイツの将来はない」と考えてきた統一運動の最も中核的な要求であり、「権力を握る側がわれわれに議会を提供したからといって、わがままな子供たちのように「だったら要らない」ということは、政治的人間にはふさわしくないように思われる⑫」。これは、ビスマルクの政治全般は容認できなくとも、全国議会の設置には賛成できるという立場にほかならない。

そして、そのようなドイツの諸力が一点に結集する全国議会の設置は、愛国的な人間ならば賛成せざるをえないものとされた。すなわち、一八四九年の選挙法に基づく全国議会の導入には、自由主義諸派はもちろん、すべての政党が一致して賛成しうるはずである。もちろん上流貴族層やカトリック勢力の反応は好ましくはないだろうし、プロイセン政府の提案はペテンかもしれない。しかし、「矛盾し対立するさまざまな要素が統一されてすべてに都合のよい改革文書がまとまること、あるいはそのために個々の主権的な権利が全体のことを考えて譲歩を示したり自己放棄をしたりすることは、極度に緊迫した事態でなければ考えられない」というのが現実である。すなわち長い歴史を背景にしたドイツ人すべての利害を一瞬にして統合しうるような憲法はありえない以上、必要なのは「自己否定」であり、しかも君主や政府の側に犠牲を求めるのならば自らも「自己否定」を学ばなければならない、というのである。「自己否定と全体的でナショナルなものという基本思想の下への従属を通じて、真の愛国者はその姿を現す」のである。そしてそのような「全体的でナショナルなものという基本思想」を具体化する全国制度として、普通選挙制度に基づく全国議会が想定されたのである[13]。

ドイツ統一をプロイセン主導で行うこと、その統一ドイツに普通選挙制度と全国議会を設置すること——ビスマルクと自由主義的な統一運動との目標が接近しつつあったこの状況において、ビスマルクと彼に象徴されるプロイセンの非自由主義的統治のあり方には、なお自由主義者による非難があった。しかし、これに対しては、統一運動やプロイセンの自由主義者の中に、ビスマルクが存在しているというだけでプロイセン政府に対する公然とした支持を打ち出せないでいる点を批判する声があったのである。

一八六六年七月のプロイセン下院議会選挙における進歩党の大敗と、対オーストリア戦でのプロイセンの圧勝をうけて執筆され、一八六六年冬の『プロイセン年報』に発表された、歴史家バウムガルテンによる「ドイツの自由主義ある自己批判[14]」は、「ドイツの自由主義は統治能力をもつようにならなければならない」という言葉によって、そのような批判の最も有名な例となった。

バウムガルテンは、「自己批判」の要旨を先取りするかのように、すでに五月に著した『党派か祖国か——北ドイツの自由主義者への言葉』において、議員大会前の自由主義者の優柔不断さを次のように批判していた。「ドイツの自由主義は、国民の最も控えめな要求を満たすようなドイツの再編成さえも、オーストリアがドイツ連邦に座を確保している限りは不可能であると、数年前からはっきりと認識している。この自由主義は、ドイツの先頭に立つという使命がプロイセンにあることを、あらゆる機会をとらえて明確に支持してきた。ただビスマルク支配に対する敵意だけが、北ドイツの自由主義がプロイセンに対して示すこうした当然かつ不可欠の態度を曖昧なものにしてしまっているのである[15]」。

この前提の下にバウムガルテンは、プロイセンとビスマルク政治は同一ではないとの観点を打ち出す。すなわち、「ビスマルクはいずれ死に、その権力も一時的なものであるのに対し、プロイセンはずっとそのままである。永続的な、すべてがドイツと関係していることを物語っている、そしてドイツと不可分に結びついたこのプロイセンを支持するよう、われわれは決断しなければならない[16]」。

バウムガルテンはさらに進んで、ビスマルク自身の「転身」を強調する。ビスマルクは、オーストリアや保守派、特殊地域主義者と手を切り、自由主義的ナショナリズムの旗手たるイタリアや国内の自由主義と手を結び始めたというのである。その証左が、ビスマルクが「恣意ではなく必要性に迫られてドイツ問題の解決を自身の政策構想の筆頭におき、その解決のために、王朝的特殊主義者に対抗して普通選挙制度に訴えかけた」ことであり、「ビスマルク伯がプロイセンで始めた政治は、彼の憲法と法に対するあらゆる試みにもかかわらず、その中に、憲法と法によることを必要とさせるような帰結を含んでいる[17]」ことである。このような立場からビスマルクへの支持が肯定され、それに踏み出すことができないでいる統一運動や自由主義者が批判されたのである。

一八六六年六月九日にプロイセンは、連邦会議の場で、シュレースヴィヒ・ホルシュタイン問題はドイツのナショナルな問題である以上、ナショナルな、すなわち国民代表機関との共同によって解決されることが必要であるとの説明を行った。そのために同政府は「シュレースヴィヒ・ホルシュタインの案件を連邦改革と結びつけて処理する用意があり、そのような結合の中でこそ平和的解決は容易になると考えている[18]」との姿勢を明らかにしたのである（しかしこの時すでに、プロイセンのホルシュタイン進攻が始まっていた）。

その翌日の六月一〇日、プロイセン政府からドイツ連邦の詳細な改革案が発表された。オーストリアを除くドイツ連邦各国が参加する小ドイツ的な連邦国家の建設を表明したこの改革案は、注目すべきことに焦点の国民代表機関について、それまでのプロイセン政府の立場よりもさらに進んだ位置づけを与えていた。それは自由主義的な統一運動の要求の核心に完全に一致するものとなっていた。すなわち、「国民代表機関は、一八四九年四月一二日のライヒ選挙法にしたがって実施される直接投票から成立するものとする[19]」。

これをどう考えるべきであるのか。プロイセンの自由主義陣営の中からは、一八六六年七月のプロイセン下院議会選挙における進歩党の大敗と対オーストリア戦における政府支持を契機として、九月のプロイセンにおける軍事予算をめぐる事後承諾法の成立や、一一月の進歩党からの分裂による国民自由党の結成のように、ビスマルクの側に立つ者が多く現れている。たしかにこれらは自由主義の権力への屈服や体制への順応という側面をもっていた。しかしここで注目すべきなのは、プロイセンの一国政治を越えた全ドイツの政治に関わる問題である。プロイセンを超えた全国レベルの政治では、統一運動の要求を政府が取り入れる形で統一運動の最大の目標が実現しつつあったのである。そしてここに、連邦国家と普通選挙制度が結びつく契機があったのである。

実際、普通選挙制度をともなった全国議会の設置については、北ドイツ連邦憲法の憲法制定議会において議論がなされ、実現している。普通・直接選挙を定めた憲法第二一条をめぐる審議の中心は、政府案に含まれていなかった秘密投票や官吏の被選挙権、議員歳費の導入をめぐるものであり（最終的に前二者は法案修正により認められた）、普通・直接選挙という政府提案の憲法草案への根本的な疑義は、国民自由党のジーベルなどごく少数を除いてみられなかった（ジーベルは普通選挙制度が「民主的独裁」を導くとした[20]）。

一方、保守党のヴァーゲナーは、保守派内にある普通選挙制度への懸念を払拭すべく、普通選挙制度が自由主義者の勢力を掘り崩すと主張し、その観点から同制度を支持した。三階級選挙制度の下で進歩党の多数派が生まれていたプロイセンでは、一八六二年秋以降、納税額による投票の不平等と間接選挙が自由主義者に有利に働いているとの判断から普通・直接選挙制度の導入が検討されており[21]、ヴァーゲナーはそうした反自由主義的な制度と見込まれた選挙制度をさらに職能身分制的な投票制度と組み合わせることが望ましいとの見解を示し、ビスマルクにも影響を与えていた[22]。

普通選挙制度が政府の連邦改革と不可分に結びついた以上、同制度に懸念や不安を隠さなかった保守派も自由主義陣営もそれを全面的に拒絶することはできなかった。プロイセン単一国家の志向が強いトゥヴェステンさえ、「右派にとどまらず、院内のすべての側からこの選挙制度に対しては深刻な疑念が向けられていたにもかかわらず、われわれは当然のこととして、普通・直接という選挙法の一般原則を受け入れたのである[23]という立場であった。ビスマルクは、政府の選挙法についての見解の説明を、「われわれは普通選挙をある意味でドイツ統一運動の発展の遺産として受け継いだのである」という言葉から始め、普通選挙制度が一八四九年の憲法に含まれ、一八六三年のオーストリアの連邦改革案に対抗するためにプロイセンが打ち出したものであると述べている。そして今や「私は少なくともこれ以上の選挙法は知らない」というのであった[24]。

国民自由党のヴェーバーによれば、永年の課題であったドイツ国民国家の建設が成就した現時点において「議会を作ろうとすれば、それを国民国家にふさわしいものとしなければならない」という。国民国家にふさわしい議会とは、普通・直接・秘密選挙によって「民衆の意識と民衆の意見に実質的な表現を与えるような議会」、「正しく選ばれた議会」であった[25]。また、同じく国民自由党のマイヤーは、新制度導入によって政治的な混乱が生じる可能性を認めつつも、普通・直接選挙を受け入れることは、「国民的な義務である」とした[26]。そして、普通選挙制度を国民国家のシンボルとして、各国家を超えた連邦国家におけるドイツ人意識をはぐくむものとして最も明確に位置づけたのはミーケルであった（後述のように、北ドイツ連邦成立後のミーケルは再び連邦国家の擁護者となっている）。彼によれば、普通選挙制度とは、「すべての階級とすべての身分、ドイツという国のすべての国家を構成する人々に対して、巨大なドイツ新国家の建設に等しく参加するようにアピールするものなのである[27]」。したがって、かりに普通選挙制度に対して疑念や意義を抱いていたとしても、新国家建設という課題を前にした現時点においては、それに賛成することがドイツ人として必要不可欠なことであるとされたのである。

こうした北ドイツ連邦での議論を、プロイセン下院における普通選挙制度をめぐる議論と比較すれば、この制度がいかに連邦国家と親和的な制度としての位置づけを与えられていたのかがわかる。

プロイセン議会は、北ドイツ連邦の憲法制定議会の議員を選出するための選挙法の審議の際（一八六六年九月一一・一二日）と、成立した北ドイツ連邦を承認する際（一八六七年五月六・八・九日）の二度にわたって普通選挙制度を審議している。プロイセン議会での議論に際しても、北ドイツ連邦での議論と同じく、制度に対する根本的な疑義は少なく、不安や懸念は保守派——北ドイツ連邦議会におけるヴァーゲナーと同じく、シュトロッサーやブランケンブルクからも普通選挙制度への擁護論が展開された——よりも、進歩党からより強く示されていた。

一八六六年九月の本会議に先立ち開かれていた委員会では、当該選挙法はフランスのような政治をもたらすのではないか、議会の数が増えることによりプロイセンにおける「憲法の衰弱と絶対主義の強化」がもたらされるのではないか、といった懸念が示された。あるいは普通選挙制度が、「未知の領域、その結果を誰も予想できない一つの実験」であることも強調された。しかしながら、「法案そのものを拒絶しようという声は聞かれなかった[28]」。

自由主義者の中にある疑義は、選挙法そのものよりもプロイセン議会と別の巨大な議会が並存するようになることに向けられていた。一貫したプロイセン単一国家論者のヴァルデックと並んでプロイセン一国主義的な志向が強かったトゥヴェステンは、「いまだ知られざるものの下にわれわれの将来をしたがわせること、そしてプロイセン憲法とプロイセン議会を何か不確実なもののために犠牲にすることは、絶対にできないことである[29]」と述べている。彼には、プロイセン政治を拡大したのにとどまらない全ドイツの政治、あるいはプロイセンの上層にさらに全国制度が存在するという連邦国家を想像することが難しかったのである。

そのトゥヴェステンは、議会審議に現れた、普通選挙制度によって議員の選出がなされる北ドイツ連邦の議会への批判を三点に要約している[30]。三点とは、その議会が「完全に知られざるもの」であること、その議会がプロイセン議会と競合すること、そしてその議会がプロイセン中心の北ドイツに限定されたことによって、北ドイツで過度の集権化が進行すること、であった。しかしトゥヴェステンは、一点目についてはそれ自体として法案反対の理由にはなりえない、二点目については北ドイツ連邦の議会の権限を限定的にしなければならない、三点目については単一国家と地方自治の組み合わせが重要である、という見解を述べ、結論としては普通選挙制度による北ドイツ連邦憲法制定議会の設置に賛成したのである。そのような立場は、成立した北ドイツ連邦憲法の承認の際にも該当した[31]。

以上を要するに、プロイセン議会では、普通選挙制度や北ドイツ連邦憲法そのものを葬り去ろうとする声は大きくなかったものの、プロイセン一国主義の立場から、異質の選挙制度に基づく選挙が実施される北ドイツ連邦議会を軽視ないし貶めようとする傾向があったのである。そのような傾向に対して北ドイツ連邦や、普通選挙制度による選出がなされる全国議会を擁護するとすれば、プロイセンを超えた秩序のイメージを動員せざるをえない。すなわち、連邦国家を持ち出してこざるをえない。しかも、単一国家と国家連合に対抗して新たな国家を支持するとすれば、そこにその連邦国家という国家形態と新たな選挙制度による全国議会との連関が生まれるのは半ば必然であった。

国民自由党に参加し、後に北ドイツ連邦議会の議長に就任することになるジムゾンはこの点を次のように言明している。「想定されている憲法において、プロイセンと非プロイセンの数的・比率的関係からすれば連邦国家にとっての議会は不必要なものとなる、という主張がなされるとすれば、私は次のように訴えかける。連邦国家は議会なしではまったく考えられないものである、と。単一国家は同国（＝プロイセン――筆者注）の議会以外に何の議会も必要とはしない。国家連合は議会の運営をすることができない[32]」。事実として男子普通選挙制度に基づく全国議会と連邦国家とは結びつけて考えられていたのである。このように、男子普通選挙制度は、プロイセンを一構成国とする連邦国家の全国制度として、またその国民統合のシンボルとして導入されたのである。

二　併合の限界と連邦国家の論理

先にふれた一八六六年六月一〇日にプロイセン政府が発表した連邦改革案は、ドイツ連邦からオーストリアを除いた領域に連邦国家を新たに建設することを予定していた。プロイセンとオーストリアの戦争、それにともなうドイツ連邦の解体を経て、八月二三日に調印されたプロイセンとオーストリアの戦争の和平条約であるプラハ条約は、マイン川以北のドイツにおいてプロイセンを中心とした連邦国家の構築を承認した。

プロイセンの連邦改革案の想定する新たなドイツ像と、プラハ条約で国際的に承認されたドイツの新たな国家的秩序との間には、大きな相違点が二つあった。それは、プロイセンが北ドイツ諸国の一部を併合により抹消したこと、そして連邦国家が北ドイツに限定されたものであったことであった。この点については、総じて単一国家論者ルーゲによる、「広がりの面で失ったものを、凝集性の面で勝ち取った」[33]という評価が該当したのである。なぜこのような連関が生じたのだろうか。

すでに述べたように、プロイセンとオーストリアとの戦争の直後の時期は、プロイセンによる併合を通じた、単一国家としての統一ドイツへの期待が非常に高まった時期であった。プロイセン国王や政府内の意向に加えて、社会における併合への熱狂が、プロイセン政府に併合を断行させた圧力となった。この社会の併合熱に押されて行われた北ドイツにおける併合は、プロイセンとの和平交渉を行う南ドイツ諸国において、自国の領土保全に対する強い危機意識を引き起こしていた。

ヴュルテンベルクのファルンビュラー首相は、敗戦後のヴュルテンベルクから領土的補償を求めるであろうビスマルクの脅威を極めて深刻なものと考えていた[34]。バイエルンに対しては実際に、プロイセン国王を筆頭に、ライン川左岸のプファルツをヘッセン＝ダルムシュタットに（プロイセンに占領された上ヘッセン州部分への補償として）、フランケン地方の一部をプロイセンに割譲することが求められていた。ただし、「一五万から二〇万の住民を抱える領域の割譲がバイエルンに長期にわたり反感を残すこと[35]」をおそれたビスマルクの意向、さらに後に述べるようにヘッセン＝ダルムシュタットの併合が実現しなかったことにより、南ドイツの領域的変更は実際には起こらなかった。しかしプロイセンが併合を行うという恐怖感は強く、それはたとえば、南ドイツをプロイセンとの軍事的同盟に向かわせるには十分な効果を発揮したのである（後述の防衛同盟の締結である[36]）。

もっとも、ビスマルクは南ドイツ諸国そのものを併合することは現実には難しいと考えていた。「北ドイツ連邦を確固たるものにするためには、南ドイツ・カトリック・バイエルン的な要素を取り入れることは不可能である。従順にベルリンから統治された経験がないからである。もし暴力的に併合すれば、それはイタリアにおける南部のような弱さの要素をわれわれにもたらすことになる」[37]というのがその理由であった。

しかし、北部に限定しても併合は露骨な領土拡大であり、プロイセンの国際的な影響力拡大を望まない外国との間の国際的な紛争に至る可能性をはらむものであった。そのため、プロイセンの強大化を嫌い、自らもドイツの領域的再編の中で領土的野心を満たそうとするフランス、プロイセンの併合による君主的正統主義の断絶を警戒するロシアなどの国際的な介入によって、併合の全面的な展開は国際的な制約の下で阻まれたのである。

実際、ビスマルクは、北ドイツ諸国の併合に対する国際的な承認を得るために、プロイセン主導で建設される統一国家を北ドイツに限定したのであった。もともとナポレオン三世は、一八六六年六月一〇日のプロイセンの連邦改革案に対して、南ドイツを除外すれば容認するとの態度を示していた[38]。これに対しビスマルクは、北ドイツ諸国の併合をフランスが認めれば、統一国家をドイツの北半分に限定するというフランスの要望に沿うという構えを示したのである。ビスマルクによれば、「フランスの内閣はわれわれの要求を知りたいという要望を表明している」一方、「われわれの要求は、……フランスが示す態度にかかっている」のである[39]。より具体的にフランスが求めているのは、「南ドイツを新たに作られる連邦の中に入れて、北ドイツでプロイセンが追求している支配から自由にしておくことである。われわれにはそれを保証する用意がある。われわれは南ドイツとの関係を解消することもできるし、経験からして古く不安定ながらオーストリア抜きで南ドイツと関係を結ぶこともできる。ただ、われわれの目下の主要な関心は、三〇〇万から四〇〇万人の北ドイツ人の併合なのである」[40]。それが実現できるのであれば、「南ドイツに関してわれわれは、フランスに対して節制的な態度をしっかりと確約することができるのである」[41]。このようにして、統一が北ドイツに限定される一方で、その北ドイツでは併合が断行されたのである。

ただし、いかに併合熱が高かろうと、北ドイツに単一国家が樹立されたわけではない。プロイセン以外の北ドイツ連邦の構成国は、北ドイツの微小な国家が大半であり、そのような北ドイツの国家が、併合されずに独立した国家として北ドイツ連邦の構成国となりえたのは、第一義的には戦争においてプロイセンを支持したからであった[42]。

ただし敗戦国の中にも、個別の事情から併合を免れた国々も存在する。ヘッセン＝ダルムシュタットの上ヘッセン州は、ロシア皇帝アレクサンドル二世が大公の義弟であることに配慮して、また、ザクセン＝マイニンゲンと本家ロイスは、その地がプロイセンになると新たな飛び地を生むことになるために併合が見送られた㊸。そしてザクセンをプロイセンに併合させないことは、プロイセンとオーストリアの和平交渉の開始当初からのフランスの強い意向であり、プロイセンの併合の意思に反して、ザクセンの存続は決定された㊹。占領されながら併合されずに独立を保ったこれらの国は、すべて北ドイツにおける連邦国家の構成国になった㊺。

併合論者も、次のような条件の下では小国の存立を問題とはしなかった。『新しい政党形成の必要性』におけるシュミットによれば、「メクレンブルク、オルデンブルク、ブラウンシュヴァイク、テューリンゲン等の政府が自律していることはなんら危険ではない。好意的な君主と好意的な人民、われわれの側からの感謝の配慮が、統一事業を促すであろうからである㊻」。

これらの諸国には一八六六年一二月一五日に、プロイセン政府内での幾度もの修正を重ねた末に完成した北ドイツ連邦の憲法案が提示されている㊼。これに対して各国からは、とくに連邦参議院への反発が示された。加盟国の自律性をより大きく確保すべきとの反対意見（ハンブルク）以上に強かったのは、連邦の権限によってプロイセンの行動を制約しようとする観点から、イギリス流の上院や責任内閣制の導入を通じたより中央集権的な国家構造を求める異論であった。このような観点からの連邦参議院への反対は、オルデンブルクやコーブルクをその急先鋒としつつ、ほぼすべての中小国に共有されていた㊽。しかし、ビスマルクは連邦参議院の設置を譲らなかったばかりか、微細なもの以外の憲法案の修正要求を封じ込めた。連邦参議院案への反対が腰砕けに終わったのは、プロイセンに次ぐ規模をもつザクセンの反対を自由主義政党との協力をちらつかせながら切り崩したビスマルクの政治的手腕、そして、小国側が抱いた連邦権限強化にともなう財政的負担増への懸念によるところが大きかった㊾。さらに、そこには連邦参議院案を次善の策として受け入れる、次のような小国側の現実的な計算もあった。ヘッセン＝ダルムシュタットの使節が記すところでは、「プロイセン以外の諸国にとっては、連邦参議院での地位を通じて連邦の法律の成立に合法的な影響力を行使することを保障したこの草案に、それを受け入れてプロイセンを縛りつけてしまった方が、それを拒否してプロイセンがより集権的な道に乗り出してしまうという危険をおかすよりはまし、と言わなければならないだろう」[50]。

以上のように、北ドイツに限定しても、併合と単一国家の論理は制約を受けた。そして、南ドイツを含めた全ドイツを視野に入れれば、さらに制約は強まり、連邦国家の論理がより前面に出てくることになった。ビスマルクは、北ドイツにおける国家が集権性を高めることが、その程度によっては南ドイツ諸国の加盟を妨げる障害になると考えていたのである。

その認識は、北ドイツ連邦憲法の制定過程においてビスマルクが、プロイセンの宮廷顧問官のドゥンカーによる最初期の草案の一つ[51]を拒絶した点に示されている。ビスマルクはドゥンカーの草案を評して、「南ドイツの人々の将来の加入を目指すには、あまりに集権的な連邦国家である」としている。「実質的には連邦国家の性質が、柔軟かつ目立たないながらも広範に現れるようにしなければならない」とはいえ、しかし「形式的には国家連合を維持しなければならない」のである[52]。したがって中央機構として機能すべきなのは「内閣」ではなく、ドイツ連邦に設けられていたような「連邦会議」でなければならない。それは、中央機構としては「伝統的な連邦の概念に連なる」ものの方が、「プロイセンに（連邦内閣を作る場合と——筆者注）同じような優越的な地位を与えるにせよ、関係諸国は参加しやすい」からである[53]。ビスマルクは南ドイツの将来の参画を想定し、北ドイツ連邦の一層の集権化を回避したのである。

併合の熱狂と並行して進んでいた、こうした連邦国家を想定した動きに鑑みるならば、併合法を圧倒的多数で可決したプロイセン議会において、さらに併合を進めることへの懸念が、すでに国民自由党の議員の中にあったことは注目されてよい。連邦国家によるドイツ統一への可能性を閉ざしてしまう、というのがその理由である。国民自由党のレーヴェによれば、併合という「連邦国家を不可能あるいは非常に困難にする」方法の断行によって、「連邦国家への道が非常に狭いものになった」ことは非常に憂慮すべきことである。「南ドイツとの結びつきを保ちたいのならば、この時点で単一国家へと走ることは悪い道である」し、「存続が維持され、北ドイツ連邦への統一が行われることになっている北ドイツ諸国との結びつきも、これらの国々のすべてを直接にプロイセン国家に編入するようなことになれば、相当に弱まることになろう[54]」というのである。南北統一ドイツとして連邦国家を思い描くレーヴェには、いかにプロイセンの比重が圧倒的にせよ、北ドイツに連邦制を確保しておくことは不可欠のことだったのである。

レーヴェを初めとする国民自由党にとって重要であったのは、プロイセン国家の拡大ではなく、全ドイツの統一であった。その限りにおいてレーヴェはビスマルクを、「やはりドイツは存在しなければならない、やはりドイツは活動しなくてはならない」という思想をもつ政治家として強く支持し、全ドイツの国家的秩序としては拡大したプロイセンよりも改革されたドイツ連邦の方が適切である、とさえ述べたのである。すなわち、「首相が初めから一般的な利益の立場、ドイツの再編という立場に立っていたとしたら、また、彼がドイツ連邦を解体せずに再編していたとしたら、その方が多大な利益がもたらされたであろう[55]」、と。

このように「連邦国家的な統一とその国家原則がこの法律によって被る侵害に言及した[56]」レーヴェを、委員会報告の報告者であった国民自由党のカンギーサーが次のようにたしなめている。レーヴェ議員も併合法自体には賛成なのではないか、連邦国家を樹立するために必要なのは「連邦忠誠と誓約同盟の精神」であり、その精神を欠いた四地域を存続させて連邦国家の構成国とすれば、「統一の不在という不測の事態」が生じ、レーヴェ議員の望む「連邦国家の存立そのものが危うくなる」のではないか、と[57]。

同じ併合法支持者の中のこのようなやり取りには、目指すべきドイツ像の違い、四地域を併合して拡大したプロイセンと統一ドイツとの関係に関する見解の相違、すなわち、単一国家の貫徹を追求する者と、併合の限界を悟って連邦国家的統一を支持する者のドイツ像の違いが如実に反映されていた。そして、オーストリアへの勝利と併合の実現が生んだ熱狂の中にあったプロイセンでは、プロイセン単一国家論者に「連邦国家的な統一とその国家原則がこの法律によって被る侵害に言及した」人々が気押されていたのである。

しかし、ドイツ連邦が消滅した後のドイツの国家的秩序の実態は、むしろ気押された人々の考えに沿う連邦制に近いものであった。さらに、全ドイツの統一を優先すれば、単一国家の要求はさらに後退するとの見通しもあった。ハノーファーのグルムプレヒトは、南北ドイツを統一する枠組みとしては連邦国家の方が優れていると主張し、単一国家の支持者も、南北統一のためには連邦国家を甘受するであろうとの期待を抱いていた。すなわち、「筋金入りの集権主義者も、こうした条件（＝連邦国家――筆者注）の下で北からの南の分離を当面避けることができるのであれば、その条件を理解してくれるであろう」[58]。

以上のような全ドイツの国家の配置状況を前提にすれば、そこで思い描かれる全国的な国家的秩序像に連邦国家の姿が刻み込まれることはけだし当然であった。換言すれば、単一国家論者が求めた併合が実現したことはたしかであるものの、人々が全ドイツの国家的秩序のイメージを思い描く際には、現実にある連邦制的な国家の布置状況を無視することはできなかった。ましてや、プロイセンの覇権の下にある北ドイツにさえ連邦国家が建設された以上、より広い全ドイツの国家的秩序として連邦国家を想像することは、ごく自然な営みにほかならなかった。

実際、北ドイツ連邦議会の情景は併合熱に満ちていたプロイセン議会とは異なっていた。一八六七年二月二五日に開幕した北ドイツ連邦の憲法制定議会においてビスマルクは、北ドイツ連邦憲法の根本的前提を明確にしている。それは、「プロイセンの（連邦）条約への忠誠に対する信頼（das Vertrauen zu der Vertragstreue Preußens）」であった。ビスマルクはこの立場を、単一国家論と特殊地域主義の双方から峻別したものとして擁護した。すなわちそれは、連邦国家を支持する立場であった[59]。

従来からの単一国家論者の中で、このようなビスマルクの姿勢を厳しく批判し、変わらぬ単一国家論を主張したのは進歩党の最左派のヴァルデックであった。彼は、プロイセンが併合していない国々があることを批判する。「歴史的に義務づけられたドイツのための役割を、非常に重要な国々の併合によって果たせるようになったプロイセンが、三つの自由都市を含む数多くの諸侯の下に分割されている五〇〇万人の人々の住む小国の領域をさらに併合することを心から望む」というのが彼の信念であった。そのような観点からは、中小国の利益表出の場である「連邦参議院はプロイセンの権力を決定的に貶める」ものとして承服できないものと映った[60]。そして単一国家になお固執する立場から、「全ドイツ」は理想ではあるものの、それは単一国家とは相容れないものとされた。なぜなら南ドイツを取り込むためには連邦制を導入しなければならず、また、オーストリアにも強力な国家が存在しているからであった。連邦制を導入しなければ全ドイツの統一は不可能である、しかしその連邦制が受け入れられない以上、全ドイツの統一は不可能という見解である。したがってヴァルデックによれば、北ドイツにおける諸国の併合を完遂してプロイセンという単一国家（それは立憲主義的なプロイセンである）を建築することで満足しなければならないのであった[61]。

では他の単一国家論者はどうであろうか。国民自由党内の単一国家支持者には、連邦国家への現実的適応の姿勢が出始めていた。たとえば、国民自由党の中で代表的な単一国家論者となっていたミーケルは、現状の国家の布置状況に鑑み、連邦制的秩序を事実上、容認し始めていた。

ミーケルにとって一八六六年の最大の意義は、ドイツからオーストリアが排除されて北ドイツに新たな秩序がともかくも築かれたことであった。「われわれはドイツの二元主義（Dualismus）をその複数性（Vielheit）よりもはるかにおそれてきた。われわれは連邦主義（Föderalismus）を二元主義よりもよしとする。連邦主義は将来の統一の余地を残しているのに対して、二元主義はドイツの真の統一を不可能にするからである[62]」。

そのような前提からミーケルの北ドイツ連邦への姿勢も現実的なものとなっていた。「憲法案は、それが単一国家であるとも連邦国家であるとも国家連合であるとも限定してはいない。憲法案が定式化しようとしている政治状況が新しくかつてないものであるように、憲法案はこれまでに類例のないものとなっている[63]」。そのような憲法案を歴史的先例や理論の立場から批判することは無駄である。ミーケルの立場は、ヴァルデックとは異なり、憲法案に対しては、「実践的な有用性」からの批判に限定するというものになっていたのである。

プロイセン議会における併合法の審議に示されたように、プロイセンが諸国家を飲み込むその延長線上にドイツ単一国家の樹立を期待した者の数は少なくなかった。ただしその多くはヴァルデックの場合とは異なり、北ドイツの現状を拒絶することはなかった。たとえば連邦参議院への反対も、ヴァルデックのように非妥協的なものではなく、憲法の制定を優先するならば後退するといった性質のものであった[64]。トライチュケの北ドイツ連邦への評価[65]に典型的にみられるように、併合支持者の多くは北ドイツ連邦の中途半端な性格や併合が貫徹されなかったことに不満を抱きながら、北ドイツ連邦の樹立それ自体はドイツ史上のかつてない達成であると歓迎し、北ドイツ連邦を単一国家成立までの過渡的な国家的秩序として容認したのである。

(1) Erlaß Bismarcks an den Gesandten in München Heinrich VII Prinzen Reuß vom 24. März 1866, in: GW. Bd. 5 (Politische Schriften: 1864 bis 1866), Nr. 276, S. 419.

(2) Preußischer Antrag auf die Reform der Bundesverfassung gestellt am Bundestag durch den Gesandten von Savigny am 9. April 1866, in: Ernst Rudolf Huber (Hrsg.), Dokumente zur deutschen Verfassungsgeschichte. Bd. 2, Nr. 163, S. 225.

(3) Ebd., S. 224.

(4) Schreiben Bismarcks an den Gesandten in München Heinrich VII. Prinzen Reuß vom 8. März 1866, in: GW. Bd. 5, Nr. 256, S. 393.

(5) Erlaß Bismarcks an den Gesandten in München Heinrich VII. Prinzen Reuß vom 24. März 1866, in: GW. Bd. 5, Nr. 421, S. 421.

(6) „Wochenbericht", Wochenblatt des Nationalvereins, Nr. 54 (12. April 1866), S. 425.

(7) Ebd.

(8) 一八六六年四月二二日にドゥンカーに語った言葉である。Hermann Oncken, Rudolf von Bennigsen. Bd. 1, S. 701.

(9) Hermann Oncken (Hrsg.), „Aus den Briefen Rudolf von Bennigsens", *Deutsche Revue* 31 (1906)-3, S. 163-164.

(10) „An die Mitglieder des Nationalvereins", Wochenblatt des Nationalvereins, Nr. 59 (17. Mai 1866), S. 465.

(11) Verhandlungen des dritten Congresses deutscher Abgeordneter am 20. Mai 1866 zu Frankfurt am Main, S. 18.

(12) Ebd., S. 30.

(13) Ebd., S. 31.

(14) Hermann Baumgarten, Der deutsche Liberalismus. Eine Selbstkritik（1866）, hrsg. von Adolf M. Birke, Ullstein Verlag, Frankfurt am Main/Berlin/Wien 1974.

(15) Hermann Baumgarten, Partei oder Vaterland? Ein Wort an die norddeutschen Liberalen, Mahlau und Waldschmidt, Frankfurt am Main 1866, S. 12.

(16) Ebd., S. 13.

(17) Ebd., S. 13–14.

(18) Erklärung des preußischen Bundestagsgesandten v. Savigny vor dem Bundestag vom 9. Juni 1866, in: Ernst Rudolf Huber（Hrsg.）, Dokumente zur deutschen Verfassungsgeschichte. Bd. 2, Nr. 170, S. 232.

(19) Gründzüge einer neuen Bundesverfassung, der Bundesversammlung von der Preußischen Regierung vorgelegt am 10. Juni 1866, in: Ernst Rudolf Huber（Hrsg.）, Dokumente zur deutschen Verfassungsgeschichte. Bd. 2, Nr. 173, S. 234.

(20) SBNB. im Jahr 1867. Erster Band, 21. Sitzung（28. März 1867）, S. 429. 一八六七年に北ドイツ連邦のライヒ議会は二回開催されている。初めはいわゆる憲法制定議会であり、続いて一八六七年の通常の会期である。議事録表紙の表記にしたがって、前者は、SBNB. im Jahr 1867、後者は、SBNB. Session 1867 と略記することにする。

(21) Klaus Erich Pollmann, Parlamentarismus im Norddeutschen Bund 1867–1870, Droste Verlag, Düsseldorf 1985, S. 68–74.

(22) Wolfgang Saile, Hermann Wagener und Sein Verhältnis zu Bismarck. Ein Beitrag zur Geschichte des konservativen Sozialismus, J. C. B. Mohr, Tübingen 1958, S. 87–95.

(23) SBNB. im Jahr 1867. Erster Band, 23. Sitzung（30. März 1867）, S. 478.

(24) SBNB. im Jahr 1867. Erster Band, 21. Sitzung（28. März 1867）, S. 429.

(25) Ebd, S. 418.

(26) Ebd, S. 431.

(27) SBNB. im Jahr 1867. Erster Band, 22. Sitzung (29. März 1867), S. 451.

(28) Anlagen zu den stenographische Berichten über die Verhandlungen des preussischen Abgeordnetenhauses 1866/1867, Nr. 48, S. 210–211.

(29) Stenographische Berichte über die Verhandlungen des preussischen Abgeordnetenhauses 1866/1867, 17. Sitzung (12. September 1866), S. 322.

(30) Stenographische Berichte über die Verhandlungen des preussischen Abgeordnetenhauses 1866/1867, 16. Sitzung (11. September 1866), S. 303–304.

(31) Stenographische Berichte über die Verhandlungen des preussischen Abgeordnetenhauses 1867, 4. Sitzung (6. Mai 1867), S. 30.

(32) Stenographische Berichte über die Verhandlungen des preussischen Abgeordnetenhauses 1866/1867, 16. Sitzung (11. September 1866), S. 297.

(33) Arnold Ruge, Aufruf zur Einheit, S. 6.

(34) Johannes Petrich, „Die Friedensverhandlungen mit den Süddeutschen 1866“, *Forschungen zur Brandenburgischen und Preußischen Geschichte,* 46 (1934), S. 323.

(35) Erlaß an den Botschafter in Paris Grafen von der Goltz vom 20. August 1866, GW. Bd. 6, Nr. 579, S. 137–138.

(36) Jens Peter Kutz, Vom Bruderkrieg zum *casus foederis*. Die Schutz- und Trutzbündnisse zwischen den süddeutschen Staaten und Preußen (1866–1870), Peter Lang, Frankfurt am Main 2007, S. 19 und 23.

(37) Kanzleikonzept eines Erlasses an den Botschafter in Paris Graf von der Goltz vom 9. Juli 1866, in: GW. Bd. 6, Nr. 460, S. 44.

(38) Kaiser Napoleon III. an Drouyn de Lhuys vom 11. Juni 1866, in: Hermann Oncken (Hrsg.), Die Rheinpolitik Kaiser Napoleon III. Von 1863 bis 1870 und der Ursprung des Krieges von 1870/71. Erster Band (1863 bis Juli 1866), Deutsche Verlags-Anstalt, Stuttgart/Berlin/Leipzig 1926, S. 262–263.

(39) Kanzleikonzept eines Erlasses an den Botschafter in Paris Graf von der Goltz vom 9. Juli 1866, in: GW. Bd. 6, Nr. 460, S. 44;

(40) Telegramm an den Botschafter Graf von der Goltz in Paris vom 9. Juli 1866, in: GW. Bd. 6, Nr. 461, S. 46.

(41) Telegramm an den Botschafter in Paris Graf von der Goltz vom 17. Juli 1866, in: GW. Bd. 6, Nr. 480, S. 61.

(42) Ebd., S. 62.

(43) マイン川以北の一七ヶ国は、自国軍隊を即時に戦闘体制におき、対オーストリア戦のためにプロイセンに協力するという条件と引き換えに、自国の独立と領土の保全を手に入れた。プロイセンが協力を要請したのは一九ヶ国であり、その中の八ヶ国はケーニヒグレーツの戦い以前にプロイセン側に立つことを表明していた。また、九ヶ国はやむをえず、あるいは抵抗しながらプロイセンの同盟国となった。最後までプロイセンの要請を拒否しオーストリア側に立ったのは、ザクセン＝マイニンゲンと本家ロイスの二ヶ国であった。以上の結果、プロイセン陣営はプロイセンを含めて一八ヶ国となった。対するオーストリア側は一三ヶ国であった。

(44) Ernst Rudolf Huber, Deutsche Verfassungsgeschichte seit 1789. Band III, S. 580.

(45) 一八六六年七月末のプロイセンとオーストリアの停戦交渉の中で、フランスはザクセンの領域的一体性を主張し、七月二二日にナポレオン三世は北ドイツにおけるプロイセンの（ザクセンを除く）限定的な併合を承認した。七月二六日調印のニコルスブルク暫定和平条約、八月二三日調印のプラハ条約に、ザクセンの領域的一体性を定める条項が盛り込まれた。Ernst Rudolf Huber, Deutsche Verfassungsgeschichte seit 1789. Band III, S. 570–572, 577 und 580.

(46) ただし、ヘッセン＝ダルムシュタットは、マイン川の北の上ヘッセン州のみが北ドイツ連邦に加盟し、マイン川以南の部分は独立を保つという複雑な状態におかれた。マイン川以南の部分も含めたヘッセン＝ダルムシュタット全体が北ドイツ連邦に加盟したのは、他の南ドイツ諸国と同様に、一八七〇年一一月のことであった。

(47) Julian Schmidt, Die Notwendigkeit einer neuen Parteibildung, S. 28.

(48) Ernst Rudolf Huber, Deutsche Verfassungsgeschichte seit 1789. Band III, S. 649–650.

(49) Hans-Otto Binder, Reich und Einzelstaaten während der Kanzlerschaft Bismarcks 1871–1890, J. C. B. Mohr, Tübingen 1971, S. 47–48.

(50) Ebd., S. 48–49.

(50) Hofmann an Dalwigk vom 10. Februar 1867, in: Frank Zimmer (Hrsg.), Vom Norddeutschen Bund ins Deutsche Reich. Gesandtschaftsberichte und Briefe des großherzoglich hessischen Gesandten Karl Hofmann aus Berlin 1866–1872, Hessische Historische Kommission, Darmstadt 2001, S. 30.

(51) ドゥンカーの草案は、Heinrich Triepel, „Zur Vorgeschichte der Norddeutschen Bundesverfassung", in: Festschrift Otto Gierke zum siebzigsten Geburtstag dagebracht von Schülern, Freunden und Verehren, Herman Böhlaus Nachfolger, Weimar 1911, S. 589–644. に付録として掲載されている。この草案は、連邦の権限の行使を、連邦議長（プロイセン国王）、連邦会議（連邦構成国の代表使節から構成）、ライヒ議会（各国選出の上院と男子普通選挙による下院から構成）によるものとした（連邦議長はライヒ議会に対して連邦会議を代表した）。連邦行政はプロイセン国王の任命する連邦の「責任大臣」が担い、連邦会議の議決も単純多数決であることなど、北ドイツ連邦の中央集権化を加速する要素が含まれていた。

(52) Bismarcks Diktat vom 30. Oktober 1866, in: GW. Bd. 6, Nr. 615, S. 167.

(53) Bismarcks Diktat vom 19. November 1866, in: GW. Bd. 6, Nr. 616, S. 168.

(54) Stenographische Berichte über die Verhandlungen des preussischen Abgeordnetenhauses 1866/1867, 15. Sitzung (7. September 1866), S. 263.

(55) Ebd.

(56) Ebd., S. 264.

(57) Ebd.

(58) Friedrich Wilhelm August Grumbrecht, Politische Betrachtungen für Gegenwart und die nächste Zukunft von einem alten (nicht Alt-) Liberalen, S. 14.

(59) SBNB. im Jahr 1867. Erster Band, 10. Sitzung (11. März 1867), S. 136.

(60) SBNB. im Jahr 1867. Erster Band, 9. Sitzung (9. März 1867), S. 107–108.

(61) Ebd., S. 111.

(62) Ebd., S. 112.

（63） Ebd.

（64） Hans-Otto Binder, a. a. O., S. 49–50.

（65） Heinrich Treitschke, „Die Verfassung des norddeutschen Bundes（10. Juni 1867）“, *Preußische Jahrbücher* 19（1867）, S. 722–724.

第三節　全国的な国家的秩序と政治主体の消滅後の全ドイツ像

はじめに

プロイセンとオーストリアとの戦争の結果、ドイツには自由主義者や統一運動が希求してきた集権的な国家が誕生した。それは一つの歴史的画期であった。しかしながら、ドイツ連邦が解体することで、ドイツ全土を覆う国家的秩序が消滅した。新たに建設された連邦国家はドイツの北半分に広がるのみであり、南ドイツ諸国は史上初めてその上位の国家的秩序のない状態におかれた。さらに、歴史的使命を果たしたとして、統一運動を牽引してきた国民協会の解散が決定され、全ドイツ的な活動を行う政治主体が消失した。そうした一八六七年という時点において、ドイツの国民意識を醸成してゆく初期的な環境はどのようなものであったろうか。

まず、このような時期にあっても、ビスマルクのイニシアティヴにより、関税や安全保障といった政策部門での新たな全国制度を設ける動きがあったことは見逃せない。それらには、より包括的な全国制度の土台となることばかりでなく、その活動を通じてドイツの国民意識をはぐくむことが期待されたのである。

さらに、一八六七年に生じたルクセンブルク危機という対外的な危機の最中には、実際にドイツの国民的一体感が高まるという事態が生じた。境界の争点化による国民意識の高揚は、この包括的な全国制度が失われた直後の時期にも起こっていたのである。

では、北ドイツ連邦はどうであろうか。北ドイツ連邦は、領域的にはドイツの北半分を占めるにすぎないとはいえ、戦後の最も本格的な国家的秩序であったことはいうまでもない。したがって、北ドイツ連邦が全ドイツ的な連邦国家へと発展しうるか否かがとりわけ注目されたのである。北ドイツ連邦の成立当初の時期に、北ドイツ連邦側はこの問題をいかに考えたのだろうか。一方、南ドイツ諸国の姿勢はどのようなものであったのだろうか。

本節では、ドイツ連邦解体直後の時期のこれらの問題について考察を行う（より長期の時期にわたるこの問題の考察は次章の課題である）。

一　全国的な国家的秩序消滅後の制度構築と国民形成

一八六七年四月に北ドイツ連邦憲法が制定され、ドイツの北半分には連邦国家が出現した。これにより、ドイツの国家的秩序の集権性は強められた。しかしその一方で、ドイツ連邦の解体によってドイツからはその全土におよぶ国家的秩序が消滅した。ドイツ連邦解体後の全ドイツ像は何を基礎に想像されたのだろうか。全くの白地の上に新たな像が描かれたわけではない。

ドイツ連邦の解体を承認したプラハ和平条約は、第四条において、プロイセンがマイン川以北に連邦を結成し、マイン川より南に位置するドイツ諸国は国際的に独立した連合を組むことを認めると規定している。前者は北ドイツ連邦であり、後者はさまざまな主体によって提唱されることになる南部連邦である。そして両者の関係については、その「全国的な結びつきは、両者の間のより詰めた合意に委ねられ」るという規定をおくのみであった（本章第一節一参照）。南部連邦は国際的に独立した存在であることが求められたため、南北統一に関し、プラハ条約との抵触が問題とならない確実な道はといえば、北ドイツ連邦と南ドイツ諸国（あるいはそれらによる南部連邦）との間の「拡大連邦（der weitere Bund）」がそれであった。一方、北ドイツ連邦にせよ南部連邦にせよ、その支持者は、それらの地域限定的な国家的秩序が将来的に全ドイツを包含する組織に発展することを念頭においていたのである。

全ドイツ的な国家的秩序を初めとする全国制度のあり方の行く末が不分明なこの時期において、その構築に早くも着手していたのはビスマルクであった。ビスマルクは、北ドイツ連邦憲法の憲法制定議会において、北ドイツと南ドイツとの関係を、まずは小ドイツ的な経済圏としての歴史をすでにもつ「関税共同体」として発展させてゆくという意向を示したのであった。①

一八三三年にプロイセンの主導で設立された関税同盟には、一八四二年の段階でドイツ連邦を構成する三九ヶ国のうち二八ヶ国が加盟し、一八五四年までにさらに二ヶ国が加盟していた。未加盟国はオーストリアやハンザ都市など九ヶ国であり、関税同盟は事実上の小ドイツ的な経済圏となっていた。② この関税同盟に対しては、オーストリアが経済的な「同権」を求めて加盟を画策し、一八六〇年代には、南ドイツ諸国にも異論が多いフランスとの自由貿易条約の締結問題を契機に、関税同盟諸国の分断をねらった。これらのもくろみがことごとく潰える一方、プロイセンは関税同盟の廃棄をちらつかせて各国に圧力をかけた結果、関税同盟加盟の各国は、一八六四年一〇月までに関税同盟存続に合意し、一八六五年五月に最終的な条約を締結した。③ その後、一八六六年のプロイセンとオーストリアの戦争が生じ、関税同盟諸国も敵味方に二分され、関税条約は一時、その効力を失った。しかし戦後、プロイセン側に立って参戦した国々は北ドイツ連邦という形で単一の関税地域を形成するようになり、オーストリア側に加担した南ドイツ諸国も、プロイセンとの和平条約の中で関税条約の復活を取り決めた。一八六六年の戦争を経て関税同盟は、北ドイツ連邦以上に広範なドイツ諸国を包含する制度として再びその姿を現していたのである。

一八六七年二月一五日にビスマルクは、北ドイツ連邦憲法草案がまとまり、議会の開催を控えた時点で、今後、北ドイツ連邦と関税同盟に加わっている南ドイツ諸国との関係のあり方が問題となるとの見解を示していた。それは、関税議会の創設か、北ドイツ連邦の議会に議員を派遣する形式かのいずれかによって、関税通商問題の権限が全ドイツのレベルに設けられることが望ましいとの認識であった。④ ビスマルクはまた、そのような形の議会が、全ドイツの議会に発展するのは必然であるのと見通しをも示していた。「そのような共通の立法機関がいったん設置されれば、その機関は物質的な福利の残りの項目の大半を一連のプロセスのように漸進的に守備範囲に入れ、全ドイツのための共通の諸規定を導入するという課題から逃れることはできない」[5]というのである。

実際、一八六七年七月に成立した新たな関税同盟においては、関税および通商政策に関する決定は関税同盟の連邦参議院（Zollbundesrat）および関税議会（Zollparlament）の多数決によるものとされ、加盟国の拒否権を認めなかった。限られた政策分野とはいえ、こうした制度は連邦国家を先取りするものとなっていたのである。関税同盟がそのような連邦国家の形態をとることが決定された過程で、バイエルン政府から求められた拒否権の留保に対してビスマルクは、「われわれの考えによれば、経済共同体は防衛共同体と足並みをそろえて進むものである」、「われわれが関税条約を結んだ前提は、防衛同盟条約が誠意をもって保持されるであろうということであった」と述べて、その要請を退けている[6]。この言明は、ナショナリズムを絆とした防衛同盟（後述）の解消をちらつかせてバイエルンに譲歩を迫るビスマルクの戦術であり、その戦術が奏功して、関税同盟の制度形態は連邦国家のそれとなったのである。

新たな関税同盟の制度としてとくに重要であったのは関税議会であった。関税議会は、北ドイツ連邦からの二九七名に、バイエルン四八名、ヴュルテンベルク一七名、バーデン一四名、ヘッセン゠ダルムシュタット六名、ルクセンブルク六名、が加わった全三八八名から構成された。北ドイツ連邦からの代表は、北ドイツ連邦議会の議員と同じであったために新たに選挙は行われず、他の五つの加盟国で男子普通選挙による議員の選挙が行われることになっていた。関税議会は、ドイツの全国民の意思が具現化される唯一の民主的機関であった。

ビスマルクが、北ドイツ連邦憲法の憲法制定議会において関税同盟と並んで優先すべき南北ドイツの結合として挙げたのは、安全保障上の協力であった。「さらに国家の問題については、ドイツの領土の安全に関わるあらゆる問題において、いかなる攻撃に対しても南北ドイツの統一が確実に守られていると考えている」。そしてそのような南北ドイツの統一的な関係は、「すでに和平条約のときから保障されている」[7]。

ここでビスマルクが念頭においているのは、一八六六年夏にプロイセンと南ドイツ諸国との間で和平条約と同時に締結されていた防衛同盟（Schutz- und Trutzbündnis）である。南ドイツ諸国にとって防衛同盟は、ドイツ連邦の解体と戦争で示されたプロイセンの圧倒的軍事力を前に、自国の安全保障と領土保全という国家的利害のために必要であった。一方、プロイセンにとって南ドイツ諸国と軍事的な協力関係に入ることは、ドイツ連邦解体後の政治的真空状態の中で、南ドイツ諸国をプロイセン側に引き寄せ、南ドイツ諸国がフランスとオーストリア側に立って反プロイセン同盟を結成することを未然に防ぐという利点があった。

関税同盟が連邦国家を先取りした組織であったのに対し、プロイセンと南ドイツ諸国との間の防衛同盟は、議会や参議院といった特定の国家の制度的枠組みをもたなかった。換言すればそれは、国民の絆や国民意識に依拠した共同体の存在を念頭に設立されたものであった。そうであるからこそ、プロイセンとの同盟を不可欠と考える、しかし北ドイツ連邦への加盟が主権への脅威と考える南ドイツ諸国、とくにヴュルテンベルクやバイエルンもこの防衛同盟の必要性を認め、それに参画することになったのである。

さらに、バイエルン議会で多数派を占めた親プロイセン的な進歩党のウムプシャイデンは、一八六六年八月末のバイエルン議会で、「われわれの国民性が失われるおそれが数週間前からしばしば現れているという現下の状況では、国民性を守りドイツにとどまるためにはどのような形態の国家的制度でも無条件に受け入れる、という姿勢をここで隠しはしない。それゆえ私は、プロイセンとの同盟を無条件で受け入れるのである」[8]と述べている。この発言には、国際的な孤立と安全保障上の不安からナショナリズムに根ざす共同体の一員でいるためには、その共同体がもつ国家的秩序の形態の問題はその重要性を低下させるとの認識が示されている。したがってそれは、北ドイツ連邦への無条件参加をも容認する立場であった。

この防衛同盟は、南ドイツ諸国が独立した国際的組織を結成することを想定していたプラハ条約のために、一八六七年三月半ば公表されるまで、その存在は秘密にされていた。その存在が公表された理由の一つに、一八六七年に入って先鋭化し始めたルクセンブルク危機[9]という国際的な事件があった。

ルクセンブルク危機は、ドイツ連邦の構成国であり、一八六六年の戦争後は（一八一五年の条約に基づき）プロイセンの占領軍が駐留していたルクセンブルク大公国（オランダ国王が大公を兼ねる）の帰属をめぐるフランスとプロイセンとの対立を中心とした国際紛争である。一八六六年のドイツの「内戦」に中立を保ったフランスは、プロイセンが一方的な領土拡大を実現しながら自国は領土的利得を全く得られていない現状に不満を抱き、ベルギーおよびルクセンブルクへの領土的拡大を企て始めていた。

プロイセンは、オランダと同君連合の関係にあるルクセンブルクの北ドイツ連邦加盟を望まなかったばかりか、フランスの領土拡張熱の鎮静化とドイツ問題への非介入の確約を念頭に、ルクセンブルクのフランスへの割譲を容認する構えであった（それを前提にフランスはプロイセンとの同盟締結も想定していた）。ただしフランスは、プロイセンがルクセンブルクから撤退し、ルクセンブルクを失うオランダへの補償をプロイセンが行うことを望んでいた（国内世論対策上、ドイツが譲歩したという事実が必要であった）のに対し、プロイセンは、オランダへの補償はフランスが直接的になすべきとの立場であった。一八六七年三月下旬にビスマルクがプロイセンと南ドイツ諸国との防衛同盟の存在を公表したのは、ドイツの国民的一体感を示し、フランスに対する外交的圧力を高めることを一つの目的としていたのである[10]。

防衛同盟の公表の契機となったルクセンブルク危機に際して、ドイツでは反フランスのナショナリズムが高まった。ルクセンブルクの取り扱いに関しては、防衛同盟の公表後、三月末にフランスとオランダとの間でその売却が決まりかけていた。しかし、オランダ国王はこの売却を占領国であるプロイセンの承諾という条件つきのものとしたため、紛争はドイツの世論を巻き込むナショナルな性格を帯びることになったのである。一八六七年四月一日の北ドイツ連邦の憲法制定議会では、国民自由党を代表してベニヒセンが質問に立ち、フランスとオランダ政府間でルクセンブルクの割譲に関して交渉が行われているという噂の真相を正確に把握しているか、さらに、「旧きドイツの地を祖国から切り離そうとするあらゆる試みを排撃することを力強く支持する点ですべての党派が結束しているライヒ議会を前に、プロイセン政府は、連邦諸政府とともに、ルクセンブルク大公国と他のドイツとの結びつき、とくにルクセンブルク要塞におけるプロイセンの駐留の権利をどのような危険があっても確保し続ける決意を伝えることができるかどうか」と問いただし、その演説は熱狂をもって歓迎されたのである。[11]

ここで注目すべきなのは、ルクセンブルク危機に際して高揚したナショナリズムの特徴である。それは、「外国の介入」による「旧きドイツの地を祖国から切り離そうとするあらゆる試み」への反発に根差すものであった。すなわち、境界あるいは領域を基礎とするナショナリズムであった。しかもそれは、戦争をも辞さない戦闘性を帯びていた。ベニヒセンの質問に対し、ルクセンブルクが北ドイツ連邦に属することは好ましくないという点以外の明確な解答を避け続けたビスマルクも、ルクセンブルクのフランスへの割譲がドイツに引き起こすナショナルな反発は、プロイセンがフランスとの戦争に突入する強力な圧力になるとの認識を抱いていた。[12][13]

最終的にルクセンブルク危機は、五月一一日にプロイセン軍の撤退とルクセンブルクの中立化が国際条約として認められたことにより平和的に収束し、プロイセンとフランスとの戦争という事態は回避された。しかし反フランスのナショナリズムを高揚させたルクセンブルク危機は、一八六六年のドイツの「内戦」で中立を守ったフランスとプロイセンとの融和的な関係が崩れ始める分水嶺となったのであった。

このような性質のナショナリズムは、全国制度の形態に関する不満や批判を封じる機能をしばしば果たす。実際、この領域と境界をめぐる紛争に根差すナショナリズムは、ルクセンブルク危機と並行して進んでいた北ドイツ連邦の憲法審議を行う議会の姿勢に、そのような作用をおよぼしていたのである。

一八六七年二月二五日に開幕していた北ドイツ連邦の憲法案審議を行うライヒ議会は、四月一六日に賛成二三〇、反対五三の圧倒的多数で憲法案を可決している。[14]しかしビスマルクと議会多数派の中核である国民自由党との間には、北ドイツ連邦の宰相の地位と軍事予算に関する議会の権限をめぐる対立があり、憲法成立にはその対立を克服しなければならなかった。

ベニヒセンは、四月一日の質問の中で、「数週間のうちに憲法制定を完了することが難しい場合や早急に合意ができない場合、われわれの案件への外国の介入の危険やドイツの国境の一部を失うという危険が高まるであろう。今や、政府と国民の代表が合意する必要性が高まっているのである」[15]と述べている。彼は妻に対する同日の手紙の中でも、「ここでは、ルクセンブルクのために、すべてが最高の興奮の中にある。ビスマルクの情熱の激しさは会議の内外で大騒ぎを引き起こしているのに対し、ライヒ議会の中の意見の相違は著しく弱まっている」と書き送っている。さらに数日後には、「対外的な状況が非常に危険になれば、来週の末にはこうした内々の（＝ビスマルクと国民自由党との間の――筆者注）合意に基づいて憲法に片をつけることになるだろう」と記している[16]。ベニヒセンがここで述べているのは、軍事予算に対する議会権限についてである。実際、四月一〇日はビスマルクとベニヒセン、ウンルー、フォルケンベックの会談が行われ、両者の間で基本的な合意が成立しているのである[17]。この軍事予算に対する議会権限の妥協に先立ち、三月二七日に成立していた宰相の地位に関するビスマルクと国民自由党との妥協、すなわち「ベニヒセン法」[18]も、その成立の早さはナショナリズムの高揚なしには考えられないものであった。

このように、ベニヒセンの認識によれば、ナショナルな高揚の中で国家構造に関する意見の相違が相対化されていたのである。換言すれば、高まるナショナリズムの前に、国家構造のあり方がその重要性を低下させたのである。しかも「外国の介入」への反発から生まれたナショナルな結束は、議会内のみならず、より広く「ドイツの人々」全体にも広がっていたのであった[19]。

二　全国的な政治主体の消失と北ドイツ連邦の発展可能性

北ドイツ連邦は、関税分野にとどまらない包括的な連邦国家であった。しかしその領域はドイツの北半分に限定されていた。したがって、国民自由党といった小ドイツ的な連邦国家によるドイツの国家統一を求めてきた勢力からみれば、北ドイツ連邦は全ドイツ的な国家的秩序としてあくまで不完全、あるいは暫定的なものにすぎなかった。しかしこのことは、国民自由党にとって北ドイツと南ドイツの分断の克服が北ドイツ連邦の成立以降の最優先課題であったことを意味しない。後に詳述するように、国民自由党は、国家的秩序と領域の関係については明確な優先順位を定めていた。北ドイツ連邦の国家構造を弛緩させなければ不可能であるような南ドイツ諸国の加盟は認めない、当面は北ドイツ連邦の国家としての拡充につとめ、領域的な拡大は先送りにするというのである（第四章第一節参照）。

もちろん、国民自由党にとって北ドイツ連邦の成立が、ドイツにおける国家統一の大きな歴史的節目であったことは明らかである。とりわけ普通選挙制度の導入は、一八六七年の実質的な党綱領に「普通・平等・直接・秘密選挙は、われわれの協力のもとに公的生活の基盤となった[20]」と明確に記されたように、国民自由党がその実現に寄与した最大の功績であった。そしてそのライヒ議会において、ビスマルク政府と協力しながら北ドイツの国家整備を進めるような改革立法を成立させることに、国民自由党の労力は傾注されたのである。

ただしここで注意すべきなのは、北ドイツ連邦のライヒ議会を最も中核的な政治の場と考えるというこの国民自由党の姿勢自体が、領域的拡大という課題や全ドイツ的なものを想像する機会を失わせるものであったということである。それはどういうことか。国民協会や議員大会といった全ドイツ的な組織の解散問題がそれを如実に物語っていよう。

北ドイツ連邦の成立後、ドイツ各国の自由主義者の地域横断的な団体として統一運動を支えてきた組織の解散問題が浮上し、間もなく実際にそれらの組織は活動を停止、あるいは解散された。これらの後継組織というべき国民自由党は、北ドイツ連邦の議会に活動の場を見出す一方、全ドイツ的な行動を展開する政治主体がドイツから消滅してしまったのである。

各国議会の議員が集う場であったドイツ議員大会は、まさに北ドイツ連邦に正規の議会が設置されたことにより存在意義を失い、一八六七年二月に活動停止状態となった㉑。そして国民協会は、約一年にわたる解散をめぐる議論を経て、一八六七年一一月に解散が正式決定されている。一八六七年一一月に開催された国民協会の最後の総会において、ベニヒセンは国民協会を解散する理由を、北ドイツ連邦の成立というドイツの国際関係の発展のごく自然な帰結であると説明した。ベニヒセンの説明に異論をはさむ者はなかった。国民協会が歴史的使命を果たしたというのは自由主義的な統一運動の共通了解であったのである。そしてベニヒセンは、「国民協会の行ってきた任務は「別の組織」（＝北ドイツ連邦議会の国民自由党——筆者注）に引き継がれる」と述べている㉒。

しかし国民協会の解散には、少数ながら反対意見もあった。なにより国民協会の使命はまだ果たされていないという異論である。国民協会のナゲルは、一八六六年の歴史的大事件を経た後の国民協会の課題を次のように描いていた。戦前は、プロイセンに自由主義的な政府を樹立し、その下でドイツ統一を実現することが課題であった。そして反政府勢力の結集のためには、統一運動内部における戦争のあり方に関する意見の相違についての妥協が必要であった。しかし、プロイセンの力で課題の実現がなされた現在、そしてドイツの統一がプロイセン政府との協調なしに実現することが不可能となった以上、今や「政府とナショナルな政党との妥協」が求められている㉓。

こうした総括は、軍事的な「革命」によって北ドイツの統一という偉業を達成したプロイセンの国力を国民協会はあまりに過小評価していたという、彼の（そして当時の自由主義者たちに相当程度共有されていた）反省に基づくものであった。その点はたしかに自己批判に値する。しかしナゲルによれば、ビスマルクとプロイセン国家の「革命」にも欠陥はあり、過剰な自己批判は不要であるばかりか、国民協会にはその欠落を補う、なお重要な役割が残されているというのである㉔。

フランスとオーストリアが同盟を組んでプロイセンに対する反撃に出る危険性に加えて、ドイツの統一が北半分に限定されていることがビスマルクの「革命」の問題点にほかならなかった。そしてそれは、ビスマルクによる「革命の性質が一方的に官製であったこと」によっていた。もしプロイセンに「全国民」的な支持が集まっていれば、その力を梃子に、統一を北ドイツに限定することを求めたフランスの要求は退けられていたであろうに、というのである。したがって、プロイセン主導の北ドイツの統一が現実化した現在における国民協会の新たな課題は、「南部を引き入れること」、とりわけ「南部の加盟を求める宣伝活動」を行うこと、というのがナゲルの主張であった。そしてそのためにも、「以前にもまして、われわれと南の国民協会との間に定期的な結びつきを維持することが価値あることであり、欠かすことのできないことなのである」。ナゲルは、南北統一を実現するためには、全ドイツ的な国民意識を高めてゆく必要があり、その役割を果たす政治主体として国民協会という組織が不可欠であると判断していたのである[25]。

さらにナゲルは、国民協会が自由主義、とりわけ北ドイツ連邦における国民自由党の組織的基盤になることを重視していた。オーストリアとの戦争やプロイセンの憲法問題によって自由主義勢力内に亀裂が走っていることはたしかである。そのような状況において、「内部の結束を新たに作らなければ、国民協会、そして自由主義的でナショナルな政党の組織がもはや維持できないことは繰り返し述べていることである。再編された組織の中核が当初は非常に小さいということはありうる。しかしその核はいずれ拡大し、堅く密になるほど、それだけ強く人を引きつけるようになるのである。というのも、われわれの自由主義政党にはおなじみの、弛緩したゆるゆるの組織に替えて、堅固であると同時に包括的な組織を設ける必要性は全く不可避であり、そしてそのような組織のための内的な絆は、まずもって常に、ナショナルな領域にのみ見出せるからである[26]」。ナゲルはまた、次のようにも主張する。「国民協会に対し、まずは南ドイツの、そして今やプロイセンの急進派の大部分がともにほとんど同じ動機で背を向けた後では、おそらく国民協会は、もっぱら国民自由党の組織として再編されることになるであろう[27]」。

このように国民自由党にとって国民協会という議会外組織の支援は不可欠のものであるはずであった。それはナゲルの「今日のドイツにおいてはいかなる政党も、堅固な組織がなければ無力である[28]」という確信に発する現状認識であった。にもかかわらず、今後に勢力を伸ばしてゆくことが確実な労働者政党、官僚と貴族層という基盤をもつ保守党、さらに組織化は進んではいないものの宣伝活動には熱心な急進派に比べて、国民自由党の組織的基盤の整備に対する姿勢は極めて消極的であるという。「組織化せよとわれわれが勧めるのは、われわれ自身が属する政党、すなわち国民自由党に対してである」[29]。もちろん「国民自由党がこのようにして組織化を進めれば、それは十分に国民協会を代替することができると確信している」[30]。しかしこれは、そのような組織的な消極性が続けば、国民自由党に将来はないという認識の現れであった。ナゲルは、国民協会の存在意義はなお十分に残されていると考えていたのである。

このようなナゲルの提案にもかかわらず、国民協会は解散された。北ドイツ連邦の議会活動を機軸に統一を進めようとする国民自由党の方針の背後では、このように統一運動の全ドイツ的なナショナリズムの育成という課題が見失われていたのである。果たしてそのような選択に、南北ドイツを統一に導くようなナショナルな機運を高める力はあったのだろうか。

さて、ドイツ連邦という全国制度が消滅した後の全ドイツ的秩序を考えるにあたって注目すべきことは、当面は北ドイツ連邦の連邦国家としての拡充に集中し、領域的な拡大は先送りにするという国民自由党の姿勢に対して、南ドイツ諸国の自由主義者たちの間に北ドイツ連邦への加盟論が強かったということである。

北ドイツ連邦に南ドイツ諸国が加盟することによってドイツの領域的完成を達成すること、この願望はとりわけバーデンに強い傾向であった。

バーデンでは、元来、政府と議会の双方において親プロイセン色が濃く、プロイセンの主導の下にドイツの国家統一が強く求められていた。そのバーデンがオーストリア側に立ってプロイセンとの戦争に加わったのは、一八六五年一〇月にシュレースヴィヒ・ホルシュタイン問題を機に外相を辞任したローゲンバッハの後任となったエーデルスハイムの親オーストリア的・大ドイツ主義的な政策志向と、一八六六年の一連のプロイセンの行動が親プロイセン的な自由主義者の間にも反発を招き、諸派を超えて「暴力的支配者への戦い」の気運が一時的に高まったことによっていた[31]。しかし、プロイセンのオーストリアに対する圧倒的勝利の後、早くも七月二一日には、自由主義者が多数派を占める議会において、「内戦」という犠牲を払ってまでオーストリアに期待した願望（ドイツ連邦の国民国家化）が果たされなかったこと、従来のドイツ人の結びつきは解体されたこと、新たなドイツ人のための枠組みを作る必要があること、そしてその新たな枠組みの構築の先頭に立つのはプロイセンしかないこと、以上を内容とする決議が圧倒的多数で可決されたのであった[32]。

政府の中枢も、一八六六年七月以降、再び親プロイセン的な政治家が占め、議会と政府は協力してバーデンのプロイセンとの結びつきの強化、さらには北ドイツ連邦への加盟を求めてゆくようになった。南北ドイツの統一を先送りしたプラハ条約にもかかわらず、バーデンでは、政府と議会多数派の協調の下に、そしてバーデンが先駆となって他の南ドイツ諸国にも同様の動きが波及することを期待して、北ドイツ連邦への加盟路線が推進されたのである。しかもそれはプロイセンの反対があったとしても堅持さるべき方針とされたのである[33]。

北ドイツ連邦への加盟をバーデンほど積極的に求めた国はない。では、他の南ドイツ諸国は、ドイツ連邦解体直後の時期に全ドイツ的な国家的秩序をどのように考えていたのだろうか。

北ドイツ連邦への加盟以外の構想を考案したのは、バイエルンのホーエンローエであった。バイエルンでは一八六六年一二月に、プロイセンとの協調に消極的でバイエルン主導の南部連邦を目指したプフォルテンに代わり、小ドイツ的な国家統一を望むホーエンローエが大臣会議議長（首相兼外相）に就任していた。首相就任前のホーエンローエは、前政権のドイツ政策（ドイツ連邦の強化、プロイセンとオーストリアへの等距離外交）を批判し、プロイセンとの「憲法同盟（Verfassungsbündnis）」の締結を主張していた[34]。これは、北ドイツ連邦へのバイエルンの参加という主張にほかならない。しかしバイエルンは、バーデンとは異なり、政府と議会が北ドイツ連邦への加盟路線で固まってはいなかった。議会にはたしかに北ドイツ連邦への加盟を求める自由主義多数派が存在したものの、加盟を望まない者も少なくなく、政府内にはホーエンローエの抱く小ドイツ的な統一ドイツ像への反発もあった。

したがって、一八六七年一月にホーエンローエが示したドイツ政策に関する方針は、南北の国家統一には踏み込まず、軍事面での部門統合を強調するものにとどまっていた。ホーエンローエは、二月六日にバーデン大公フリードリヒ一世と会談し、主権の保持、ドイツの国境防衛、国民の満足、ドイツ系オーストリアの編入の可能性という原則の下に、プロイセン・北ドイツ連邦と南ドイツ諸国との間に「解くことのできない連邦」を構築することを提案した。(35)具体的には、連邦の議長と戦時の最高指令権をプロイセンに委ね、南ドイツ諸国が加わった拡大連邦参議院が連邦の運営と紛争処理を担うという枠組みであった。バーデン大公は、このようなホーエンローエの方針を、「ホーエンローエ侯爵の考えは、プラハ和平条約第四条を基礎にして拡大連邦を築くことである(36)」と的確に認識していた。ホーエンローエの方針は、バーデンのような無条件での北ドイツ連邦への加盟ではなく、当面はプラハ条約の枠内での「拡大連邦」を目指すという路線に変化したのである。ただしホーエンローエは、そのような「拡大連邦」が独自の議会を備えるまでに権限を強化することを嫌っていた。

しかし、この「拡大連邦」の構想も、ルクセンブルク危機の際に公表された防衛同盟にフランスやオーストリアが反発し、そのために南北ドイツの接近が困難になってその実現が妨げられた。そしてこの二国は南北分断のために、プラハ条約にうたわれた南部連邦の結成への圧力を強めた。その結果、ホーエンローエは、一八六七年一一月までに、「拡大連邦」のさらに前の段階として、南ドイツ諸国による南部連邦の結成を提唱するようになるのである（第四章第三節二参照）。

この南部連邦を全面的に推進しようとしたのが、南ドイツ諸国における反プロイセン的な政党であった、バイエルンの愛国党やヴュルテンベルクの人民党である。とりわけ後者は、南部連邦構想の中核的な主体であった（第四章第三節二参照）。これは、北ドイツ連邦というプロイセン主導の国家的秩序ではない、真の全ドイツ的な国家的秩序とされるものへの第一歩として構想されていた。換言すればそれは、北ドイツ連邦に南ドイツ諸国が加盟する形で完成するドイツ統一への、最も厳しい対抗構想となりうるものであった。

興味深いことに、ビスマルクも南部連邦に関心を示した一人であった。「四国家の南部連邦は不可能であるけれども、ナショナルな考えをもつ人々の南部連邦を妨げるものは何もない。バーデンのナショナリスト、ヴュルテンベルク人たちのドイツ党、バイエルンの進歩党は、名前は異なるものの、皆同じことを目指しているのである」[37]。「南部連邦という計画は、実現の見込みがほとんどない。しかし、その実現がドイツの統一にとってマイナスであるかどうか、これはアプリオリには決められない問題である。南ドイツの議会においてナショナルな観念が、南部連邦がない場合に比べてより優位な地位を示すということも十分にありうるのである。さらにプラハ和平において南部連邦そのものが予定されており、したがってこの構想を抑え込むわけにはいかないことを認めなければならない」[38]。このようにビスマルクは、南部連邦を容認する発言をたびたびしている。しかし彼は、北ドイツ連邦への対抗構想である愛国党や人民党の南部連邦構想に肩入れしたわけではない。発言に示されるように、ビスマルクは南部連邦に、南ドイツ諸国の全ドイツ的なナショナリズム意識を涵養すること、すなわち南ドイツにおける制度の共有を通じた国民意識の形成を期待していたのである。南北の国家統一が実現し、その国家が円滑に定着するために何が必要であるのかを、ビスマルクははっきりと見通していたのである。

では、議会に南部連邦を強力に進めようとする勢力を抱えたヴュルテンベルクの政府は全ドイツ的な国家的秩序に関し、どのような構想をもっていたのだろうか。バーデンが北ドイツ連邦への加盟を目指し、バイエルンが内外の状況に左右され当面は南部連邦に目標を限定した時点で、南ドイツの残る主要国であるヴュルテンベルク政府の全ドイツ的な国家的秩序に関する構想はどのようなものであったか。

ヴュルテンベルクでは、北ドイツ連邦とプロイセンの国民自由党に対応するドイツ党が一八六六年八月に結成されている。しかし、議会で右派に位置したこのドイツ党は少数派であった。議会には、南部連邦を目指す最大の組織的勢力である人民党と大ドイツ派が左派として存在した。そしてファルンビュラー政府を支持する中道派は、プロイセンへの従属をおそれて北ドイツ連邦への加盟には消極的であり、バイエルンの主導を嫌って南部連邦への参画にも否定的であった(39)。

ファルンビュラーは、ヴュルテンベルクの防衛および経済的な利害の観点からは、プロイセンとの結びつきを強める方がバイエルンとの協調よりも有益であると判断していた(40)。一八六七年初めの時点では北ドイツ連邦と南ドイツ諸国との間の「拡大連邦」を望んでいた(ただしホーエンローエとは異なり、個別問題でのプロイセンへの従属が避けられるとの観点から共通議会の設立には賛成であった)ファルンビュラーが、北と南との制度的な結合が難しくなると、関税と安全保障面に限定したプロイセンとの関係構築を進めてゆくようになったのは、そのような判断によるものであった。ヴュルテンベルク政府は、ヴュルテンベルクの主権を侵害される可能性のある南部連邦構想にも北ドイツ連邦への加盟にも否定的であり、ヴュルテンベルクの国益を守るとの立場から、分野を限定したプロイセンとの関係強化を目指したのである(41)。

以上のように、南ドイツの主要な三ヶ国は、全ドイツ的な国家的秩序の構築に関して、それぞれの構想を抱き、独自の路線を進もうとしていた。とくに北ドイツ連邦との関係については、バーデンの政府と議会の双方が加盟を望んでいたものの、他ではそのような一致した要望はみられなかったのである。

(1) SBNB. im Jahr 1867. Erster Band, 10. Sitzung (11. März 1867), S. 138.
(2) Ernst Rudolf Huber, Deutsche Verfassungsgeschichte seit 1789. Band II, S. 292.
(3) Ders., Deutsche Verfassungsgeschichte seit 1789. Band III, S. 627.
(4) Erlaß an die Missionen in München, Stutgart, Karlsrühe, Darmstadt vom 15. Februar 1867, in: GW. Bd. 6, Nr. 685, S. 270.
(5) SBNB. im Jahr 1867. Erster Band. 10. Sitzung (11. März 1867), S. 138.
(6) SBNB. Session 1867. Erster Band, 30. Sitzung (26. Oktober 1867), S. 677.

（7） SBNB. im Jahr 1867. Erster Band, 10. Sitzung（11. März 1867）, S. 138; 14. Sitzung（18. März 1867）, S. 229.

（8） この演説は、Theodor Schieder, Die kleindeutsche Partei in Bayern. In den Kämpfen und die nationale Einheit 1863–1871, C. H. Beck'sche Verlagsbuchhandlung, München 1936, S. 133. に引用されている。

（9） ルクセンブルク危機の概観は、Ernst Rudolf Huber, Deutsche Verfassungsgeschichte seit 1789. Band III, S. 693–701. ルクセンブルク危機におけるビスマルクの内政と外交との関係を分析した論文として、Herbert Maks, „Zur Interdependenz innen- und aussenpolitischer Faktoren in Bismarcks Politik in der luxemburgischen Frage 1866/67", *Francia* 24（1997）, S. 91–115.

（10） Jens Peter Kutz, Vom Bruderkrieg zum *casus foederis,* S. 167–168.

（11） SBNB. im Jahr 1867. Zweiter Band（Anlagen zu den Verhandlungen des Reichstages）, Nr. 64, S. 62.

（12） SBNB. im Jahr 1867. Erster Band, 24. Sitzung（1. April 1867）, S. 489.

（13） Herbert Maks, a. a. O., S. 97.

（14） SBNB. im Jahr 1867. Erster Band, 34. Sitzung（16. April 1867）, S. 729.

（15） SBNB. im Jahr 1867. Erster Band, 24. Sitzung（1. April 1867）, S. 488.

（16） Bennigsen an seine Frau vom 1. und 3. April 1867, in: Hermann Oncken, Rudolf von Bennigsen. Ein deutscher liberaler Politiker. Bd. 2: Von 1867 bis 1902, Deutsche Verlagsanstalt, Stuttgart/Leipzig 1910, S. 33 und 35.

（17） 政府案では連邦陸軍の平時兵力とその経費は一八六七年時点（人口一％、一人当たり二二五ターラー）をもって一〇年間固定するとされた。議会の軍事予算審議の厳しい制約を意図するこの条項に自由主義者からの強い反発が生じ、ヴァルデックは年度ごとの審議権を求めた。しかし国民自由党は妥協の余地を示した。政府案の有効期限を四年に限定し、その後は連邦の立法によって決定するというフォルケンベックの妥協案である。議会は四月六日にこの妥協案を可決したものの、ビスマルクはその議決の受諾を拒否した。結局、四月一六日に政府案を連邦立法の成立までは有効とするウーイェストの動議が可決された（ビスマルクもそれを認めた）。Ernst Rudolf Huber, Deutsche Verfassungsgeschichte seit 1789. Band III, S. 663–664.

(18) 政府案では、宰相は連邦の大臣としての性格をもたなかった。すなわち宰相は連邦参議院という合議体の議長にすぎず、連邦参議院の票決への参加もプロイセンの代表としてであった。これに対しヴァルデックは「議会に責任を負う連邦内閣」の設置を、ベニヒセンは「各行政部門の幹部（Vorstände der einzelnen Verwaltungszweige）」の設置と宰相・同幹部の法令への副署の導入・「大臣の責任」の明確化を求めた。三月二七日には、宰相の副署（のみ）の導入を求める動議が可決され、憲法案に反映されることとなった。これが「ベニヒセン法」である。Ernst Rudolf Huber, Deutsche Verfassungsgeschichte seit 1789. Band III, S. 658–659.

(19) SBNB. im Jahr 1867. Erster Band, 24. Sitzung (1. April 1867), S. 489.

(20) Parteiprogramm von 1867 (Aufruf zur Wahl des ersten Ordentlichen Norddeutschen Reichstags), in: Programmatische Kundgebungen der Nationalliberalen Partei 1866–1909, Buchhandlung der Nationalliberalen Partei, Berlin 1909, S. 10.

(21) Andreas Biefang, Politische Bürgertum in Deutschland 1857–1868, S. 418–419.

(22) Ebd., S. 428.

(23) Lorenz Nagel, „Der Nationalverein vor und nach dem Kriege II“, Wochenblatt des Nationalvereins, Nr. 86 (10. Januar 1867), S. 675.

(24) Ders., „Die Revolution von 1866 und der Nationalverein“, Wochenblatt des Nationalvereins, Nr. 75 (25. Oktober 1866), S. 586–587.

(25) Ebd.

(26) Ders., „Der Nationalverein vor und nach dem Kriege III“, Wochenblatt des Nationalvereins, Nr. 87 (17. Januar 1867), S. 683.

(27) Ebd.

(28) Ders., „Der Neuliberalismus III“, Wochenblatt des Nationalvereins, Nr. 109 (20. Juni 1867), S. 851.

(29) Ders., „Zur Parteiorganisation“, Wochenblatt des Nationalvereins, Nr. 123 (30. September 1867), S. 962.

(30) Ebd.

(31) Lothar Gall, Der Liberalismus als regierende Partei. Das Grossherzogtum Badens zwischen Restauration und

Reichsgründung. F. Steiner, Wiesbaden 1968, S. 363.

（32） Ebd., S. 370.

（33） Ebd., S. 385-387.

（34） Friedrich Curtius（Hrsg.）, Denkwürdigkeiten des Fürsten Chlodwig zu Hohenlohe-Schillingsfürst. Erster Band, Deutsche Verlags = Anstalt, Stuttgart/Leipzig 1907, S. 179-181.

（35） Ebd., S. 201-202.

（36） Aufzeichnung Großherzog Friedrichs über die Zusammnenkunft mit Fürst Chlodwig Hohenlohe in Mühlacker vom 6. Februar 1867, in: Hermann Oncken（Bearb.）, Großherzog Friedrich I. von Baden und die deutsche Politik von 1854-1871. Briefwechsel, Denkschriften, Tagebücher. Zweiter Band, Deutsche Verlags = Anstalt, Stuttgart/Berlin/Leipzig 1927, S. 51-52.

（37） Moritz Busch, Tagebuchblätter. Erster Band, Fr. Wilh. Grunow, Leipzig 1899, S. 9 の一八七〇年三月三日の項に引用されたビスマルクの発言である。

（38） Erlaß an den Gesandten in Stuttgart Freiherrn von Rosenberg vom 3. März 1869, in: GW. Bd. 6b（Politische Schriften: 1869 bis 1871）, Nr. 1331, S. 7.

（39） Ernst Rudolf Huber, Deutsche Verfassungsgeschichte seit 1789. Band III, S. 689.

（40） Ebd.

（41） Jens Peter Kutz, a. a. O., S. 88-95.

第四章　北ドイツと南ドイツ（一八六七—七〇年）

はじめに

ドイツ連邦という国家的秩序が消滅した後の時期に、ドイツの国民意識はいかにはぐくまれたのか。前章の最後の節で論じたのは、その初期の局面であった。本章では、この問題のより長期にわたる様相を考察する。一八六七年から七〇年までのドイツという、全ドイツ的な国家的秩序が不在の時期——それは、北にプロイセンを中心とする北ドイツ連邦が着々と連邦国家としての実態を整える一方、南ではバーデン、ヴュルテンベルク、バイエルンといった独立国家が相互に何の同盟関係も結ばずに並存し、北ドイツ連邦と対峙していた時期であった——において、ナショナルなものはいかに構想されたのだろうか。

一つに、前章で述べた一八六七年のルクセンブルク危機のような対外的危機に際して、国民的な結束が強まる場合があろう。しかしそのような偶発的な事件を恒常的に期待することはできず、やはり主としては、全国制度の共有や想像を通じてということになる。

まず、北ドイツ連邦を全ドイツ的な国家的秩序の基礎とし、その拡大を考えるという方法がある。その際の中心となるのは、国民協会の事実上の後継組織であり、北ドイツ連邦における最大の政治勢力である国民自由党の構想であった。ただし国民自由党は、北ドイツ連邦という連邦国家の組織的拡充を南北統一よりも優先していた。そのような方針を貫くことが、国家統一の実現に至ると考えていたのである。

あるいは、関税同盟および防衛同盟はどうだろうか。たしかに両者は南北ドイツ共通の全国制度ではあった。しかし、これらは部分的な政策領域に限定された制度であり、制度の包括性の面での限界を指摘する声が少なくなかった。

では、南ドイツから全ドイツ的な国家的秩序やナショナルなものを構想する動きはなかったのだろうか。否、南部連邦という、北ドイツ連邦と対になるべき構想がさまざまな政治主体から唱えられていたのである。しかし、南部連邦論の主流は、北ドイツ連邦の南ドイツへの拡大を食いとめる防波堤的なものとして考えられた構想であり、積極的に全ドイツ的な国家的秩序を想像しようとするものは少なかった。

総じてみれば、本章において、以上の方法のそれぞれがナショナルなものを構想するうえで部分的な成果を挙げつつも、一八七〇年代前半までにある種の停滞状態が訪れていたことが示されるであろう。

第一節　北ドイツ連邦の発展可能性

はじめに

一八六六年夏のプロイセンとオーストリアの戦争を通じてドイツ連邦は解体され、全ドイツを覆う国家的秩序は消滅した。その後、一八六七年に成立した北ドイツ連邦は、領域面からすれば全ドイツ的なものとは到底いえなかった。しかし、ドイツ連邦解体後に実在する国家的秩序として、北ドイツ連邦が最も本格的なものであることもまた、疑いないことであった。このような北ドイツ連邦が成立し、既成事実化していったことは、プロイセン主導の小ドイツ的なドイツ統一を支持する人々のドイツ像に多大な影響を与えたのであった。
実際、北ドイツ連邦を統一ドイツ国家の前段階とみなす人々は多かった。北ドイツ連邦における国民自由党と南部の自由主義者の大半はそのように考えたのである。では、彼らは、全ドイツ的なナショナルなものをいかに構想したのだろうか。北ドイツ連邦が全ドイツ的な国家的秩序へと発展する道筋はどのように描かれたのであろうか。北ドイツ連邦が統一ドイツの基礎になるとして、どのようにして北ドイツ連邦を南ドイツに拡大させようとしたのだろうか。

一　北ドイツ連邦の拡大としての国家統一

まず明らかなことは、プロイセン主導の小ドイツ的なドイツ統一を求め、国民自由党に参集した北ドイツの自由主義者にとって、集権的な国家的秩序の建設と領域的拡大の間には、明確な優先順位がつけられていたことである。そして北ドイツ連邦の南部への拡大あるいは南ドイツ諸国の北ドイツ連邦への加盟は、その前提の下でなされるべきものと位置づけられていたことである。

ミーケルは、北ドイツ連邦憲法の審議に際して国民自由党の代表として演壇に立ち、南北ドイツを分かつマイン線を、「われわれが水と石炭を積み込み、一息つき、さらに前へと進むための停留所」にすぎないと評している。南北統一が果たすべき課題であることに違いはない。しかしその一方で、「この憲法案を、将来のいまだ全く見通しのきかない政治状況のためのものとしてはならない」とし、憲法は暫定的なものではなく確定的なものでなければならない、とも述べている。これは、南ドイツへの配慮によって北ドイツ連邦憲法の性質が左右されることを拒否する立場である。実際、南ドイツ諸国が北ドイツ連邦に加盟する際に必要に応じて憲法を改正する可能性はあるものの、それは南ドイツが自国の主権を放棄するような形のものでしかありえない、とされたのである(1)。

ミーケルによれば、当面の重要な課題は南北の統一ではなく、北ドイツ連邦の体制を確立し、強化してゆくことである。そしてそのような北ドイツ連邦の組織的な拡充が、南ドイツ諸国の北ドイツ連邦への加盟に道を開くものとされたのである。すなわち、「北ドイツ連邦を強力に組織すればするほど、それが南ドイツを引きつける力もそれだけ大きくなる。ねじが緩み穴だらけの建物が、抵抗する分子を引き寄せることはないだろう。核が堅固であれば、その分、ばらばらの部分を吸引する力は強化されるのである(2)」。

ミーケルが表明したドイツにおける国家的秩序と領域についての姿勢は、国民自由党が北ドイツ連邦の初の通常選挙に向けて一八六七年六月に発表した選挙綱領において、次のように定式化された。「同一の憲法の下で全ドイツを統一することは、われわれにとって目下の最大の課題である。君主的連邦国家と立憲的権利を調和させることは、これまでの歴史において取り組まれることのなかった困難な課題である。たしかに北ドイツ連邦憲法は、この課題をすべての面で完全に、また満足のゆく形で解決したわけではない。しかしわれわれはこの新たな構築物を、自由と権力に根ざしたドイツ国家へと向かう不可欠な第一歩とみなしている。憲法が可能性として開いている南ドイツの参加は、全力でかつ迅速に進めなければならない。ただし、どのような状況においても、それが中央権力に疑義を呈したりそれを弱めたりすることがあってはならない(3)」。

ドイツに単一国家を樹立することを夢見てきたトライチュケやシュミットのような筋金入りの単一国家論者は、北ドイツ連邦の構造にはさまざまな欠点があると考えていた。しかし、彼らにとっても北ドイツ連邦の成立は偉大な達成なのであり、単一国家化はそれを前提に今後も続けて取り組むべき課題であった。そして、北ドイツ連邦の集権化を進めるために、単一国家論者にとっても南北の統一の重要性は後退することとなった。北と南との「こうした融合がいつ生じるのか、それはひとえに北が与える憲法がどれほど堅固で賢明なものであるかによる(4)」し、「われわれが北ドイツの、非常に難しい機構を完成させるまで、南ドイツはできるだけ長く埒外におくことができれば、われわれの発展にとって望ましいことだろう(5)」。

もちろん、北ドイツ連邦の整備を進めることが、自動的に南ドイツ諸国の加盟につながるわけではない。北ドイツ連邦の憲法の規定では、「南ドイツ諸国の、あるいはその一国の連邦への加入は、連邦議長の提案に基づき立法によって行われる」ことになっていた（第七九条後段）。議会としては、南ドイツ諸国の北ドイツ連邦への加盟の気運を高め、それを梃子に政府への圧力を強めてゆくほかはなかった。

ビスマルクも当面は北ドイツ連邦の組織的拡充を進め、南北の統一問題を避けるという方針であった。すでに述べたように、彼は、北ドイツに、南ドイツやカトリック、バイエルン的な要素を強引に取り入れることは不可能であると考えていた。その理由は、南ドイツがベルリンから統治された経験がないからであり、もし暴力的に併合でもすればイタリアの南部問題のような困難な問題を抱え込むことになる、ということであった（第三章第二節二参照）。ビスマルクは、南ドイツ諸国の将来の北ドイツ連邦への加盟の可能性を閉ざさないために、北ドイツ連邦が過度に集権化することを嫌った反面、北ドイツ連邦の国家構造を弛緩させるような南ドイツ諸国の北ドイツ連邦への加盟も認めなかったのである。

以上のように、北ドイツ連邦を国家として組織的に拡充してゆくことが当面の課題となったことは、将来のドイツの国家的秩序の形態をめぐる対立状況に変化をもたらしていた。変化とは、一八六五年から一八六六年にかけて先鋭化した連邦国家と単一国家という二つのドイツ像の間の対立が鈍化したことであった。

ミーケルは、一八六六年末の時点で、「それが唯一であるがゆえに、現に存在するこの基礎の上に建てなければならない」との観点から、今後のドイツ問題の解決は連邦国家の形態でしかありえない、との立場をとった。(6) そして現前にある連邦国家を前提として、その域内の法統一を進めることを最も重要な課題とするようになっていた。

ただ、国民自由党の中には北ドイツ連邦への疑義を隠さない人々もいた。トゥヴェステンのように、大プロイセン的な単一国家を志向する立場から北ドイツ連邦という連邦国家を認めようとしない者、それとは対極的に、エトカーのように、プロイセンの存在が全ドイツ統一への足かせになるとの配慮から、北ドイツ連邦がプロイセンを飲み込む（プロイセン議会を廃止し、各種自治組織を整備する）ことを通じた「脱集権的単一国家（der dezentralisierte Einheitsstaat）」(7) の樹立を目指す者、である。しかし国民自由党の多数派は、先のミーケルのように、北ドイツ連邦を前提とし、その域内の社会経済的な諸条件の均一化を促進することをその最大の課題としたのである。

先に述べたように、北ドイツ連邦の樹立の熱狂の中で、単一国家からみればその集権性において欠陥があることが明らかな北ドイツ連邦を、トライチュケやシュミットらの代表的な単一国家論者も支持し、その不完全な構造を容認した。それは、部分的ながら国家統一の実現に一種の達成感を覚えたためであり、さらに一層の集権化を将来にわたる課題としたためであった。トライチュケによれば、カオス的な国家の状態が続いた「ドイツが今日ほど明確で簡素な憲法を有したことはない」[8]。彼はさらに、北ドイツ連邦の憲法が「なぜ小国に数多くの配慮をしているのか、なぜ強制的にしたがわせないのか」という「急進派」[9]の不満には同調できない、と小国の存立を容認さえするようになっていたのである[10]。

このように、北ドイツ連邦が成立し、当面はその国家としての拡充が進められるようになったことをもって、統一運動の中に一八六五年から翌年にかけて鋭く走った「単一国家か連邦国家か」という対立のもつ意味が曖昧となっていった。その結果、単一国家という言葉は主として、国民自由党と同党が進める北ドイツ連邦の集権化路線を批判するために用いられるようになったのである。

さらに、自由主義的な統一運動の中で「単一国家か連邦国家か」という対立軸が大きな意味をもたなくなったという事情を裏から物語るのが、北ドイツ連邦議会において、「連邦国家・立憲主義派（Bundesstaatlich-konstitutionelle Fraktion）」が少数会派として結成されたことである（この会派には、ヴィンドホルスト、ライヒェンスペルガー、マリンクロットなど後に中央党の創設に加わる議員が参加していた。しかしこの会派の議員はカトリックだけではないし、しばしば誤解されるのとは異なり、小ドイツ的なドイツ統一と北ドイツ連邦を拒絶したのでもない）。

この会派に属する一人、アイヒホルツによれば、同会派は、真の連邦国家の存立が脅かされているという認識の下に結成されたものである。アイヒホルツは、北ドイツ連邦議会において、「連邦国家的な憲法を、保守派のように絶対主義的な傾向を覆う隠れ蓑として生み出すのでもなく、さまざま潮流の自由派のように単一国家への階段として固定化しようとするのでもなく、それを真正面から受けとめる議員が属することができる会派などあるのだろうか」という疑念を抱き、真の連邦国家を樹立するために同会派を結成したのである。会派結成の綱領によれば、プロイセン国王の中央権力の下での連邦国家が原則であり、真の連邦国家にふさわしい憲法を北ドイツに設けることがまずは目指されたのである。[11]

この会派の考えによれば、北ドイツ連邦を真に連邦国家たらしめることが南北に分断されたドイツを統一に導く道である。現行の北ドイツ連邦憲法は、南ドイツ諸国の政府と国民を引きつけるどころか、その反発を招く効果をおよぼしている。「この憲法が存在している限り、南ドイツとの再統一は、愛国心をもつものならば誰一人として望むことがない、暴力をともなってしか実現しない[12]」こととなる。だからこそ、「われわれは単一国家に対して立ち向かう。北ドイツにおいて連邦国家的要素が実際に機能するように呼び覚まされなければ、南ドイツの諸国家がみせかけだけの連邦関係に入ることはないであろう[13]」からである。「連邦国家・立憲主義派」は、「南ドイツとの再統一を可能な限り考慮しながら、連邦国家的・立憲主義的な政治を北ドイツで行うための根本原則」としての北ドイツ連邦憲法を作ることを目的に結成されたのである。[14]

このような人々を含むプロイセン主導の国家統一に批判的な人々を、ミーケルは「特殊地域主義者」とし、「国家連合を連邦国家に対置した以前と同じように、最近は連邦国家を単一国家に対置している[15]」と評価した。彼らは北ドイツ連邦を単一国家とみなして、それに連邦国家をもって対抗しようとしている、というのである。少なくとも北ドイツの地では、プロイセン主導の国家統一を批判する人々の念頭にある主要な対抗的な国家像は国家連合ではなくなっていた。既成事実としてそこに現存する北ドイツ連邦の存在を否定することはできず、その北ドイツ連邦に連邦制の原則を貫徹させること、すなわち北ドイツ連邦を連邦国家の仮面をかぶった単一国家ではなく、真の連邦国家に変えてゆくことが望まれたのである。

以上のような、北ドイツ連邦の強化を通じた南ドイツ諸国の北ドイツ連邦への吸引という国民自由党の戦略の成果はどうであったか。北ドイツ連邦の拡充の中から南北統一の気運は生まれたのであろうか。

国民自由党のラスカーは、創設以来の北ドイツ連邦の議会の活動状況を総括した一八七〇年前半の文書の中で、「われわれが特段の努力を払って最短距離で達成しなければならなかった目標、すなわち連邦領域の拡大という目標に、われわれはほとんど接近していない」[16]との評価を下している。後述するように、北ドイツ連邦の議会は、法案の専門的審議にかなりの時間が割かれた実務的な議会であったとはいえ、一八六七年以降、北ドイツ連邦の議会で南ドイツ諸国の加盟という問題が議論されたのは、一八七〇年二月、北ドイツ連邦とバーデンとの間の司法共助条約の締結の審議に際して、ラスカー自身がバーデンの単独加盟を求める動議[17]を提出したケースだけであった。

しかもラスカーがバーデンの北ドイツ連邦への加盟を求めた理由において、北ドイツ連邦の国家的な発展――それが国民自由党の考える南ドイツへの拡大の条件であった――に言及はない。後述のように、ラスカー自身は北ドイツ連邦議会の立法上の成果を誇ったものの、そうした北ドイツ連邦の状況とは無関係に、いきなり領域的な拡大が求められているのである。バーデンが北ドイツ連邦の構成国にふさわしいとラスカーが考えた理由は、バーデンのプロイセンと北ドイツ連邦に対する親和的態度、バーデンがドイツの安全保障のために払ってきた「犠牲」、そしてなにより、バーデンに広がるドイツへの「ナショナルな帰属意識（die nationale Zusammmengehörigkeit）」にあった[18]。

しかし、ビスマルクはこの動議に対して否定的な態度をとった。動議は政府の外交政策への不信任決議である。南ドイツ諸国の加盟の時期、すなわち「全ドイツの利益と、われわれがこれまで、少なからぬ成果をもってやり遂げてきたと言いうる政治に照らして適切と思われる時期」は、政府が議会に対して明らかにするものである、との姿勢を彼は示したのである[19]。

このビスマルクの否定的な態度の背景には、フランスがバーデンの北ドイツ連邦への加盟をプラハ条約違反とみなし、それがフランスとの戦争のきっかけになることをおそれたという事情があった[20]。そして、ラスカーがバーデン加盟を求める理由の中核にすえた、バーデンの「ナショナルな帰属意識」の高さについては、ビスマルクはその論理を逆手にとって動議を拒絶する理由とした。すなわち、バーデンがバイエルンやヴュルテンベルクと異なり、北ドイツ連邦やプロイセンに親和的な態度をとっていることはその通りである。しかし、だからこそバーデンの単独での加盟は望ましくないのである。バーデンの単独加盟は、「南部においてナショナルな発展に最も有望な要素を分離して柵で遮断する」ものであり、それはいわば、「ミルクポットの中からクリームだけを取り出し、残りを酸敗させる」ことである。ヴュルテンベルクやバイエルンになお全ドイツを視野に入れたナショナルな発想が不足している現状では、バーデンは北よりも南にいた方がよい、ラスカーの求める単独加盟論は、全ドイツ的視野をもたない議論である、というのがビスマルクの反論であった[21]。南ドイツにおいてナショナルな意識を醸成することが必要であるという、ビスマルクが南部連邦に示したのと同じ姿勢を、ここにも見出すことができるのである（第三章第三節二参照）。

ところでラスカーの動議の背景には、北ドイツ連邦議会内の南ドイツ諸国の加盟を求める声の高まりも、あるいはバーデン政府との入念な事前の協議もなかった[22]。たしかに動議には賛同者としてベニヒセンやミーケルなど、国民自由党の議員三五名の名が連ねられてはいた。しかし、その賛同の声は必ずしも強いものではなかった。ラスカーは述べる。「ビスマルク伯は、われわれが提案したライヒ議会の審議において、現時点でのバーデンの加盟を断固として拒絶した。おそらくこのビスマルク伯の態度によって、ライヒ議会において確実であると期待されていた他からの支持がぐらついたのである。とくにわれわれが直面したのは、自由主義会派からの予想通りの、あるいは予想していなかった（大半は予想していなかった）反発であった[23]」。ビスマルクの拒絶姿勢が国民自由党の出鼻を挫いたのであった。

ここに示されているのは、ビスマルクの拒絶があったとはいえ、南ドイツ諸国の北ドイツ連邦への加盟を強く求めてはこなかった国民自由党の姿勢である。たしかにその消極的な態度には、関税議会選挙の結果に示されるような、一八六八年以降の南ドイツで顕在化した反プロイセン的な雰囲気の広がりといった事情（本章第二節一参照）の影響もあった。しかもそれは、普通選挙という「人々の大半によって下された決定」であっただけに無視できない重大な事態であった[24]。

ただし、この消極的な態度の背後には、国民自由党の南北統一の前提である、北ドイツ連邦の国家としての条件整備になお未完の課題があるという認識があったことも事実であった。「責任大臣という避けることのできない要求が、完全に未解決のものとして将来に委ねられた[25]」ことはその最大の課題の一つであった。トライチュケにとっても、北ドイツ連邦の権限強化がなお不可欠であった。「権限が拡大されればされるほど、連邦の共通制度が多くなればなるほど、南部の抵抗分子と連邦との融合はそれだけ容易になるのである[26]」という認識は変わらなかったのである。

しかし、ラスカーが北ドイツ連邦のライヒ議会に対する評価として強調しているのは、むしろその成果の方であった。北ドイツ連邦の議会は、審議時間の大半が法律案やその財源をめぐる議論に費やされた極めて実務的な性格を帯びた議会であった[27]。「連邦の国家的な性質を育てるためには、連邦の立法に与えられてしかるべき権限の範囲とその権限の活用範囲の広さが決定的な影響をもつ」とするラスカーは、そのような議会の立法活動が数多くの重要な法律を生み出したことを誇ることができたのである。連邦域内の人の移動、営業、交通・運輸といった経済的自由の面では、「一瞥することができないほど多くの障害と法制上のひどい異質性が残っていた。連邦が広い権限をもつことだけが希望を抱かせた。そして、なお相当に大きく膨らんでいる期待のいずれにとっても満足のゆくことだろう、その広い権限は実際に実現されたのである」との評価を下し、さらに、「兵役義務、陸軍における宿舎給付、領事館、商船国籍、海外での婚姻、度量衡、ライヒ議会の選挙、民事および刑事訴訟における司法共助、銀行券と政府紙幣の発行、宗派の同権に関する立法」の実現も、「国家としての重要性」を高めるものとみなされたのである[28]。さらに、刑法の統一が進行していることも注目されていた。

北ドイツ連邦が立法上の成果を重ね、国家としての実態が充実していったことは、しかしその効果として期待された南北統一の気運の明らかな向上という結果をもたらすことはなかった。では、そのドイツの国家的秩序に関しての帰結は何だったのだろうか。

それは、北ドイツ連邦がますます連邦国家として既成事実化していったことであった。そして、連邦国家という構造をあるべき統一国家の基礎として定着させていったというその状況は、北ドイツ連邦の議会にも具体的な形で現れていた。それを示す一例が、ラスカーが北ドイツ連邦の立法権限として最も重要であると考えていた統一民法の制定問題であった。

ミーケルとラスカーが一八六九年三月一八日に提出した動議は、連邦の立法権限を、債権法、刑法、商法、手形法、裁判手続きに限定する憲法第四条第一三項を改正し、それを「民法全体、刑法、裁判機関を含む裁判手続きに関する共通の立法」に拡大しようとするものであった㉙。このような拡大の要求は、「国民国家の不可欠な前提」として、憲法案の審議の際にすでに両者によってなされていた、その意味で国民自由党の年来の要求であった㉚。

四月一九日の議会において、動議の趣旨説明を行ったミーケルによれば、民法の統一は国民形成の中核をなすものである。すなわち、「ナショナルな生活、国民としての一体感の前提は、国民が「私法は分割できない」、「全体の中で各部分を個別に容認することはできず、法生活の根本的に主要かつ最も重要な部分がその構成員だけに認められている」ということを理解していることである㉛」。しかも、そのような統一に対して保守派や「連邦国家・立憲主義派」から寄せられる、民法の統一は単一国家の宣言であり、北ドイツ連邦の憲法の精神に反するという批判は見当はずれであるというのがミーケルの立場である。民法の統一は主権や国家構造の単一性とは必ずしも関係がない、さらにそもそもドイツはフランス的な単一国家を目指してはいない、ということをミーケルは強調したのである㉜。このように法統一を通じた国民形成を強調するミーケルの姿勢は、北ドイツにおける連邦国家を前提とし、それを正統化するものであった。

中小国の存在は、連邦国家の理念に反する過度の集権化を回避する機能を果たす。すなわち、「集権化と均一化のおそれは（このようなことを述べた場合に強い反発が生じる覚悟はできている）、旧プロイセンの伝統がもっぱら決定的なものでなくなるほど、それだけ小さくなる」のだし、「ドイツ全体の民衆の力とドイツ全体の学問的能力があればあるほど、そしてザクセンやその他の小国の伝統の関与が強ければ強いほど、ここライヒ議会における集権化と均一化と過剰な一般化の危険も、それだけ小さくなる」という。[33] ミーケルはこのように述べたうえで、そもそもそのような危険はない、ドイツの伝統とドイツ人の信条と対立するフランス流の単一国家への道を進むおそれはないと指摘した。[34] こうしてミーケルは、プロイセンを筆頭とする諸国家が集まる国家的秩序として北ドイツ連邦をとらえ、複数の国家が並立しているという条件の下で法統一を進める連邦国家としての北ドイツ連邦の実態を強く擁護したのである。

ミーケルとラスカーの提出した動議は、四月二八日に国民自由党の賛成を筆頭に議会の圧倒的多数を得て可決されている。[35] この動議には、先に示したように北ドイツ連邦のライヒ議会内の保守派および「連邦国家・立憲主義派」から単一国家への途を開くものとの批判があった。しかし、動議に対する最も厳しい姿勢は、南ドイツに目を向けた場合に視野に入ってきた。すなわち、バイエルンの愛国党とその代表的な政治家ヨルクが同動議に対して示した拒絶である。

一八六九年にバイエルンの反プロイセン勢力を結集して設立された愛国党は、バイエルンの北ドイツ連邦への加盟を阻止し、オーストリアを含めた緩やかなドイツの結びつきを回復しようとする立場をとった。バイエルンの自律性の確保を第一義とし、まずは南部連邦の結成を進め、続いてその南部連邦が北ドイツ連邦との緩やかな国家連合的な秩序を構築するための交渉役を担うべきとされたのである。[36] 北ドイツ連邦を単一国家とみなし、それに連邦国家ではなく、国家連合を対置する志向は、なお南ドイツの地に強く残っていたのである。

ヨルクは、ミーケルとラスカー動議の可決を北ドイツ連邦が仮面を剝いで単一国家の実像を露にした事件と非難した。[37] しかも彼は、一八六九年一一月にはプロイセン議会で動議が多数派の支持を得たことを、国民自由党の精神が連邦レベルのみならずプロイセンにも浸透している憂慮すべき事態と受け止めていた。ヨルクは、一一月二四日にプロイセン下院でラスカーが保守派に送った、「自由主義的集権論者」の影響で保守派がかつてとは全く異なる考えをもつようになったという演説の一節を紹介した後、次のように述べている。「この連邦の中で各国家が自律性を維持できる場所など存在しない、ということに疑いを抱く者はもはやいない。自由派の諸氏自身が競ってそのことを断言しようとしている。プロイセンの保守派も、たしかに動議に反対票を投じはしたものの、誰一人としてそれを口にした者はなかった。連邦の地位に信用すべき解釈を与えるという課題は、つねに賞賛をもって挙げなければならない数名のカトリックの弁士にのみ、またも委ねられることになったのである」(38)。ヨルクは、単一国家へと向かう北ドイツ連邦の実態に対する真の批判者は、もはやカトリックしかいないという認識を示したのである。

しかし、北ドイツ連邦内におけるカトリックの批判は、実際にはヨルクの評価とは異なり、ヨルクに比べれば現状の一定の容認を含むものとなっていた。「連邦国家・立憲主義派」の一人であり、のちにカトリック中央党の代表的な政治家となるヴィンドホルストは、北ドイツ連邦の国際条約的な性格を強調して、憲法が定めた権限を拡大することを内容とする憲法改正には反対する(39)。しかし、北ドイツ連邦の議員としてヴィンドホルストは、バイエルンのヨルクの立場とは異なり、北ドイツ連邦に南ドイツ諸国が加盟することを排除しないし、プロイセンのヘゲモニーも公然とは批判しなかった。

同時にヴィンドホルストは、国民自由党が推進する連邦権限の強化を停止することが、南ドイツが北ドイツ連邦に加盟するための最低限の前提条件であるとの立場を示している。彼によれば、「終日、とんかちとんかちと工事をしている家に住みたい人はいないし、そこに人を連れてくることもしない。私には何の権威もないけれども、北ドイツにおいて私に何か述べることがあるとすれば、ライヒを建築する大工の方々（die Reichszimmerleute）には、ともかく少し静粛にし、待機をし、活動の対象を別に選ぶことを求めたい、ということであろう」(40)。

以上が示すことは、北ドイツでは、連邦国家の存在を前提にして、その集権化の推進とその阻止という形で対立の構図が現れていたということである。南ドイツ諸国の北ドイツ連邦への加盟の条件として、北ドイツ連邦の一層の集権化を求める人々とその阻止を訴える人々が対立していたのである。それは、国家連合といった連邦国家に代わる選択肢がなお示される南ドイツを入れた全ドイツの情景とは異なるものであった。

ヴィンドホルストやヨルクは、一八六九年四月のミーケルとラスカーの動議への反応に示されるように、北ドイツ連邦が集権化の方向に進むことを批判した。しかし、彼らにとって真に憂慮すべきなのは、実は、南ドイツそのものに集権化の傾向に異を唱えない勢力がいることであった。「北ドイツ連邦がともかく集権的自由主義の制約なき領域となれば、すぐに南の自由主義も抵抗なくそれに魅力を感じ、現地の王家に好ましいか害を与えるかを問わず、加盟の道を推し進めるであろう」[41]とヨルクは述べる。実際、南ドイツの自由主義者の中には、南ドイツ諸国の北ドイツ連邦への加盟を、北ドイツの国民自由党以上に積極的に望む者が少なくなかったのである。

二　南ドイツの自由主義者と北ドイツ連邦への加盟

北ドイツ連邦の国民自由党は、南北ドイツの統一よりも当面は北ドイツ連邦の国家整備を優先したものの、南北ドイツの分断状態が固定化される事態は望ましくないという認識を捨て去ることはなかった。ただし、南北の統一の分断をできるだけ早くに解消すべきとする姿勢は、同じ小ドイツ的な国家統一を望む自由主義者の中でも、ドイツ連邦解体によって防衛上の不安や国際的孤立への懸念が強まっていた南ドイツ諸国の自由主義者に、より強くみられた。ラスカーが、「ナショナルな帰属意識」が広く抱かれていることを理由に、その単独加盟が北ドイツ連邦議会で提案されたバーデン[42]以外のバイエルンやヴュルテンベルクにも、北ドイツ連邦への早期の加盟を求める勢力がいた。

南ドイツにおける最大の国家であるバイエルンの議会では、政府と議会とが一致して北ドイツ連邦への加盟路線をとっていたバーデンと同じく、南北の統一を可能な限り早く実現することを期待する声が強かった。バイエルンでは議会の圧倒的多数を、一八六九年の選挙で反プロイセン的な愛国党が躍進するまで、南北ドイツの迅速な統一を求める自由主義者が占めていたのである。[43]とりわけバイエルン進歩党は、北ドイツ連邦へのバイエルンのできる限り早い加盟を強く求めた勢力であった。

進歩党の代表的人物の一人であるフェルクは、一八六六年八月末にベニヒセンに対して次のような心情を吐露している。バイエルンでは北ドイツと南ドイツが分断されることを「国民的不運」ととらえる雰囲気が広がっており、分断が解消されない限り、人々は不穏な心境をいつまでも拭えないであろう。今すぐにバイエルンが、北ドイツで始動した統一過程に加わることができないのならば、「これからできる議会においてわれわれが座る場所を空けておいていただきたい、そして、すぐにでも同じように、つまり有利な、そして望むらくはそう遠くない時期に議会に加わることが可能であり続けるようにことを計らっていただきたい」[44]、と。そして、北ドイツ連邦への加盟を望む見地から回避しなければならないことは、なにより北ドイツ連邦が南ドイツに参加を逡巡させるような集権的な国家的秩序となることであるという。「過剰なプロイセン主義あるいは不必要に硬直した集権化によって南部でわれわれが行う努力を台無しにしないでいただきたい」[45]というフェルクの言葉には、このような立場が明瞭に示されていた。

さらに、バイエルンの北ドイツ連邦への早期の加盟を期待するある論者からすれば、「プロイセンあるいはプロイセン政府、さらにはプロイセン国民の一部が望まない場合でさえ、われわれはそれ（＝南ドイツ諸国の北ドイツ連邦への加盟——筆者注）を求めなければならないのである」[46]。すでに述べたように、北ドイツ連邦では、議会に南ドイツ諸国の加盟に消極的ないし否定的な勢力（保守派、国民自由党の一部、進歩党の一部）が存在した。北ドイツ連邦に南ドイツ諸国が加わることによって、その権力の弱体化がもたらされること、あるいは議会内に自由主義的・民主主義的反対派の勢力が増すことが嫌われたのである。しかし、プロイセンが難色を示しても北ドイツ連邦に加わるべきとするこの論者は、プロイセンあるいは北ドイツ連邦の国家構造の弛緩を企図してそう主張したのではない。「その統治が自由主義的であれ非自由主義的であれ、プロイセンが二〇〇〇万の住民をもつ純粋なドイツの大国であることにかわりはなく、プロイセンなしのドイツは考えられない」[47]。同時にドイツは「プロイセンの巨大化」であってはならない。「ドイツのナショナルな再構築」こそが目指すべき目標であり、そのために北ドイツ連邦に南ドイツ諸国が加わらなければならないとされたのである[48]。

こうした北ドイツ連邦への参加を求める立場をとる者には、北ドイツ連邦の国家構造がどのようなものであるかという問題以上にはるかに重要な問題が存在した。「ともかくもドイツの境界を守ることは、分断状態にある場合よりも、すべてのドイツ人ができるだけ緊密に結束すること（当面はオーストリア抜きであるにせよ）によって、より首尾よく実現することができるといえるのである[49]」。つまり、バイエルンの北ドイツ連邦への加盟を求める勢力の議論が示すところは、彼らの間に、全国的な国家的秩序がどのような形態をとるかという問題をさして問わず、境界の防衛を軸に統一ドイツ像を描く発想が強まっているということであった。

ただし、北ドイツ連邦への南ドイツ諸国の加盟は、小ドイツ的なドイツを念頭にドイツの南北分断のできる限り早い解消を支持するすべての勢力からの賛成を得ていたわけではないことに注意する必要がある。

進歩党以上に政府の方針に近く、自由主義者の中で議席数的にはなお優勢であった中道党は、南ドイツ諸国と北ドイツ連邦とが、関税や安全保障といった個別の分野で実質的な結合関係を強化してゆくことを重視する反面、「ドイツにおける集権的な単一国家の形成への対抗」の姿勢をとり、それゆえに「北ドイツ連邦へのバイエルンの加盟への反対[50]」を貫こうとしたのである。

北ドイツ連邦への南ドイツ諸国の参加はもちろんこと、中道党が描くような、プロイセン・北ドイツ連邦との間の実質的な結合関係の強化をも拒絶したのが愛国党であった。愛国党の中には、その反プロイセン的姿勢の突出した表現として、バイエルンの同盟相手としてプロイセンではなくフランスを選ぶという勢力も存在した。すなわち愛国党内の「教皇至上主義者」の一部には、次のように、フランスとプロイセンとの間の戦争によって北ドイツ連邦が解体することを望む者さえいたのである。「われわれはフランスであれプロイセンであれ、その奴隷や属国になることは望まない。しかし多くの人々が、フランス人だけが、プロイセンの強制的な暴力に対抗してわれわれを守り、緊急時にはわれわれを助け、一八六六年の併合からわれわれを救い出し、そしてそれが神の意志であるのならば、いつの日か、野蛮なプロイセン主義という耐え難いくびきからわれわれを解放してくれると願っていることを否定することはできない」[51]。

しかし愛国党の多数派は、ここまで過激な立場はとらなかった。その多数派は、進歩党や中道党と同じくフランスをドイツの宿敵と考え、プロイセンとフランスが戦争をした場合に中立あるいはフランス側に立つなどということは想定していなかったのである。

たとえば、この党の台頭の意義を説いた『バイエルンの愛国主義的な政党』という小冊子（一八六九年）は、愛国党がフランスを使ってプロイセンを壊滅させようとしているという見方をはっきりと駁していた。また、一八六九年五月のバイエルン議会選挙（この選挙で愛国党は大躍進する）に際して配布された愛国党の選挙チラシには、「軍国主義的単一国家」と同じく「フランスというドイツの宿敵との同盟」も拒絶するという姿勢が明瞭に示されていた[52]。

これらの人々が目指すドイツとは、「すべてのドイツ民族の真の同盟」であり、「自由で国家連合的に構築されるべきドイツ」であった。バイエルンのなすべきことは、まず南ドイツ諸国を南部連邦にまとめること、そしてそれを「真の同盟」の基礎にすることだとされたのである。しかし、後述するように南部連邦構想が実現に向かって動き出すことはなかった。そのような状況を前に、また、バイエルンの安全保障という現実的利害計算から、愛国党も、プロイセンとの防衛同盟を事実上容認するようになっていたのである[53]。統一ドイツの国家的秩序の形態の点では諸派の間に大きな距離があったバイエルンでも、統一ドイツが反フランス感情を土台とすることには確かなコンセンサスがあり、そのナショナリズムに基づくコンセンサスは一層のこと強まっていたのである。

一八六六年八月に結成されたヴュルテンベルクのドイツ党の党綱領も、ドイツ連邦の解体とオーストリアのドイツからの離脱後の状況において、「ドイツに力強い国家を築くのは、ドイツの全国家がプロイセンと結合することによってのみである。そしてその結合は……連邦国家の中で実現することができる」とうたい、その連邦国家がドイツの北半分に限定されているという「マイン線によるドイツの分断」という現状に強い不満を示していた。ドイツ党は、とりわけ北ドイツ連邦の敵対組織として南ドイツが南部連邦といった独自の国際組織を結成する試みを、厳しく拒絶していた(54)。ヴュルテンベルクでは、人民党に代表されるような、北ドイツ連邦への加盟を攻撃する勢力がバイエルンよりもはるかに強かった。そして早くから議会内に存在していた。したがって、南ドイツに南部連邦を構築しようとしていた人民党や大ドイツ派と激しく競合しなければならなかったドイツ党の不満は、相当に強いものとならざるをえなかったのである。

ただし、ヴュルテンベルクの北ドイツ連邦への加盟を急ぐドイツ党も、巨大なプロイセンが築き上げた北ドイツ連邦が集権化の傾向を強めてゆくことをおそれる必要はないと考えていたのだろうか。北ドイツ連邦に加入することで、ヴュルテンベルクの独立・繁栄・自由が損なわれることへの懸念はなかったのだろうか。この疑問に答えたのが、ヴュルテンベルクのドイツ党の代表的な政治家であり、テュービンゲン大学の私法・ローマ法教授レーマーの『北ドイツ連邦憲法と南ドイツ、とりわけヴュルテンベルクの自由』という書物であった。

この書物の結論も、「ドイツの統一は、南ドイツが北ドイツ連邦に加入することを通じてのみ達成される。そしてドイツの統一は猶予なく進められなければならない」というものである。そしてドイツの大半がすでに北ドイツ連邦という形態で統一されている以上、「他のいかなる統一も、まさにそのように構築された国家の形を破壊することになろう(55)」。

このような結論は、北ドイツ連邦への加盟がヴュルテンベルクにとって損失であるどころか多大な利益をもたらすという認識から導き出されたものであった。北ドイツ連邦憲法における連邦の権限は、国民の喫緊の必要にそくしたものに限定され、その裁量の範囲は一八四九年憲法に比べて限られている。連邦参議院という機関によって各国の自律性への配慮もなされている。同時に北ドイツ連邦は、単一の経済・通商・交通圏を形成してもいる。さらに普通選挙制度によって選出がなされる北ドイツ連邦の議会は、南ドイツにはいまだない、「南ドイツの民主主義の理想」を体現した機関であり、すでに多くの改革立法を誕生させている。そして国際的に南北統一を阻む障害とされているプラハ条約は、宿敵たるフランスが押しつけたものにすぎない(56)。

　このようにレーマーは、ヴュルテンベルクの北ドイツ連邦への加盟がもたらす利得を強調した。そして、レーマーのみならず、ドイツ党の統一ドイツ像に色濃く反映しているのは、そのフランスへの敵対心であった。レーマーの次の言葉はその点を極めて明瞭に表していた。北ドイツ連邦への加盟によるドイツ統一に反対し、実現の可能性がない統一のあり方を今なお唱道する者は、ドイツ全体のことを考えず、単にプロイセンが嫌いなだけである。それどころか、「おそらくこうした事情を前に、なおプロイセンに反対するのは、フランス人の同盟者なのである」(57)。

　バイエルンの進歩党やヴュルテンベルクのドイツ党が北ドイツ連邦への加盟を急いだことに示されるように、南ドイツの自由主義者の間のドイツ像は、北ドイツ連邦の国民自由党とは異なり、全国的な国家的秩序よりも反フランスを念頭においた境界への強い関心に規定されていた。すなわち、優先的に考えられていたのは、統一ドイツの国家的秩序がいかなる形態をとるのかということではなく、反フランスを軸にドイツ諸国が結束することであった。しかも、フランスを敵視する姿勢が、北ドイツ連邦の評価や将来の統一ドイツの国家構造の点では全く相容れない人民党とも共有されていたことは、バイエルンの進歩党と愛国党の場合と同様であった。

（1）SBNB. im Jahr 1867. Erster Band. 8. Sitzung（9 März 1867）, S. 111–115.

（2）Johannes Miquel, „Die politische Aufgaben im Norddeutschen Bunde“（30. Dezember 1866）, in: Walther Scultze/Friedrich Thimme（Hrsg.）, Johannes von Miquels Reden. Erster Band: 1860 bis 1869, Verlag der Buchhandlung des Waisenhauses, Halle 1911, S. 193–199.

（3）Parteiprogramm von 1867（Aufruf zur Wahl des ersten Ordentlichen Norddeutschen Reichstags）, S. 10.

（4）Heinrich Treitschke, „Politische Correspondenz“（10. August 1866）, *Preußische Jahrbücher* 18（1866）, S. 228.

(5) Julian Schmidt, Die Nothwendigkeit einer neuen Parteibildung, S. 28.

(6) Johannes Miquel, „Die politische Aufgaben im Norddeutschen Bunde“ (30. Dezember 1866), S. 194–195.

(7) Friedrich Oetker, Lebenserinnerungen. Bd. III, S. 497–498. エトカーの「脱集権的単一国家」については、Heinrich Heffter, Die deutsche Selbstverwaltung im 19. Jahrhundert, K. F. Koehler Verlag, Stuttgart 1969 (2., überarbeitete Auflage), S. 472を参照。

(8) Heinrich Treitschke, „Die Verfassung des norddeutschen Bundes“ (10. Juni 1867), S. 723.

(9) ヴァルデックら、プロイセン下院の進歩党の一部の勢力を念頭におくものであろう。

(10) Heinrich Treitschke, „Die Verfassung des norddeutschen Bundes“ (10. Juni 1867), S. 724.

(11) Ehrenreich Eichholz, Die bundesstaatlich-constitutionelle Fraction auf dem Reichstage des Norddeutschen Bundes, Buchhandlung von Carl Brandes, Hannover 1867, S. 8.

(12) Ebd., S. 45.

(13) Ebd., S. 10.

(14) Ebd., S. 42.

(15) Johannes Miquel, „Die politische Aufgaben im Norddeutschen Bunde“ (30. Dezember 1866), S. 199.

(16) Eduard Lasker, „Bericht der national-liberalen Partei über die abgelaufenen Legislaturperioden des Reichstags, des Zollparlaments und des Preussischen Abgeordnetenhauses“, *Annalen des deutschen Reiches für Gesetzgebung, Verwaltung und Statistik* 3 (1870), S. 574.

(17) Anlagen zu den SBNB. Session 1870, Nr. 20, S. 204.

(18) SBNB. Session 1870. Erster Band, 9. Sitzung (24 Februar 1870), S. 59–60.

(19) Ebd., S. 66 und 68.

(20) Josef Becker, „Bismarck und die Frage der Aufnahme Badens in den Norddeutschen Bund im Frühjahr 1870. Dokumente zur Interpellation Laskers vom 24. Februar 1870“, *Zeitschrift für die Geschichte des Oberrheins* 119 (1971), S. 431.

(21) SBNB. Session 1870. Erster Band, 9. Sitzung (24 Februar 1870), S. 67.
(22) Josef Becker, a. a. O., S. 430–431.
(23) Eduard Lasker, a. a. O., S. 575.
(24) Heinrich Treitschke, „Badens Eintritt in den Bund" (5. März 1870), *Preußische Jahrbücher* 25 (1870), S. 328.
(25) Eduard Lasker, a. a. O., S. 576.
(26) Heinrich Treitschke, „Badens Eintritt in den Bund" (5. März 1870), S. 333.
(27) Klaus Erich Pollmann, Parlamentarismus im Norddeutschen Bund 1867–1870, S. 453.
(28) Eduard Lasker, a. a. O., S. 567 und 579–580.
(29) SBNB. Session 1869. Dritter Band (Anlagen zu den Verhandlungen des Reichstages), Nr. 52, S. 175.
(30) SBNB. im Jahr 1867. Erster Band, 16. Sitzung (20 März 1867), S. 285–286.
(31) SBNB. Session 1869. Erster Band, 22. Sitzung (19. April 1869), S. 447.
(32) Ebd., S. 446.
(33) Ebd., S. 448.
(34) Ebd.
(35) SBNB. Session 1869. Erster Band, 29. Sitzung (28. April 1869), S. 654.
(36) Friedrich Hartmannsgruber, Die Bayerische Patriotenpartei 1868–1887, C. H. Beck'sche Verlagsbuchhandlung, München 1986, S. 88–89.
(37) 北ドイツ連邦議会で四月二八日に可決された動議に対し、北ドイツ連邦の連邦参議院は六月二五日に反対を決議した。さらにプロイセンでは、元法務大臣リッペが、北ドイツ連邦は「諸国家の連合(Föderation von Einzelstaaten)」にすぎないとの見地から司法と裁判組織の統一に反対するとの動議をプロイセン議会上院に提出していた。これらの動きに対してミーケルとラスカーは、連邦における一般民法の制定の実現にプロイセン政府が尽力することを求める動議を、プロイセン下院に提出した。一一月一七日にリッペ提出の動議は上院において四二票対五八票で否決されたのに続いて、下院では一一月二四日にミーケルとラスカーの動議が二一八票対一一六票の大差で可決された。Schulthess' Euroäischer Geschichtskalender 10 (1869), C. H. Beck'schen Buchhandlung, Nördlingen 1870, S. 103, 131, und 133–137.

(38) Joseph Edmund Jörg, „Zeitläufe. Die Verfassung des norddeutschen Bundes und deren innere Entwicklung", *Historisch-politische Blätter für das katholische Deutschland*, 64 (1869–II), S. 1001–1002.

(39) SBNB. Session 1869. Erster Band, 22. Sitzung (19. April 1869), S. 458–460.

(40) Ebd., S. 460.

(41) Joseph Edmund Jörg, a. a. O., S. 1002.

(42) バーデンの自由主義者の動向の詳細は、Lothar Gall, Der Liberalismus als regierende Partei. Das Großherzogtum Badens zwischen Restauration und Reichsgründung の第七章を参照。

(43) バイエルン議会では、一八六三年以降、大ドイツ的な自由主義である中央派（Zentrum）が最大勢力を誇っていた。一八六三年結成の進歩党は組織化の点で抜きんでた政党である一方、議席数の点では中央派の後塵を拝していた。一八六六年の戦争により大ドイツ的な国家的秩序が崩壊すると、中央派の解体が始まり、少なからずの者が進歩党へ合流した。多数派は中道党を結成したものの、その凋落は続き、愛国党が進出した一八六九年の選挙でその没落は決定的となった。一八六九年一一月選挙の結果、愛国党八〇、進歩党六三、中道党その他一一という配分となっていた。Friedrich Hartmannsgruber, a. a. O., S. 9–10 und 101.

(44) Völk an Bennigsen vom 21. August 1866, in: Hermann Oncken, Rudolf von Bennigsen. Bd. 1, S. 748.

(45) Ebd.

(46) Friedrich Walther, Ueber den Anschluß Süddeutschlands an den norddeutschen Bund. Betrachtungen eines Süddeutschen im Späterherbste 1866, C. H. Beck'schen Buchhandlung, Nördlingen 1867, S. 25–26. 著者はミュンヘン大学の刑法学の教授である。

(47) Ebd., S. 17.

(48) Ebd., S. 26.

(49) Ders., Ueber den Anschluß Süddeutschlands an den norddeutschen Bund II. Hohenlohe, Bayern und Deutschland. Fortsetzung der 1866iger Späterherbstbetrachtungen eines Süddeutschen im Frühling 1867, C. H. Beck'schen Buchhandlung, Nördlingen 1867, S. 34.

(50) 中道党の綱領（一八六八年一二月二日）の文言である。Schulthess' Euroäischer Geschichtskalender 9 (1868), C. H. Beck'schen Buchhandlung, Nördlingen 1869, S. 181–182.

(51) Der Volksbote 紙の一八六九年八月一日付の記事の一節である。カトリックの後ろ盾として、自由主義的改革が始まったオーストリアよりも帝制のフランスに期待が寄せられたのである。この記事は以下から引用した。Rolf Weber, „Ultramontanismus und Demokratie in Süddeutschland 1866 bis 1870", in: Horst Bartel/Ernst Engelberg (Hrsg.), Die großpreußisch-militaristische Reichsgründung 1871. Voraussetzungen und Folgen, Akademie Verlag, Berlin 1971, S. 428–429.

(52) 『バイエルンの愛国主義的な政党』と愛国党の選挙チラシについては、Karl-Georg Faber, Die nationalpolitische Publizistik Deutschlands von 1866 bis 1871. Bd. I, Droste Verlag, Düsseldorf 1963, S. 364 und 367–368.

(53) Jens Peter Kutz, Vom Bruderkrieg zum *casus foederis*, S. 130.

(54) ドイツ党結党時の綱領は、Wilhelm Lang, Die Deutsche Partei in Württemberg. Festschrift zur Feier des fünfundzwanzigjährigen Bestandes der Partei. 1866–1891, Verlag von W. Kohlhammer, Stuttgart 1891, S. 85–86.

(55) Robert Römer, Die Verfassung des norddeutschen Bundes und die süddeutsche insbesondere die württembergische Freiheit, Verlag von H. Laupp'schen Buchhandlung, Tübingen 1867, S. 76.

(56) Ebd., S. 32–33, 50–51, 53, und 67–69.

(57) Ebd., S. 79.

第二節　部門統合と国民形成

はじめに

各国家の上層に立つ国家的秩序がドイツの北半分にしか存在しないという現状を過渡期とみなし、南ドイツ諸国の北ドイツ連邦への加盟こそがドイツ統一の現実的かつ唯一の道であると信ずる自由主義者たちの期待は、当面、満たされることはなかった。

その代替案として期待が寄せられたのが、南ドイツ諸国とプロイセンとの間に締結された防衛同盟（Schutz- und Trutzbündnis）と、南ドイツ諸国と北ドイツ連邦との間に設けられた関税同盟（とそれを発展させた関税議会）とを軸に、安全保障と関税の両部門で南北ドイツの実質的な統合を進めるという路線であった。

ビスマルクは、関税議会を経済的交流の活性化を通じた全ドイツ的な機運の向上の場、さらには将来の連邦国家の礎石と考えていた（第三章第三節二参照）。また、防衛同盟を、そのような国家を支える国民意識の培養器と想定していた。一八六七年三月一五日、プロイセンと南ドイツ諸国との間で前年に秘密裏に締結されていた防衛同盟の存在を公表した際、ビスマルクは、「人はマイン線をわれわれと南との間の壁として打ち立てようとし、われわれもそれを受け入れた。それがわれわれの必要と真の利益に適っていたからである。しかし、取り違えはなかっただろうか。マイン線とは実在の壁なのではなく、頭の中に描かれた壁であることを、あくまでも比喩にとどまる表現ではあるものの、それは格子であることを。その格子を突き抜けてナショナルなものの川筋が流れる。そのナショナルなものは、「国民の絆（*liens nationaux*）」の前提として、止まることがないと知らなければならない」と述べている。(1)

南ドイツ諸国の自由主義政党はいずれも、関税同盟の強化を支持し、一八六七年三月に公表された防衛同盟を熱く歓迎した。八月初旬に、バイエルン進歩党の呼びかけで開催された南ドイツの自由主義者の集会においては、「南ドイツ諸国の北ドイツとの完全な統合という目標を実現するためには、北ドイツ連邦への加盟が、その憲法のもつ欠陥と欠落を問わず、またプロイセン当局の嘆かわしい失策にもかかわらず、唯一の可能な道なのである」[2]という認識が明らかにされてもいる。そのうえで、関税政策と安全保障面で南北の関係を実質的に緊密化することが、完全な政治的統合に至る第一歩と位置づけられたのである。また、北ドイツ連邦の国民自由党も、南ドイツ諸国の北ドイツ連邦への正式な加盟が当面は難しいという現状において、実質的な統一を進めるものとして関税同盟や防衛同盟を支持したのである。

このようないわば政策的な部門統合は、ナショナルな意識を培養する上で成果を挙げたのであろうか。

一　関税議会

一八六八年の二月と三月に南ドイツ諸国では関税議会のための選挙が行われた。北ドイツ連邦議会の議員はそのまま関税議会議員になったため、選挙が実施されたのは南ドイツ諸国のみであり、しかもそれは、南ドイツ初の男子普通選挙制度による選挙であった[3]。

選挙の結果が、関税議会にドイツの国民意識をはぐくみ、南北ドイツ統一国家を準備する役割を期待した者を失望させたことはよく知られている。

バイエルンにおける選挙は、カトリック特殊地域主義者の勝利に終わり、全四八議席中の二六議席を獲得した。北ドイツ連邦への参加を支持する国民自由党系の勢力は一二名にすぎなかった。ヴュルテンベルクでは、一一名までが民主的な大ドイツ派が占め、残りの六議席も政府支持の連邦主義派が獲得した。北ドイツとの統一を主張する勢力の議席は皆無であった。南ドイツ諸国の中で北ドイツとの統一を最も積極的に求めてきたバーデンにおいてさえ、統一支持勢力は一四議席中八議席であり、民主的大ドイツ派が六議席を獲得して善戦した。総じてみれば、一八六八年の関税議会選挙では、南ドイツの八五議席中、五〇議席までを特殊地域主義的な勢力が占め、九議席が中間派であり、国民自由党を筆頭とする自由派は二六議席にとどまったのである[4]。この選挙結果が、南ドイツの反統一・反プロイセンの気運を示していたのは明らかであった。

しかも、関税議会開幕後まもなく、南ドイツの特殊地域主義者の議会会派ともいうべき「南ドイツ派」が、ヴュルテンベルクのプロプストやバイエルンのトゥンゲンを中心に結成されている[5]。

ビスマルクは、ヴュルテンベルクの陸軍大佐ズッコウと一八六八年五月に行った会談の中で、関税議会選挙の結果が示す現状の評価として次のように述べ、南北の統一が当面は無理であるとの認識を示している。「南部は当面、関税条約と同盟条約以外に、北ドイツとの結びつきを強めようとはしないだろう。北部もさらに何かを要求するという理由をもっていない。というのも、軍事面では、南との結びつきがわれわれにとって軍事的な強化になるわけではないし、政治的にも南の異質な要素とわれわれを混合する必要は全くないからである。ドイツがそのナショナルな目標を一九世紀のうちに達成すれば、それは何か偉大なことに思われるし、一〇年以内、いや五年以内に実現すれば、それは尋常ならざることであろう[6]」。

関税議会選挙において、北ドイツ連邦への加盟を拒む反プロイセン勢力が勝利を収めたことにより、関税分野での統合を連邦国家へと発展させるというビスマルクの当初の戦略は当面、断念せざるをえないものとなった。それ以降の関税議会には、防衛同盟と同じく、北ドイツと南ドイツの共同作業を通じたドイツの国民的一体感の醸成や、反プロイセン意識の緩和が期待されるようになったのである。

しかし、そうした気運に対抗して、国民自由党およびバーデンとヘッセンの自由派から、「われわれのナショナルな観念の力は、祖国たる全ドイツの平和的かつ実りある完全な統一を導く[7]」ことを高らかに宣言する動議が提出され、五月七日にこの動議をめぐる審議が行われた。この動議は、関税議会の開幕時に、関税同盟議長（プロイセン国王）が行った開幕式辞[8]――南ドイツの反統一の気運を反映してか、関税議会が将来の統一ドイツに結びつくことをうかがわせるような表現は一切なかった――に対する返答でもあった。

この動議に対して最も長い説明を行ったベニヒセンによれば、関税議会がその限られた活動範囲で取り組まなければならない問題は、生産者と消費者、自由貿易と保護貿易、沿岸地域と内陸地域、南と北といった対立が鋭く顕在化する経済面での諸問題である。しかし、「このような問題を限定された領域の中だけで解決できるかどうか、つまり、対立が激化しやすいこうした経済的な問題を、そのような厳しい対立への対処という課題に取り組まなければならない政府と代表機関が、同時に、偉大な国民の国家生活と文化の全般的課題を果たすことを通じて、浄化し、より高次なものへと高めない場合に解決できるかどうかは非常に疑わしい[9]」のである。要は、経済問題もそれに特化するのではない一般的な議会を通じてしか十分に解決できないのではないか、そのような全国議会は必要なのではないのか、というのである。

このようなやや迂遠な表現だけであれば、動議への反発もさほど強くなかったかもしれない。しかし、ベニヒセンは続けてこう述べて、動議の意図が、関税議会を端緒としたドイツの国家統一であることを明らかにしたのである。「われわれにはいつの日か果たさなければならない課題がある。それは、この世代において、ドイツの人々に、その国家と文化の活動の全領域にわたる政治的統一と憲法を作り出さなければならない、ということである。われわれは、いつの日かこのことをやり遂げようとすれば、この課題の大きさにひるんではならないのである[10]」。

こうしたベニヒセンの単刀直入な姿勢に対する南ドイツからの反発は極めて強かった。関税議会の開幕後間もなく、先にふれた「南ドイツ派」を結成していたトゥンゲンは、「南ドイツの民衆の大半、本来の民衆たちは、明らかにこれ以上のプロイセンへの接近を嫌っていることは明白である。この点で、より密接な結びつきが、われわれの制度や自律性に不利益をもたらすという確たる不信感や恐怖がある[11]」と断じ、件の動議に対しては、「この動議には、ドイツの全国議会を匂わすようなもの、南ドイツ諸国が北ドイツ連邦の権力領域に当然の帰結として引き入れられてゆくことを匂わすものが含まれている[12]」と指摘した。南ドイツと北ドイツは、対等な契約の当事者なのであり、関税同盟を舞台にプロイセンとさらに結合を強めてゆくことには反対であると彼は明言したのである。

この動議をめぐる対立は厳しく、動議は、「南ドイツ派」および保守派を中心とする反対により、一八六票対一五〇票で否決され、[13] 関税同盟をより本格的な統合に向けた第一歩としようとする試みは大きく出鼻を挫かれた。関税議会をより一般的な全国議会へと格上げしようとする動き、関税同盟を連邦国家へと発展させようとする道は、さしあたり閉ざされたのである。

しかしビスマルクは、南北の議員が集う関税議会が反プロイセン感情を和らげ、南ドイツの南北の融和の気分を高めるという点に関税議会の意義を見出していた。そしてそのような観点から、ひとたび成立した関税議会が現有の権限を失って弱体な存在に堕してゆくことを望まなかった。あくまで関税議会の現状の権限は維持すること、その中で南北の交流をはかることは、自由派の譲ることのできぬ最低限の要求でもあった。

この点が明確になったのが、一八六八年五月一八日にバンベルガーが提出した動議をめぐる審議の場面である。[14] ヘッセン選出のバンベルガーの動議は、「ヘッセン大公国において引き下げられたワイン関税と、現行の間接税体系との齟齬がきっかけとなって生じた不満を取り除くよう、関税同盟の連邦参議院に対して働きかけること」[15] を関税議会が決議することを求めるというものであった。要するにバンベルガーは、引き下げられたワイン関税とヘッセンにおける高いワインへの課税との関係が、関税同盟条約の想定を逸脱するほど不調和の状態にあるという状況において、その是正のために関税同盟の介入を求めたのである。

モールやプロプストら「南ドイツ派」の議員は、このバンベルガーの要求に強く反発した。モールは、関税同盟には、ヘッセンがその国内税法を維持・変更・廃止など、いかに取り扱うのかについて介入する権限はないと主張し、[16] プロプストも、「関税議会には、現在ここに示されているような動議を提出する権限はない」と述べた。加えてプロプストはより端的に、関税議会内には、関税同盟の権限を拡大し、それを梃子に南ドイツ諸国の北ドイツ連邦への加盟を前に進めようと考える勢力も少なくない、しかし「南ドイツの議員の大半は、初めから、関税議会の権限を拡大させないことをその課題としている」と断じたのである[17]。

問題は、ビスマルクが的確に要約したように、実際に「ヘッセン大公国の立法が関税同盟の条約と矛盾しているのかどうかではなく、関税同盟の立法機関が、これがその場合に該当するかどうかという問題に取り組む資格があるのか[18]」であった。ビスマルクは、関税議会の権限が問われていると認識していたのである。

そしてビスマルクは、実質的にバンベルガーの動議を支持するとの態度を明らかにした。バンベルガーの動議を批判する声が大きい場内に向けて、「関税同盟の目的についてじっくりと考えていただきたい。もしも私がいかなる権限の拡大にも反対であるというのなら、それと同じく、条約で定められた関税同盟の権限を縮減するようないかなる試みにも反対する[19]」と語りかけ、大きな喝采を浴びたのである。動議に賛成するのは関税議会の権限を拡大するためではなく、その権限の縮小を防ぐためであるというのがビスマルクの姿勢であった。このビスマルクの発言をうけ、バンベルガーの動議は議会の圧倒的多数によって可決された[20]。

南ドイツ諸国の早期の北ドイツ連邦への加盟を求めてきたこのバンベルガーにとって、その実現が当面不可能な時点での次善の策は、まさに関税議会における活動を全ドイツ的な感情を醸成する場として活用することであった。初の関税議会が終わりを迎えた際に彼は、関税議会が一八四八年以来の初めてのドイツの全国議会であるとの意義を強調し、その活動の成果を誇ったのである。モールに代表される南ドイツ諸国の特殊地域主義者が今なお「南ドイツ」という言葉を口にすることに対して、「もうたくさんである。ドイツの未来に責任感を感じる人々は、こうした分断のある状態に終止符を打つ時が来た、と感じている[21]」と述べ、関税議会という「この場所において、過去と現在、フランクフルトとベルリン、一八四八年と一八六八年の間にある切り裂かれた絆が結ばれる[22]」こと、すなわち関税議会はなにより北と南を分ける発想を根絶しようとしたことにその意義を有することが強調されたのである[23]。

初の関税議会が会期末を迎えた五月二一日に開催された祝宴の席でビスマルクも、関税議会の議員を前に、「諸君は、ドイツの利益のための共同作業を終えて、こんな確信をもって祖国に帰られることであろう。人生のどのような状況のためにもなる兄弟の情と兄弟の支援をここに見出し、ともに集うことを重ねるごとにこの関係は強められ、また強められなければならないだろう、という確信である。この関係を守ろうではないか、この家族の生活をはぐくもうではないか。この意味で私は、南ドイツの兄弟に心から「またお会いしよう」と呼びかけるのである」と演説し大きな喝采を浴びたのである[24]。

この挨拶を聞いていたバイエルン首相ホーエンローエによれば、関税同盟の活動は、南北統一に大いに貢献するものであった。すなわち、「この連邦宰相の言葉が南ドイツ人の心に呼び起こした感動は、彼らに対し、南と北の接近が、関税議会の活動を通じて、後退することなく前進したことを示すものであろう[25]」。

もちろん、関税議会の意義を高く評価した議員にとっても、関税議会における共同作業の延長線上に国家統一があると考えるほど楽観的ではなかった。

バンベルガーは、全国制度としての関税議会を高く評価しつつ、南ドイツ諸国の北ドイツ連邦への早期加盟を求めてきた立場から、その限界をも指摘していた。それは、関税議会が関税政策のみに関わる議会であること、関税政策を他の政策から切り離すことが合理的ではないことであった。その結果、「どこまでも終わりがないような時間と精神の浪費をともなったいくつもの議会の並立」という状態が生まれてしまっている。しかもそれは、「議会によって議会主義を否定する」ビスマルクの戦術でもある。この「議会の並立」状態は解消されなければならないというのがバンベルガーの見解であった[26]。

ではいかにして解消すべきなのか。現状のドイツの問題は、ドイツの全国制度とその領域が一致していないことである。すなわち、「北ドイツ連邦は、より高次かつより自然に構築された組織の重要な長所を示すものであり、関税同盟は、その基盤とする領域的な包括性が魅力である」。全国制度と領域がこのような調和していない状態にある以上、まず決すべきことは、「関税同盟の権力領域をより高い段階に向上させるか、あるいは北ドイツ連邦の領域をより広いものに拡大するか、どちらが得策なのか」である。しかしその答えは、関税議会が暫定的な制度であることに広範な世論の一致がある以上、自明であるというのがバンベルガーの立場であった㉗。

しかし、北ドイツ連邦への南ドイツ諸国の加盟問題に進展はなかった。それどころか、一八六九年六月に始まった関税議会の第二回目の会期においては、「大ドイツ派、民主派、教皇至上主義者からなる反対派が北への編入にいかに強く反対していたか」、その強さは、南ドイツで小ドイツ的な統一を望む自由主義者をひどく落胆させてもいた㉘。こうして一八六九年のバンベルガーの関税同盟への評価も、前年とは異なり、そのマイナスの側面を大きくとらえるようになっていたのである。

たしかに一八六九年夏の会期においては、南北統一を支持するすべての南ドイツの議員からなる院内会派、「自由南部連合（通称「マインの架橋へ（Zur Mainbrücke）」）」が「南ドイツ派」に対抗して結成され、北ドイツ連邦への早期加盟を求める勢力の結集が試みられている㉙。しかしそれが事態を大きく動かすインパクトを与えることはなかった。しかも、関税議会そのものの審議はといえば、前年に行われたような国家統一に関わる政治的な議論は影を潜め、審議は関税問題の実務的なものに終始するようになっていたのである。

総じて自由貿易志向が強かった関税議会に対し、関税同盟を構成する諸政府（関税同盟連邦参議院）には歳入面への配慮から間接税と輸入関税への執着があり、実際の審議においては、たばこ税や砂糖税、石油関税などをめぐる対立が、関税同盟連邦参議院と議会との間、あるいは議会内部において顕在化していた。このような対立のために、一八六九年の関税議会は関税率の改定失敗を初めとして、さしたる成果をみなかったのである㉚。

このような関税議会の会期の最中にバンベルガーは、関税議会に期待される任務の大きさと与えられた権限の弱さの落差を改めて嘆いた。関税分野を切り取ってそこだけの議会を設けることにはそもそも無理がある。「国家の活動の中核は裁断できるものではない」からである。しかも、「数種類の関税について二週間で三回の審議をする」ことが、普通選挙制度によって選出された議員の仕事だというのであろうか㉛。もちろん関税議会の権限の限界はビスマルクによって設けられたものである。バンベルガーは依然として、「議会によって議会主義を否定する」ビスマルクへの批判を隠さなかった。「彼（＝ビスマルク——筆者注）、そして彼のみが、今年も関税議会がその本来の任務を果たすことができなかった責任を負っているのである[32]」。

しかし、ビスマルクを責めても、関税議会の活動そのものが停滞している事実が変わるわけではない。バンベルガーは、関税議会の現状が、国民の不満や希望を議員が吸い上げ、それを動議の形で議場において明らかにするという理想的な議会像からかけ離れたものとなっていると判断していた。そうした関税議会の審議の低調さが「立法機関のコピーがいくつも作られているというばかげた状態」が原因となって生まれたものであることはたしかである。しかしそれ以上に嘆かわしいことに、一八六九年の関税議会の第二会期においては、三八八名の全議員の三分の一以上が欠席するという状態がしばしばみられた。「そのような大きな集団が共同作業に加わらないでいる代表制の機関というものは、そもそもそれ自体からみても、弱体化し、価値を低落させられたものになっているのである[33]」。

バンベルガーは、一八七〇年五月に、一八六八年の関税議会の開始からの二年間を総括して、二年前には悪夢のように思われた南北ドイツの分断状況も、現状では既成事実化し、当面は存続するものとみなされるようになっている、との見解を示した。そしてバンベルガーは、この二年間がもった意義に関し、統一に向けた具体的な成果が生まれたという積極的な点を誇るのではなく、「南部の特殊同盟主義者の意味と未来の欠如が明るみに出たこと」という消極的な点を挙げるにとどまったのである[34]。それはバンベルガーが関税議会発足時に想定した成果からは大いに後退した、ごく小さなものにすぎなかった。

関税議会の活動に決して高くない評価を下したのは、バンベルガーのみではなかった。たとえばトライチュケも、関税議会と国民形成との関係について厳しい評価を下している。すなわち、トライチュケの一八七〇年三月の評価によれば、「関税議会では南ドイツ人をドイツ人に育て上げることはできない[35]」のであった。

二　防衛同盟

統一への原動力とはなりえないという不安は、一八六九年以降、防衛同盟をもとらえていた。一八六九年前半に防衛同盟をめぐる社会的な論争が生じ、その中で南ドイツの安全保障にとって防衛同盟が果たすとされた役割に強い疑義が投げかけられたのである(36)。

結論から述べれば、防衛同盟を批判する形で再び大ドイツ的なドイツのイメージが息を吹き返し、全ドイツ的な国家的秩序としてのドイツ連邦の優越性が改めて唱導されたのである。

論争の契機となったのは、ザクセンの退役砲兵将校のシュトロイベルがアルコレイ(Arkolay)という筆名で刊行し、短期間に版を重ねた『南ドイツのプロイセンへゲモニーの諸国家への併合――フランス・プロイセン戦争でのその確実な没落――すべての愛国者への警告(37)』という小冊子であった。

この小冊子は、南ドイツ諸国の安全保障、とくにドイツがフランスと接する西部の境界の防衛をいかに実行するのかという問題関心に貫かれている。そしてその結論は、南ドイツ諸国の安全保障をオーストリアなしで行うことは不可能であり、それゆえにオーストリアとの合意なしに結ばれている現在の防衛同盟は「南ドイツの軍事的地位を改善するどころか、著しく悪化させうる(38)」、したがって防衛同盟は廃棄すべきであるというものであった。

プロイセンとの防衛同盟が南ドイツの安全保障に寄与しないとする理由は、防衛同盟の本質がプロイセンの特殊地域主義であり、ドイツの境界防衛上、それが実効的たりうるのはせいぜい北ドイツに限定される、という点にあった(39)。「そもそも一八六六年以降にドイツで生じたことはすべて、ナショナルなものではない。それとはまさに正反対に、ナショナルなものに対する特殊地域主義的なものの勝利である。プロイセン的な北部連邦は、それまでのドイツに存在したものからすれば、ナショナルなものの瓦礫のかけらから作られた、純粋に特殊地域主義的な建造物なのである(40)」。現実にドイツ全域を包含するナショナルなドイツは存在していない。そのような全ドイツの安全保障を防衛同盟がなしうるとするのは、プロイセンの「大言壮語」にすぎないというのがこの小冊子の立場であった(41)。

では、フランスに対して南ドイツの安全を守るためにはどうしたらよいのか。

南ドイツは戦略的・地政的にオーストリアと密接な関係におかれている地域である。ドイツの西部国境の南半分は、オーストリアを稜堡とし、ヴュルテンベルクとバイエルンがその城砦の濠となり、さらにバーデンが斜堤という形で守られるべきものである、というのである。[42]「国民協会が南ドイツを地理的・地学的に転覆させでもしない限り」、その事実に変わりはない。だからこそ、「フランスに対して南西ドイツを十分に守ることができるのは、南西ドイツ諸国がプロイセンと結んだ同盟を廃棄し、戦争遂行の仔細についてオーストリアと腹蔵のない合意に至る場合のみである。この協定が残っている限り、南ドイツにとってオーストリアは、どれほど恵まれた場合でも半分は敵として支援を受けることになる[43]」。こうして防衛同盟の廃棄が提言されることになるのである。

もっとも、このような措置がドイツの安全保障にとって最善とされたわけではない。ドイツの西部国境の防衛を北と南に分けて考えなければならなくなったこと、北ドイツにおける西部国境防衛に対する懸念（新たにプロイセンに併合された地域がフランスと対峙すること）、南ドイツにおける西部国境防衛の難点（地域ごとの多様性が北部よりも高いこと）は、「ドイツ連邦が崩壊し、プロイセンがオーストリアを理論の上でドイツから放逐してから初めて鋭く顕在化した」ものだからである。[44]「西部の危険性は、ドイツ連邦の消滅以来、小さくなったのではなく、より大きくなっている[45]」。西部境界の危険性は、ドイツ連邦が存在した時期には少なくとも先鋭な形では露呈しなかったというのである。

このような立場が抱くドイツの姿が、防衛同盟や関税同盟を支持する多くの人々が想定する小ドイツ的なドイツではなく、オーストリアを含む大ドイツ的なドイツであることは明らかである。大ドイツのイメージが、「排除」と「限定」を含意するという小ドイツ的なドイツに対置され、「包括性」を体現するものとして呼び覚まされる。そして「大ドイツとは、地理的、地形的、戦略的な観念であり、なにより科学的な観念なのである」との主張によって、大ドイツのイメージがカトリックなど特定の立場に限定されるのでない、他の党派にも共有可能なものとして提示される。[46]その結果、大ドイツを制度的に具現化したドイツ連邦が、数多くの欠陥を抱えるものとされながらも、多国家世界と「人々のナショナルなドイツとをつなぐ媒介[47]」として、すなわちドイツ国民意識の培養器として理想化されるのである。

シュトロイベルのこの著作の反響は大きかった。『併合』に反対する彼の著作がごく短い間に五版を重ねたことは、このドイツ人将校がドイツの世論にいかに深い印象を与えたのかをなにより物語っている。そして、この著作がもつ力をそれに劣らずはっきりと示す第二の証拠は、それに対する反論の数である[48]」。実際、シュトロイベルの防衛同盟批判に対しては、プロイセンがドイツ全体の安全保障に対して果たしうるナショナルな使命を強調する立場から多くの反論がなされている[49]。

その中で最も本格的な反論であったのが、ヴュルテンベルクの陸軍大佐ズッコウが匿名で刊行した『南ドイツはその護衛をどこに見出すのか――南ドイツ人への言葉[50]』であった。Der Beobachter 紙は、防衛同盟の評価をめぐる世論の動向を「アルコレイとズッコウ[51]」という対立構図で示し、二月末にアルコレイの著作を詳しく紹介したのに続いて、六月初めにはズッコウのこの著作の内容を同じく詳細に報じている。

『南ドイツはその護衛をどこに見出すのか――南ドイツ人への言葉』は、「プロイセンは、プロイセン自身と南部をフランスとオーストリアから守る強さを十二分に備えている、ということを主張している点で他の反論とは一線を画する[52]」という評価通り、さまざまな数値を具体的に挙げて、ドイツ側の軍事力の優越性を主張している。兵力の面で劣るフランス一国がドイツに戦争を仕掛ける可能性はほとんどない[53]。それどころか、かりにフランスがオーストリアと同盟を組んでもなおドイツ側の方が兵力の点で勝っている。したがって、「一つにまとまったドイツあるいは北ドイツに対してそのような同盟が締結されるという、まずありえないケースにおいてさえ、兵力の数、質、そして全体的な戦略的状況からして、ドイツあるいは北ドイツ軍は、戦争を前に怖気づく必要はないのである[54]」と主張する。

このような立場のズッコウの念頭にあるドイツ像は、防衛同盟によって構築された「防衛領域」、すなわち「同盟条約によって統一されたドイツ」である[55]。それはいうまでもなく小ドイツ的なドイツである。ただし、ズッコウも、防衛同盟を維持すればその先に小ドイツ的な統一ドイツが出現すると即断するほど楽観的ではない。防衛同盟と小ドイツ的なドイツを擁護するためには、防衛同盟や小ドイツ的なドイツ以外のドイツの非現実性あるいは危険性を説得し、さらには、防衛同盟や小ドイツ的なドイツに対する南ドイツ諸国の懸念や不安を解消しなければならない。

ズッコウによれば、まず、フランス・オーストリアと北ドイツ連邦との間に戦争が生じた場合に、南ドイツ諸国が中立の立場をとることは、「この三国すべてがすぐさま中立の南ドイツに侵入する」[56]という事態を招き、国家としての存在を直接的に脅かされることになる。しかも「個々の南ドイツ国家は、単独では存立できず、ヨーロッパ国家たることもできず、ヨーロッパの大国間でバランスを保つこともできない」[57]。その結果、南ドイツ諸国は、国家の存立のために何らかのドイツにおける国家的な結合関係に加わらなくてはならない。その際、「南ドイツ諸国は、その相互の結びつきの中においても決して安寧を見出すことはできない」[58]。すなわち、南部連邦はその脆弱な中央権力のゆえに無力であって、南ドイツの人々の共感を得ることはできない。同様に、南ドイツの人々の「運命を、敗戦国オーストリア――その弱さが当時、突如として白日の下にさらされ、ただ一回の戦いに敗れた後に、ドイツからの離脱をもって和平を手に入れた――に委ねるという要求」も人々の支持を集めることはできない[59]。

このようにして、プロイセン主導の北ドイツ連邦と結びつくことが南ドイツ諸国に残された唯一の選択肢と結論づけられるのである。

ただ、そのような場合に、プロイセンが南ドイツの自律性を脅かすことにはならないのだろうか。ズッコウは、プロイセン国家の保守的特性、プロイセン軍の防衛的性格、南ドイツの自由主義的・民主主義的要素が過度に北ドイツに流入することに対する警戒感などから、この不安が杞憂であると主張する。それどころか、プロイセン国家と親和性をもたない南ドイツの人々が加わった場合、それはプロイセンの「国家の枠組みを実質的に弱体化させるような効果をもたらすだけである」[60]。なにより、南ドイツ側の自発的な加盟でない限り、それはプロイセン国家の利益と真正面から衝突する[61]。つまり、北ドイツと南ドイツとの結びつきは、南ドイツの自律性のみならず、北ドイツ、プロイセンの自律性にとっても深刻な問題を含んでいるのである。

このような国家権力の弱体化という負の要素を含みうるにもかかわらず、ズッコウの立場は、北と南の結合は「ナショナルな結びつき（das nationale Band）」として実現されなければならない、というものである[62]。そして、防衛同盟はそのような「ナショナルな結びつき」を体現し、強化する最も重要な制度にほかならない。このズッコウの見解は、北と南の統一が国家の集権性の後退をもたらすことを認めつつ、そのような後退の可能性をはらむ南北の統一も、国民的な共同体の観念の下において正統化されることを強調するものであった。

南北の統一をこのような観点から正統化するという傾向は、一八六九年の五月に選挙を控えたバイエルンでも強まっていた。バイエルン進歩党の機関紙には、三月に、アルコレイの著作をフランスとドイツの戦争が意味するものを全く理解していないと厳しく批判する書評が掲載されている[63]。フランスがドイツと戦争をするのは、フランスがドイツの諸部族と諸国家のナショナルな固い結びつきを認めたくない場合と、ライン川左岸を求める場合の二つである。そしてその「いずれの場合にも全ドイツが一致して祖国の命運と一体性に責任を負うことになる。そのときには、南ドイツも北ドイツもなく、ただドイツ祖国の全体があるだけであろう」というのである。この書評には、フランスを「敵」とすること、そして、境界の争点化が国民的な一体感を生む契機であることが的確に示されているのである。

以上、関税議会と防衛同盟という二つの全国制度が、どの程度、ナショナルな観念を醸成することに貢献するものであったかを概観した。関税議会には、バンベルガーのように、それが北と南を分ける発想を消したとの評価を与える者がいたし、防衛同盟には、ズッコウのようにその「ナショナルな結びつき」の意義を強調する者がいた。しかしそれは、南北の国家統一を速やかに引き寄せるような類の国民意識の高まりではなかった。バンベルガーは、関税議会の全国制度としての発展可能性の限界を次第に強く感ずるようになっていたし、アルコレイの防衛同盟批判は、安全保障の観点から、プロイセン中心の小ドイツ的な国家統一が不可能なものであることを強調していた。

それどころか、一八七〇年前半におけるラスカーの次のような評価をみれば、国民形成と関税議会や防衛同盟との関係はむしろ停滞と表現するのが適切であるのかもしれない。すなわちラスカーによれば、関税議会と防衛同盟は、「お互いに絡み合ってはいるものの、二つの結合は、国家的な結びつきの代わりになるものでは決してない。ドイツの統一が完成していないという重くのしかかる感情は、すべての人々を支配しているのである[64]」。

しかしながら、先のズッコウやバイエルン進歩党の反応が示すのは、「ナショナルな発展の停滞にもかかわらず、南ドイツにおいてプロイセン・ドイツ的な観念がなお死に絶えてはいないこと[65]」であった。この観念はいかに南北の国家統一へと活用されるのだろうか。それは少なくとも、関税議会や防衛同盟といった全国制度の活動を通じてではなかろう。一八六六年以降、以前にもまして境界防衛に関心を注ぐようになった南ドイツのナショナリズムは、「敵」に対する境界の争点化によって掻き立てられやすいものとなっていた。そして実際、一八七〇年の夏には南ドイツのナショナリズムが国家統一に向けた動きを強く後押しするのである。

それを次章で論ずる前に、全ドイツ的な国家的秩序消滅後の国民形成を論じてきた本章の最後に、南ドイツが主導権をとって南北統一を進めようとした構想、南部連邦構想に目を向けておくことにしよう。

（1）Erlaß an den Botschafter in Paris Graf von der Golz vom 15 März 1867, in: GW. Bd. 6, Nr. 708, S. 303.

（2）一八六七年八月四日にシュトゥットガルトで開催された集会での決議の一節である。Wilhelm Lang, Die Deutsche Partei in Württemberg, S. 90–91.

（3）関税同盟と関税議会一般については、Hans-Werner Hahn/Marko Kreutzmann（Hrsg.）, Der Deutsche Zollverein. Ökonomie und Nation im 19. Jahrhundert, Böhlau Verlag, Köln/Weimar/Wien 2012; Hans-Werner Hahn, Geschichte des Deutschen Zollvereins, Vandenhoeck & Ruprecht, Göttingen 1984; Walther Schübelin, Das Zollparlament und die Politik von Baden, Bayern und Württemberg 1866–1870, Verlag Dr. Emil Ebering, Berlin 1935.

（4）関税議会選挙の結果については，党派の分類の仕方などにより，文献によって必ずしもその数が一致していない。ここでは，Ernst Rudolf Huber, Deutsche Verfassungsgeschichte seit 1789. Band III, S. 635-636. によった。ただし結果の評価についての違いはみられない。

（5）Walther Schübelin, a. a. O., S. 105.

（6）Gespräche mit dem württembergischen Obersten und Generalstabschef von Suckow am 11 Mai 1868 in Berlin, in: GW. Bd. 7 (Gespräche: Bis zur Aufrichtung des Deutschen Reiches), Nr. 201, S. 258-259.

（7）Anlagen zu den stenographischen Berichten über die Verhandlungen des Deutschen Zoll-Parlaments während der Session vom 24. April bis 23. Mai 1868, Nr. 7, S. 96.

（8）Stenographische Berichte über die Verhandlungen des durch die Allerhöchste vom 13. April 1868 einberufenen Deutschen Zoll-Parlaments, Eröffnung Sitzung（27. April 1868）, S. 2.

（9）Stenographische Berichte über die Verhandlungen des durch die Allerhöchste vom 13. April 1868 einberufenen Deutschen Zoll-Parlaments, 7. Sitzung（7. Mai 1868）, S. 93-94.

（10）Ebd., S. 94.

（11）Ebd., S. 95.

（12）Ebd., S. 96.

（13）Ebd., S. 108.

（14）この動議については，Walther Schübelin, a. a. O., S. 117.

（15）Anlagen zu den stenographischen Berichten über die Verhandlungen des Deutschen Zoll-Parlaments während der Session vom 24. April bis 23. Mai 1868, Nr. 32, S. 155.

（16）Stenographische Berichte über die Verhandlungen des durch die Allerhöchste vom 13. April 1868 einberufenen Deutschen Zoll-Parlaments, 14. Sitzung（18. Mai 1868）, S. 258.

（17）Ebd., S. 264-265.

(18) Ebd., S. 264.

(19) Ebd., S. 266.

(20) Ebd., S. 284.

(21) Vertraulicher Brief aus dem Zollparlament vom 3. Juni 1868, in: Ludwig Bamberger, Gesammelte Schriften. Band IV (Politische Schriften von 1868 bis 1878), Rosenbaum & Hart 1896, S. 116.

(22) Vertraulicher Brief aus dem Zollparlament vom 12. Mai 1868, in: Ludwig Bamberger, a. a. O., S. 86.

(23) Vertraulicher Brief aus dem Zollparlament vom 15. Mai 1868, in: Ludwig Bamberger, a. a. O., S. 125–126.

(24) Die erste Session des deutschen Zollparlaments. Drei Wochen in Berlin. Aus dem Tagebuch eines süddeutschen Abgeordneten (27. April—23. Mai 1868), Verlag von Cäsar Fritsch, München 1868, S. 125.

(25) Ebd.

(26) Vertraulicher Brief aus dem Zollparlament vom 23. Juni 1868, in: Ludwig Bamberger, a. a. O., S. 132.

(27) Ebd., S. 134.

(28) Lothar Gall, Der Liberalismus als regierende Partei, S. 458.

(29) Schulthess' Europäischer Geschichtskalendar 10 (1869), S. 98.

(30) Ernst Rudolf Huber, Deutsche Verfassungsgeschichte seit 1789. Band III, S. 636.

(31) Vertraulicher Brief aus dem Zollparlament vom 29. Juni 1869, in: Ludwig Bamberger, a. a. O., S. 154–155.

(32) Vertraulicher Brief aus dem Zollparlament vom 22. Juni 1869, in: Ludwig Bamberger, a. a. O., S. 145.

(33) Vertraulicher Brief aus dem Zollparlament vom 8. Juli 1869, in: Ludwig Bamberger, a. a. O., S. 170–171.

(34) Vertraulicher Brief aus dem Zollparlament vom 22. Mai 1870, in: Ludwig Bamberger, a. a. O., S. 186.

(35) Heinrich Treitschke, „Badens Eintritt in den Bund" (5. März 1870), S. 333.

(36) 論争に加わった論者の刊行物については簡単な内容紹介がある。Karl-Georg Faber, Die nationalpolitische Publizistik Deutschlands vom 1866 bis 1871. Bd. I, S. 315–324.

(37) Arkolay [= Woldemar Streubel], Der Anschluß Süddeutschlands an die Staaten der preussischen Hegemonie, sein sicherer Untergang bei einem französisch-preußischen Krieg. Mahnung an alle Patrioten. Mit wissenschaftlichen Gründen dargethan von einem deutschen Offizier, Verlags = Magazin, Zürich 1869.

(38) Ebd., S. 28.

(39) Ebd., S. 37.

(40) Ebd., S. 36–37.

(41) Ebd., S. 27.

(42) Ebd., S. 20.

(43) Ebd., S. 38.

(44) Ebd., S. 21.

(45) Ebd., S. 33

(46) Ebd., S. 9.

(47) Ebd., S. 34.

(48) Der Beobachter, 12. Mai 1869.

(49) Karl-Georg Faber, a. a. O., S. 315–324.

(50) [Albert von Suckow], Wo Süddeutschland Schutz für sein Dasein findet? Ein Wort an die Süddeutschen von einem süddeutschen Offizier, Verlag von Karl Aue, Stuttgart 1869.

(51) Der Beobachter, 12. Mai 1869.

(52) Ebd.

(53) [Albert von Suckow], a. a. O., S. 61, 66, und 82.

(54) Ebd., S. 82.

(55) Ebd., S. 79 und 82.

（56） Ebd., S. 77.
（57） Ebd., S. 87.
（58） Ebd., S. 87-88.
（59） Ebd., S. 89.
（60） Ebd., S. 73.
（61） Ebd., S. 85.
（62） Ebd., S. 73.
（63） 以下の書評は、Wochenschrift der Fortschrittspartein in Bayern の第一二号（一八六九年三月二〇日）に掲載された。Theodor Schieder, Die kleindeutsche Partei in Bayern, S. 205 から引用。
（64） Eduard Lasker, „Bericht der national-liberalen Partei über die abgelaufenen Legislaturperioden des Reichstags, des Zollparlaments und des Preussischen Abgeordnetenhauses“, S. 574.
（65） Theodor Schieder, a. a. O., S. 206.

第三節　さまざまな「南部連邦」構想

はじめに

北ドイツ連邦を基礎にドイツの全国的な国家的秩序を構想した人々、すなわち北ドイツ連邦への南ドイツ諸国の加盟を望んだ人々が最も回避したかったのは、南ドイツそのものに自律的な国家的秩序ができることであった。たとえば、そのような念を強く抱いていたバンベルガーによれば、「今もってなお自律的な南ドイツの国家体制を望む者は、ドイツにハプスブルク家と二元支配が戻ってくることを望む人々である。……南ドイツ諸国の自律的な体制は、ドイツからのオーストリアの排除をうたうニコルスブルク条約（＝プロイセンとオーストリアの暫定和平条約――筆者注）の第一の主要条項を抹消するものである」①。

逆に、北ドイツ連邦を基礎にした、すなわちプロイセンが圧倒的に優位に立つ全ドイツ的な国家的秩序を嫌う人にとって、南ドイツに自律的な国家的秩序を設けることは、北ドイツ連邦への対抗組織となりえたし、さらには北ドイツからではなく、南ドイツから統一国家の建設を主導するという期待さえ与えるものであった。ただしその南部連邦論も、論者によって主張の内容を異にし、一つの大きな構想に収斂してゆくことはなかった。

本節は、そのようなさまざまな政治主体から提唱された南部連邦論とその政治的な意義を論ずる。

一　全ドイツ的秩序の基礎としての南部連邦

北ドイツ連邦の国民自由党の大半は、南部連邦を円滑な南北統一への阻害要因と考えていた。ミーケルが一八六六年一二月末の段階で述べたように、「すでに現在、南ドイツの対抗的な連邦を構築することを考えることができないのは明らかである。物質的には今やすでに完全にわれわれに依存している南ドイツ諸国が、自律的な生活を営むのは不可能であり、むしろ無条件で北ドイツに頼るということになる」②というのが北の統一運動の大勢の見解であった。

しかし、小ドイツ的な国家統一を求める勢力の中にも南部連邦に期待する声がなかったわけではない。国民協会のブラーターは、一八六七年に解散された国民協会が、南ドイツに拠点を十分に形成できなかったことに鑑み、国民協会の代替組織として南部連邦の設立を求めた。「国民協会を今年中に解散しなければならないとしても、特別なことが突発的に起きない限り、その解散を南ドイツにおけるナショナルな同盟の設立とつなげて考えることはできない。……少なくともそれは試みなければならない」③。南部連邦の設立の目的は、それによって南ドイツに全ドイツ的な国民意識をはぐくみ、それを通じて「北ドイツ連邦への加盟を推進すること」④であった。南部連邦を通じて南ドイツに全ドイツ的な国民意識を育ててゆくというこの発想は、先にもふれたように、ビスマルクと共通するものであった

(第三章第三節二参照)。

しかし、より本格的な南部連邦論は、南部主導の、少なくともプロイセンに従属しない形での統一の試みとして打ち出されたのである。国民協会のフェネダイはドイツ連邦の解体の後、北ドイツ連邦の成立が自明となった段階において早くも南部連邦を提唱している。それは最も初期に属する代表的な南部連邦論であった。

フェネダイは、国民協会の中にあって、その運動が併合主義の蔓延によって本来の目標を見失ったことを批判し、一八四九年憲法に基礎をおく大ドイツ的統一を改めて求めていた人物であった。『ハインリヒ・トライチュケ教授に』という彼の小冊子にみられるように、フェネダイがまず批判の的としたのがトライチュケであったことは当然であった。しかしフェネダイの眼前には、すでに既成事実として併合を断行したプロイセンが存在し、そのプロイセン主導で北ドイツ連邦が成立しつつある。そこで大ドイツ的な連邦国家の理想を維持しつつ、それを新たな国家的秩序を前に練り直して提示されたのが南部連邦構想であった。「今日、おそらく北ドイツ連邦に劣らず、なお産みの苦しみを味わっている」南部連邦の中に、フェネダイは、「プロイセンの「王冠」とビスマルク内閣の北ドイツ連邦の場合とは全く異なる全ドイツ統一の萌芽」を見透かしたのである(5)。

南ドイツの四ヶ国が、その上位にある国家的秩序の覆いを史上初めて失い、それぞれが主権国家として国際政治の中に投げ入れられた状況から、フェネダイは南部連邦の必要性を強調している。組織的団結がなければ、南ドイツへの介入を狙うフランスの策略にはまるとし、それに対抗するために、南ドイツ諸国が共通の議会と軍隊を備えた連邦を形成することを主張したのである。すなわち、「ドイツの四政府は足場なく宙に浮いている限り、次の機会にはどの政府も、外国の策略にはまるという危険に陥るだろう。議会と議会に責任を負う中央政府の下に組織化されれば、そうした危機が生ずることはありえない。四国家のうち、一あるいは二国家が、さらにまた四国家がそれぞれ別に国際政治の舞台に立たないようにすること、これが連邦を組織することの主要な任務でなければならないのである(6)」。

さらにこの南部連邦は、プロイセンが主導し、北ドイツ連邦という形で既成事実化し始めた小ドイツ的なドイツ統一の流れを覆し、再び全ドイツの統一をもたらすはずの計画であった。なぜなら、北ドイツ連邦はドイツではないからである。フェネダイは述べる。「北部連邦は、全ドイツを決して統一することはできない。北部連邦はプロイセン的であり、決してドイツ的にはならないだろう。北部連邦は、ドイツの分裂状態の上に築かれた局地的な連邦であるし、ずっとそうあり続けるだろう。南部連邦は、ドイツ系オーストリアにとって、またドイツ系プロイセンにとっても「橋渡し」となって、ドイツ統一をもたらすことができる⑦」。すなわち、「南部連邦の中には、全ドイツを再び統一することができる可能性がある⑧」。

フェネダイは、消滅したドイツ連邦を、すべてのドイツを包摂するという優れた面をもちながら、その統一の形態が議会なき国家連合にとどまっている点で不完全なものと考えていた。一方、北ドイツ連邦は、議会を中心に統一を作り出そうとする優れた面をもちながら、領域的には北ドイツに限定されている点で不十分なものであった⑨。

したがってフェネダイは、南部連邦の結成を契機とする次のような統一への道筋を描いた。「南ドイツ議会ができて初めて、南部の四国家はナショナルな全体的政治を行わなければならない立場におかれることになる。南ドイツの議会ができて初めて、南ドイツの各国においてドイツの国民に根ざした道を進む可能性が与えられ、確保されることになる。南ドイツの議会ができて初めて、北部連邦と南部連邦との間の堅い結びつきが可能になる。北ドイツの議会と並ぶ南ドイツの議会ができて初めて、北部連邦と南部連邦の単一同盟への移行と二つの議会の統一が可能になるであろう。そしてこれらは、ドイツ人民にとっての次なる重大な時に、おのずと実現することになるであろう⑩」。

このような南部連邦ができた暁には、将来の対フランス戦に、南ドイツはプロイセンと協力して宿敵に向かうことになる。なぜなら、「次なるヨーロッパとドイツの大きな危機は、ドイツの国民的なもの（deutsch-national）となるだろう」からである。つまり、「真に人民的で議会制秩序をもった南ドイツは、そのような戦争においてプロイセン側に立って戦うことになるだろう⑪」。フランスは、戦争を仕掛ける際に、ドイツが分裂していることを期待することは確実である。しかし、「議会と国民軍を通じてナショナルな活動を行う使命を抱くようになった南ドイツは、そうした期待を打ち砕くであろう。これこそが、今日、ビスマルクの報道機関さえ、南部連邦の組織化を支持している理由なのである[12]」。

以上から理解されるように、フェネダイの南部連邦は将来の統一戦争をも視野に入れた、ドイツの国民的一体性の意識の創出を念頭においた国家的秩序なのであった。全ドイツの秩序たろうとする志向は、北ドイツ連邦よりもこのフェネダイの南部連邦の方が強かったのである。

しかしフェネダイのような、南部連邦をドイツ統一の具体的な準備段階として位置づける姿勢は、南部連邦の提唱者の中では必ずしも強くはなかった。ドイツ連邦の解体と北ドイツ連邦の成立という現実を前に、最も組織的かつ根強く南部連邦を唱導したのはヴュルテンベルク人民党、すなわち最も成功した反プロイセン的・反国民自由党的な政党であり、同党は、北ドイツ連邦の南ドイツへの拡大を阻止するための防波堤として、南部連邦を構想していたからである。

二　北ドイツ連邦拡大阻止のための南部連邦

ヴュルテンベルク人民党の南部連邦構想は、一八六六年七月二九日の同党の次の決議に集約されている。「われわれは、オーストリアをドイツから切り離すことを望まなかったのと同じように、北から南ドイツを切り離すことも望んではいない。しかしわれわれは、プロイセンの指導的地位の下への従属という犠牲を払ってまで北ドイツと結びつくことには反対の態度を表明する。われわれは、そのような状態よりも、国民的基盤の上に立ち、共通の連邦政府と国民代表機関と国民軍を備えた南ドイツ連邦の建設を優先する[13]」。

その後の人民党内では、南部連邦構想を具体化する作業がなされている。たとえば、一八六六年九月のエッカルト――国民協会にあって大ドイツ的な連邦国家によるドイツ統一を説いていた彼は、プロイセン主導の小ドイツ的な統一の可能性が高まるのに対抗するかのように、活動の中心をヴュルテンベルク人民党におくようになっていた――による「南ドイツのための連邦憲法草案」がその一例である。

エッカルト案によれば、南部連邦はバイエルン、バーデン、ヴュルテンベルク、ヘッセンの四ヶ国から構成され、連邦政府と二院制議会（上院は各国政府代表、下院は普通選挙制度で選出される）を備えた「ドイツ連邦」となる。そしてこの「ドイツ連邦」が「外国から全ドイツの領域を共同で防衛することをもっぱら目的とする防衛同盟をドイツ系オーストリアと同じく北ドイツ連邦国家とも締結する」という形で、全ドイツの緩やかな国家的秩序が描かれていた(14)。

ただし、このような人民党の南部連邦論は、先のフェネダイのそれとは異なり、ドイツ全体の国家的秩序やドイツ国民意識の醸成の重要性には鈍感であった。一八六七年六月一二日の Der Beobachter 紙には次のような一節がある。「南ドイツ人にとってドイツ統一という観念は、一八四八年に現れたように、常にプロイセンとオーストリアの強国的地位を排除する革命的なものであるようにみえる。南ドイツ人の間で、プロイセンやオーストリアの国家意識を克服し、ドイツの政治的統一を達成するに十分なドイツ国民意識がさしあたり未熟であるからといって、南ドイツ人から将来への希望が失われるわけでもないし、それに逆らうような方向での統一、つまりオーストリアを排除し、その他のドイツをプロイセンの強大な権力の下に暴力的におくというやり方での統一が正当化されるわけでもない。そのような統一は、たしかにより大きい国家的統一ではあるものの、国民の統一ではない(15)」。この一節には、小ドイツ的なドイツ統一を牽制しながら、はからずも南部における国民意識の未成熟さが指摘されているのである。

しかも南部連邦は、一八六七年三月に早くもその挫折が公然と囁かれている。プロイセンと南ドイツ諸国との間で秘密裏に締結されていた防衛同盟の存在が明るみにされたからである(16)。防衛同盟は南ドイツ諸国の北ドイツ連邦への参加を促すものとみなされていたのである。

こうした北ドイツ連邦の拡大を進めるような動きを前に、南部連邦を推進する側が、反北ドイツ連邦・反プロイセンの性格を強めたことは想像に難くない。ただ、すべての南部連邦論が、全ドイツ的な視野を失ってしまったわけではない。別の形で唱えられた南部連邦論は、その点を考慮するものであった。すなわち、政府レベルからの南部連邦の提唱、しかもドイツ統一の一段階としての南部連邦の提案がなされるようになっていたのである。それは、バイエルンのホーエンローエによるものであった。

すでに述べたように、彼はもともと、バイエルンの北ドイツ連邦への加盟に賛成であった。しかし、首相就任後の彼は、加盟に消極的とならざるをえず、当面はプラハ条約で許容される北ドイツ連邦と南ドイツ諸国との「拡大連邦」を目指すようになっていた（第三章第三節二参照）。しかし、この構想に対する南ドイツの諸政府からの同調はなく、そればかりか公表された防衛同盟の存在に反発したフランスとオーストリアから南部連邦の設立を求めるプラハ和平遵守の圧力を受け、さらにザクセンが南ドイツ諸国の国際組織の構築の動きに乗り出したことで、ホーエンローエは南ドイツの北ドイツに対する関係を示す新たな構想を示す必要に迫られた[17]。それが南部連邦であった。一一月末にホーエンローエは、ヴュルテンベルク首相ファルンビュラーに宛てた書簡の中で、南部連邦の憲法草案を披露している[18]。「南ドイツ連合国家（Vereinigte Süddeutsche Staaten）」と称されるその南部連邦は、独立した行政機関をもたず、南ドイツの四ヶ国の代表が集って共通の利害関係事項を協議する緩やかな結びつきであった。当然そこには、北ドイツ連邦の議会に対応するような南ドイツ議会は想定されてはいなかった。そしてこの南部連邦が北ドイツ連邦と国際的な同盟関係を締結するものとされたのである。

この経緯が示すように、ホーエンローエにとって南部連邦は、南ドイツ諸国の自律性を守りつつ、南北ドイツの統一を目指すための第一段階であった。バーデンが望むような北ドイツ連邦との単独の加盟交渉はプロイセンへの従属を高める可能性が高い以上、南部連邦によって南ドイツ諸国相互の結束を強めた場合に初めて、「プロイセンによる吸収を回避することができる」。その結果、「プラハ和平（に規定された南部連邦を実現すること――筆者注）は、南ドイツ諸国と北ドイツ連邦とのナショナルな結びつきを促進する[19]」というのである。

しかし、南ドイツの諸政府は南部連邦に消極的な姿勢をとった。早期の北ドイツ連邦への加盟を求めるバーデンの反対は当然として、ヴュルテンベルク政府もホーエンローエの南部連邦に与することはなかった。なぜなら、首相ファルンビュラーが明言するように、ヴュルテンベルク政府にとって南部連邦は、第一にヴュルテンベルクの国家主権を制約するものであり、主権を制約されて自律性を失った国家は、たやすく北ドイツ連邦に吸収されてしまうからであった。第二に、ホーエンローエの南部連邦は南ドイツにおけるバイエルンのヘゲモニーを体現する手段であると受けとめられたからであった[20]。

では、ホーエンローエの南部連邦論は、ヴュルテンベルク人民党のそれとはどのような関係にあったのだろうか。たとえば、南ドイツ諸国の独立した国際組織の結成という一点を共有することで、ヴュルテンベルク人民党の南部連邦論がこのホーエンローエの南部連邦構想と合流し、政府とナショナリズム運動が共同して南部連邦を求めるより大きな動きが生まれる可能性はあったのだろうか。

この問いに対しては、人民党の次のような言明から、やはり否という回答をもって応えなければならない。まず、人民党には、立場により南部連邦にこめられた意図があまりに違いすぎるとの認識があった。人民党の認識によれば、フランスは南部連邦をドイツにおける支配圏の拡大の手段とみなし、ザクセンはそれをドイツにおけるオーストリアの影響力回復の拠点と考え、ホーエンローエは南部連邦を通じてバイエルンのヘゲモニー強化を意図している。しかし、「南部の民主主義者」たる人民党の南部連邦は、「ドイツがさらにプロイセン化されることへの防波堤」である[21]。

そしてなにより人民党の南部連邦論は、独自の南部連邦議会の必要性を自明とし、ドイツ統一をドイツに存在する三議会（北ドイツ連邦議会、南ドイツ連邦議会、オーストリア議会）を単一の議会に統一することを通じて実現することを想定していた。この点は、南部連邦が議会を備えることを否定するホーエンローエ案と全く相容れない点であった。人民党の中心にいたマイヤーの言葉によれば、目指すべき南部連邦は、南ドイツ独自の議会と防衛同盟を備えた、「議会的軍事的南部連邦（ein parlamentarisch-militärischer Südbund）」[22]でなければならなかった。

このような人民党の南部連邦論には一定の支持の広がりがあった。すでに述べたように、一八六八年の二月と三月に行われた関税議会選挙は、プロイセン主導の小ドイツ的な国家統一への反対が南ドイツに根強いことを示すものであった。しかし、たとえそうであっても関税議会という全国制度の存在は、小ドイツ的な国家統一へと発展してゆく潜在性をもつものであった。そうであるならば、その発展の道を早期に阻んでおくためにも、南ドイツ独自の構想がこれまで以上に必要とされ、南部連邦の普及に力が注がれることになったのである。

一八六八年六月のヴュルテンベルク議会選挙における人民党の選挙綱領は、関税議会選挙での勝利の「完成」を求めて、改めて北ドイツ連邦への加盟反対と議会を備えた南部連邦の創設をうたった[23]。一八六八年六月の時点での評価によれば、「人民党は南部連邦構想を通じて絶え間なく成果を挙げてきている。二年前にその構想を提唱する同党は孤立していたのであった[24]」。実際、九月一九日と二〇日にシュトゥットガルトで開催された、全ドイツの民主派政党の集会では、多くの反対意見を抑えて、南部連邦の設立を共通の行動方針とすることが決定されてもいる[25]。

一方、一八六九年一月には、再びホーエンローエから南部連邦の提案がなされている。それは、前回よりも南北の亀裂の深化を深刻に認識し、なによりその解消を目指すものであった。彼によれば、南ドイツの独自性を維持しつつ、北ドイツとの結合を深めるために必要なのは、北ドイツ連邦への参画ではなく、「単なる国際法的な同盟以上の南ドイツ国家の結合、そのトップに共通の連邦制度（議会を欠くにせよ）を戴く国家の結合」であった[26]。

しかし、独自の議会をもたない南部連邦が人民党側に受け入れられないことに変わりなかった。それどころか、南北統一をより強く求めるようになったホーエンローエの南部連邦は、ますます南北統一に慎重になっていたヴュルテンベルク人民党側からはより強く拒否され、両者の間の溝はさらに深いものとなっていたのである。いわく、ホーエンローエの南部連邦は、議会の強化と軍国主義の抑制とは無縁の「国民自由党」的なものである[27]。ホーエンローエの南部連邦は、北ドイツへの南ドイツの「併合」を意味するものであって、そうした南部連邦を推進する政府自身が南部連邦の実現を阻んでいる[28]。そもそも「南部連邦」という同じ言葉を用いながら、人民党の南部連邦とホーエンローエのそれとは、反プロイセンと親プロイセンという正反対の立場を示すものである[29]。

ただ、人民党側もホーエンローエ案の批判に終始していたのではない。一八六九年一月末の Der Beobachter 紙は、人民党は南部連邦構想の具体化を怠ってはいないという付言とともに、「AAZ紙の無名氏」の手になる南部連邦の全一二条からなる憲法案を掲載し、それが人民党の南部連邦と「同じ根本思想」に基づくものと評価している。[30] それは、ドイツの「全体の再統一」を射程に「議会(設置)と大幅な軍制改革」を行うのが南部連邦の課題であるという位置づけを行っていた。

しかし、このころから人民党の南部連邦論は、ドイツの「全体の再統一」という文言とは裏腹に、極めて局地的な構想に狭隘化し始めていた。

まず、南部連邦の領域的縮小である。人民党の評価した「AAZ紙の無名氏」の南部連邦は、北ドイツ連邦への単独加盟を急ぐバーデンを除外したバイエルンとヴュルテンベルクの二国からなるものとなっていた。[31] また、南北の分断状態の固定化を事実上容認するような態度が強まっていた。先のホーエンローエの南部連邦への批判に示された南北ドイツ統一への批判に加え、「マイン川を架橋することを阻んできたこと」やプロイセン的・国民協会的潮流を押し返したことが、人民党の南部連邦構想の成果であると誇らしげに語られるようになっていたのである。[32]

こうした評価は一八七〇年に入っても基本的に変わらなかった。すなわち、「われわれは、一八六六年に始まり、北において成就した所産を南に拡大することを阻んできた。とりわけ一八六八年の関税議会選挙や、それ以降にバイエルンとヴュルテンベルクの議会選挙で現れたことのすべてが、北部連邦のプロイセン的な拡大計画を行き詰まらせ、ついには完全に停止させた」。端的に、「少なくとも今のところビスマルクの仕事は停滞している」というのである。その結果、「プロイセンは、好むと好まざるとにかかわらず、当面はプラハ和平を尊重しなければならないし、マイン川の向こう側に武力をもって樹立したもので満足しなければならない」のである。[33]

より具体的には、「ドイツのプロイセン化」という北ドイツではある程度の成功を収めた戦略を、今後、北ドイツでさらに貫徹したり、南に拡大したりすることは不可能だというのが人民党側の判断である。「現時点で二〇の北ドイツ諸国とザクセンを完全に併合したり、北部連邦を、マイン川を越えて拡大したりしようとすれば、すべてが失われてしまうことを、彼（＝ビスマルク——筆者注）ほど理解している者はいない」からである。しかもこうした南北ドイツ統一の停滞は、さらに悪化もする。ドイツの統一という「全体がまだ完成しないうちに、すでに弛緩したり、壊れたりした部分が出てきたことを示す兆しが次々と現れている」のであり、国民自由党の中にもそうした後退の認識が抱かれ始めている。[34] つまり、プロイセン強化と北ドイツ連邦の拡大というこれまでのビスマルクのドイツ統一戦略はすでに破綻している、というのである。だからこそ、全ドイツの統一の基盤としては南部連邦しかないというのが人民党の主張なのであった。

しかしながら、すでに述べたように、そうした人民党の南部連邦論は、実質的にはドイツ「全体の再統一」を目指すにはあまりに特殊地域主義的にすぎる構想であった。一八七〇年五月一〇日の Der Beobachter 紙には、ある読者から送られた「南部連邦」という一文が掲載されている。反プロイセンではなくドイツ全体の統一を願う真の愛国心から南部連邦を切望するその文は、「シュヴァーベンにおいては、人民の心の中にドイツ情勢の秩序と将来に対する憂慮に満ちた心配がいかに真摯かつ深く息づいているか[35]」を示すために掲載されたものであった。しかしながら、その切望を受け止め、積極的に南部連邦をドイツ統一の礎石にしようと奔走する南ドイツの政府はなかったし、その構想に対する政党・運動レベルでの支持の拡大もなかった。

結局のところ南部連邦は、「シュヴァーベンの妄想」であるとの揶揄を払拭するまでの現実的成果を挙げることができなかった。南部連邦が実現すれば、それは「北部連邦とすべての併合、すべての暴力、そして支配欲を破綻させるものとなるであろう[36]」という掛け声はむなしく響くだけであった。

総じて南部連邦の失敗は、北ドイツ連邦に南ドイツ諸国が加盟することによる国家統一の可能性を一層のこと高めたのである。

以上のように、一八六九年の終わりの時点では、北ドイツ連邦の主流派が目指す統一方針も、関税議会や防衛同盟のような全国制度も、そして南ドイツからの統一構想も、南北ドイツの国家統一を直接的に促すような国民意識を高めることがないままに終わっていた。

ただし一八七〇年初めには、一つだけ、この停滞状況を打開するようなある動きがみられた。そのある動きとは、ビスマルクがドイツ統一の象徴として「皇帝」というシンボルを打ち出し始めたことである(37)。

この背景には、ドイツ統一に不信の念を抱くフランスの厳しい姿勢が緩和され始めたことがあった。一八六九年末に、北ドイツ連邦を牽制すべくナポレオン三世が画策した、フランス、オーストリア、イタリアのカトリック三国の同盟構想がローマ問題をめぐる仏伊対立で挫折した。しかしフランスは、イギリスとロシアをプロイセン側に寄り添わせ、反フランスの連合を生むおそれがあることを理由に、同種の連合の可能性を追求しなかった。さらに一八七〇年に入り、オリヴィエ首相とダルー外相という政府の新布陣が対ドイツ関係の緊張緩和を期待させていた。

このようなドイツ統一にとって好ましい事態の進展を活用すべく、南北ドイツの接近を進める手段としてビスマルクが持ち出したのが「皇帝」のシンボルなのであった。

ビスマルクは「皇帝」というシンボルに神聖ローマ帝国の復活を期待してはいない。彼はそれを、南北統一に向けた現実政治の動きの中で、地域を越えたドイツ全体を代表する象徴となりうるものと考えていたのである。そして「皇帝」は、ある勢力にとっては南部の特殊地域主義を克服するもの、またある者にとってはプロイセンの一国主義を抑制するものとなりえた。実際、「皇帝」は国民自由党などの統一推進勢力だけが支持したのではなく、反プロイセンの急先鋒であるバイエルンの愛国党からも、大プロイセン主義に対抗するものとしての「皇帝」に（プロイセン国王がドイツ皇帝になることに）賛成する声が出始めていたのである(38)。

しかしながら、このビスマルクの動きの延長線上に統一があったわけではない。次章で述べるように、ドイツの国家統一は、一八七〇年夏のスペイン王位継承問題に起因するドイツとフランスとの間の戦争と、それが生み出した文字通りの国民的一体感の中で実現したのである。

（1） Ludwig Bamberger, Alte Parteien und neue Zustände, in: Gesammelte Schriften. Bd. III（Politische Schriften von 1848 bis 1868）, S. 302.

（2） Johannes Miquel, „Die politische Aufgaben im Norddeutschen Bunde“（30. Dezember 1866）, S. 196.

（3） Brater an Nagel vom 20 Juni 1867, in: Hermann Oncken, Rudolf von Bennigsen. Bd. 2, S. 74.

（4） Rochau an Nagel vom 28. Mai, in: Hermann Oncken, Rudolf von Bennigsen. Bd. 2, S. 73.

（5） Jacob Venedey, An Prof. Heinrich v. Treitschke, Verlag von J. Schneider, Mannheim 1866, S. 28.

（6） Ders., Der Südbund, Verlag von J. Schneider, Mannheim 1866, S. 8.

（7） Ebd., S. 4.

（8） Ebd., S. 9.

（9） Ebd., S. 9-10. フェネダイによれば、「北部連邦は、ドイツ連邦がほぼそうであったのとは異なり、すべてのドイツを包摂していないのである。ドイツ連邦は、よき目的のための悪い手段であった。すなわち、ドイツ統一の悪い組織形態であった。北部連邦は、部分的にはよく、部分的には同等に悪い形態をもち、全体としては、より悪い事態のためのまとまりのない組織形態である。それは、ドイツ連邦の下に統一されたドイツの代わりに、単一国家と連邦国家と国家連合の要素をそれぞれ取り入れた拡大プロイセンなのである」。

（10） Ebd., S. 8-9.

（11） Ebd., S. 17.

（12） Ebd.

（13） 引用箇所は次の文献による。Adolf Rapp, Die Württemberger und die nationale Frage 1863-1871, W. Kohlhammer, Stuttgart 1910, S. 174.

(14) Der Beobachter, 18. September 1866. エッカルト案に対して党は、個々の条項については責任を負わないものの、その作業の労に対しては敬意を表する、という評価を与えていた。

(15) Der Beobachter, 12. Juni 1867.

(16) Gerlinde Runge, Die Volkspartei in Württemberg von 1864 bis 1871. Die Erben der 48er Revolution im Kampf gegen die preußisch-kleindeutsche Lösung der nationalen Frage, W. Kohlhammer, Stuttgart 1970, S. 127.

(17) Rolf Wilhelm, Das Verhältnis der süddeutschen Staaten zum Norddeutschen Bund (1867–1870), Matthiesen Verlag, Husum 1978, S. 79; Jens Peter Kutz, Vom Bruderkrieg zum *casus foederis*, S. 77.

(18) Friedrich Curtius (Hrsg.), Denkwürdigkeiten des Fürsten Chlodwig zu Hohenlohe=Schillingsfürst. Erster Band, S. 283–287.

(19) Ebd., S. 344.

(20) Jens Peter Kutz, a. a. O., S. 19 und 91.

(21) Der Beobachter, 19. Mai 1868.

(22) Der Beobachter, 1. August 1868. マイヤーは一八六八年七月末の演説において南部連邦への体系的な説明を行い、南部連邦の創設、すなわち南ドイツの議会を通じた統一と、ドイツの三議会の統一を通じたドイツ統一を改めて強調している。

(23) Jens Peter Kutz, a. a. O., 142.

(24) Der Beobachter, 7. Juni 1868. に引用された Demokratische Correspondenz 紙の記事の一節。

(25) Gerlinde Runge, a. a. O., S. 127.

(26) Friedrich Curtius (Hrsg.), a. a. O., S. 346–347.

(27) Der Beobachter, 26. Februar 1869.

(28) Der Beobachter, 6. März 1869.

(29) Der Beobachter, 7. März 1869.

(30) Der Beobachter, 27. Januar 1869.

(31) Ebd.

(32) Der Beobachter, 4. Mai 1869.

(33) Der Beobachter, 23. Januar 1870.

(34) Ebd.

(35) Der Beobachter, 10. Mai 1870.

(36) Der Beobachter, 22. Februar 1870.

(37) Ernst Rudolf Huber, Deutsche Verfassungsgeschichte seit 1789. Band III, S. 704–705.

(38) Ebd., S. 708–709.

第五章　一八七〇年の国民意識（一八七〇年夏）

はじめに

一八七〇年前半の時点では、南北統一の気運は停滞状態に陥っていた。しかし、一八七〇年夏に勃発したドイツとフランスとの戦争は、この状況を一気に打破し、その直前には考えられなかったような国民的一体感をドイツに現出させた。

そこでまず本章は、九月二日のセダンにおけるドイツ側の勝利を頂点に、ドイツに現れた高度な国民的一体感の様相を描く。さらにその国民的一体感の強さと広がりの原因が、ドイツとフランスの境界問題、より具体的にはエルザスとロートリンゲンの併合問題にあったことを論じる。

境界の政治争点化や「外部との峻別」が強い国民的一体感をもたらすことは、シュレースヴィヒ・ホルシュタインをめぐるデンマークとの対立を代表的な例として、すでに述べたところである。今次のフランスとの戦争の場合もそれと同様であった。しかも同様な現象がもう一つみられた。激しいナショナリズムの高揚を背景に、プロイセンにエルザス・ロートリンゲンを併合するという議論が強まったのである。

しかし、シュレースヴィヒ・ホルシュタインのプロイセンへの併合がドイツを単一国家として統一する端緒とみなされた時代からは状況が変わっていた。なにより、北ドイツ連邦が連邦国家としての実態を安定させ、その北ドイツ連邦と南ドイツ諸国とが協力してフランスと戦ったという現実があった。さらに今や、宿敵フランスに敵対することを通じて高度な国民的一体感が現れ、ドイツの国家統一がまさに実現しようとしている。このような状況におけるプロイセンによる併合論の突出は、南北統一への阻害要因となるおそれがあった。そのためこの時期には、北ドイツ連邦を基礎にした連邦国家の建設による南北統一を妨害するような議論に対する抑制の力が働くようになっていたのである。

こうした情勢を背景として、一八七〇年の秋には、ドイツとフランスの戦争が惹起した政治争点が、間もなく実現するであろう国家統一を見すえて、境界問題から再び全国的な国家的秩序の形態に転じている。来るべき統一ドイツの憲法体制が議論の焦点となり、各派からは自身の憲法構想が示されたのである。そしてその中で最も有力な選択肢となっていたのは、仔細な憲法論議を避け、ともかくも統一を最優先するという国民自由党の方針であった。既存の北ドイツ連邦の構造をできる限り維持し、そこに南ドイツ諸国が参画するという連邦国家としてのドイツ統一国家の姿が、いよいよ現実的なものとして現れてきたのである。

第一節　国民的一体感と併合のナショナリズム

はじめに

周知のようにドイツは、フランスに対してセダンで決定的な勝利をおさめ、一八七〇年一一月以降の北ドイツ連邦と南ドイツ諸国との交渉および各議会における審議を経て、一八七一年一月に統一国家を生み出している。しかし、ここで注目すべきことは、国家統一に先立つ一八七〇年の夏に、強い国民的一体感の意識が高まっていたこと、すなわち高度の国民形成が達成されていたことである。本節では、この情景を具体的に描いた後、そのような強い国民的結束をもたらした中核的な要因が、戦争においてドイツとフランスとの境界地帯が政治争点化され、ドイツ側でエルザスとロートリンゲンの併合熱が高まったことであった点を論ずる。そして、なにゆえに同地域はドイツに帰属しなければならないのかという境界画定の基準が、高揚した国民意識の性質にも影響を与えたことを指摘する。

一　国民的一体感の創出

まずはドイツとフランスの戦争に至る過程を概観しておこう。

一八七〇年七月に勃発したドイツとフランスの戦争は、一八六八年九月の女王イザベラ二世の退位によって空位となったスペイン国王の後継に、ホーエンツォレルン＝ジグマリンゲン家のレオポルトが選ばれたことに端を発する。すでにイザベラ二世の在位時から、政治的混乱とスキャンダルの咎で悪評高い女王の退位と後継選出が話題となっており、ビスマルクは、早くも一八六七年初めまでにホーエンツォレルン家からの後継選出の可能性をスペイン政府に示唆していた[1]。同案をスペイン政府に伝えたプロイセンの在マドリード使節の言によれば、ホーエンツォレルン家がスペイン国王の座を得れば、プロイセン国王は「ドイツの皇帝として、ルーマニアのカール公（＝レオポルトの実弟――筆者注）を通じて左手をオリエントに、同じ家系のもう一人の公を通じて右手をスペインにおくことができる」[2]という。この表現にみられるように、スペイン後継国王問題は、プロイセンにとってはヨーロッパ国際政治における権力拡大の策動の一環なのであった。

一方、ホーエンツォレルン家からの後継国王選出は、スペインにおける一八六八年蜂起の立役者で新政府の中核となった摂政セラーノと首相プリムが一八六九年末より実現に意欲をみせていたものであった[3]。一八七〇年六月にスペイン議会は、王位選出法を成立させて新国王選出の準備を整え、ドイツとの交渉に入っていた。レオポルトは、ホーエンツォレルン家当主としてのプロイセン国王の同意を条件に国王就任を受諾し、彼の国王就位は、プロイセン国王ヴィルヘルム一世の承諾を経て、八月一日と決定された。(4)

プロイセンがスペイン国王問題をその権力拡大の一環としてとらえていた以上、レオポルト後継にフランスが反発したのは当然であった。レオポルトの就位までの時の空隙にフランスはこの王位継承問題に介入し、ホーエンツォレルン家からの国王選出に反対するとのナポレオン三世の意向をプロイセンに対して伝えた。このようなフランスの態度とイギリスとロシアの反発に加え、ビスマルクもレオポルト後継に固執しなくなっていたという事情もあって、七月一二日にはレオポルトから王位辞退の意思が表明された。その際、プロイセンがフランスの圧力に屈したという印象を避けるために、辞意表明の自発性が強調された。(5)

しかしこの翌日、プロイセンの枢密顧問官アベケンがビスマルクに宛てた電報によって、フランス公使ベネデッティが国王の保養地バート＝エムスにヴィルヘルム一世を訪ね、国王に将来にわたるスペイン王位問題への不介入までをも執拗に求めていたことが、ビスマルク、モルトケ、ローンらプロイセン政府首脳に明らかになった。ビスマルクはこの電報を、七月一四日、フランス側の挑発の意図が際立つように短縮して公表した。公表がドイツ国内のナショナリズムと反フランス感情を高めること、フランスはそれを自国への重大な侮辱ととらえ、戦争をもってそれに応えるであろうこと、これらはおそらくビスマルクの念頭におかれていたことであった。(6)実際、七月一九日にフランスは、プロイセンに対する宣戦布告を行ったのである。そして、北ドイツ連邦および防衛同盟の存在により、プロイセンとフランスとの戦争は、ドイツとフランスの戦争に転じたのである。

一八七〇年七月二〇日、フランスの宣戦布告をうけて開催された北ドイツ連邦の臨時議会には、国民自由党のミーケルが提案者となった動議が提出された。(7)その動議は、次の文言で結ばれていた。

友好的な諸国は、自国自身の上にものしかかっていたボナパルト支配からの解放、そしてそれらの国々に対してもなされてきた不正への償いを、われわれの勝利の中に認めることになるだろう。そしてドイツの国民は、勝利を収めた会戦の場に、すべての国民が重んじてきた平和的で自由な統一の基礎を見出すことになるであろう。[8]

議会はこの動議を全会一致で可決した。その光景は、プロイセンの敵対者も「抗しがたい一体感の力の下におかれ、すべてのサイドから喝采の声が聞かれた。党派の違いは消え去り、国民にはただ一つの意思だけが残り、裏の意図はすべて消失した[9]」と描写されるような、高度な国民的結束を表すものであった。[10]

開戦直後に強い国民的一体感が生まれたことは、北ドイツ連邦に限定された現象ではない。「今なおプロイセンの最も強い敵対者と目されているヴュルテンベルクとバイエルンにおいてさえ、すべての予想を越える全員一致で、フランスに対抗することを全国民が宣言したのである。人民党が無条件に多数派を占める地区でも、あえて異論を述べる者はもはやいないし、いたとしても、国民の栄誉に背を向ける人として厳しい結果を被るだけである[11]」。

プロイセンを中心とする北ドイツ連邦と南ドイツ諸国を包み込む国民的一体感の創出が画期的であったことは、両者が戦火を交えた一八六六年の経験と対比した際に、より際立つことになる。たとえば、次のような同時代の評価がそのことを示していよう。

一八六六年という年にわれわれの恥辱として明らかになったことが、現在また繰り返されることはない。フランスがわれわれの不一致をあてにしているのならば、それはひどい計算違いをしていることになる。党派がばらばらになったことがあったとしても、われわれは一つになるであろう。たしかにオーストリアに対する戦争はわれわれを分裂させるに十分であった。今以上の亀裂がかつてわれわれを分断したことがあったにせよ、しかしフランスに対する戦争はわれわれを統一する、そう、一つにするのである。合戦の場で共通の敵に対して、数百年にわたってわれわれの平穏な生活を攪乱してきた者に対して皆が注いだ血こそ、ドイツ統一のための最も固い絆であろう。[12]

戦争が引き起こした国民的一体感は、戦時下で夥しい数が作られた愛国的な詩からもうかがわれる。[13]「詩作の英雄やミューズに愛された者だけが弦を鳴らしたのではない。否、全国民、老いも若きも、そしてほぼすべての階層と職業の人々が、祖国への熱い感情を詩歌に託したのである」と序言に記した『一八七〇年—一八七一年の戦争詩——詩による歴史』[14]は、対フランス戦争下において作成された約五〇〇〇の詩の集大成である。そして編者が指摘するように、あらゆる出来事が詩作に題材を与えたこの戦争の中でも、開戦時の熱狂は最も多くの作品を生み出した局面であった。[15]

同書の「北と南への呼びかけ——すべての争いを忘れよ」という章には、「不倶戴天の敵」との戦いのために「北と南」を初めとするドイツ内のさまざまな亀裂、対立、分断をすべて解消すべきことを高らかにうたった一七の詩が配列されている。たとえばその中の「北と南」という詩には次のような一節がある。[16]

ドイツ、ドイツは一つになる
古くからの反目を脱して
われわれのドイツは統一される
不倶戴天の敵のくだらない陰謀にもかかわらず
君たちの心は熱く燃え上がる
大きく高鳴るのはたった一つの使命のため
すなわち北と南は一つ

われらの宿敵が倒され
そして月桂冠が手に入る
われらの不和に決着がつけられ
そしてマイン川に橋がかかる
わがライン川、ドイツのライン川は流れ込む
海に向かって、フランス人が望まぬように

すなわち北と南は一つ

さらに七月二二日のある新聞紙面に掲載された「フランスの宣戦布告に対して」という詩は、「憎悪」という言葉をその中に頻出させる一方、ドイツ国民が地方ごとの多様な部族からなること、いわばドイツ国民の連邦制的な構成を明示するものとなっていた[17]。

さあ、バイエルンとプファルツの兄弟たち、
フランス人を絶対に寄せつけるな！
さあ、シュヴァーベンとマルクの同朋たち、
われわれの中の下らぬフランスを叩きつぶせ！

ポムメルン人、ザクセン人、カッテン人、フランケン人よ、
今から誰もがお互いを大切に思うようにせよ
ドイツのために栄光と勝利を積み重ねれば、
さすればフランスの栄誉はすべてライン川の中に沈む

古くからの謀略家を王座からひきずりおろし、
剣の力でパリへの道を短いものとする
英雄的な王が皆をライン川へと導く
そして勝利は皆の旗とともにある！

戦争が国民形成を、しかも一気にそれを進めたことについてはさらに多くの証言がある。
プロイセンの軍人（法務官）として対フランス戦に従軍したマルカード（プロイセン下院議員や幅広い言論活動の

経験をもち、退役後はライヒ議会の保守党議員となった）は、開戦直後の戦況がいまだ不確定の時点で次のように述べている。フランスの「宣戦布告によって、さまざまな党派の間のすべての争いやさまざまな部族の間のすべての憎しみがあっという間に消え去った。かつてないほどに一体化したドイツは一丸となって古くからの「不倶戴天の敵」――この長らく忘れられた、しかし的確な呼び名を今や誰もが用いる――に対して武装しているのである」[18]。

また、プロイセンの皇太子フリードリヒ・ヴィルヘルムは、懇意のイギリス外交官モリエールに対して、七月末にこう述べている。「ドイツの統一が実現した。それが実現したのは、ドイツの国民によってであった。その結果が生まれるにあたってドイツ国民に負っている恩義がいかに大きいと私が考えているのか、われわれに与えられた献身に対して報いる義務がいかに重いものであると私が考えているのか、それを言い表すことはできない」[19]。

さらに、ハレ大学の文学教授である自由主義者ハイムによれば、「一八六六年の所業にはなお欠けていた国民の参加」が、「ゆっくりとした発展や習熟の中で埋め合わされるのではなく、早くも四年の後に奇跡のごとくもたらされ、しかもかつての成果が確定されるだけではなく拡張される形で、すなわちドイツの南部へと拡大された」形で実現したという。それは、「国民がほとんど一瞬にして立ち現れた歴史的事例が他にあろうか。私は夢想することさえできない」という感想を惹起するような驚くべき出来事とされた[20]。

戦争に際して現れた国民的一体感は、セダンにおける勝利でさらに決定的なものとなった。そして九月四日のミュンヘンの情景を伝える新聞報道によれば、その国民的一体感には、やはり連邦国家的構成が極めて明瞭に刻印されていたのである。

> わが都市は今日、すばらしい勝利の祝典を行い、それを通じてドイツ軍の栄光に輝く勝利に対する喜びを愛国的に表現した。あいにくの天気にもかかわらず、早朝からすべての建物が装飾に彩られ、雨は午後までも降り続いたものの、市場にはパレードが並んだ。パレードが動き出すや空は晴れ上がり、パレードが終わる三時間の間、天気は申し分なかった。すべての政治的社会的な結社と団体、すなわち、二人の市の首脳、商工会議所、射撃協会、大学で学ぶ人々、すべての歌唱協会、体操協会の

人々、職人組合、自発的な消防団などが、多くの軍楽隊をともない、また自身の旗や他の祝いの印をつけながらパレードに加わった。パレードは皆の歓声を浴びながら、びっしりと人で埋めつくされ祝典用に彩られた道を通り過ぎていった。王宮と将軍廟の前の広場でパレードは止まり、大きな円ができた。第一市長であるエアハルト博士が短くかつ的確な言葉でわが王の高貴なドイツ的精神にふれ、陛下をたたえる皆の歓声をうけて万歳三唱が行われた。それに続けて歌唱協会の人々が「汝は神とともにある、汝はバイエルン人の国」を合唱した。市長はドイツ軍の偉大で栄光に満ちた勝利について語り、ドイツの兵士と将軍に向けて、夥しい人々の熱狂的な歓喜の声をともなった万歳三唱を行った。「ラインの守り」が歌われた。市長が再び口を開き、しかるべき導入の後に「偉大・統一・強力・自由なドイツ」に対して万歳三唱を行った。人々は興奮の中で万歳を唱和した。続けて歌唱協会の人々がドイツの祖国のための歌を歌った。パレードが再び動き始め、王宮の前を通り過ぎた際には窓のところにいた皇太后が熱烈な歓迎を受けた。夕方六時になってようやくパレードは終わった。それは感動的な愛国の祝典であり、バイエルンに忠誠を寄せるミュンヘンもドイツ人として考え、ドイツ人としての意識をもつということ（daß auch München in bayerischer Treue deutsch denkt und deutsch fühlt）を新たに示すものであった[21]。

「バイエルンに忠誠を寄せるミュンヘンもドイツ人として考え、ドイツ人としての意識をもつということ」――間もなく現実のものとなる統一国家として連邦国家が思い描かれているだけではなく、その連邦国家的構造に適応することにより、国民意識のあり方そのものが連邦制的な重層性をもっているのである。

このような国民の統一は、国家統一に先行し、しかも国家統一よりも統一国家建設の核心をなす。当時、そのような認識も抱かれていた。すなわち、「一つのドイツはすでに生まれたのであり、そのことはすべての側から鳴り響いている。南と北は統一された。それは単に一度限りの防衛のためではなく、永遠に続くものである。全国民がその最大の理想の完成を実現したのであり、平和が再び確立された後の国政に関する手腕（Staatskunst）には、この内実にふさわしい形を与えること以外には何も残されてはいない[22]」。

こうした認識は特殊な見解であったというわけではない。たとえばビスマルクも同様であった。ビスマルクは、国民の統一が国家の統一とは別の場で進行した現象であり、それどころか、その行き過ぎは国家統一を阻害する危険性をはらむものですらありうることを冷静に認識していた。ビスマルクは、国民的一体感が過度に高まり、統一ドイツの象徴としての「皇帝」という言葉が人口に膾炙するようになった事態に、次のような憂慮を示していたのである。「現在、すなわち勝利が確実になる前に、クロイツツァイトゥングにみられるように新聞が皇帝理念について語っていることは、われわれの政策の邪魔をし、南ドイツの同朋意識を害してしまう」、と。[23]

南ドイツにもこのような国民意識の高騰に対する警戒が存在した。ヴュルテンベルク人民党は、プロイセンとフランスの戦争が始まった当初、戦争が王朝間戦争なのか国民と国民との間の戦争なのかを冷静に見極める必要があるとし、冷静な人々の課題は「国民的な憎悪を払拭すること」であるとの姿勢を示していた。そのような眼には、開戦が生ぜしめた熱狂は、国民自由党によって煽動されたもの、すなわち、「国民的な熱狂の源泉とその純粋さへの疑念を高める」だけのものとして映ったのであった。反プロイセンと大ドイツ主義の代表である人民党にとっては、防衛同盟があるとはいえ、「プロイセンとだけ同盟を結んでも、限定的な意味でしか「国民的な戦争」ということはできない。プロイセンとオーストリアと結びついた時にこそ戦争にそのような意味を与えることができる。その時に初めて、かつてのような、そして唯一正しい意味での「ドイツの統一」が再び可能になり、生み出されるのである」。このような理由で人民党はヴュルテンベルクが当面は中立の立場をとることを主張したのであった。[24]

しかし、人民党自身、フランスの脅威に加えて、「祖国に対する義務を十分に果たすことができないという不安」の圧力が大きいこと、そしてそれが人民党内にも「すべての党派が今やその違いを乗り越えたのである」という、国民自由党などの「敵の狡猾な宣伝」が浸透していることを認めていたのである。[25] そして間もなく、人民党は自己否定にも匹敵するような見解を表明するようになる。すなわち、「オーストリアなしのドイツは想像することはできないという大ドイツ主義的な観念、そして、平時も戦時も自決を求める民主主義的な思想、これらの必然的な帰結としてわれわれは武装中立の立場であった。……今日それはすでに不可能なものとなった」という立場が示されたのである。[26]

ではどうするのか。人民党は対フランス戦への参戦に賛成するようになったのである。人民党がヴュルテンベルクの参戦を認めるようになったのは、祖国の命運を握るのは南ドイツの動向であり、「バイエルン抜きの中立はヴュルテンベルクにとってありえない」という理由からであった。そしてなにより、プロイセンとの防衛同盟のためでなく、「偉大なる祖国に対してなさねばならない生来の義務」を果たすべきことが強調されたのである[27]。人民党の以上の動向は、開戦にともなって生じた全ドイツ的な国民的熱狂の圧力がいかに強いのかを物語っていた。

二　併合のナショナリズム

さて、フランスとの開戦が、広範な党派と社会層を統合し、一気に国民意識を高めた理由は、まず、先の七月二〇日の臨時議会の決議に示されたように、フランスのボナパルティズムに対する反発と、「以前からの数えきれない戦争と同様に、諸君(=フランス人――筆者注)がこの戦争を始めた」、しかも「戦争はわれわれ(=ドイツ人――筆者注)にいかがわしく無意味な口実で強いられたものである[28]」といった、開戦はフランスによる奇襲や不意打ちであるという印象が広く共有されていたことであった。すなわち、「戦争は王家の一員としてのナポレオンが単独で遂行したものであり、フランス皇帝がそのぐらついている王座を支えるためにいきなり開始され、プロイセンだけでなく、ドイツ人民の統一と自決とを攻撃するものだということが固く信じられていた。正当な防衛戦争は、防衛を越えて北・南ドイツの国民国家的な結びつきを予告するものであった。戦争勃発直前と戦時中の世論に関する証言のみならず、社会民主主義の新聞の声明や論説もこのことを裏づけてい」たのである[29]。

しかし、ドイツのフランスに対する敵意は、次第にナポレオン三世という特定の政治家ばかりでなく、フランスとフランス人そのものに向けられるようになっていった。当初はナポレオン三世とその政府を敵視した戦争が、皇帝の失脚と共和制の宣言の後も続けられたのは、「われわれドイツ人にとっては、フランス人がどのような統治形態をとろうとどうでもよいことである。しかし、われわれに害を与えようとする国家については、これをいかなる状況においても粉砕するつもりである」、なぜなら「われわれの敵はフランスであり、フランス国民であって、ナポレオンではない」[30]からである、との認識が広がっていたからであった。ドイツ各地では、かつてナポレオン帝国に対する解放戦争に参じた人々が口にした「不倶戴天の敵」という言葉が再び人口に膾炙し、フランスに対する敵対感情が源となった国民的一体感が現れたのである。

開戦を契機に一気に国民意識が高まった理由としてさらに重要なのは、そのようなフランスへの敵意がドイツとフランスとの境界問題を先鋭化させたことであった。フランスへの敵対心が、政治家個人ではなく、フランス全体への敵視となったことにともない、フランスによるドイツへの侵入に対する警戒感やドイツの境界防衛に対する不安感が高まっていた。そうした警戒感や不安感が強まったことにより、世論の関心がかつてないほどにドイツとフランスとの境界に向けられ始めていたのである。

国民自由党系の Natioal-Zeitung 紙は、この視点の移動について次のように記している。

> われわれはこれまで、ドイツ国家の樹立と基礎作りにあまりに多く関わらなければならなかったため、境界地帯に注意を払わずにいた。ショービニズムのようにみえてしまうことを恐れて、そこに無事の知らせを送ったり、親愛なる挨拶を伝えたりすることをせずにいた。それどころか、そこからの挨拶に返答もしないでいたのだ。反対にフランス人は、思うがままにあらゆる手段を尽くして境界を越えようとしてきたのである。[31]

ドイツについての人々の関心が、全国制度のあり方からその境界へと移行したのである。そしてフランスへの敵対感情に支えられた境界への関心の集中は、開戦後まもなく、エルザス・ロートリンゲンの併合を求める声を生み出すこととなった。[32] フランスとの戦争を契機として高まった国民意識は、エルザス・ロートリンゲンの併合という大胆な方法で対フランス国境を確定させようとする意識に支えられていたのである。それは、戦争の勃発にまで事態が至ったからこそなされるようになった要求であった。すなわち、「われわれは、暴力的な隣国がかつて不当にわがものとしたわれわれの家の一部を、建て直しに際しても要求することはなく、それを隣国の下でそのままにし、問題をすでに古びたものとみなしてきた。（しかし）今や、隣国が武力に訴えかけた以上、この古い問題も再び蘇ることはいうまでもない[33]」。

開戦直後の七月下旬にプロイセンの軍人マルカードが述べた次の言葉は、併合要求の嚆矢ともいうべきものであった。すなわち、「ここで忘れてはならないことは、勝利の報奨としてフランスは、まぎれもなくライン川左岸全域と、今や周知となったベルギーをも要求するということである。しかし勝利がわれわれのものとなった場合、すなわちどの外国の手も借りず、したがってその報奨について口をはさむことのできる外国が皆無であるような勝利がわれわれのものとなった場合、われわれはフランスに対して、フランスがこの戦いに賭けたものを差し出すことを要求する。それは、エルザス、ディーデンホーフェン（ティヨンヴィル）とメッツを含むロートリンゲンのドイツ語地域であり、さらに脅かされ続けてきたベルギーに代わって、フランスが数世紀にわたってドイツのフランドル地域から切り離してきた場所のすべてである。ドイツ語が話されている村は、もはや一つとしてフランスのものにとどまってはならないのである[34]」。

先に、併合の要求は戦争が可能ならしめたものであると述べた。実際、併合は開戦前にはほとんど語られなかった。しかし、七月後半から出始めた併合の要求は、八月初めのヴァイセンブルクやヴェルトなどでのドイツ側の戦勝以降、「勝利の対価」といった、勝者が当然に得てしかるべきものとして広がりをみせ、セダンにおける勝利の前後からは、より本格的なエルザスとロートリンゲンの併合論が展開されることになったのであった。

本格的な併合論の代表であるヴァグナーの『エルザスとロートリンゲンとドイツのためのその奪還』の、「諸君（＝フランス人――筆者注）がこれまでに自分のものとしてきた、まぎれもなくドイツ人の地を奪還するまでは、われわれが戦いを止めることはない[35]」という言葉に示されるように、エルザス・ロートリンゲンの併合の実現は、八月末までに広く戦争目的とみなされるようになっていたのである[36]。

しかし、ドイツがフランスに最終的な勝利を収めたとしても、フランスはドイツに強い復讐心を抱くであろう。したがって、「われわれはこうしたフランスの復讐欲を将来におけるいかなる場合にも考慮に入れなければならない。われわれが安全を見出せるのは、われわれ自身、われわれの力、われわれの一体性、優れた軍事組織、そして少なくともできる限りしっかりとした境界においてのみである」[37]。境界への関心は極めて強いものとなっていたのであり、それを守るために併合が不可欠とされたのである。

もっとも、エルザスとロートリンゲンの併合要求を支える理由は単一ではない。たとえば、八月初旬以降、随所でエルザスの併合について言及し始めたビスマルクが強調したのは、南ドイツ諸国の対フランス国境の防衛強化の必要性であり、戦争の勝者には領土的報奨が与えられるのが当然であるとの考えであった[38]。

社会の側ではさらに、ビスマルクが重視した南ドイツ諸国の境界防衛はもちろん、それ以外のさまざまな事由を用いて併合が正当化された。「われわれが依拠するのは、民族性の原則（Nationalitätsprincip）、両地域が非常に古い時代から帝国に帰属していたこと、自然国境の原則、そして当然のことながら、危険な隣国に対して安全な境界を設ける必要性があるということである[39]」。

しかし、理由はどうあれ、エルザスとロートリンゲンを併合してドイツのものとすることには、広い国民的な一致があった。「大量の新聞記事や小冊子がエルザスとロートリンゲンの奪還問題を、一部では大変な徹底さと専門的な知見をもって扱ってきた。こうした論考の結論は、奪還の必要性を、戦略的理由であれ政治的理由であれ、あるいはまた別の理由であれ、ほぼ例外なく示すことを意図したものであるという限りにおいて、全くもって一致したものである[40]」。大半の者が複数の理由から併合を要求したのであり、併合を支えた動機の幅広さのために、併合要求は急速に社会に広がったのである[41]。

ここで重要なのは、併合を基礎づける多様な理由のいずれにおいても、フランスとドイツの間の境界をはっきりとさせることの重要性が認識されていたことである。この明確な境界の重要性、そしてその重要性のゆえに併合を断行する必要があることが強調された点で、エルザスとロートリンゲンは、かつて同じく境界と併合が問題となったシュレースヴィヒ・ホルシュタインの場合以上であった。ドイツの国民形成において西部境界が特別な位置を占めることをかねてより説いていたメンツェル（序章第一節二参照）によれば、「ここにおいてわれわれの境界は、世襲公国の場合よりもはるかに危険にさらされているのである。ともかくいつの時代にもやむことなく次々とわれわれを襲撃し、決して安寧を与えなかったフランス人に対して極大の抵抗を断行するために、ドイツはこの側において最も強化されなければならないのである。「ラインの守り」を人々は口ずさむ。しかし「守り」とは力でなければならない」[42]。

このように、エルザス・ロートリンゲンの併合に関しては、かつてないほどの強い国民的一致の感情が形成されていた。党派の面からもそのことは該当した。すなわち併合は、国民自由党や政府支持の保守派ばかりでなく、カトリックや大ドイツ主義者、進歩党といった、一八六六年のプロイセン主導のドイツ問題の解決やビスマルク政府に不満を抱いていた人々からも支持され、さらに社会主義陣営にもその賛同者を得ていたのである。境界に強い関心が集まること、具体的にはフランスとの西部境界をドイツのために引きなおすこと。このことが強い国民統合作用をもったのである。

バイエルンにおいて、小ドイツ的なドイツ統一に反対する代表的な政治勢力であった愛国党のヨルクによれば、「すでに多方面でエルザスとロートリンゲンをフランスから引き離さなければならないということが語られているのは驚くにあたらない。それは驚くべきことではないと言っているのである。なぜなら、こうした戦争と勝利それ自体にふさわしい対価として、実際にこれ以外のものを思い浮かべることはできないと私は知っているからである」。したがって「ドイツ国民の名において、かつての帝国の土地として、当然のごとくエルザスとロートリンゲンはフランスから引き離されるであろう。言語の境界が基準となろう[43]」。

ヴュルテンベルク人民党も、「併合を基礎づけるために、現時点で多くのさまざまな教授によって、そして多様な論文や小冊子の中で論じられる理由に対しては反対するところはない」とし、その前提の下に、「民主主義者も、国民の切り離された部分を再び統一することを将来にわたって解決する案をもっている[44]」という見解を示していた（ただし、それは平和的な方法でなされなければならないため、「憎悪が物を言う荒れた現時点で語ることは適切ではない」とされた)。

また、進歩党系の Vossische Zeitung 紙の八月九日の紙面には、次のような記述がある。「ドイツは長らく、その切り取られた一部をフランスの下におくということに甘んじてきた。エルザスとロートリンゲンを奪還しようという呼び声は、なお控えめに出てきているにすぎない。しかし、ヴォゲーゼン(=ライン川左岸を南北に走る山脈――筆者注)がわれわれの軍の下におかれ、モーゼル川(=ヴォゲーゼン山脈に源をもつ――筆者注)の流れが妨げられることがなくなれば、間もなくそのような声が全国民の中からやむことなく湧き上がるであろう」。同紙は、世論がまだ「控えめな」時点において、いち早くエルザスとロートリンゲンの併合を打ち出した新聞であった。しかも、この「土地獲得と戦争指導に関しては、われわれは信頼して、ことをビスマルクの手腕に委ねることができる」(九月一日)と明言したのであった[45]。

さらに、第一インターのドイツ支部の代表であり、社会民主労働者党(アイゼナハ派)の創設者の一人であったベッカーは、フランスによる「邪悪な行為の繰り返しに対する補償」としてエルザスとロートリンゲンの併合を公然と支持した[46]。その声は社会主義者の中で例外的なものではなかった。自決権に基づく社会主義者の併合反対論は、九月までの国民的熱狂の中で展開されることはなかったのである。

一八七〇年八月から九月初めの時点でエルザスとロートリンゲンの併合に断固として反対したのはごく少数にとどまった。その代表的な人物の一人に、Der Hamburgische Correspondent 紙の編集人であり、同紙の紙面で併合反対の論陣を張ったエッカルトがいる。彼は、ヴァグナーらに代表される併合論を、ナショナルな興奮のために正しい政治状況の判断ができなくなった結果として提唱されたものと断じ、現実的かつ冷静な問題解決として、エルザスとロートリンゲンの中立化を主張した[47]。旧帝国の境界は実効性を失っていること、フランスのドイツへの復讐心を生む併合は境界防衛と安全保障には役立たないことに注意を促した後、エッカルトは、併合がフランスとロシアの接近と介入を招くことに強い警笛を鳴らしたのである[48]。

しかし、エルザスとロートリンゲンの併合要求で一致した国民的熱狂、エッカルトが「終わらないことを望む歓喜」と評した国民的興奮の中で、エッカルトの併合反対の主張も鈍らざるをえなかった。併合反対論文の連載が終わった直後の紙面を「ライン川はドイツの川であり、ドイツの境界ではない」という記事が飾り、さらに一一月初めには、エッカルト自身、「全国民がシュトラスブルクとメッツの要求を唱え、それに全力を投入している以上、われわれのところでも、エルザス併合計画に異を唱えるようなことを口にすることはもはやできない」と紙面で告白するに至ったのである[49]。そこには、併合要求の一点に集約された国民的熱狂の強さが如実に表されていたのである。

リープクネヒトやベーベルなどの自決権に基づく併合反対論が、少数派を脱して社会主義陣営内において強まり始めるのは、フランスにおいて帝制が瓦解した九月以降のことであった[50]。「疑いなく住民の誰一人として、ホーエンツォレルン家の下にあるこのドイツ国家に加わりたいという願望をもってはいない。私の観点からすれば、この問題において決定的なのは、住民の意思である。この観点からしてわれわれがよって立つべき根本原則は自決の権利である[51]」。しかし先にふれたように、それ以前には併合に賛成する声も少なくなく、併合への断固たる反対者は例外的であった。しかも九月以降に強まった併合反対の声も、社会主義陣営を越えては広がらなかった。

その数少ない例外が、一八六八年に進歩党を離れ、社会主義に接近していたヤコビーの主張であった。彼は、「もっとも熱心で徹底した併合主義者さえ、エルザスとロートリンゲンの人々が骨の髄からフランス人であり、フランス人にとどまろうとしていることを認めている」とまで言い放つ[52]。そのような住民の意思を無視した併合は自決権に反するというのである。しかしこうした主張も、ヤコビー自身が認めるように、「エルザスとロートリンゲンの併合を求める数千もの声が活字、集会、演説の中で高まっている」という現実、しかも政府以上の熱烈さをもって社会が併合を求めているという圧倒的な現実を前になされた孤立したものであった。

このように、「ほとんどすべての階層の人々がドイツの土地である場所を奪還することを求めているのである[53]」。すなわち、併合は「稀有な意見の一致で[54]」要求され、南北統一に「絶対的に敵対するのではないすべての勢力の協力[55]」をもたらし、その間にナショナルな熱狂を作り出すものであったのである。

このような境界の争点化から生じたナショナリズムはしたがって、それこそが国家統一の原動力となりうるものとされた。「一八七〇年のこの全国的な高揚でさえ、ライン川左岸のドイツの奪われた土地をドイツに取り戻すことができないのであれば、マイン川以南の宮廷や民衆が北ドイツ連邦についてしっかりとした意見をもつことなどないし、フランスと隣り合わせの脅威を感じなくなることもない[56]」。より端的には、「シュトラスブルクとメッツがこちらに来れば、マイン線は消える[57]」のである。

エルザス・ロートリンゲンが有するそのような国民統合の力を、プロイセン主義を最も声高に主張してきた人物その人が認めていた。トライチュケは、エルザス・ロートリンゲンの地がもつ、プロイセンの武力が到底およばないドイツの国民的一体感の形成への駆動力を次のように的確に述べている。

南ドイツの民衆たちは、われわれがプロイセンの武力に負っている輝かしい成果についてほとんど何も知らない。ポムメルン、シュレージエン、旧プロイセン、シュレースヴィヒ、ホルシュタインの解放は、彼らの視野から離れたところにある。しかし、「おおシュトラスブルク、おおシュトラスブルク、そなたはなんとすばらしき町か」という古くからの歌は南部の農民の間のいたるところで響き渡っているし、さらに、シュトラスブルクの大聖堂にドイツの旗がはためき、各地のドイツ軍の行動に尽きることのないねぎらいが与えられる日が来れば、旧きドイツの栄光がよみがえってドイツに新しい皇帝が現れたという喜ばしい確信が、シュヴァルツヴァルトや荒涼たる高原の牧場にある人里離れた小屋の中にも広まることになるであろう。われわれが力を合わせてこのひどく傷つけられた出城をドイツ国家に取り戻す時、その時に国民は統一という信念に全身全霊を捧げるのである[58]。

もちろん一般的にいって、境界の画定がなければ統一国家は完成しない。ただしここで注目すべきことには、併合による西部境界の明確な画定は、ドイツが連邦国家として統一されるためにとりわけ必要であると考えられていたのである。「将来の西部境界を画定することはなおドイツが果たさなければならないことである。婉曲表現を避ければ、よりよい西部境界が決まらなければ、ドイツの統一国家、ドイツの連邦国家を作ることは不可能であるということである。この二つは密接につながっている」[59]。

なぜそうなのだろうか。ドイツが連邦国家として統一されるために、西部境界の画定が一層のこと喫緊の課題となるとみなされていたのはどうしてだろうか。「新たなドイツは連邦国家であって単一国家ではないであろう。単一国家に比べて連邦国家の方が、はるかに容易に分断され、解体されることがわからない人があろうか」――連邦国家の場合、フランスやオーストリアが南ドイツ諸国に圧力をかけて国家の内部が混乱させられるおそれが高いというのがその理由であった[60]。

より具体的には、北ドイツ連邦への南ドイツ諸国の加盟という方法で連邦国家を構築するのであれば、北側にとって西部境界の防衛は以前にもまして重大な問題となる。なぜなら、「北ドイツ連邦は現在、フランスとオーストリアに対して極めて安全な境界を確保している。しかしドイツ国家が建設された場合、別の手段で対策が講じられなければ、北ドイツ連邦の戦略的位置は非常に悪化するであろう[61]」からである。バイエルンの加盟で北ドイツ連邦の南東・東部境界が、バーデンとプファルツの参入でその西部境界が不確実化することになり、少なくとも西部境界の強化が必要になるというのである。そして「こうしたことが可能なのは、メッツとティオンヴィル、そしてエルザス全域を手に入れることによってしかないということは、すでにしばしば論じられているので、それ以上の理由づけは不要である」[62]。

併合による境界の画定はこのように連邦国家の完成と不可分のものであるともとらえられていたのである。

以上のように、ドイツの西部境界をめぐるフランスとの対立は、ドイツの国民意識を大いに高める結果をもたらした。では、その境界の性質はどのようなものと考えられていたのだろうか。ドイツとフランスを分かつ境界は何に基づくものなのか。先にふれたように、たとえばビスマルクは西部境界を防衛の観点から構想した。もちろん安全保障を重視する見方は社会においても強かった。しかし、社会においては、さらに別の要因が重視されていた。

ハイデルベルク大学の哲学教授であったツェラーは、『プロイセン年報』に発表された「民族の権利と住民の自由な自決」（一八七〇年一〇月末執筆）の中で、「ドイツがフランスの犠牲の下にその国境を拡大することを思いとどまらせるために、ある者は「国民的な国家建設（Nationale Staatenbildung）」を、またある者は「住民の自決の権利（Selbstbestimmungsrecht der Völker）」を持ち出す。これら二つの原則の前者は、われわれがロートリンゲン北東部の併合を、二番目の原則はさらにエルザスの併合をも禁じようとする[63]」という指摘を行っている。

「国民的な国家建設」とは、ライン川という自然国境を主張してきたフランス側のプロパガンダであるのみならず、「ドイツの国家形態が未完成なのに、その自然国境を越え、不健全な拡大熱に翻弄される」ことをおそれる一部のドイツ人の主張とされた。ツェラーはこの主張に対し、言語と血統を中核とする民族性（Nationalität）こそが国家建設が依拠すべき原理であるとの立場から、ロートリンゲン北東部の併合を正当化した。すなわちここでは、ドイツとフランスの国境が民族と民族を分かつ境界として理解されたのである。

しかし、「民族性」が絶対的に援用されるのではない。フランス語を話す住民が多い残りのロートリンゲンについても、次のような観点からその併合の可能性が示唆されている。「民族性は国家をまとめ上げる絆の中で最も固いものの一つではある、しかし唯一のものではない」、すなわち、「血統と言語のみならず、宗教、教育形態、交通事情、経済的利害、さらにまた政治的環境、政治制度、政治的必要性が人々を結びつけたり切り離したりするのである。もともとは別々の人間社会の部分が時の経過とともに古くからの慣習と重大な歴史的記憶によって結びつけられ、あるいはもともとは一緒であった社会が同じ要因によってばらばらになることがありうるのである[64]」。したがって「一言でいえば、ある国家の国民的な基礎は、さまざまな民族性をもつ部分が混ざっていることを排除しない[65]」。

しかし、これらの地域の住民が、ドイツへの帰属を望まない場合はどうするのだろうか。ドイツ語地域であり、安全保障上もドイツのものであるべきとされるエルザスの住民がフランスに残留することを望んでいるとするならばどうすべきなのだろうか。「住民の自決の権利」は尊重すべきではないのか。「エルザスの人々がその望みを問われたならば、そろってフランスへの残留に賛成するであろう」という「エルザスの雰囲気」に関する報道は偏ったものなのではないか(66)、という問題が事実か否かの解明を待つまでもなく、住民の意思以上に重視すべきものがあるという意見がさまざまに示されていた。

たとえば、バーデンの左派自由主義の機関紙である Die Badische Landeszeitung 紙は、ロートリンゲンのフランス語地域の併合には慎重な姿勢をとりつつ、エルザスおよびロートリンゲンのドイツ語地域の併合は、住民の意向とは無関係に断行すべきとの見解を記した。すなわち、「勝利を収めたドイツが、少なくともその言語境界までの地を取り戻さず、またフランス人を、絶対に彼らのものではないドイツのライン川から撃退しなければ、それこそ屈辱というものであろう。それが実現しなければ、血はすべて無駄に流されたということになり、われわれはライン川の地域をもつフランスにずっと脅かされることになるであろう。ただし、エルザスの人々はドイツに帰属することを必ずしも望んではいない。それは今のところ疑いなく正しい。しかしながら、それは大した問題ではないのである。ドイツの安全のあり方を各地域の現時点での気分によって決めてはならないし、さらに気分は頻繁に変わりうる。なぜならドイツの民族性(Volkstümlichkeit)は、何度も暴力的に否定されたにせよ、根本的にはなお残っているのであり、それに対してフランス的なるものは表面的なものだからである(67)」。

さらにツェラーは次のように自決権を否認してエルザスとロートリンゲンの併合を正当化する。「ある国家の土地の一部が他国に割譲される場合、割譲の直接の対象はその土地に住んでいる人間ではなく、その土地自体、正確にいえば土地の高権、領域の権力である。この二つは、その法的性質という形式面でも、その効力という実質面でも同じものではない。その土地の高権とは、その土地における国家権力そのものに付与された権利である。権利の主体、すなわちその土地の高権の担い手は、個人としての土地の住民なのではなく住民が属する国家なのである(68)」。

あるいはヴァグナーによれば、「征服の権利と、それによって住民の意向を質すことなく行われる併合政策は、実際には非常に大きな疑義を生むのではなかろうか。それに対する答えは泰然としている。民族性の原則に沿って引かれた枠内においてそうした政策がとられれば決してそのようなことはない、と。その場合に歴史的経験が繰り返し示すところでは、政治的統一を獲得することは、民族全体にとってもその個々の部分にとっても、はかり知れない宝であるということである。周知のように政治的統一は、ほかならぬ当初は敵対的な特殊地域主義的な要素からも、後には極めて高く評価されるのである」(69)。

民族性を同じくするならば、当初に多少の抵抗があろうともそれは次第に消え、統一国家の国民となるというのである。そしてそのような見方は、さらに次のような主張によっても展開されていた。

メンツェルは説く。「フランス人がその「麗しきフランス」を誇る資格をもち、「ガリアの雄鶏」がともかく「わが祖国!」とうるさく騒ごうとも、ドイツ人としてのエルザスの人々が、ロマンス語を話す人々とみなされ、その祖国をドイツではなくフランスであると理解しようとするのなら、それは不自然であり、エルザスの人々自身の恥辱である。もし彼らの多くが、そのドイツの出自を忘れているのならば、われわれは彼らにそのことを再び思い起こさせる権利をもつのであり、また今やその時が来ているのである」(70)。

さらにトライチュケも述べる。「エルザス人にとって何がいいのか。ドイツとフランスのことを知っているわれわれドイツ人のほうが、フランス的な生活という歪みの中にいて新しいドイツについて正しいことは何も知らされていない不幸な彼ら自身よりも、このことについてよく知っているのである。われわれは彼らを、たとえその意思に反してでもその本来の自己のあり方に戻してやるつもりでいる」(71)。

先にふれたように、併合は複数の理由から正当化された。その中にドイツの西部国境の安全保障という要因があり、政府であれ世論であれ、それが重視されることに違いはなかった。しかし世論では、境界防衛に加えて、民族性の観点がとくに強調されていた。少なくともエルザスとロートリンゲンのドイツ語地域の併合は、そのような観点から正当化されたのである。しかもその民族性の強調は、住民の意思をも無視する強制的な性質を帯びていた。「そのドイツの出自を忘れているのならば、われわれは彼らにそのことを再び思い起こさせる権利をもつ」とか、「われわれは彼らを、たとえその意思に反してでもその本来の自己のあり方に戻してやるつもりでいる」といった境界の決定方法は、これまでにない新たなものであった。境界がこのように理解されたことにより、併合問題を契機として高まった国民意識には、相当程度、この強圧的な民族性の刻印が押されることになったのである。

一方的かつ高圧的に判断された民族分布を基準に境界を定めること——このように決められた境界を有する国民国家（民族国家）は、その内部に当の国民国家の境界を越えて拡大してゆく契機をはらむことになった。このことは、その国民国家が、それ自体の存立基盤を掘り崩しうる意識を成立当初より内に宿していたことを意味していたのである。

（1）Ernst Rudolf Huber, Deutsche Verfassungsgeschichte seit 1789. Band III, S. 710.
（2）Ebd.
（3）Ebd., S. 709-710.
（4）Ebd., S. 714.
（5）Ebd., S. 716.
（6）Ebd., S. 720.
（7）SBNB. Erste Außerordentliche Session 1870, 2. Sitzung（20. Juli 1870）, S. 7.
（8）Anlagen zu den SBNB. I. Legislatur-Periode. Außerordentl. Sitzungs-Periode 1870, Nr. 9, S. 5-6.
（9）Julian Schmidt, „Das deutsche Lied im Kampf gegen die Franzosen", National-Zeitung, Nr. 358, 4. August 1870（Morgenausgabe）.
（10）開戦直後の言論界・世論の動向についての基本文献は、Gustav Körner, Die norddeutsche Publizistik und die Reichsgrün-

dung im Jahre 1870, Verlag von Göhmannschen Buchdruckerei, Hannover 1908, S. 27–35; Hans Fenske, „Die Deutschen und der Krieg von 1870/71: Zeitgenössische Urteile“, in: Philippe Levillain/Rainer Riemenschneider (publié), Actes du XXe colloque historique franco-allemand organisé à Paris par l'Institut Historique Allemand en coopération avec le Centre de Recherches Adolphe Thiers, du 10 au 12 octobre 1984 et du 14 au 15 octobre 1985, Bouvier Verlag, Bonn 1990, S. 167–214.

(11) „Deutschland ist einig“, AAZ., Nr. 201, 20. Juli 1870, S. 3198.

(12) Ebd.

(13) Rudolf Buchner, „Die deutsche patriotische Dichtung vom Kriegsbeginn 1870 über Frankreich und elsässische Frage“, *Historische Zeitschrift* 206 (1968), S. 327–336. ブヒナーのこの論文では、戦争中に刊行された愛国詩の集成である、Lieder zu Schutz und Trutz. Gaben deutscher Dichter aus der Zeit des Krieges im Jahre 1870 und 1871 が紹介されている。

(14) Ernst Hensing/Ferdinand Metzger/Dr. Münch/Dr. Schneider (Hrsg.), Die Kriegs-Poesie der Jahre 1870–1871, geordnet zu einer poetischen Geschichte. Erster Band, Buch- und Steindruckerei von F. Schneider, Mannheim 1873, S. V-VI.

(15) Ebd., S. VII.

(16) Ebd., S. 95–96.

(17) Friedrich Bodenstedt, „Auf Frankreichs Kriegserklärung“, AAZ., Nr. 203, 22. Juli 1870, S. 3230.

(18) Heinrich Eugen Marcard, Das schwarze Buch von Frankreich. Eine geschichtliche Darstellung, Verlag der Hofbuchhandlung von Paul Gerhard Heinersdorff, Berlin 1870, S. 20.

(19) Rosslyn Erskine/Wemyss Wester Wemyss, Memoirs and Letters of the Right Hon. Sir Robert Morier, G. c. b.: From 1826 to 1876. Volume 2, E. Arnold, London 1911 (2010 printed on demand), p. 96.

(20) Haym an Duncker vom 2. August 1870, in: Johannes Schultze (Hrsg.), Max Duncker, S. 452–453.

(21) „Die Siegesfeier“, AAZ., Nr. 249, 6. September 1870, S. 3949.

(22) „Die Ziele des Krieges“, National-Zeitung, Nr. 358, 4. August 1870 (Morgenausgabe).

(23) Telegramm an den Staatsminister Grafen zu Eulenburg vom 4. August 1870, GW. Bd. 6b, Nr. 1721, S. 433.

(24) Der Beobachter, 17. Juli 1870.

(25) Der Beobachter, 21. Juli 1870.

(26) Der Beobachter, 22. Juli 1870.

(27) Der Beobachter, 2. August 1870.

(28) Adolf Wagner, Elsass und Lothringen und ihre Wiedergewinnung für Deutschland, S. 6-7.

(29) W・コンツェ／D・グロー（東畑隆介訳）『社会民主主義とナショナリズム』（青山社、一九九七年）、八七頁。社会民主主義陣営において、「リープクネヒトとベーベルは、数少ない例外に属した」。

(30) Adolf Wagner, a. a. O., S. VIII und 3-4. ヤイスマンは、ドイツの敵のイメージがナポレオン三世個人を中心とするものからフランスとフランス人を対象にしたものへと拡大していった変化を「敵の国民化（Nationalisierung der Feindschaft）」と呼んだ。Michael Jeismann, Das Vaterland der Feinde: Studien zum nationalen Feindbegriffe und Selbstverständnis in Deutschland und Frankreich 1792–1918, Klett-Cotta, Stuttgart 1992, S. 273.

(31) Heinrich Bernhard Oppenheim, „Die „Revanche für Sadowa"", National-Zeitung, Nr. 375, 13. August 1870 (Morgenausgabe).

(32) 開戦後のエルザスとロートリンゲンの併合をめぐる言論界・世論の動向についての基本文献は、Gustav Körner, a. a. O., S. 239–340; Fritz Bronner, 1870/71. Elsass-Lothringen. Zeitgenössische Stimmen für und wider die Eingliederung in das Deutsche Reich. 2 Bde., Erwin von Steinbach-Stiftung, Frankfurt am Main 1970; Lothar Gall, „Zur Frage der Annexion von Elsass und Lothringen 1870", *Historische Zeitschrift* 206 (1968), S. 265–326; Eberhard Kolb, „Bismarck und das Aufkommen der Annexionsforderung 1870", *Historische Zeitschrift* 209 (1969), S. 318–356; Ders., Der Weg aus dem Krieg. Bismarcks Politik im Krieg und die Friedensanbahnung 1870/71, R. Oldenbourg Verlag, München 1990, S. 113–193.

(33) これは神学者シュトラウスがフランスの思想家ルナンに送った一八七〇年八月一二日付の公開書簡の一節である。AAZ., Nr. 230, 18. August 1870, S. 3657–3659. この書簡を含む両者の間の往復書簡が一八七〇年に刊行された。David Friedrich Strauß, Krieg und Friede. Zwei Briefe an Ernst Renan nebst dessen Antwort auf den ersten, Verlag von S. Hirzel, Leipzig 1870. この中に収められた九月二九日付のルナン宛書簡の中でもシュトラウスは、「エルザスとロートリンゲンはかつてドイツ帝国に属していたこと、さらにエルザスとロートリンゲンの一部ではドイツ語が、フランスによるあらゆる弾圧の試みにもかかわらずずっと母語であり続けたこと、このことはわれわれがこの地に対する要求を掲げる誘因とはならなかった。平和的な隣国にそれを再び要求することは考えなかったのである。しかしこの隣国が平和を破り、かつて数年のうちに極めて不当に占拠したわがラインの地を再び独占することを表明した以上、もしわれわれが勝者として、かつてわれわれのもとにあり、われわれの安全のために必要なものを再びわが方に奪い取ろうとしないならば、われわれはこれ以上ない愚か者であるに違いない」と述べている。Ebd., S. 58.

(34) Heinrich Eugen Marcard, a. a. O., S. 21.

(35) Adolf Wagner, a. a. O., S. 7.

(36) Eberhard Kolb, Der Weg aus dem Krieg, S. 161–162.

(37) Adolf Wagner, a. a. O., S. 35.

(38) Eberhard Kolb, Der Weg aus dem Krieg, S. 150–157. コルプによれば、「ただし彼は、世論の圧力に押されてではなく、世論からは自律して決断を行ったのである」。Ebd., S. 149.

(39) Adolf Wagner, a. a. O., S. 17.

(40) „Die Gebietserwerbung und die deutsche Frage“, AAZ., Nr. 271, 28. September 1870, S. 4289.

(41) Eberhard Kolb, Der Weg aus dem Krieg, S. 143.

(42) Wolfgang Menzel, Elsaß und Lothringen sind und bleiben unser, Verlag von A. Kröner, Stuttgart 1870, S. 73–74.

(43) Joseph Edmund Jörg, „Zeitläufe. Der französische Krieg und die neutralen Mächte“, *Historisch-politische Blätter für das katholische Deutschland* 66 (1870–II), S. 392 und 394.

(44) Der Beobachter, 9. September 1870.

(45) Gustav Körner, a. a. O., S. 277–278.

(46) W・コンツェ／D・グロー、前掲書、九〇頁。マルクスとエンゲルスは、当初より併合に反対した。しかしその反対にはさまざまな留保条件があり、しかも彼らはともにフランスの領土が戦後に不変であることを全く想定していなかった。

Eberhard Kolb, Der Weg aus dem Krieg, S., S. 136–137 und 172–173.

（47） Gert Kroeger, „Julius Eckardts Artikelreihe „Für und wider das Elsaß-Projekt", August 1870", *Zeitschrift für Ostforschung* 10（1961）, S. 205–206. エッカルトの反併合論は、一八七〇年八月二四日から二八日まで、Der Hamburgische Correspondent 紙に五回にわたって掲載された。

（48） エッカルトによれば、ロシアはフランスがエルザスを領有することに、ロシアがバルト・ドイツ地方を領有することの口実を認めていた。ドイツ文化の影響の強い同地方のリーフラント出身のエッカルトにとって、ドイツによるエルザスの併合は、ロシアとフランスの対ドイツ同盟の素地となるばかりか、故郷リーフラントのロシア化をさらに強めさせる契機となるおそれのあるものであった。Ebd., S. 211. エルザスの併合がヨーロッパにおけるロシアの脅威を高めるとの懸念は、同時代のブルクハルトやマルクス、ドストエフスキーなどにも共有されていた。「エルザスとロートリンゲンの併合は、ロシアをヨーロッパの仲裁人にする」（マルクス）。Ebd., S. 218–219.

（49） Ebd., S. 215–217. 併合に対する国民的熱狂のほかに、セダンでの勝利後に、多くの社会主義者や民主主義者などが反愛国的言動の咎で逮捕されたこともエッカルトとその編集紙面に影響を与えていたであろう。ヤコビーも逮捕された者の一人であった。

（50） Eberhard Kolb, Der Weg aus dem Krieg, S. 137.

（51） SBNB. Zweite Außerordentliche Session 1870, 2. Sitzung（26. November 1870）, S. 11. ベーベルは「民族性（Nationalität）」に強く反対する。彼によれば、ヨーロッパ各国においては、自国に他民族を抱え、他国に自民族が居住しているのが通例である以上、「民族性」の原理に基づいて国家を作ろうとすれば、「各国の国民は相互に寸断されてしまう」ことになる（「政治的国家生活の至高のもの、根本原則は自己決定の権利」であるという立場からの理想は、スイスとアメリカであった）。しかもベーベルにとって「この戦争は決してナショナルな戦争ではなく、自由の不自由に対する戦いであった」。

（52） 九月一四日にケーニヒスベルクで行われた集会におけるヤコビーの演説からの引用は、Der Beobachter, 21. September 1870 に転載された一八七〇年九月一五日付の Die Berliner Zukunft 紙に掲載された演説文による。

（53） Lasker an Hölder vom 18. August 1870, *Deutsche Revue* 17–2（1892）, S. 52.

(54) Wilhelm Maurenbrecher, „Was soll aus Elsaß und Lothringen werden?“, National-Zeitung, Nr. 455, 25. September 1870 (Morgenausgabe).

(55) Bennigsen an Lasker vom 22. August 1870, *Deutsche Revue* 17-2 (1892), S. 58.

(56) „Die Lage und die nächsten Aufgaben“, National-Zeitung, Nr. 453, 24. September 1870 (Morgenausgabe).

(57) „Elsaß und Lothringen. Ein Beitrag zur Feststellung der öffentlichen Meinung“, AAZ., Nr. 242, 30. August 1870, S. 3639.

(58) Heinrich von Treitschke, „Was fordern wir von Frankreich?“, *Preußische Jahrbücher* 26 (1870), S. 374.

(59) „Die Westgrenze und die deutsche Einheit“, National-Zeitung, Nr. 468, 2. Oktober 1870 (Morgenausgabe).

(60) Ebd.

(61) „Die Gebietserwerbung und die deutsche Frage“, S. 4290.

(62) Ebd.

(63) Eduard Zeller, „Das Recht der Nationalität und die freie Selbstbestimmung der Völker“, *Preußische Jahrbücher* 26 (1870), S. 628.

(64) Ebd., S. 631.

(65) Ebd., S. 632.

(66) Karl Braun, Während des Kriegs. Erzährungen, Skizzen und Studien, Verlag von Duncker & Humblot, Leipzig 1871, S. 382-383.

(67) 一八七〇年八月一三日付の Badische Landeszeitung 紙の記事。Lothall Gall, „Zur Frage der Annexion von Elsass und Lothringen 1870“, S. 288 より引用。

(68) Eduard Zeller, a. a. O., S. 638.

(69) Adolf Wagner, a. a. O., S. 67.

(70) Wolfgang Menzel, a. a. O., S. 8.

(71) Heinrich von Treitschke, „Was fordern wir von Frankreich?“, S. 371.

第二節　プロイセンへの併合要求とその抑制

はじめに

フランスとの戦争においてドイツに高度な国民的一体感が現れたのは、フランスとの国境が政治争点化され、エルザス・ロートリンゲンの併合が要求されたためであった。その国民的一体感の中にあって、ドイツはそう遠くない時期に南北の国家統一を実現するとみなされた。では、ドイツ側は、併合したエルザスとロートリンゲンを、来るべき統一国家の中でどのように処遇するつもりであったのだろうか。

ナショナリズムが高まる中で優勢となっていったのは、エルザス・ロートリンゲンの併合先として、それをプロイセンとする声であった。プロイセンへの併合といえば、一八六六年の対オーストリア戦の際に断行された併合を思い出させる。しかし、プロイセンの併合による単一国家の建設が喧伝された当時とは状況があまりに異なっていた。併合を求めた者がすべて併合先としてプロイセンを想定していたわけではないうえ、なによりすでに連邦国家としてのドイツの国家統一の現実性が高まり、この段に至ってのプロイセンへの併合要求は、プロイセンの存在を必要以上に突出させ、南北の統一に悪影響を与えるとの認識を抱く者も現れていたのである。その結果、そうした悪影響を回避するための主張が展開されたのである。

本節では、エルザス・ロートリンゲンの併合先をめぐる以上の事情について論ずる。

一　プロイセンへの併合要求

エルザスとロートリンゲンをフランスから切り離した後にその地位をどのようにするかについては、プロイセンの一部とする案、両地域の地理的位置からバーデンあるいはバイエルンへの併合（両地域をあわせてどちらかの国に併合する、エルザスをバーデンにロートリンゲンをバイエルンに併合する、などの案があった）、中立的な独立国化、さらに（後に実現することになる）統一国家の直轄地である「ライヒスラント（Reichsland）」といった選択肢が論じられていた(1)。

ヴァグナーによれば、八月末以降、「エルザスとロートリンゲンのドイツ語地域をプロイセンにそのまま直接併合すること、あるいはその地をプロイセンの一州に変えることが、単に望ましいのではなく、おそらくは最善であるとの確信が増していった(2)」のであった。

ヴァグナー自身、エルザスとロートリンゲンをドイツといかに結びつけるかという問題は、「われわれの新たなドイツ国家形態をどうするのかという問題」と切り離せないと指摘する。ドイツの国家形態は、「われわれが望むように、南ドイツの諸国家が即座に新たな拡大北ドイツ連邦に加盟し、あるいはその外部にしばらくの間とどまることになろうとも、当面は少なくとも、半分は単一国家、半分は連邦国家というものであろう。ただし実際に加盟が行われれば、新しいドイツ国家の連邦主義的、連邦国家的性質がより強化されることになる。単一国家――フランス的な中央集権的国家ではなく、強い自律性をもつ州を備えた国家である――の支持者であるわれわれも、しばらくの間は少なくともこうしたわれわれの新国家の特徴になじまなければならない。バイエルンとヴュルテンベルクという信頼できない南部の二国についてさえ、その忠誠的な態度を誰もがあてにしなければならなくなっている。そこでは、そうした忠誠的な態度こそ件の国家の最大の利益であったことがすぐに明らかになる。同じく従来の北ドイツ連邦だけでも、静かな法的発展の道を通じてごく漸進的に、とりわけより小さな国家がその主権を自主的に放棄するような方法で、連邦国家から単一国家へと変貌することができる(3)」。

ヴァグナーにおいては、当面は連邦国家を容認しつつ、単一国家への途に新たな障害物をおかせないという観点から、「エルザスとロートリンゲンのドイツ語地域を即時に、完全あるいはほぼ完全にプロイセンのものとすること、すなわちプロイセンの州とすること」[4]以外の選択肢が除外されたのである。プロイセンは、一八六六年の対オーストリア戦の際に、実際にプロイセンと敵対したドイツの国家を併合した経験をもつ。その際も、被併合地をどう処遇するのかが、ドイツの将来の国家形態と結びつけられて論じられていた。当時の議論の焦点は、プロイセンへの併合を契機に、集権的国家の極致たる単一国家をドイツに建設し、単一国家としてドイツを統一することであった。

しかし今回のエルザス・ロートリンゲンの併合の場合はそれと状況が全く異なっていた。北ドイツ連邦は連邦国家としての実態を整え、しかもその北ドイツ連邦と南ドイツ諸国とが協力して宿敵フランスと戦ったのである。そのような中で行われたエルザス・ロートリンゲンのプロイセンへの併合要求は、大プロイセン主義の発露ではなかった。同じプロイセンによる併合とはいえ、プロイセンが他のドイツ諸国を併合して単一国家を建設するなどといったことは全く現実性のないことであった。

しかし、共通点がなかったわけではない。エルザス・ロートリンゲンのプロイセンへの併合を主張する者は、併合したエルザス・ロートリンゲンが新たな国家として、統一国家の独立した一構成国となることを嫌った人々であった。それが、統一国家の集権性を弱めると考えられていたためである。その意味で、エルザス・ロートリンゲンの併合要求にともなって高まったナショナリズムは、単一国家ではないにせよ、高度に集権的な連邦国家への期待を高めるような影響をもたらしていたのである。

ヴァグナーによれば、エルザスとロートリンゲンをプロイセンに併合することは、彼個人の確信のみならず、多くの新聞が主張していることである。そして同じことは、トライチュケ、マウレンブレッヒャー、メンツェルらの歴史家や知識人によっても主張されるようになったという[5]。彼らは、エルザス・ロートリンゲンのプロイセンへの併合を主張すると同時に、間もなく立ち現れるであろう統一国家が限りなく集権性を高めた連邦国家となることを期待していたのである。

たとえばここに挙げられたトライチュケは、次のようにプロイセンへの併合を主張する。「うがった見方をする人は、バイエルンには領土拡大を認めて連邦参加に前向きにさせる方がよいという。そういう人は、ナショナルな観念がごく自然に備えている力のことを知らないのである。バイエルンの参加は時間の問題であり、芽が実になるように確実に起こることである。……もしエルザスがバイエルンの手に落ちれば、われわれのヨーロッパ政治は恒久的な不安定から抜け出せず、われわれのドイツ政治は弱々しいブランコ的な体制から脱することはできないだろう。外国のねたみというものは、しかるべきドイツの平和を妨げる手段にしかならないのである。諸国はバイエルンをプロイセンから引き離そうと試みるに違いない。こうしたことを防ぐためには、北と南の世論が一致して次のように説かなければいけない。われわれは望む、エルザスとロートリンゲンがプロイセンとなることを。そのようにして初めて両地域はドイツになるのである(6)」。

このようなトライチュケの頭の中には、プロイセン以外の国家の権限をできる限り弱めた集権的な連邦国家としてのドイツが描かれている。「この諸王国は、今日ではそのドイツへの忠誠によって、国民からの感謝を手に入れ、恥ずべき出自を赦してもらっている。北と南とを統一するために流さねばならなかった血は、内戦ではなく宿敵に対する戦いにおいて流れたのである。われわれのような急進的な集権論者もこのことを喜びとし、バイエルン王家の主権がバイエルンの意思に反して縮減されることを望んだわけではない。しかし、堅固な国民国家にとっては今のままでも強すぎる中規模国家の権力を、さらに強めることが求められているわけではないのである。ドイツ王国の栄光が輝かしく始まったすばらしい今日に、ミソサザイ（＝Zaunkönig 鳥の王の意から各地の王の意――筆者注）の数をさらに一つ増やすのがよいというのだろうか。ナポレオン三世への勝利を、初代ボナパルトの作ったものをさらに強化するというやり方で祝福するのがよいのだろうか。そんなことはない。われわれが望むのは、ドイツ統一なのであって、偽りに満ちたドイツの均衡ではないのである(7)」。

あるいはマウレンブレッヒャーも次のように述べてプロイセンへの併合を求める。「祖国を愛する者はすべて、かのドイツの境界地域を母国に取り戻さなければならないという要求をする点で一致している。しかしその地域のその後の運命については、政治的な仲間の間でも議論が戦わされている。新たなドイツの州はどこに帰属せられるべきなのか。この問題はしっかりと確実にみておかなければならない。政治の世界においてほど、見解と意思が不明確であることがマイナスになるところはない。最悪なのは、そのような極めて重要な意味における現実問題を思いつきの感情で決定してしまうことである。政治的センチメンタリズムには用心せよ！　われわれは、はっきりと、明確に、そして遠慮することなく主張しなければならない。問題の解決はただ一つのものだけが可能である。少しでも事態を理解すれば、他に可能性も選択肢もないことがわかる。すなわち、エルザスはプロイセンの州にならなければならない！」[8]。

彼もまた、エルザス・ロートリンゲンのプロイセンへの併合を、ドイツにおける集権的な連邦国家の建設の流れに掉さすものとしようとしている。「ドイツの祖国全体に、統一されたドイツに、新たな境界の州は属するべきである。プロイセンは昨日より今日、今日より明日、ドイツ国民の国家なのである。自由主義や保守派の陣営において、ナショナルな観念がますます声高に抵抗しがたいものとして主張され、すべての党派がお互いに競ってその活動がナショナルな特徴をもつことを告知し宣伝しているのならば、そう、今こそ、どこのナショナルな色が本物で消えないものかを示すべきである。ドイツのナショナルな未来に希望を抱いてきた者は、今後のドイツ統一への新たな障害を作らず、奪還した土地は全体に帰属し、失われた国境を再び獲得することはただ国民的な将来の国家にのみ資するものであるよう心を砕く。川の水が上流ではなく下流に流れることが確実なように、われわれのドイツも統一国家に向けて確実に発展している。一八六四年以来、われわれはこの最終目標に、最も熱烈で熱心な愛国者が大胆に予想し希望した場合よりも速いスピードで近づいている」[9]。

さらにメンツェルも次のようにプロイセンへの併合と集権的な連邦国家への志向を明らかにする。「われわれの課題は第一に、両地域から新たな小国を作らないことであり、あれやこれやの既存の小国家にも同地域を与えないことである。当面は同地域を将来のドイツ帝国のために受け取り、プロイセンの統治の下におくだけで国民的な目標とそれ自身の幸福にとっては十分である。部族や階層のしかるべき個別利害への配慮は、ドイツ帝国の憲法が完成した暁に、絶対に必要不可欠な軍事および外交の最高指揮権の統一を脅かさない限りにおいてなされることになる」[10]。

ヴァグナーの総括によれば、プロイセン以外の地への併合は、特殊地域主義を温存し中央集権化に逆行するものとみなされた。それはまた、境界防衛、すなわち来るべき統一国家の安全保障と被併合地を円滑に統合する包摂能力の点で疑義があるとされた。中立国化はエルザスとロートリンゲンがドイツの地であることに反するものとして退けられた[11]。そして「エルザスとロートリンゲンをドイツ帝国に帝国直属の地として帰属させるという提案も、ドイツ国法学の理論家だけがその過剰な法的洞察を注いで玩んでいる、全く必要のない技巧のように思われる」[12]というのであった。

以上のように、エルザス・ロートリンゲンの併合先としてはプロイセンが最も有力な選択肢として語られるようになっていた。そして先に述べたように、そうしたプロイセンへの併合を声高に主張する人々に共通していたのは、統一国家が、連邦国家であれ、プロイセンを中心としたできるだけ集権的な国家になることに高い期待を寄せていることであった。しかし、エルザス・ロートリンゲンの併合を南北統一の梃子にすることには世論の広範な一致があったとしても、そこでプロイセンの存在が突出することは、間もなく実現するであろう国家統一に悪影響を与えないのだろうか。

二　プロイセン突出の回避

すでに述べたように、エルザス・ロートリンゲンの併合先としては、それをプロイセンとする声が世論では高まっていた。

しかし、バイエルン愛国党のヨルクによれば、エルザスとロートリンゲンの奪還は対フランス戦の当然の報奨ではあるものの、同地をプロイセンの帰属とすることでプロイセンの支配がドイツ全域におよぶことはそのような対価ではないという。ヨルクによれば、「それはフランスから求めるものではなく、南ドイツ諸国の国民自由党あるいは進歩党によってもたらされるものだからである[13]」。

このヨルクの言葉に示されているように、統一を求める南部の自由主義者には、エルザスとロートリンゲンをプロイセンに併合せよとの主張が強かった。たとえば、ヴュルテンベルクのドイツ党のヘルダーによれば、「エルザスと（少なくともドイツ語地域の）ロートリンゲンを獲得する理由は明白である。ドイツ、とりわけ南ドイツは、現在のフランスの攻撃態勢の下で常に脅威にさらされている。ハプスブルクが失なったものをホーエンツォレルン家の人々によって奪い返すことは、新たなドイツ国家に有無をいわせぬ強力な威信を与えるであろう。民衆の考えを配慮することはない。われわれはセンチメンタルな政治家でもないし、愚かな教条主義者でもない。民族性が間もなく再び通用することになるだろう。その時までに、これらの土地を必要であるならば軍事的に押さえ、統治することができるであろう[14]」。

このように、たしかに南ドイツの自由主義者の中には、北ドイツの国民自由党以上にプロイセンへの併合を主張する強い声があった。それは、境界防衛への関心に加えて、境界をめぐるナショナルな熱狂が、膠着する統一問題の解決を導く、すなわち北ドイツ連邦への南ドイツ諸国への参加によって、連邦国家という形で統一ドイツを築くことができると考えられていたためであった。

バーデンの下院議員である自由主義者キーファーによれば、戦争の成果たるべき「国民の国家的な統一とフランスに対する安全な境界の確立は、エルザスとロートリンゲンのしかるべき部分を奪還して初めて達成されうる」という。キーファーによれば、「私には境界問題が政治的な統一問題と直接的に連動しているようにみえる」のであり、まずは「領域を造形することから、連邦問題の解決は大きな手がかりを与えられる[15]」のである。

このように境界問題が南北の統一をもたらすと考えるキーファーによれば、その際、憲法という国家構造をめぐる意見の相違は必ずしも顕在化しないという。なぜなら、エルザス・ロートリンゲンの併合要求は、単一の憲法が全ドイツを包含しなければならないという絶対的な確信を生み、合意を妨げたり亀裂を生んだりする細かい問題は意識的に回避されるからである[16]。つまり、南北ドイツの統一が何を措いても優先され、しかもできる限り現実に適合的な、現前の国家的秩序を出発点とする統一方法が選ばれるであろうというのである。

この点について、実際にバイエルンのバルト（関税議会議員）はヴュルテンベルクのヘルダーに対して次のように述べ、ともかくも統一が優先されることを主張している。「貴殿の手紙の中でドイツの憲法を作ることが全く考慮されていないことは驚きであった。われわれはその完成こそが、この戦争がもたらすべき本来の結果であるとみなしており、だから雌雄を決した戦いの直後にこうした方向での宣伝活動をすることを支持したのである。その際、われわれの力点はまず、南ドイツがライヒ議会への参加を行うことであった。それに必要な従来の北ドイツ連邦憲法の改正や、加盟に際して個々の構成国になす特別な譲歩の検討に深く立ち入ることなく、そうした問題は当事者たる政府間の交渉にまずは委ねることで、ともかく参加に力点をおいたのである[17]」。

このような南ドイツの自由主義者の動向に対応して、北の国民自由党の中には、北ドイツ連邦への南ドイツ諸国の加盟による統一を最も優先するとの観点から、プロイセンによる併合要求の突出を戒める意見が出始めていたのである。たとえばフォルケンベックはラスカーに対して、「かつてのドイツの地の獲得を無条件に求めること、それを求めることによって、ドイツ国家の整備された統一組織という、戦争の本来の目的、ドイツ国民が戦争から受け取ることのできる唯一の報酬が多大な損害を被ることがあるかもしれない[18]」と述べている。「とりわけ北ドイツの人々にとっては、南ドイツ人の感情を損ねるおそれのあることはすべて避ける方が適切であった[19]」という雰囲気が強かったのである。実際、国民自由党の中では、「実現が可能な道としてどのようなものを進むにせよ、一方的な国民自由党の方針という性質を帯びることは避けなければならない」という配慮をする必要があるとされた[20]。配慮とは具体的に、プロイセンへの併合要求が突出することを避けることであった。すなわち、エルザス・ロートリンゲンが「あっさりとプロイセンにもたらされるというのが、必ずしも現実的な解決方法ではないのは自明である。プロイセンは戦争を一国で行ったわけではないし、外国ではないにせよ、少なくとも南ドイツの同盟諸国が配慮を求めるからである」[21]。プロイセンへの併合要求は南ドイツにおいて強かったにもかかわらず、北ドイツではこのような考慮がなされていたのである。北ドイツではエルザス・ロートリンゲンをプロイセンに併合せよとの声に同調するのではなく、むしろ南北ドイツの連邦国家としての統一の支障になりかねないものととらえて、それを抑制しようとする力が働いていたのである。

さて、プロイセンの突出が統一に支障をきたさないようにすることは、ビスマルクが直面した課題でもあり、ビスマルクはこの問題の解決方法として、一八七〇年八月初めまでにはエルザスとロートリンゲンを統一国家直属の「ライヒスラント」とする構想を抱き始めていた[22]。八月一五日にビスマルクが初めて公的にエルザスの併合に言及した際には、すでに「ライヒスラント」構想は国王とビスマルクと軍部の間の了解事項となっていた[23]。

しかしプロイセンへの併合と統合のジレンマを回避する同じような試みは、社会の側においてもほとんど並行してなされていた。Die Spenersche Zeitung 紙によれば、「ライヒスラント」は「北と南を結ぶ永遠の連邦のための共通の担保」であり、Die Vossische Zeitung 紙によればそれは、大プロイセン主義が広がらないようにするための措置であった[24]。

そして、「ライヒスラント」を主張した最も初期の事例に属するボールマン『和平の条件とその評価』は、まさに戦争の帰結が「いわゆるプロイセン化（eine sogenannte Verpreußung）」であってはならず、「ドイツ・ライヒの復活（die Wiedererstehung eines deutschen Reiches）」でなければならないと明言する[25]。プロイセンへの併合が望ましくないのは、「プロイセン国家そのものを不釣合いなほど大きく拡張することになれば、秩序ある統治機構がそのメカニズムの肥大化と複雑化に苛まれ始め、国家統治の確実性と透明性が深刻な摩擦と戦わなくてはならないという危険が次第に発生する」ためである。さらに、なにより「プロイセンの利益を優先させることは、われわれドイツの連邦関係を確立し維持するためにも、これまでフランス東部の地域であったところにドイツの国民意識を育てるためにも、有効とはいえない」からである。[26] ここではプロイセンへの併合が、連邦国家としてのドイツの国民国家樹立の妨げになると考えられているのである。

このようにプロイセンへの併合を否定するボールマンは、だからといってエルザスとロートリンゲンの南ドイツ諸国への帰属を唱えるわけではない。彼は、「北ドイツ連邦の諸国がプロイセンの指導の下に戦争に加わっただけでなく、とりわけ南部の諸国も上首尾の結果を達成するのに極めて本質的な貢献をした」ことを強調するものの、その力点は、プロイセンと北ドイツ連邦諸国と南ドイツ諸国が足並みをそろえて初めてエルザスとロートリンゲンを奪還することができたということであり、それゆえ彼は、プロイセンのみならず南ドイツ諸国がエルザスとロートリンゲンを獲得することも否定するのである。そして、フランスとの戦争において実現したプロイセンの下での全ドイツの結束行動は、「ドイツの結束の生き生きとした表象（der lebendige Begriff der Zusammengehörigkeit Deutschlands）」であり、ここにこそ、「ドイツ・ライヒを動かす理念（die treibende Idee eines deutschen Reiches）」が現れているというのである。[27] エルザスとロートリンゲンは、「復活したライヒに直接的に帰属する部分として、復元されたドイツ統一の客観的な産物、そしてその存続のための明らかな担保」なのである。

こうしたボールマンの「ライヒスラント」構想の骨子は、プロイセンへの併合を求める立場から、「全ドイツの軍隊が手に入れたものをプロイセンだけのものにすることは不当に思われるという考えだけでは、十分すぎるほどに複雑なドイツの国家制度をさらに国家建設の新たなスパイスで豊かにする提案を正当化することはできない」[28] と批判された。さらに「ライヒスラント」という処遇では、すべての内政事項が他のドイツ諸国家と異なって連邦の直接管理下におかれ、しかも他国には開かれた連邦政治への方途もなく、それゆえにエルザスとロートリンゲンの従属的地位を高めてしまうという点も批判の的となった。

たしかにプロイセンへの併合案は南ドイツでも支持を集め、優勢な立場にあった。しかも、当初に出た中立国化や連邦の構成国化、さらには南ドイツ諸国への分割分配案といった「案はすべて今日ではすでに一掃されたといってよいかもしれない」(29)という運命をたどった以上、プロイセンへの併合案の優越性はさらに強まっていた。

しかし同時に、「ライヒスラント」構想への支持も広がっていた。プロイセン併合論者の代表的な人物の一人であるマウレンブレッヒャーの評言によれば、「ライヒスラント」という、「獲得した共同の地をドイツの共通の「前方地(Vorland)」として造形するという考えは、多くの場で真剣な注目を受けているように思われる」(30)のであった。南北統一をできるだけ円滑に行うために、エルザスとロートリンゲンをプロイセンに併合せず、「ライヒスラント」として処遇するという理解が世論の中にも浸透し始めていたのである。

(1) Gustav Körner, Die norddeutsche Publizistik und die Reichsgründung im Jahre 1870, S. 257.
(2) Adolf Wagner, Elsass und Lothringen und ihre Wiedergewinnung für Deutschland, S. V.
(3) Ebd., S. 89.
(4) Ebd., S. 91.
(5) Ebd., S. V-VI.
(6) Heinrich von Treitschke, „Was fordern wir von Frankreich?", S. 406.
(7) Ebd., S. 405-406.
(8) Wilhelm Maurenbrecher, Elsaß eine deutsche Provinz, Verlag von W. Weber, Berlin 1870, S. 17-18.
(9) Ebd., S. 20-21.
(10) Wolfgang Menzel, Elsaß und Lothringen sind und bleiben unser, S. 88.
(11) Adolf Wagner, a. a. O., S. 87-100.
(12) Ebd., S. 100.

(13) Joseph Edmund Jörg, „Zeitläufe. Der französische Krieg und die neutralen Mächte“, S. 392.

(14) Hölder an Lasker vom 12. August 1870, *Deutsche Revue* 17 (1892)-2, S. 51.

(15) Kiefer an Hölder vom 19. August 1870, *Deutsche Revue* 17 (1892)-2, S. 56.

(16) Ebd., S. 57. キーファーはさらに、「憲法問題でも併合に関しても、分裂をもたらす細い点はすべて除外する、ただしわれわれの方針は十分に際立つようにする」と述べている。Kiefer an Hölder vom 2. September 1870, *Deutsche Revue* 17 (1892)-2, S. 171.

(17) Barth an Hölder vom 18. August 1870, *Deutsche Revue* 17 (1892)-2, S. 55-56.

(18) Forckenbeck an Lasker vom 20. August 1870, *Deutsche Revue* 17 (1892)-2 S. 61.

(19) Adolf Wagner, a. a. O., S. V.

(20) Bennigsen an Lasker vom 22. August 1870, *Deutsche Revue* 17 (1892)-2, S. 58.

(21) Ebd.

(22) Eberhard Kolb, Der Weg aus dem Krieg, S. 163.

(23) コルプによれば、一八七〇年八月一四日にアンリ（ロートリンゲンの農村）で開かれた最高司令部会議において、「軍事的成果がさらに重なった場合、南ドイツの安全という利益のためにフランスに領土割譲を求めること、獲得した領域にはライヒスラントの地位を与えること」が合意された。Eberhard Kolb, „Der Kriegsrat zu Henry am 14. August 1870. Zur Entstehung des Annexionsentschlusses der preußischen Führungsspitze im Krieg vom 1870“, *Militärgeschichtliche Mitteilungen* 9 (1971)-1, S. 12.

(24) Gustav Körner, a. a. O., S. 317.

(25) Otto Bohlmann, Die Friedens-Bedingungen und ihre Verwerthung. Eine Skizze, Verlag von Heinrich Schindler, Berlin 1870, S. 6.

(26) Ebd., S. 19-20.

(27) Ebd., S. 20-21.

(28) National-Zeitung, Nr. 429, 11. September 1870 (Morgenausgabe).
(29) Wilhelm Maurenbrecher, „Was soll aus Elsaß und Lothringen werden?“.
(30) Ebd.

第三節　南北統一と憲法

はじめに

フランスとの戦争勃発以降のドイツにおける政治的論議の対象は、いうまでもなく、戦争でありエルザス・ロートリンゲンの併合であった。しかし一八七〇年の秋以降、その論議の情景に変化が訪れる。併合問題を契機とするナショナリズムの高揚は国家統一の逃してはならない機会であるとの認識が強まったことで、各党派からは来る統一ドイツの憲法についての要望が示され、憲法問題が活発に論じられるようになったのである。

その中にあって、北ドイツ連邦の憲法にはほとんど何も手を加えず、南ドイツ諸国が北ドイツ連邦に加盟するという方法には批判もなされた一方、それが最も現実的な方法であったこともたしかであった。本節で論じる国民自由党の姿勢はそうした現実的対応の最たるものであり、そこには南北統一を最優先し、憲法問題の細部に関する議論を等閑視する姿勢が示されていたのである。換言すれば、境界の政治争点化から生まれたナショナリズムの余波は、全ドイツ的な国家的秩序の具体的な形態論を一時的に棚上げにする効果をもっていたのである。

一　北ドイツ連邦憲法への抵抗

エルザス・ロートリンゲン問題をめぐる活発な論議が一段落すると、議論の焦点は再び国家的秩序のあり方へと向かった。人々の関心の目が、境界から新たな全国制度へと注がれるようになったのである。次の新聞記事の一節は、この焦点の移動についてこのように記している。

ドイツの将来にとって、いまだ希望の段階であるにせよ、外部への拡大よりも重要なのは、内部の組織についてであり、それは現在の戦争が終わってからそう長くは先送りにできない問題である。南ドイツ諸国が、戦いの最中に他のドイツと完璧に融合しながら、和平を手に入れた後に、他のドイツと以前と変わらぬ緩やかな関係のままとどまることはおそらくありえないことである。かなり可能性が高いのは、北ドイツ連邦が名前はそのままで部分的にその憲法を改正することである。これがどのように成就されるのか、ライヒ議会の権限は拡大されなければならないのか。こうした問題あるいは似たような問題は、フランスとの戦争がまだ終わっていない現在の状況では、多くの人々にとって早すぎる問題のように思われるかもしれない。しかし、ドイツの最終的な形を決めることが不可欠であり困難であるとわかっている人は、突然に生じる必要に準備のないまま驚かされないために、それについての入念な考察をどれだけ早く進めても早すぎるということはない(1)。

再び関心を集めるようになった統一ドイツの国家的秩序はどのようなものが構築されるのか。具体的には、南北ドイツはいかなる憲法の下に統一されるのか。ここで示されているのは、北ドイツ連邦と南ドイツ諸国が協力して対フランス戦に臨んだ後の状況として最も現実的なのは、すでにある北ドイツ連邦に南ドイツ諸国が参画すること、すなわち、北ドイツ連邦の憲法（に若干の手を加えたもの）を統一ドイツの憲法にするということである。

次の新聞記事もまた、同じ結論を述べている。

ここに至ってバイエルンとヴュルテンベルクの北ドイツ連邦への関係をどのように構築することができるのか。この関係が一八六六年の後と同じような不確かで不信に満ちたものではありえないことは明白である。ここ数週間のすさまじい出来事が南と北の統一を実質的に完成させたのである。ドイツは外国に対して一つであり、そこには永遠の至福をもたらすこの歴史的な行為を後戻りさせるような底意や願望、そして可能性はいささかもないのである。これまで南部の北部への結合に徹底した反対の行動をしてきた党派さえも、今や、外に対して完全に変化した位置は内部の関係に何の帰結ももたらさないはずはないという形で、抗いがたい既成事実の力を認識しているのである。[2]

この記事は、前の記事よりもさらに進んで、すでに北と南の国民的統一は実質的に完成しているということ、したがって、これまで南北統一に反対してきた党派も、もはやそれに反対できる状態にないことを指摘し、「抗いがたい既成事実の力」ゆえに、北ドイツ連邦の南ドイツ諸国の加盟を望ましいとしているのである。

もっとも、そのような「既成事実の力」に抵抗し、北ドイツ連邦憲法とは別の憲法、あるいは、北ドイツ連邦を相当に修正したものを統一ドイツの憲法にしようとする主張もなかったわけではない。

たとえば進歩党は、プロイセン主導の国家統一の好機が到来したことを歓迎しつつ、その統一国家の憲法は、北ドイツ連邦の改正によって作るのではなく、全ドイツの憲法制定会議を召集し、その会議の審議を通じて策定すべきであると主張した。九月二五日に進歩党の代表的な議員が名を連ねて発表された声明によれば、北ドイツ連邦憲法は「北ドイツの特殊な関係のために一時しのぎで作られたもの」であるがゆえに、「そのままの形では、全ドイツの憲法を作るのには不十分である」[3]。たしかに北ドイツ連邦憲法は立法による南ドイツ諸国の加盟を規定している以上、それは不可能ではない。しかし、そのためには大幅な北ドイツ連邦の改正と各政府間および各政府と議会との間での終わりなき交渉作業を必要とするし、そもそも「全ドイツの憲法のような極めて重要な作品は、各地から集まったドイツ人の代表の自由な審議において決定されなければならない」[4]。つまりは、憲法制定のための全ドイツ議会が召集されなければならない。そして、そのような手続きを通じて制定さるべき新憲法は、立法、予算審議、宣戦布告と和平締結への関与などの権限を全国議会に確保しなければならない[5]。さらに進歩党は、「ライヒ憲法において各国の権利は、全体の安全と利益が求める限りにおいて制約される」[6]と明言した。進歩党は、単一国家に限りなく近い極めて集権的な国家像を思い描いていたのである。

プロイセン国家の利益を第一義的に考える保守党は、統一の熱狂や煽動の中で憲法論議が進むことに批判的であり、当初は具体的な憲法構想を示すことにも消極的であった[7]。しかし、北ドイツ連邦と南ドイツ諸国が何らかの形で統一され、プロイセン国家の比重が北ドイツ連邦の場合以上に低落することが確実になった現状に直面すると、保守党からもプロイセンの影響力を保持すべく、独自の憲法構想が示されるようになった。

保守党の案は、現行の北ドイツ連邦を大胆に見直し、それを南ドイツにも拡大するものであり、その要は、連邦責任内閣制の導入と連邦参議院の上院への改組であった。保守党が責任内閣制の導入を打ち出したことは驚きをもって迎えられた(8)。しかし、保守党が責任内閣制に込めたねらいは、自由主義的な政治制度の設置なのではなく、外務、陸軍、財務の各分野において連邦独自の大臣を設けることで、外交・戦争指導と連邦の財源が南ドイツの意向に左右されることを防ぐと同時に、その連邦大臣をプロイセンが占めることを通じて、連邦政治の枢要な部門をプロイセンのコントロールの下におくことであった(9)。

連邦参議院の上院への改組もまた、同様の企図をもって主張された。保守党内には、プロイセンが票決に際して行使しうる票数の少なさのみならず、機関そのものの権限の弱さから、連邦参議院はプロイセンの利益を守るには不十分な機関であるとの不満が根強かった。そこで、連邦参議院を各政府派遣の使節からなる官僚機構から、君主推挙の人物や議会代表を大幅に加え、行政権限も拡充した政治機構としての上院に変えること、しかもその上院においてプロイセンはその規模にふさわしい地位を獲得することが唱えられたのである(10)。

こうした権限の強い上院が中央政治のレベルに設けられることは、本来ならば、プロイセンも含めた連邦構成国の「忠臣化」を進める可能性があった。しかし保守党は、上院をプロイセンが掌握することでその可能性を減じることができると考えたばかりか、国民代表機関としての全国議会への対抗機関と位置づけてもいた。「上院を通じてのみわれわれは、普通選挙で選ばれる統一ライヒ議会が、ライヒの連邦主義的性質の防御、さらにはドイツの多様性と自由の守護にとってもつ危険を取り去ることができるであろう」というのである(11)。

以上の進歩党と保守党の憲法構想は、北ドイツ連邦への南ドイツ諸国の加盟という選択肢を排除するものではないものの、北ドイツ連邦憲法をそのまま統一ドイツの憲法とすることには消極的である。しかし両党の主張は、進歩党の憲法制定議会の開催の主張や保守党のプロイセン至上主義的な主張にみられるように、党独自の従来からの主張に固執したものである分、南北ドイツの統一という現前にある喫緊の課題の具体的処方箋としては実現可能性が乏しかった。さらにどちらの党にも、統一国家が集権性を高めるという、南ドイツ諸国が抱く懸念への配慮も欠けていた。それは両党において、南北統一を現実的に考える姿勢が弱かったことの反映であったろう。
では実際に、どのような憲法の下で南北統一への道筋はつけられたのであろうか。

二　北ドイツ連邦憲法に基づく統一の優先

既存の憲法をできる限り活かして国家統一を行おうとしたのは国民自由党であった。その姿勢は、すでに対フランス戦の開始直後において垣間見ることができた。

国民自由党内では、戦争を南北統一完成の最終的な機会とするとの立場から、開戦直後から統一に向けての準備、すなわち南北の自由主義者の統一に向けた合意形成の試みや世論喚起のための宣伝活動が積極的になされていた。

七月二一日に開催された国民自由党の幹部会では、ラスカーが「国民自由党の方針を単一国家へと真正面に先鋭化させた要求[12]」を行っている。それは、開戦の熱狂の中で、北ドイツ連邦の権限の拡充を求めてきた国民自由党内の声をあまりに露骨に表現したものであった。しかしながら、ミーケルをはじめとする他の多くの、南北統一は現実には連邦国家的な枠組みでなければ無理であると考える人々からこのラスカーの見解は厳しく批判され、共感を得ることはなかった[13]。ラスカーはこうした党内の状況を、ベニヒセンに向けて、「ミーケルは、筆舌に尽くしがたく臆病である。まずもって単一国家を戦いの目標としないのである」と述べていた[14]。

既存の連邦国家を基礎にした統一を擁護する国民自由党の現実的姿勢は、同党が南北統一を妨げるものをできるだけ回避するとの方針をとるようになっていた点にはっきりと現れていた。具体的にそれは、現行の北ドイツ連邦憲法を基礎にする統一、すなわち、北ドイツ連邦への南ドイツ諸国の加盟[15]以外の選択肢を排除するという方針であった。

そして、北ドイツ連邦を軽視する向きは、強く拒絶されたのである。

南ドイツには、現在の形を基礎にした連邦を望まない人々がいる。中央権力がプロイセンの掌中にあることが気に入らないのであり、その代わりに彼らは執行部（Direktorium）の設置を望んでいる。その中ではバイエルンがプロイセンと対等であり、他の国々は一緒になって微妙な均衡状態を左右するものとされている。これは昔に用済みとなった「三つ巴（Trias）」の政治の考え方であり、かつてオーストリアに与えられた役割を今度はバイエルンにまかせようというのである。あるいはまた、連邦の一体性を時の必要に迫られた最小限のものに切り詰めようとする特殊地域主義者がいる。彼らが望むのは、プロイセン政府が、軍事負担と軍隊の戦略の統一だけを行うことである。これらはすべて、勝った連邦を拒絶し、南ドイツの参画を、北ドイツ連邦が完全に放棄されるか、あるいは北ドイツ連邦のほかにもう一つ別の南との結合を作り出すかの、いずれかの条件の下に理解している。こうした見方には、新たな憲法制定会議が完全に新しい憲法草案を審議するべきであるという要求が対応している。北ドイツは、現在の連邦国家に対するこの激しい反対者の提案に耳を傾けてはならない。現在の連邦を解散することはないし、通用している憲法を否定することもない。新たな方法を発見する必要などないのである。南ドイツが参画を求めた場合にどのような手続きをとるべきなのかは、憲法に書かれているのである[16]。

国民自由党にとって「領域の拡大とは、新たな連邦を作ることでは全くなく、これまでの連邦を広げること[17]」にほかならない。新たな連邦を作ってはならず、北ドイツ連邦をそのまま活かさなければならないその理由は、「連邦そのものが確立され、憲法を整える前に要望の水門を開いてしまえば、大きな混乱を招くことになるであろう[18]」ということであった。

こうした現行の北ドイツ連邦憲法に基づく統一を優先するという立場からであろう、先にミーケルが単一国家を要求しないことを「臆病」と難じたラスカー自身、連邦国家による統一を積極的に求めるようになっていた。ラスカーによれば、「われわれにとってとりわけ重要な課題は、戦争が北ドイツの連邦を確実にドイツの連邦に変貌させるようにすることである。今やマイン線が消え、全ドイツが打ち立てられなければならない[19]」。そしてそのために必要なのは、「各政府に世論の圧力をかけて連邦国家の完成にあたらせる」ことであった。

ラスカーは、予想されるバイエルンの抵抗も、境界の争点化から生まれたナショナリズムの高まりの中で無力化されることを予想していた。すなわち、「バイエルンは、自発的に連邦に参画しなければ、状況の力によってそれを強いられるに違いなく、フランスという隣接国との境界をはっきりとさせることがその強力な支援手段となることだろう」[20]。

ラスカーによれば、北ドイツ連邦への参加をつとに求めてきたバーデンに加え、ヴュルテンベルクも加盟に向けて動き始めた。さらにバイエルンでも加盟を求める世論が高まっているという[21]。ナショナリズムが高揚している今こそ、バイエルンが連邦に加盟するための逃してはならない時機である、というのである。

ラスカーはこの点に関し、ビスマルクの名代として、憲法に関する南ドイツ諸政府との交渉にあたることになった北ドイツ連邦の宰相府長官デルブリュックに対し、「時機を遅らせてみても、現在と同じような程度に連邦の連邦主義的性格を守ることには全く役に立たないだろう。バイエルンがこの機会を逃せば、時の経過とともに単一国家が不可避なものとなってゆくであろう」と述べている[22]。ナショナリズムの高揚が憲法問題を棚上げしている今こそ、統一の実現の機会、より具体的には最後まで北ドイツ連邦への参加に難色を示したバイエルン政府を翻意させる機会であるとの判断であった。すなわち、「バイエルンの尊厳と連邦国家の形態を守る限りにおいて現行憲法を修正すれば、バイエルンを連邦に参加させることができる」という。ラスカーによれば、統一の原則は、「連邦国家の観念を汚してはならず、連邦国家の根本を揺るがしてはならない[23]」ということであった。

一方、バイエルンの加盟を促すために柔軟な姿勢が必要であることも示唆され始めていた。すなわち、バイエルンが、ドイツ連邦へと拡大されるはずの北ドイツ連邦に、その改正憲法の下で参加することはほとんど疑いない。そうだとすれば、すべての愛国者はその先を、固唾を呑んで問う。バイエルンが連邦への加盟を委ねる条件とは何なのか——それはバイエルンに一定の特権を認めることである。なぜなら、規模の大きさのゆえに対外的に高い自律性を確保してきたバイエルンは、北ドイツ連邦への加盟に際しては、南ドイツ諸国の中で最大の犠牲を払わなければならない。その犠牲に見合った特権は認められるべきである、というのである。すなわち、「われわれのドイツにおける現在の課題は融和である。われわれは形態だけでなく精神の面でも一つの国家の人格を形成しなければならない。そのためには正当な感情を傷つけることは避けなければならない(24)」のであった。

さらに驚くべきことに、最も強く単一国家を求め、最も厳しく連邦国家を攻撃してきたあのトライチュケさえ、現行の連邦国家による国家統一を正面から容認するようになっていた。九月二五日付の「和平の希望」という論考の中でトライチュケは、併合によるドイツの国民意識の高揚が、国家的秩序の不完全性を補償したとの考えを提示した。現れた国民的一体感が、トライチュケに、彼にしてみれば不完全な国家たる連邦国家を受け入れさせたのである。すなわち彼によれば、たしかに北ドイツ連邦の憲法が抱える問題は解決してはいない。

反発の力は、拡大された連邦においてさらに強まるであろうし、プロイセンの優越性は北ドイツ連邦の中においてよりも小さくなるであろう。実質的な統治権力と呼べるものがおよそ欠けていること、連邦参議院の仕組みが上院でもあるし連邦の執行機関でもあるという中途半端なものであること、これらは由々しき障害をもたらすに違いない。にもかかわらず今日われわれが、それらすべての疑念を抑えることができるのは、ただただ、この間にナショナルな観念の道徳的な力がはかり知れないほどに高まったからであり、その国民が戦後に、矛盾に満ちた憲法の下でも健全な国家生活を営むことができると信頼しているからである(25)。

このトライチュケの言葉ほど、憲法や国家的秩序のあり方に関する執着を一時的に無力化するというナショナリズムがもつ力を示すものはない。換言すれば、ナショナリズムの力が、単一国家という最も簡素な国家的秩序ではなく、それに比べればはるかに複雑な連邦国家という国家形態を受け入れさせたのである。こうして統一国家の形態に関する新たな議論が広がることがないまま、北ドイツ連邦憲法という既成事実を基礎に、統一国家のあり方を考えるという方向性が一層のこと強まっていったのである。

（1） „Zeitbetrachtungen", AAZ., Nr. 257, 14. September 1870, S. 4074.
（2） „Der Zutritt des Südens", AAZ., Nr. 268, 25. September 1870, S. 4249.
（3） Gustav Körner, Die deutsche Publizistik und die Reichsgründung im Jahre 1870, S. 167.
（4） Ebd., S. 168.
（5） Ebd., S. 166.
（6） Ebd.
（7） Gerhard Ritter, Die preußischen Konservativen und Bismarcks deutsche Politik 1858 bis 1876, Carl Winter's Universitätsbuchhandlung, Heidelberg 1913, S. 330-333.
（8） Lasker an Bennigsen vom 24. September 1870, *Deutsche Revue* 17（1892）-2, S. 184.
（9） Gerhard Ritter, a. a. O., S. 337.
（10） Ebd., S. 339-343.
（11） 一八七〇年一二月二一日のプロイセン上院におけるクライスト・レッツォウの演説。Ebd., S. 345.
（12） Friedrich Boettcher, Eduard Stephani. Ein Betrag zur Zeitgeschichte, insbesondere zur Geschichte der nationalliberalen Partei, J. A. Brockhaus, Leipzig 1887, S. 110.
（13） Eduard Wilhelm Mayer, „Aus der Geschichte der nationalliberalen Partei in den Jahren 1868 bis 1871", in: Paul Wentzke（Hrsg.）, Deutscher Staat und deutsche Parteien. Beiträge zur deutschen Partei＝und Ideengeschichte, Scientia Verlag, Aalen 1973（Neudruck der Ausgabe München 1922）, S. 143-144.
（14） Lasker an Bennigsen vom 23. Juli 1870, in: Herman Oncken, Rudolf von Bennigsen. Bd. 2, S. 171.
（15） 北ドイツ連邦への南ドイツ諸国の加盟と、一八六六年のプラハ条約（南ドイツ諸国が国際的に独立した連合を結成することを定めた）との関係については、結章の注（3）を参照。

(16) „Artikel 79 der Bundesverfassung", National-Zeitung, Nr. 466, 1. Oktober 1870 (Morgenausgabe).

(17) Ebd.

(18) Lasker an Delbrück vom 24. September 1870, *Deutsche Revue* 17 (1892)-2, S. 181.

(19) Lasker an Hölder vom 18. August 1870, *Deutsche Revue* 17 (1892)-2, S. 52-53.

(20) Lasker an Kiefer vom 28. August 1870, *Deutsche Revue* 17 (1892)-2, S. 64.

(21) Lasker an Delbrück vom 24. September 1870, *Deutsche Revue* 17 (1892)-2, S. 180.

(22) Ebd., S. 181.

(23) Ebd.

(24) „Bayern und der deutsche Staat", AAZ., Nr. 272, 29. September 1870, S. 4309-4310.

(25) Heinrich von Treitschke, „Friedenshoffnungen", *Preußische Jahrbücher* 26 (1870), S. 497-498.

結章　小ドイツ的連邦国家の国民的受容（一八七〇年末）

はじめに

一八七〇年の夏にフランスとの戦争によって姿を現したドイツの国民的一体感は、その後に展開された統一国家の建設過程にいかなる影響を与えたのか――周知のように、夏の国民的熱狂の延長線上に憲法制定会議が開催され、その審議の中から新たな憲法が生まれたわけではない。統一ドイツの国家的秩序は、北ドイツ連邦と南ドイツ諸国の政府間の条約締結によって、北ドイツ連邦に南ドイツ諸国が加盟し、北ドイツ連邦憲法をほぼそのまま統一ドイツの憲法とすることで形作られた。しかし、その過程は必ずしも円滑に進んだわけではなかった。

本章は、北ドイツ連邦議会および南ドイツ諸国の議会における改正北ドイツ連邦憲法の批准過程を素材に、北ドイツ連邦と南ドイツ諸国がそれぞれどのように小ドイツ的な連邦国家という形の統一国家を正統化していったのか、その論理を浮き彫りにする。とくにその際、南ドイツ諸国が抱く北ドイツ連邦への加盟への抵抗感を和らげるために、連邦主義を強化して新たな連邦国家を建設するという論理が駆使されたことを強調する。

一〇月末にヴェルサイユで北ドイツ連邦と南ドイツ諸国との間の協議が始まり、一一月六日に、まずは北ドイツ連邦とバーデン、ヘッセン、ヴュルテンベルクの間で、北ドイツ連邦にこの三ヶ国が加わってドイツ連邦とすること、北ドイツ連邦憲法を必要な修正を加えてドイツ連邦憲法にすることが合意されている。バイエルンは、外交および軍事上の独自性を維持するために、北ドイツ連邦への参加ではなく、他の南ドイツ諸国が加わって拡大した北ドイツ連邦とバイエルンとが連合を組むこと（「二重連邦（Doppelbund）」）を主張したため、当面は、北ドイツ連邦とバイエルンを除く南ドイツ三国との合意がなされたのである。[1] ただしヴュルテンベルクに関しても、国王カールがバイエルン抜きの条約締結に消極的姿勢を示すという事態が生じたために、一一月一五日に北ドイツ連邦との間でドイツ連邦設立とドイツ連邦憲法制定に関する条約に正式調印したのは、バーデンとヘッセンの二国にとどまったのであった。[2]

その後、まずはバイエルンとの交渉に進展がみられた。他の南ドイツ諸国の北ドイツ連邦参加という現実を前に国際的孤立をおそれる気運が高まったバイエルンは「二重連邦」構想を断念し、一一月二三日にドイツ連邦への加盟条約を北ドイツ連邦との間で締結した（その際、後述するように、連邦参議院における憲法改正のための必要な票数の変更という重大な憲法案の修正がなされた）。そしてヴュルテンベルクでも、国王と政府首脳との条約締結をめぐる対立の末に国王が条約受け入れを承諾し、一一月二五日、同政府は南ドイツ諸国の中では最後にドイツ連邦への加盟条約を締結したのである。[3]

こうして北ドイツ連邦への南ドイツ諸国の加盟による国家統一に合意した各政府はさらに、「ドイツ連邦」という呼称を「ドイツ帝国」に、「ドイツ連邦議長」という呼称を「ドイツ皇帝」に変更すること、そして皇帝にプロイセン国王を推挙することでも一致した。フランスとの戦争が始まる前から、南北を接近させ、各地の特殊地域主義を抑え込むシンボルとして「皇帝」を設けることを考えていたビスマルクは、なによりバイエルンの国家統一への賛成を引き出すために「皇帝」という象徴を活用しようとし、水面下の交渉でバイエルン国王ルードヴィヒ二世がプロイセン国王ヴィルヘルム一世に帝位受諾を要請する書簡（「皇帝書簡（Der Kaiserbrief）」）を送らせることに成功してもいたのである。[4]

このように、政府間の合意で定められた統一ドイツの国家的秩序は、一八七〇年における国民的一体感の直接的な産物ではなかった。国民の関与は、一二月に行われた北ドイツ連邦議会および南ドイツの各議会における条約の批准作業にとどまった。

しかし、その批准作業は決して形式的なものではなかった。南ドイツ諸国を加えた新たなドイツ連邦においてプロイセンは、北ドイツ連邦の場合よりも格段に強力な対抗的権力に直面する一方、南ドイツ諸国はドイツ連邦への参画によりその主権を放棄せざるをえず、しかもドイツ連邦の中での比重ははるかにプロイセンに劣るものになる。このようなドイツ連邦の結成は、北ドイツ連邦と南ドイツ諸国双方の、それまでの統一戦略に抵触する可能性をもっていたのである。

北ドイツ連邦・プロイセンでは、南ドイツを加えたドイツ連邦の結成が北ドイツ連邦で実現した国家統一の成果の後退をもたらすという懸念が強かった。それは、南ドイツ諸国に種々の適用除外規定（とりわけ配慮されたのはバイエルンである）が設けられたためばかりではない。[5]

より激しい議論の対象となったのが、連邦参議院のあり方、[6]とりわけ憲法改正に必要な連邦参議院における票数を規定する憲法第七八条の改正をめぐってであった。連邦参議院の全票数は南ドイツ諸国の加入により四三票から五八票に増えたにもかかわらず、プロイセン票は一七票にすえおかれ、しかも憲法改正を阻止できる票数は、（五八票に換算して）二〇票（北ドイツ連邦憲法）、一五票（当初のドイツ連邦憲法案）、一四票（バイエルンの要請によるドイツ連邦憲法案の修正案）と減ってそのハードルは低められたのである。[7]一四票とはバイエルン、ヴュルテンベルク、ザクセンの三王国が行使できる票数の合計であり、これら三国の反対があれば、どれほど強くプロイセンが望む改正であっても阻止されえたのである。

逆に南ドイツには、バイエルンの条約締結時の逡巡に示されたように、依然としてプロイセン主導の国家的秩序に加わることへの不安が残っていた。適用除外規定や修正第七八条など、プロイセンが示した「譲歩」はプロイセンが支配する北ドイツ連邦の性質に実質的変更を加え、プロイセン支配に対する懸念を払拭しうるほど十分なものなのか否か、その判断が批准への賛否に大きな影響を与えたのである。

もちろん各議会の批准審議で争われたのは、こうした統一国家の国家構造の性質ばかりではない。北ドイツ連邦議会における憲法案への最大の批判勢力であった進歩党は、憲法案に市民の自由や権利に関する規定が乏しいことを批判し、新たに連邦の立法事項に盛り込まれた「出版と結社についての規定」を明確にすることを求める修正動議を提出した。五日間の審議の中で最長となった三日目の審議の半分は、この点に関する進歩党議員の主張をめぐる議論に費やされた。そもそも進歩党は、新憲法制定にあたって全ドイツの憲法制定議会が開催されなかったことに批判的であった。同党にとって、政府間の交渉で憲法案が固まったことは、「ドイツにおいて国民意識が高まったにしては人々が構想できることが貧しいこと、その悲しむべき証明なのである」[8]。しかし、こうした進歩党の主張が各議会の議論の中心をなしたとは評しがたい。全党派が賛否を明らかにし、各議会の批准審議の中心をなしたのは、統一国家が国家としてどのような性質を帯びるかということであった。

先にふれたように、南北ドイツの双方に不満や不安を抱かせていた憲法案は、しかし各議会の批准を獲得することができた。北ドイツ連邦と南ドイツ諸国のそれまで統一の方針に必ずしも合致しない統一国家を正統化したものは何だったのだろうか。

一八七〇年一一月二九日付の Der Beobachter 紙に、「北ドイツ連邦への加入――学校教師とその隣人との対話」という記事が掲載されている[9]。

記事は、学校教師が隣人の質問に答える形で進み、ヴュルテンベルクが北ドイツ連邦に加盟することのメリットとデメリットをわかりやすく解説した後、その加盟の条件を具体的に検討している。ヴュルテンベルクはこの直後に下院議会選挙を控え、その選挙を経た議会が批准審議を行うことになっていたため、記事は批准に対する姿勢如何を投票先の選択基準とするべきであるとしていた。

　長文の記事のかなりの部分を割いて、プロイセン主導の北ドイツ連盟への強い懸念や加盟によってヴュルテンベルクが喪失するものの多さが指摘されていることは、この新聞がヴュルテンベルク人民党の機関紙であることからして当然のことであった。そして対話の結論として学校教師は、「統一は高い価値をもつものではあるものの、何にもまして優先されるべきものではない」と述べている。

　ただしこの結論の意味するところは、加盟を拒否し、それに代わる選択肢を提案することではない。それは、一定の譲歩がプロイセンから得られれば統一を容認することを前提に、譲歩の内容を具体化することであった。すなわち隣人が学校教師に対して述べたところによれば、「私は、無条件に加盟賛成を表明すると決めている人物には投票しない。私が投票するつもりなのは、あなたがここで挙げたような譲歩をプロイセンがした場合にのみ賛成する、しかしわれわれの条件を非難したり、われわれを瑣末なことで丸め込もうとしたりする場合には無条件に反対すると私が信じる人物である」。教師が挙げた加盟の条件とは、軍制におけるフリーハンド、鉄道・郵便・電信における独自制度の存続、議会制度に制約を設けないこと、課税権の尊重であり、これらが認められれば、「その他の犠牲の痛みに耐えるし、ライヒ議会に代表を送るし、戦時にはわが全兵力をプロイセンの最高指揮権の下におくことができる」とされたのである。

　以下で具体的に検討する各国の批准審議をみれば、「統一は高い価値をもつものではあるものの、何にもまして優先されるべきものではない」という考えを貫いた議員の数はさほど多くはなかったということがわかる。逆に、事態を決したのは、統一は「何にもまして優先されるべきもの」という思いを抱く人々の多さであった。そしてそのような思いに彼らを至らしめたのは、一八七〇年の夏にドイツの国家統一を不可避とする国民的一体感が出現していたことであり、この好機にこそ統一を実現しなければならず、そのためには自らの従来の方針から逸脱するような譲歩や妥協も必要であるとの認識であった。

批准作業の先陣を切ったのは北ドイツ連邦議会であった。一二月五日に始まった審議の冒頭、連邦宰相府長官デルブリュックは、まさに成立しつつあるドイツ連邦と北ドイツ連邦との間には、南への領域的拡大にとどまらない質的な違いがあることを力説した。すなわち、「連邦憲法が得た変化の核心は何であるか、その特徴を述べればそれは、連邦憲法の連邦主義的性格が強まったという点にある。実際に、現状と現実の力関係をふまえた交渉に際して別様の展開はありえなかった[10]」。これは、北ドイツ連邦を南に拡大してドイツ連邦とするためには、北ドイツ連邦の国家構造の集権性を後退させる必要があったことを強調するものであった。国家の規模において、南ドイツ諸国はプロイセンを除く北ドイツ連邦諸国よりも大きい以上、「そうしたより大きな国々の連邦への加盟は、必ず連邦憲法の連邦主義的要素を強化しなければならなかったこと、あるいは南部諸国の加盟をともかく望む場合、しかるべき側でそうした要素を認めることがなければそれは実現しなかったことは、ごく自明の事柄なのである[11]」というのである。

南ドイツ諸国に事実上の憲法改正への拒否権を与えるという憲法第七八条の修正は、政府のこのような立場を反映したものであった。しかもそれは、「条約が残るかつぶれるかを決する規定[12]」というように、憲法の最終的な成立にとって極めて重要な問題であると位置づけられていたのである。

この修正された第七八条を、南ドイツ諸国への拒否権付与どころか、それとは正反対の、単一国家化への危険性を内在させた規定とみなして拒絶したのは、「連邦国家・立憲主義派」のカトリック議員ヴィンドホルストであった。ヴィンドホルストは同規定を、プロイセンも含めた連邦構成国を連邦権限の拡大を通じて「忠臣化」する規定とみなした。主権国家と主権国家とが条約を結ぶという点に「連邦主義的原則の本質」を認めていた彼にとって、連邦参議院における拒否権程度では、「連邦主義的原則は守られないのである[13]」。連邦参議院で一四票を固めれば憲法改正を阻止できるという修正第七八条は、バイエルンの人々にも「若干の一時的な内的安心をもたらすかもしれないものの、そこに確たる安全はないのである。彼らもわれわれと同じく忠臣化され、それに対抗するために設けた盾は、それで安全が確保されたとの思いもむなしく、塵のごとく風に吹き飛ばされるであろう」というのである。[14]

しかし、第七八条に「忠臣化」の危険性があるとみなすヴィンドホルストのような見解に賛同する者はなかった。それは、「新説」[15]と揶揄される一方、ヴィンドホルストと同じく「連邦国家・立憲主義派」に属したアッカーマンは、「私が本日、連邦宰相府と大政党の弁士の双方からの説明で大きな満足を感じたのは、ドイツ連邦を連邦主義的に強化することが必要であるという点で人々は一致しているという説明であり、それを私は心から受け入れるものである」[16]と述べ、第七八条の修正を初めとする措置によってドイツ連邦は受諾可能なものとなったことを歓迎したのである。

修正第七八条に対する批判の圧倒的多数は、進歩党と一部の国民自由党からの、ヴィンドホルストとは正反対の立場から投げかけられたものであった。その骨子は、憲法改正のハードルを上げる第七八条の修正によって「対内的な連邦憲法の発展可能性」が損なわれたこと、「ライヒ議会と連邦参議院の代表の大多数によって感じとられた国民利益からして、われわれの状態の実りある構築に不可欠であるとみなされることに対して、少数の政府がすぐさま「ブレーキ」をかけることができる」ようになったことであった。[17] 進歩党のレーヴェは、修正第七八条を初めとするバイエルンへの配慮が、「連邦国家か国家連合かという問題に、最終的ではないにせよ長期的な答を与えた」として、「国家連合」たるドイツ連邦に反対する意志を示し、[18] 同党のドゥンカーはそれを「特殊地域主義」を温存させる規定として非難した。[19] 国民自由党のミーケルも、「三王国はあらかじめ、連邦の一層の発展に反対するよう陰謀することを、ある程度は憲法自体によって要請されている」と述べたのであった。[20]

ホファーベック、シュルツェ-デーリッチュ、ドゥンカーら進歩党の有力議員が、第七八条に関する動議、すなわち、憲法改正に必要な連邦参議院の票数をその「四分の三」から「三分の二」に変更する（北ドイツ連邦憲法の当初の規定に戻す）ことを求める動議を提出した動機は、これらの人々と同じく、憲法改正のハードルが高まることへの反発であった。[21] 動議の提案主旨を説明したホファーベックによれば、「三分の二」を「四分の三」にしたことは北ドイツ連邦憲法の最も重大な修正であり、現時点でも不十分な憲法を改善するための手段を縛られることになる、さらにバイエルンとの条約で合意された「一四票」規定が実現すれば、さらにその手段を行使する機会が失われる、という。[22]

この動議を突きつけられた政府の弁明は、連邦主義的原則の強化は統一のために必要であったことを強調するものであった。デルブリュックによれば、「単にバーデンとヘッセンの加盟が問題になっていたのだったら、三分の二（という規定――筆者注）は何ごともなく維持することができたであろうし、事態は加盟によって変わることもなかったであろう」。しかし、「諸君にここで提案されている憲法は、まずはバーデンとヘッセンだけと合意がなされたことに違いはないものの、初めから全体的なものを念頭においている」[23]。

「全体的なもの」を実現する、すなわちバイエルンやヴュルテンベルクを含めた南ドイツと北ドイツとの統一を実現するためには、北ドイツ連邦の国家構造を弛緩させることも辞さないというこの立場は、国民自由党のラスカーによってより具体的に表明された。ラスカーは、統一ドイツは単なる拡大北ドイツ連邦では決してないことを強調したのである。ラスカーが具体的に示したのは、次のような見解であった。

北ドイツ連邦では、国民の統一要求がドイツの北半分という不完全な領域でしか実現しなかったものの、対内的には「単一国家を模倣した連邦国家の性質と方向性」が発展するという成果があった。しかし、「残りのドイツの加入ということになれば、憲法改正が同じように容易であるということは維持されえぬことであろう」。したがって、「憲法改正が容易になることを防ぐより大きな保障」が必要である。このような立場からラスカーは「四分の三」を受け入れたのであった。彼によれば、「理性的に判断すれば、北ドイツ連邦において適合的であったのと同じルールと原則で、新しいドイツ連邦も統治できるということを期待してはならない」。だからこそ、北ドイツ連邦において中央政府の権限拡大に最も熱心に尽力してきたほかならぬ自分自身が、「権限拡大面での犠牲なくしては、バイエルンをドイツ連邦に獲得することは決してできない」と認めなければならないのである。[24]

先の進歩党の動議は支持が広がらず、否決されている。その理由は、統一のためには連邦主義的原則の強化を必要とするという立場が、程度の差こそあれ、国民自由党や保守党、自由保守党などに広がっていたことであった。さらに、国民的一体感の高まっている今という統一のための好機を逃してはならないという認識が共有されていたためであった。「連邦主義の断固たる反対者」「集権主義者」を自認する自由保守党のベトゥジー‐フックは、「現在の憲法は、量的に獲得されたもの以上に質的に奪われたものの方が大きく、どの点からみても北ドイツ連邦で現在のところ確定しているわれわれの状態の悪化をともなうものとなっている」としながら、「それにもかかわらず、われわれは自身の信念に反して条約そのものは認めなければならない。われわれは、月並みな幸運ではない、歴史の激しい流れの中でわれわれが直面した幸運をここでとらえなければならないのである」と政府提案を容認した[25]。保守党のヴァーゲナーやブラウヒッチュは、ライヒ議会とそこに代表を送る南ドイツの民主主義者に対抗する機関として連邦参議院は不十分であり、真に連邦主義的な機関としての上院の設置を求めた。しかしそれは将来の課題であり、現行案が連邦主義の配慮という「ドイツ人の歴史と特性にぴったりと合致している」ものであることは歓迎したのである[26]。

連邦主義的原則の強化を統一のためには必要とするという立場が広がっていること、とりわけそれまで単一国家を理想としたり、北ドイツ連邦の集権化を推進したりした人々からそのような声が上がっているという光景は、ある立場の者には、やはり「滑稽な印象」を与えたようである。君主制の打倒と共和制の樹立を目指すとした社会民主労働者党のベーベルによれば、一八六七年の北ドイツ連邦の成立とその後の展開は、プロイセン支配の下でドイツの集権化を推し進めるという統一のさまざまな試みに完全に配慮していた。しかし今の憲法案は、ここ数年間の統一の努力とは異質のものとなっているという。そうした年来の努力とは逆の方向に今のドイツは向かっているというのである。そうだとすれば、「集権化の試みが促進されているのではなく、連邦主義と特殊地域主義がこの憲法の中でますます広がり、顕著になることに成功している」ことへの失望が大きいはずである。しかしながら、「四年来、こうした集権的な試みを擁護し、断固としてそれを進めてきた人が、今やためらうことなくこの新たな憲法を歓迎し、新たな現実を前提としているということを、私は昨日耳にした。それを聞いて私はひどく滑稽な印象をもった。彼らは、新たな憲法によって自分たちの四年間の活動がガツンと打撃をくらい、致命傷を受けたことを忘れているのである」[27]。このベーベルの証言は、国民意識の高揚の余波の中で、国家統一を最優先に考えた人々が自己の統一国家イメージを柔軟に変えたこと、それゆえ国家統一という領域的拡大の前に、連邦国家の国家構造の集権性の問題が棚上げされたことを逆照射するものであった。

憲法第七八条をめぐる論議は進歩党の動議否決で幕を閉じたわけではなかった。バイエルンとの条約において「四分の三」規定が「一四票」規定と修正されたことに対し、先述のように「四分の三」規定を擁護した国民自由党から動議が出され、「四分の三」規定に戻すことが求められたのである[28]。提案者の一人であるラスカーは、動議の主旨を、拒否権行使に可能な国の数を三から四にすることと説明していた[29]。ただし、進歩党のホファーベックが「一四票」規定によってザクセン、ヴュルテンベルク、バイエルンの三政府が憲法改正に対する拒否権を実質的にもつようになることを、「新たなドイツ連邦の中のもう一つの連邦の芽」として拒絶する立場を貫いた一方[30]、国民自由党のラスカー自身の立場はそれほど強硬ではなかった。彼の立場は、批准審議の最後の段階まで「一四票」を「四分の三」に戻す政府間合意ができることへの期待を示し、その余地を残しておくというものであった[31]。しかし、そのような時間的猶予は実際にはなく、しかも政府は「一四票」規定を南北統一の成否を決する規定とみなしていた。デルブリュック連邦宰相府長官は、「一四票」規定に異議を唱えることを「憲法全体を疑問視すること」であると繰り返し強調した[32]。このような議会の情勢の中、動議は多数の賛成を得ることなく否決されたのである[33]。

この翌日、ドイツ連邦憲法と北ドイツ連邦への南ドイツ諸国の加盟条約が一括して採決に付された。採決に先立って、議会副議長であり、最大会派の国民自由党の首脳であるベニヒセンが行った演説は、高まった国民意識の前に統一国家の国家構造については、その集権性の後退を受け入れることが必要であることを強く訴えかけていた。「われわれがバイエルンの条約に対して重大な疑義を抱いているにもかかわらず、第二読会においてわれわれの修正動議が連邦諸政府の代表による説明の後に一部は撤回され、一部は否決された以上、今や、条約に全体として賛成することを拒むことはないであろう」。たしかに特権を認められたバイエルンの連邦への参加には危険がある。しかしその危険を引き受けるのは、「ナショナルで愛国的な感情から」であり、その感情こそが北ドイツ連邦議会を突き動かす。しかも、「われわれはこの危険を、バイエルンも含めた南ドイツの兄弟のナショナルで愛国的な心を完全に信頼して受け入れる」というのである。(34)

採決の結果は、投票総数二二七票の内、賛成一九五票、反対三二票であった。反対に票を投じたのは、進歩党、「連邦国家・立憲主義派」、社会民主主義者、ヴェルフ党の議員たちであった。(35)

この翌日、北ドイツ連邦議会には、政府から、統一ドイツの呼称を「ドイツ連邦」から「ドイツ帝国」と変更し、その主席を「ドイツ連邦議長」から「ドイツ皇帝」とする憲法修正案(36)が、連邦参議院および南ドイツの四政府の合意を得て提出され、議会はその憲法修正案を全く議論せずに圧倒的多数で承認した。(37)

これにより批准の舞台は、北ドイツから南ドイツに移ったのである。

かねてより政府も議会も北ドイツ連邦への参加を求めてきたバーデンは、極めて円滑に北ドイツ連邦との条約を批准した。それどころか、一八七〇年一二月一六日に下院において、北ドイツ連邦との間で交わした条約に関する委員会報告を行ったエッカルトによれば、すでにバーデンは北ドイツ連邦の実質的な構成国であるという。「北ドイツ連邦は憲法的に完結していたにもかかわらず、北の連邦と南ドイツとの間には、ともかくもある密接な関係が維持されていたのである。そうした体制がわれわれに一八六七年の関税条約をもたらしたのであり、それどころかさらにその成立に先立ってプロイセンと南ドイツ諸国との間には同盟条約が結ばれていたのである。経済領域においては、一つの条約によって全ドイツ国家の実りある範囲が円として画される一方、各国の同盟条約は、将来にわたってドイツの政治的存立を守るための保障を与えるものとなった。ここで次のことを述べておくのがおそらく適切であろう。バーデン大公国は、この二つの条約とその履行をもっぱら頼みにし、さらに実質的には北の連邦に属するものとして振舞ってきたということである。バーデン大公国は憲法上は統一されたドイツの実質的な構成国であると事実上はみなされていたと説明しても、反発を受けることはなかろう」[38]。このような見地から、バーデンの北ドイツ連邦加盟は過去との強い連続線に位置づけられ、バーデンがドイツ連邦を結成することを正統化する新たな事由はとくに必要とはされなかった。

しかしバーデンでは、批准の審議において統一ドイツの国家構造の簡素化・単純化が強く求められた。そのような立場からすれば、連邦参議院の票決問題に現れた統一国家の集権化の後退は、本来ならば容認できないはずのものであった。しかし、バーデン議会はこの点を統一優先の見地から受け入れている。たしかに、もともとはバイエルンだけが求めた拒否権によって三王国が揃えばドイツの憲法の発展を妨げることができるようになってしまった。しかし、下院はそれを統一のための譲歩として受忍したのである。

エッカルトによれば、委員会は「こうした連邦国家的な関係にとって非常なる規定に直面して、バイエルンとの条約に賛成することが果たして適切なことなのかという問いを投げかけた。バイエルンを退けることは大した意味をもたない、いずれバイエルンは戻ってくる、その時の加盟条件は連邦側に今よりも有利になっている、といった声が少なからず聞かれた。たしかにそうなのかもしれない。しかしながら、バイエルンが埒外にいる間に起こることのすべてをはっきりと知っている者がいるのだろうか。ヨーロッパ情勢が現在のようであれば、われわれはとりわけドイツが早急に統一されることを望まなければならない。われわれは、バイエルンもドイツ帝国の一構成国であって、連邦参議院の審議に加わったりライヒ議会に代議士を送ったりすること、そしてドイツ国民の内外の利益と一体化することに、大きなしかも喫緊の関心を抱くのである。相互の関係が親密になればなるほど、憲法の規定に現れた不信もやがては弱まり、そうした規定を廃止するにせよしないにせよ、ドイツの憲法状況の発展を邪魔するものはなくなるであろう、という希望の念をわれわれは強めるのである[39]」。

これは、バイエルンが手にする拒否権は統一優先のために必要な譲歩であるものの、統一国家にバイエルンが組み込まれれば、その中で拒否権は無力化してゆくだろうという見解であった。さらに、将来の単一国家の実現のために、今は連邦主義の強化を受け入れてともかく統一を実現すること、すなわちバイエルンに譲歩することが望ましいとする見解もバーデンの自由主義者には強かった。(40)「国家行政のあらゆる分野におけるできるだけ大規模な単純化は委員会の一致した願望である」からこそ、「われわれは、ドイツの統一事業がわれわれおよびわれわれ国民に負わせる犠牲を喜んで差し出す」のである。(41)

さらに、より端的にブルンチュリは、上院において「ものごとの自然な力」が三王国による拒否権の行使を阻むであろうと力説した。ライヒ議会の多数派と連邦参議院の大勢とが必要であると認めた憲法改正ならば、つまり国民の大多数が支持する憲法改正ならば、憲法の規定とは「別の諸要素の力」、つまり「道義的な力」が働いてハードルは乗り越えられるというのである。(42)ブルンチュリによればまた、「南ドイツの特殊地域主義という、多くの地域や国において歴史的な伝統となっている硬く扱いにくい物質を溶かすためには、あのような熱狂がともかく必要であった。そうした国民的熱狂の中においてのみ、現在のようなドイツの統一と憲法を作り出すことができたのである。あるいはドイツの統一と憲法はそのようにして獲得されなければならないのである」。(43)さまざまな異質な要素を組み込んで南北ドイツを統一し、統一ドイツのための憲法を成立させるためには、国民的熱狂というナショナリズムの力が不可欠であったというのであった。

ヘッセン(=ダルムシュタット)でもバーデンと同じく条約批准に大きな障害はなかった。条約に関する委員会報告を行ったハルヴァックスは、次のように述べて、対外的な宿敵に対して出現した国民的一体感の存在を梃子に、内部、つまり憲法についても国民的な一致が形成さるべきことを説いた。すなわち、「新たな憲法の成果に対して個々人が、それはあまりに集権的のようだとかあまりに連邦主義的にみえるだとか、その政治的見地からどのような異議を突きつけるにせよ、次のような考えがすべての面で支配的にならなければならない。それは、とりわけ肝要なのは、現時点で達成可能なものを固め、ドイツ国民の対外的な宿敵に対する輝かしい勝利に続けて、意見の不一致という内部の敵に対する同様に輝かしい勝利を収めることである、という考えである[44]」。

ただしヘッセンでは、バーデンに比べれば、明確に反対の意思を表明する議員の数が多かった。根強い大ドイツ主義者であった彼らは、「採決の結果にはほとんど疑いをはさむ余地はない以上、審議すべきことはあらかじめ決定がなされているようなものである」ことを認めつつ、プロイセンが圧倒的な地位を占めている点で北ドイツ連邦憲法と新たな憲法とは実質的な違いがないこと、それらは「ドイツ系オーストリアはドイツに属さないという、われわれ民族の一〇〇〇年の歴史と矛盾するフィクション」に支えられていること、したがって「一八六六年の内戦の上に増築するのではなく、一八七〇年のまっさらな基礎の上に新たな家を建築すべきこと」を説いたのであった[45]。

このような一定の強い反対がある以上、批准を支持する側はそれに配慮しなければならない。ハルヴァックスによれば、「北ドイツ連邦憲法のあらゆるところに各国家が次第に押しつぶされ吸収されてゆく危険性だけを認め、その憲法の規定は必然的かつ不可避に単一国家へと突き進むものであるという意見をもった（あるいは今なお抱いている）人々は、とりわけバイエルンとの間に締結された条約によって少なくともいくつかの連邦主義的な芽が確保されたこと、ただし情勢の変化の下で若干ものは達成できず、さらに待っても達成の見込みはより小さくなるということで満足しなければならないだろう[46]」。北ドイツ連邦には、そのような連邦主義的な要素を取り込んだ憲法の修正に内心では重大な疑義を抱く議員が多いにもかかわらず、彼らは「その憲法を基礎にした国民的統一を立ち上げることを自身の不可避の義務」と感じて圧倒的多数によって憲法を批准した、したがってヘッセン議会もそのドイツ国民としての同様の義務的行動に連なるべきである、というのが、ハルヴァックスの強調した点であった[47]。北ドイツ側に合わせて、ヘッセンも統一を優先すべきだとされたのである。

さらに、かつてプロイセン世襲皇帝派として名を馳せつつも、オーストリアがドイツに属することを疑わなかったガーゲルンが、ヘッセンの北ドイツ連邦加盟を正統化する理由をより克明に説明している。彼はまず、新憲法が北ドイツ連邦憲法よりもはるかに構成国の自律性を認めて連邦主義的要素を強めていること、オーストリア離脱後のプロイセン主導の小ドイツ的なドイツが、対ロシア問題や東方問題においてドイツ全体の利益に配慮した行動をとれるようになっていることを指摘した(48)。そしてガーゲルンは、バイエルンの地位を焦点に、さらに詳しくその理由に言及する。

ここで私は、バイエルンの特殊地域主義に与えられた譲歩と特権について語らなければならない。私の意見は、それらに嫉妬する必要はないというものである。こうした譲歩が統一に何の害ももたらさないのなら、すべての連邦構成国に認められるのが最善であるという人もたしかにいる。しかし現在われわれが望むのは、さらに問題を難しくしないということである。ただいずれにせよ、私の考えではそうした譲歩は一時的な性格をもつものであり、だからこそわれわれはそれを、連邦構成国の間の同権を犠牲にしたとしてもドイツの統一はより確実なものとなるだろうという希望的観測の下に受け入れるのである。その際、バイエルンの歴史とこの強国をめぐる経緯の意味、そしてあのような条件の下でこの国家が連邦に参加することでドイツの統一にもたらされた犠牲がより大きくなったことをしかと銘記しておかなければならない(49)!

以上のように述べた後、ガーゲルンは条約に賛成する最後の理由があるとして、次のように愛国的感情に強く訴えかける。

これらの条約とそれらを締結する覚悟を南ドイツの二つの大国が抱いたことは、ここ数ヶ月の間に生じた困難な闘い、国民的な戦争、軍事的な経験において結ばれた戦友としての絆の成果である。諸君、何千もの人々がフランスの墓丘の下に眠っている。異国の地で戦死し葬られたのは、祖国の偉大さと統一のためなのだ、という願いこそが彼らの死の無念さを和らげるのである。私は、この死者の願いがかなえられないままに残されること、彼らが流したすべての血と彼らが払ったすべての犠牲を前にして、戦いを終えたドイツが統一されず、したがって強国とならず、統一という固く永続的な絆、未来への約束がないままにおかれること、そうしたことの責任の一端を負いたくはないし、良心の痛みも感じたくないのである。新たな絆を結ぶこと、それは子孫と朋友に対するわれわれの責任であり、過去の贖罪なのである。[50]

一二月五日に行われた下院選挙[51]でドイツ党が大勝利を収めていたヴュルテンベルクでは、北ドイツ連邦への加盟条約の批准に大きな支障はなかった。ただし、ヴュルテンベルクにおいても、ヘッセンと同様、少数派ながら北ドイツ連邦への加盟に対する強い批判があった。

批判の急先鋒は、一貫してプロイセン主導のドイツ統一を批判してきたモールであった。ドイツからオーストリアが離脱したとしても、それが自動的にヴュルテンベルクがプロイセンと組むことにはつながらないというのが彼の立場である。「たとえ大ドイツ的な思想をもっていたとしても、夫を失った後にずっと独身であり続けたい夫人を真似るわけにはいかないだろう」という主張がなされていることをモールは指摘し、その主張に対して、新たな縁談話が出た場合に未亡人は慎重にそれを検討しなければならない、と反論したのである。[52]モールによればまた、新たなドイツは構成国間の極端な力の不均等とプロイセンが握る票の力で中小国を「忠臣化」するものであり、構成国の自由と自律が確保される連邦国家ではありえない。彼は、南ドイツ諸国が「自分の川を泳ぐ魚」から「カワカマスの池の中のコイ（＝カワカマスに捕食される——筆者注）」になってしまったとして、統一ドイツを拒絶したのである。[53]

モールの大ドイツ的主張は、しかしもはやそのわずかな残滓にすぎなかった。プロイセン主導の小ドイツ的なドイツを批判してきた最大の勢力である人民党のエスターレンは、一八七〇年の戦争によって、プロイセン、オーストリア、南ドイツ諸国を含む大ドイツ構想が潰えたこと、「私の考えでは、大ドイツ的観念は、ドイツにおける意味ある政治的構想として、かつて思われていたようにはもはや存続できない」ことを認めざるをえなかった。[54]エスターレンの批判は、もっぱら議論の拙速さと「北ドイツ連邦の憲法は、一八七〇年の出来事を通じて別のものになったわけではないし、審議を通じて実現した修正も重要で本質的なものではない」という点に向けられたのであった。[55]

そこで、条約批准を支持するドイツ党は、北ドイツ連邦への加盟が正統化される理由を述べる中で、やはり一八七〇年の憲法案が従来の北ドイツ連邦憲法とは異なる点を強調することになる。ドイツ党の代表的な政治家であったヘルダーは、北ドイツ連邦への加盟がヴュルテンベルク国民の意思であることをまずは主張する。一八六七年以降、全ドイツ統一の基礎を何にすべきかが論争の的となっており、ヴュルテンベルク政府は北ドイツ連邦への加盟の方針を固め、その判断を国民に問うために議会を解散した。そして同方針をかねてから支持してきたドイツ党が選挙で勝利を収め、政府提案が国民の意思に沿っていることが明らかになったというのである。(56)

重要なのは国民の意思に大筋で沿うことであり、細部への拘泥ではないとするヘルダーは、「すべての側からの広範な諦念がなければこうした作品を作ることは不可能であろう」と断言する。ヘルダーによれば、そもそもドイツ統一が挫折を重ねてきた理由はそのような諦念の欠如にあり、その一方で、北ドイツ連邦の成立とフランスとの戦争の経験を通じてドイツ人の間には、そうした諦念の欠如という失敗を繰り返してはならないという信念が強まってきたという。そして、「大切なのは、われわれに示されたドイツ連邦の憲法案がその根本的性質において国民のしかるべき要求に沿うものなのか、時代の当然の立憲的な諸権利が大本において満たされているか、必要な国民の権利はどうなのか、そしてその憲法がその内部から生まれる欠陥を是正し国民の健全な生活に不可欠なものへと発展してゆく可能性を保持しているかどうか」という点である。(57)

こうした主張をより受け入れられやすくするために、ヘルダーも、統一ドイツが北ドイツ連邦とは性格を異にしている点を強調した。連邦参議院の中にはライヒ憲法の連邦主義的性格が表現され、南ドイツ諸国の加盟によってその連邦主義的性格はさらに強化されたという。すなわち、「各国は、連邦の諸案件に対して、必要な一体感を損なうことなく認められうる影響力を最大限に保障された。それは、ドイツ最大の連邦構成国であるプロイセンに対する各国の規模と比重をはるかに上回る影響力である(58)」。

ただしこうした連邦主義的性格の強化を強調することは、北ドイツ連邦加盟への抵抗感を弱める一方、バイエルンの特別扱いや統一の骨抜きといった批判を招くおそれもある。そのような批判にはドイツ党のエルベンが次のような反論を準備していた。「多くの者が内心では進まぬ気持ちでバイエルンとの条約に賛成したことはたしかであり、ドイツの統一がバイエルンとの条約や、バイエルンに認められた特別な地位によっていくつかの点で汚されたことは心を痛めるものである。ドイツの統一はその点を除けば、戦争の最中に極めて熱狂的な形で実現していたからである」。にもかかわらずバイエルンの扱いを理由に条約に反対してはいけないという。それは、バイエルンの特権は、バイエルンの歴史と南北の強制によらない統一の重要性からしてやむをえないものであるばかりでなく、フランスとの戦争で一体となったドイツは、いずれ特権を解消するような憲法改正を行うことができるからである(59)。

ここでも憲法上の妥協を促すような国民的一体感の存在が一八七〇年に形成されたことが前提とされている。エルベンによれば、一八七〇年はドイツの国民形成における歴史的画期であった。

将来、一八七〇年の歴史は、この一世紀の、いや数世紀における最大の事件として記されることだろう。ドイツ人はこの忘れられぬ年に、古くからの不倶戴天の敵を打倒し、数世紀の昔に盗まれたものを奪還したばかりではない。ドイツ人は自らに打ち克って、古くからの不一致というドイツ国民の旧弊を捨て去ること、戦争のただ中にその統一を見出すこと、国民の統一帝国を樹立すること、ドイツの国民国家を建設すること、そしてその国家に統一の贈り物として、すでに前に獲得されていたシュレースヴィヒ・ホルシュタイン、奪還されたばかりのエルザスとドイツ系ロートリンゲン、さらにはおそらくルクセンブルクを加えること、これらのことを実現したのである(60)。

批准に対する最も強い反発があったのはやはりバイエルンであった。バイエルン上院は一二月三〇日に批准を承認したものの、下院では本会議に先立つ委員会で批准に反対する者が多数を占め、一八七一年一月一一日に始まった本会議の審議では、批准反対派の代表である愛国党のヨルクが委員会の多数意見の報告を、進歩党のバルトが少数意見の報告を行ったのである。しかも条約批准のためには三分の二以上の賛成が必要であった。

ヨルクによれば、フランスとの戦争、さらには九月までのバイエルン政治の大原則は、「北ドイツ連邦は「単一国家への極めて強い方向性」をはっきりと示している、この連邦の憲法の根本的な修正なしに、つまり単一国家への傾向と均一化の傾向に歯止めをかける修正を行わずにバイエルンが加盟することは全くありえないことである」というものであり、「そのような北ドイツ連邦憲法の修正は、示された条約を通じてはなされなかった」[61]。しかも新たな統一ドイツは、プロイセンが一八六六年にドイツの連邦主義的秩序を破壊し、戦争と併合で軍事国家たるプロイセンを拡大したものであり、その外部にとどまることは、「バイエルンの孤立」をもたらすどころか、それこそ「ドイツ国民の観念」の要請するところである[62]。さらにそれに参加すれば、数年以内にプロイセンとロシアの対オーストリア戦に引き込まれ新たなドイツの内戦が起こる可能性さえある、とヨルクは警告した[63]。

しかもプロイセンは今や、プロイセン、オーストリア、南ドイツの並存という、プロイセンとオーストリアとの戦争の後に国際的に合意された秩序をも反故にした。そうである以上、「ドイツからオーストリアを排除することもまた無効となったように思われる。かくしてバイエルンは友好な関係をプロイセンともオーストリアとも結ぶことができる自由をもつに至った」。すなわち、今こそ、「三つ巴の理念（Triasidee）」を組み込んだ本来のドイツ国民の姿を回復する機会である。ヨルクによれば、「大ドイツ主義は今日でもなおありうるものなのである[64]」。

これに対して委員会の少数意見を代表した進歩党のバルトは、憲法改正に必要な連邦参議院の票数問題について、バイエルンになされた譲歩は小さく、北ドイツ連邦の実態は変わっていない、という意見にふれて、「私の考えは反対である。私はこの譲歩を非常に大きなものとみなしており、北ドイツ連邦の議会でもそれは極めて重大なものと考えられている。というのも、憲法改正と権限拡大に必要な票数のハードルを上げることほど、北ドイツ連邦の議会が痛みを感じることはないからである[65]」と反論した。

また、バルトによれば、統一ドイツがロシアと組んでオーストリアと戦争を行うことはありえない。オーストリアは当然の同盟相手であり、親密な相互理解を進めてゆくべきである。逆にオーストリアのドイツ系地域を新たな国家に引き寄せること（つまりは大ドイツ的な統一ドイツを建設すること）は、そこに居住する他の民族の存在から、統一国家が不要な民族対立にさらされることになって賢明ではない（それはオーストリア政府に任せるべきである）。「われわれの国家の平和的発展とナショナルな利益の促進」、つまり、「新たに作られた国家の内部を発展させること」という課題が、「境界地域においてチェコ人と南スラヴ人を受け入れた途端に全面的に変質してしまう」というのである。(66) そして、一八七〇年にオーストリアのドイツからの離脱が無効になったとするヨルクの見解を「奇妙な説」として退け、「オーストリアのドイツからの離別は、かりに一八六六年に完了していないのだとすれば、それは初めて一八七〇年に確定したのである」と主張した。さらに、バイエルンを除く南ドイツが北ドイツ連邦に参加した以上、統一ドイツ、オーストリア、バイエルンという「三つ巴」には全く意味がないとそれを切り捨てた。(67)

バイエルンでも批准支持派が北ドイツ連邦の変質を強調することは珍しくはなかった。たとえば進歩党のシュタウフェンベルクも、北ドイツの「連邦憲法が（南ドイツ諸国との――筆者注）諸条約によって実質的な面で作り替えられたことを否定する者はいない」と断言した。しかしシュタウフェンベルクは、「北ドイツ連邦憲法が単一国家への方向に突き進むものであったとして、バイエルンはその埒外にとどまった方がバイエルンにおけるわれわれの状況はよくなるだろうか」と自問し、その問いに「よくならない」と答え、バイエルンを初めとする南ドイツ諸国は北ドイツ連邦に加盟すべきである、と主張したのである。なぜか。それは「連邦におけるバイエルンの比重は極めて大きいものとなるだろう」からであり、北ドイツ連邦の内部に入ってこそ「北ドイツ連邦憲法の規定に基づいて北ドイツ連邦憲法を解体する」ことができるからである。シュタウフェンベルク自身が認めているように、この発言は誇張ではあるものの、彼はバイエルンが単一国家化への歯止め役を果たすことを期待して、そして最も著名な単一国家論者であったトライチュケを名指しし、トライチュケが「懸念していた道」を進むとして、北ドイツ連邦へのバイエルンの加盟を支持したのである。(68)

一八七一年一月二一日に採決が行われた。国王から批准否決の場合の下院解散の権限を委ねられていた政府は、ブレイ首相以下、ルッツ、プランクら、条約締結の当事者たる大臣が議会に対して批准賛成を訴えかけた。採決の結果は、北ドイツ連邦との条約締結に賛成する委員会少数派の動議を、賛成一〇二票、反対四八票で可決するものとなった。愛国党の投票が割れ、その急進派四七名が同動議に反対する一方、穏健派三二名が賛成にまわり、進歩党などの自由主義派の七〇票とともに批准に必要な一〇〇票の賛成票を構成したのであった。[69]

この投票行動が示す通り、批准の成否を決したのは愛国党の穏健派の動向であった。愛国党のフットラーが一八七一年一月一八日に行った演説には、反プロイセン、反小ドイツ的ドイツ統一への急先鋒であった愛国党の一部が、条約批准、すなわち北ドイツ連邦へのバイエルンの加盟を、留保と弁明を幾重にも重ねながら受け入れるに至った事情がはっきりと現れていた。[70]

フットラーは、批准という「われわれが直面している問題は、党派の相違が再びはるか遠くに後退するような極めて重要な問題である」とし、「われわれの大多数がこの問題において、どれほどつらくともこれまで考えを同じくしてきた同志から離れ、自身の立場でこの条約に賛成票を投じ、支持を口にしなければならないことは、もはや隠し立てすることではない」[71]と述べる。なぜ苦渋の決断として賛成するのか。

フットラーによれば、愛国党は強力な中央権力をもった統一ドイツ自体を拒絶しているわけではない。強力な中央権力があってはじめてドイツの政治的分断は克服され、ドイツは統一されうるからである。一八六六年の戦争はたしかに国家的再編の端緒であったものの、その結果として生まれた北ドイツ連邦は過度に強力な中央権力を備えていたため、愛国党はバイエルンの北ドイツ連邦参加に反対した。その限りで愛国党はドイツ統一に否定的な姿勢を示したのである。しかし、愛国党の否定的姿勢には統一に向けた積極的な意味もあったという。それは、強力な中央権力に抵抗するための自発的な精神、観念の力が国民の側に必要であることを示したことである。そうした精神・観念が全ドイツに波及すれば、国家統一はごく自然にもたらされるであろうというのである。そしてそのような精神・観念は、ドイツの分裂の元凶であるフランスという宿敵との国民的戦争によって獲得されることはずっと意識されていたという。[72]

一八七〇年夏のフランスとの開戦は予定よりも早く、またプロイセン主導で行われたという点で想定の範囲外であった。しかし、開戦が全ドイツ的な精神と観念を生み出したことは確実である。「この国民的戦争にともなって生じた混乱の中から、突如としてわれわれが長らく求めてきたドイツ統一という家がさらに拡大された形で出現した」のである。そして、「そのための原則と土台をこの条約は含んでいるのである(73)」。

では、条約を受け入れるべきかどうか。フットラーは、過剰な中央権力、国民の軍事的負担の大きさ、君主に対する立憲的統制の弱さ、国民の権利の不十分さ、責任内閣制の欠如などを挙げ、「諸君、この条約だけを念頭におけば、それは何重にもわれわれの希望に沿わないものである。多くの、そして重要でなくはない点において北ドイツ連邦とは別物になってはいるものの、われわれが批判した北ドイツ連邦憲法の本質的特徴が、幾分は弱められた形にせよ、なおこの条約の中には残っている(74)」とする。

しかしそれでもフットラーは、条約を受け入れるべきという。いわく、「もし条約だけと関わればよいのだとすれば、それこそ極めて多くの欠点を挙げることになるだろう。しかし条約は、現時点でわれわれがおかれている状況から切り離すことができないものである。われわれは条約を現状から切り取って、それ自体として取り扱うことはできないのである。そして現状は、われわれが条約に賛成票を投じなければならないようなものなのである。われわれは、条約を否決した場合に生じる事態に対する責任の一端を負うことはできない(75)」。具体的には、条約を否決したら生まれるとされる「バイエルンの孤立」は、血の気のない幽霊のようなものではなく、極めておそろしい現実であり実態なのであるというのがフットラーの主張である。「この決定的な瞬間に本院において「否」の声が鳴り響いた場合に生じる帰結が何であるかをわきまえているだろうか。一瞬にしてバイエルンはドイツの外国になるのであり、ドイツ帝国はわれわれにとっての外国、バイエルンはドイツ帝国にとっての外国になるのである。それは前代未聞の耐え難い状況であろう(76)」。こうした言明から、バイエルンにおいても、いかにドイツの国民意識が強まっていたのかをうかがうことができる。

もちろん、「条約を否決すること、条約に反対票を投じること、それは全バイエルンが、人民と君主が一致して条約を望まない場合には、なおありうることであろう。しかし諸君、全くそのようなことはないのである。諸君を代表に選んだこの国の半分の人々は、もともと条約に賛成である。われわれの背後にいる人々は、すでにあけすけに述べてしまったように、ごく少数の人々しか条約に「否」を突きつける議員を支持してはいないのである。そして、毎日その数は減少し、時の経過を重ねるにつれてある雰囲気が生まれ、数日内に、全国が条約の受け入れに賛成であると言わなければならなくなるであろう[77]」。

そしてフットラーは、従来の愛国党の立場からすれば考えられないプロイセン主導の小ドイツ的な連邦国家を受け入れる苦渋の最終決断を下す。

――「われわれはオーストリアなきドイツにずっとなじめないできた。しかし今やそれを受け入れなければならない。諸君、オーストリアはプロイセンと同じく全ドイツに対する使命をもっていたはずなのに、それを果たすことはなかった。外交的指導の面でも軍事的指導の面でも、オーストリアは、プロイセンが今、現実に占めている地位にはふさわしくないのである[78]」。オーストリアが不在でプロイセンが主導権を握るドイツを、バイエルンは受け入れるのである。

――「強力な中央権力と結びつくことがバイエルンの自律性を脅かすことがありうるというのは本当にその通りである。しかしドイツから切り離されるという別の道をとれば、バイエルンの自律性は亡きものになってしまうに違いない[79]」。ドイツの一部であるために、自国の自律性、すなわちその主権が失われることも、バイエルンは受け入れるのである。

かくして批准は完了し、小ドイツ的な連邦国家としてのドイツ帝国が誕生するのである。

（1） Ernst Rudolf Huber, Deutsche Verfassungsgeschichte seit 1789. Band III, S. 733–734.

（2）Ebd., S. 735.

（3）Ebd., S. 736-737. なお、一八七〇年一一月の北ドイツ連邦と南ドイツ諸国との一連の条約締結には、一八六六年のプラハ条約との関係をどうするのかという問題があった。すなわち、北ドイツ連邦への南ドイツ諸国の加盟には、南ドイツ（南部連邦あるいは各々の国家）に独立した地位を求めたプラハ条約第四条の規定のために、オーストリアが反対する可能性があった。ビスマルクは、南ドイツ諸国はプラハ条約の当事者ではないとして、同条約が南ドイツ諸国に対する拘束力をもたないとの見解を示すこともあった。しかし、プロイセン政府全体としては、プラハ条約第四条遵守の方針がとられた。したがって、北ドイツ連邦への南ドイツ諸国の加盟が実現するためには、オーストリアがプラハ条約第四条に基づく拒否権を行使して統一を妨害しないことが不可欠であった。また、フランスは、条約の締結国ではなかったものの、自国の利益のために第四条の規定を条約に盛り込ませた当事国として、同様の拒否権行使を主張しえたため、北ドイツ連邦への南ドイツ諸国加盟には、フランスの不干渉も必要であった。

　一八七〇年一一月に、南ドイツ諸国の北ドイツ連邦への加盟条約が締結された際には、これらの条件が満たされていた。フランスに関しては、プロイセンとの一八七〇年夏の戦争により、同国との間で結ばれたほぼすべての条約（ある条約の規定で、その条約締結国と第三国が交戦した場合に、第三国の利益となるよう定められた規定を含むとされた）が失効し、フランスは第四条の遵守を求める立場を失っていた。一方、オーストリアは、この戦争中、プラハ条約第四条に基づいて、ドイツ統一を阻むべく軍事的・外交的介入を決行する構えであった。しかし、フランスとイタリアと連携した介入も、イギリスとロシアとの共同の介入も実現しなかった。その結果、ウィーン政府は、一八七〇年一一月一一日に、南ドイツ諸国の北ドイツ連邦への加盟条約とプラハ条約第四条との関係を不問に付すとの態度を明らかにした。こうした事情を背景に、北ドイツ連邦への南ドイツ諸国の加盟条約の締結が実現したのである。Ebd., S. 742-744.

（4）Ebd., S. 738-741.「皇帝書簡」は、バイエルン国王が全君主・自由市にプロイセン国王のドイツ皇帝就位への理解を求める回状を出した後、一八七〇年一二月三日にヴェルサイユにおいて国王の代理の皇太子ルイトポルトからヴィルヘルム一世に渡された。

（5）バーデンには火酒とビールに対する連邦課税権の留保が認められた（Anlagen zu den SBNB. Zweite Außerordentliche

Session 1870, Nr. 6, S. 7. 以下、この議会審議資料集からの引用は、Anlagen, Nr. 6, S. 7. のように省略して行う)。ヴュルテンベルクには、火酒とビールに対する連邦課税権の留保、統一郵便電信制度に関する特別規定、独自の規定（Anlagen, Nr. 9, S. 34-36）による連邦の軍事制度の運用が認められた（Anlagen, Nr. 9, S. 33)。バイエルンには、本国と居住地の関係の連邦監督の適用除外、火酒とビールに対する連邦課税権の留保、統一鉄道制度と統一郵便電信制度に関する適用除外、連邦の軍事制度に関する規定の大幅な適用除外と独自規定が認められた（Anlagen, Nr. 12, S. 38 und 40-41)。

（6） 当初のドイツ連邦憲法案においてすでに、ドイツ連邦議長による宣戦布告は連邦参議院の同意を要するものとされた（Anlagen, Nr. 6, S. 6)。さらにバイエルンとの条約において憲法案には、バイエルン代表は連邦参議院陸軍要塞委員会の恒常メンバーとなること、連邦参議院外交委員会（バイエルン、ザクセン、ヴュルテンベルクは恒常メンバーとなり、委員長はバイエルン代表がつとめる）を新設すること、が盛り込まれた（Anlagen, Nr. 12, S. 38)。

（7） 正確な経緯は次の通りである。①北ドイツ連邦憲法では、連邦参議院の全票数は四三であり、憲法改正には三分の二が必要であった。②北ドイツ連邦とバーデン、ヘッセンとの間で合意されたドイツ連邦の憲法（一一月一五日）では、全票数が四八となり、憲法改正には四分の三が必要とされた（Anlagen, Nr. 6, S. 5 und 11)。③ヴュルテンベルクとの条約（一一月二五日締結）では、ヴュルテンベルクのドイツ連邦加盟にともない、連邦参議院の全票数が四八から五二に修正された（憲法改正に必要な票数は四分の三で同じ。Anlagen, Nr. 9, S. 33)。④バイエルンとの間の条約（一一月二三日締結）では、バイエルンのドイツ連邦加盟にともない、連邦参議院の全票数が五八票となり、憲法改正に必要な票数に関する規定が、一四票で改正が否決されるという規定に修正された（Anlagen, Nr. 12, S. 38-40)。バイエルンが条約を締結した際、先行していたヴュルテンベルクとの交渉が妥結していなかったため、バイエルンとの条約においては、「北ドイツ連邦の諸国とバイエルン王国は、バーデン大公国およびヘッセン大公国のマイン川以南の国家領域がすでに加盟し、ヴュルテンベルク王国の加盟が見込まれる永久の同盟を結ぶ」という規定となった（Ebd. S. 37)。一方、時系列的には最後となったものの、交渉開始は先行していたヴュルテンベルクの加盟条約では、④は反映されず、第七八条は「四分の三」規定が踏襲された。したがって一二月の各議会で批准審議の対象となったのは、②と③においては「四分の三」規定であり、④では「一四票」規定であった。ラスカーは、こうした②③と④の並存を矛盾（Antinomie）とし、④ではなく②③で政府間での最終意見調整の余地があることに期待を示した（SBNB. Zweite Außerordentliche Session 1870, 9. Sitzung（8. Dezember 1870）, S. 144）ものの、各議会の批准審議では、④が政府案であることが自明なものとして議論がなされた（正規に第七八条が「一四票」規定となったのは、ドイツ帝国成立後の一八七一年三月に開催された初の議会で、北ドイツ連邦と南ドイツ諸国と間の条約を憲法に反映させる憲法改正作業においてであった）。

（8） 進歩党のシュルツェ－デーリッチュの発言。SBNB. Zweite Außerordentliche Session 1870, 6. Sitzung（5. Dezember 1870）, S. 72. 同党のドゥンカーは国民自由党を、政府間の交渉で拙速に統一を急ぎ、国民をそのような方向に導いた責任者として批判した。SBNB. Zweite Außerordentliche Session 1870, 7. Sitzung（6. Dezember 1870）, S. 107.

（9） „Der Eintritt in den Nordbund. Gespräch zwischen einem Schullehrer und seinem Nachbar", Der Beobachter, 29. November 1870.

（10） SBNB. Zweite Außerordentliche Session 1870, 6. Sitzung（5. Dezember 1870）, S. 69.

（11） Ebd.

（12） SBNB. Zweite Außerordentliche Session 1870, 9. Sitzung（8. Dezember 1870）, S. 144.

（13） これに続くヴィンドホルストの次の発言には、憲法改正のハードルを高めた第七八条にも「単一国家」化の危険性があるとの認識が明確に表現されている。「諸君、トライチュケがわれわれに告げたところでは、人々は連邦国家を受け入れているという。それが本当ならば、今や、彼の政治的仲間からも、（単一国家へと導くおそれのある――筆者注）第七八条に対する攻撃が出てくるのを期待しようではないか」。SBNB. Zweite Außerordentliche Session 1870, 6. Sitzung（5. Dezember 1870）, S. 80.

（14） Ebd.

（15） 国民自由党のヴェーレンプフェーニヒの評価である。SBNB. Zweite Außerordentliche Session 1870, 8. Sitzung（7. Dezember 1870）, S. 128.

（16） SBNB. Zweite Außerordentliche Session 1870, 6. Sitzung（5. Dezember 1870）, S. 88.

（17） 進歩党のシュルツェ－デーリッチュの発言である。SBNB. Zweite Außerordentliche Session 1870, 6. Sitzung（5. Dezember

1870), S. 73.

(18) SBNB. Zweite Außerordentliche Session 1870, 7. Sitzung（6. Dezember 1870）, S. 97.

(19) Ebd., S. 107.

(20) Ebd., S. 98.

(21) この動議は、北ドイツ連邦とバーデン、ヘッセンとの間の条約、北ドイツ連邦とヴュルテンベルクの間の条約に対して提出されたものである（注（7）でいう②と③である）。Anlagen, Nr. 26, S. 110.

(22) SBNB. Zweite Außerordentliche Session 1870, 8. Sitzung（7. Dezember 1870）, S. 127.

(23) Ebd., S. 129.

(24) Ebd., S. 129–130. ラスカーは、この苦渋の、しかし統一にとって不可欠の選択についての心情を次のように吐露した。バイエルンとの条約における「多くの細々とした留保や解釈が私を辛い気分にさせた一方で、北ドイツ連邦憲法のより大きく根本的な修正は、バイエルンの見地からして正当なものとみなしうる要求であると認識している。連邦憲法は、本質的な点において修正されているのであり、ドイツ単一国家の多くの熱心な支持者は、バイエルンを埒外において、その間に残りの連邦が素早く単一国家へと合体し、あるいはそうした方向へと進むことを求めている。しかし、私や私と同じナショナルな考えをもつ同志の心は、純粋なドイツ国家は早くそしてずっと同じ憲法で結ばれるようにするという思いでいっぱいなのである。だからこそわれわれは、まったく歓迎できないバイエルンの留保条件を受け入れ、条約に賛成したのである。私は、あれこれの特殊地域主義者の気分をよくするために条約の功績を小さくするつもりはない。条約には、諸政府の誠意と国民の活発な参加があれば単一国家の実現をもたらすような、統一を促す健全な要素が含まれている。私は未来を信じている」。Lasker an Freytag vom 18. Dezember 1870, *Deutsche Revue* 17（1892）-4, S. 73–74.

(25) SBNB. Zweite Außerordentliche Session 1870, 7. Sitzung（6. Dezember 1870）, S. 100. 同党のフリーデンタールは、バイエルンとの条約が連邦国家の根幹を揺るがすものであるならば反対するとしながら、経済関税分野に限定されない全国議会とドイツの主席（Oberhaupt）の存在が、「遠心力」を克服する「求心力」となっているとして、政府案に賛意を示した。SBNB. Zweite Außerordentliche Session 1870, 6. Sitzung（5. Dezember 1870）, S. 75–76.

(26) SBNB. Zweite Außerordentliche Session 1870, 7. Sitzung (6. Dezember 1870), S. 92-93 und 105-106.

(27) Ebd., S. 91.

(28) この動議は、北ドイツ連邦とバイエルンの間の条約に対して提出されたものである（注（7）でいう④である）。Anlagen, Nr. 25, S. 110. 提案者はラスカーとミーケルであり、多くの国民自由党議員が支持者として名を連ねた。

(29) SBNB. Zweite Außerordentliche Session 1870, 9. Sitzung (8. Dezember 1870), S. 143.

(30) Ebd.

(31) 注（7）を参照。

(32) SBNB. Zweite Außerordentliche Session 1870, 9. Sitzung (8. Dezember 1870), S. 143.

(33) Ebd., S. 144.

(34) SBNB. Zweite Außerordentliche Session 1870, 10. Sitzung (9. Dezember 1870), S. 162.

(35) Ebd., S. 164-165.

(36) Anlagen, Nr. 31, S. 114.

(37) SBNB. Zweite Außerordentliche Session 1870, 11. Sitzung (10. Dezember 1870), S. 167-168. 賛成は一八八票、反対六票であり、反対票はすべて社会民主労働者党のものであった。この議決を受け、かつて一八四九年の革命の際にヴィルヘルム一世に皇帝への就位を求めたジムゾン（北ドイツ連邦議会議長）が、ヴェルサイユにヴィルヘルム一世を訪ね、再び帝位受諾を要請した。ヴィルヘルム一世は、一二月一八日にジムゾンを筆頭とする議会代表団に対し皇帝受諾を告げた。Ernst Rudolf Huber, Deutsche Verfassungsgeschichte seit 1789. Band III, S. 747.

(38) 一八七〇年一二月一六日のバーデン下院本会議におけるエッカルトの発言。Fr. Holtzendorff (Veranlasst)/E. Bezold (Hrsg.), Materialien der Deutschen Reichs=Verfassung. Sammlung sämmtlicher auf die Reichs=Verfassung, ihre Entstehung und Geltung bezüglichen Urkunden und Verhandlungen, einschließlich insbesondere derjenigen des constituirenden Norddeutschen Reichstages 1867. Band III, S. 378. バーデン、ヘッセン、ヴュルテンベルク、バイエルンの各議会の議事録は、この資料集に収められているものを使用する。

(39) Ebd., S. 389.

(40) バーデン下院議員の自由主義者キーファーはラスカーに対する書簡の中で、バイエルンへの譲歩についてこう述べている。「私は、将来のドイツ単一国家の実現を信じており、心の底からそれが早くやってくることを望んでいる。にもかかわらず現時点では、この政策にとっても、譲歩を推奨することが有益かつ利得ある政治なのである。それは、デルブリュックがしかるべき連邦主義的観念と呼んだものであり、現実には一八六六年以来の事態の展開を前にしてとるに足らなくなったものであり、しかし今のバイエルンをこの時点で獲得するためには十分に重要なものなのである」。Kiefer an Lasker vom 6. Dezember 1870, *Deutsche Revue* 17 (1892)-4, S. 61.

(41) Materialien der Deutschen Reichs = Verfassung, S. 393.

(42) 一八七〇年一二月一九日のバーデン上院本会議におけるブルンチュリの発言。Ebd., S. 403.

(43) Ebd., S. 396-397.

(44) 一八七〇年一二月五日にヘッセン政府から議会に示された条約案に関し、ハルヴァックス議員が行った下院委員会報告の一節である。Ebd., S. 428.

(45) 一八七〇年一二月二〇日のヘッセン本会議における、ビーゲレーベン、バッケ、クルトマンの発言。Ebd., S. 430-440. ビーゲレーベンは、新ドイツのより重大な問題点が、オーストリアが含まれていないことよりも、プロイセンが圧倒的な政治的比重を占めることにあることを強調した。小ドイツ的な領域はもはや既成事実であり、その中の構造が問題視されたのである。Ebd., S. 433.

(46) 前出のハルヴァックス議員が行った下院委員会報告の一節。Ebd., S. 426-427.

(47) Ebd., S. 427-428.

(48) 一八七〇年一二月二〇日のヘッセン下院議会本会議におけるガーゲルンの発言。Ebd., S. 446, 453, und 456-457.

(49) Ebd., 457.

(50) Ebd.

(51) この選挙に関しては詳細な研究がある。Folkert Nanninga, Wählen in der Reichsgründungsepoche. Die Landtagswahlen

vom 8. Juli 1868 und 5. Dezember 1870 in Königsreich Württemberg, W. Kohlhammer Verlag, Stuttgart 2004.

(52) 一八七〇年一二月二二日のヴュルテンベルク下院本会議におけるモールの発言。Materialien der Deutschen Reichs＝Verfassung, S. 508.

(53) Ebd., S. 511-512 und 521-522.

(54) 一八七〇年一二月二二日のヴュルテンベルク下院本会議におけるエスターレンの発言。Ebd., S. 531.

(55) Ebd., S. 533.

(56) 一八七〇年一二月二二日のヴュルテンベルク下院本会議においてヘルダーが行った委員会報告。Ebd., S. 487.

(57) Ebd., S. 489.

(58) Ebd., S. 491-493.

(59) 一八七〇年一二月二二日のヴュルテンベルク下院本会議におけるエルベンの発言。Ebd., S. 526.

(60) Ebd., S. 530-531.

(61) 一八七一年一月一一日のバイエルン下院本会議におけるヨルクの発言。Ebd., S. 606.

(62) Ebd., S. 610-611.

(63) Ebd., S. 612.

(64) Ebd., S. 613.

(65) 一八七一年一月一一日のバイエルン下院本会議におけるバルトの発言。Ebd., S. 624.

(66) Ebd., S. 629.

(67) Ebd., S. 630.

(68) 一八七一年一月一六日のバイエルン下院本会議におけるシュタウフェンベルクの発言。S. 725.

(69) Ernst Rudolf Huber, Deutsche Verfassungsgeschichte seit 1789. Band III, S. 750; Materialien der Deutschen Reichs＝Verfassung, S. 828-829.

(70) 政府側の主張は、北ドイツ連邦と南ドイツ諸国の「拡大連邦」やバイエルンの独立維持がもはやありえない選択であることを前提に、「われわれの完全に独立した自律性に絶対に固執するべきなのか、それとも、バイエルン国家の存立と自律という大きな権利が総じて可能であるような基盤に立った統一への要求に応じるべきなのか、政府の選択は後者であった」(プランク陸軍大臣。Ebd. S. 781)というものであった。その選択の前提は、まず、「ドイツ人がより身近な祖国に対して抱く愛着とは関係なく、とりわけわれわれが心から守ろうとするバイエルン人意識とは無関係に、ともかくドイツにおいては統一を求める志向が存在する」(ブレイ首相。Ebd. S. 669)ことであった。そのうえで「(持続的な統一を希望する――筆者注)要求は、進歩党や国民自由党のグループばかりでなく、愛国党やあらゆる特殊地域主義のグループにおいても強まっていた。そうした強い気持ちが頂点に達したのは、フランス軍の半分がセダンにおいて打倒され、もう半分がメッツで周りを囲まれながら屈服を待っていた、あの崩壊の時であった」(プランク陸軍大臣。Ebd. S. 781)という見方が示された。そして、後述する愛国党の穏健派の批准賛成を得るためであろう、次のような点が強調された。「南ドイツの加盟によって連邦主義的要素が強まり、それは単一国家に対抗するように働く」という点(ブレイ首相。Ebd. S. 668-669)、「連邦を望むなら、犠牲を払わなくてはならない。犠牲を払う決断ができないのなら、いかなる連邦関係も否定されなければならない」(プランク陸軍大臣。Ebd. S. 782)という点、さらに大ドイツの観念は統一国家の形ではなくドイツとオーストリアの親密な同盟関係の形で成就させるべきであり、そのためにもバイエルンはドイツ側に入らなければならないという点(ブレイ首相。S. 764)、等々である。

(71) 一八七一年一月一八日のバイエルン下院本会議におけるフットラーの発言。Ebd. S. 754.
(72) Ebd. S. 755-756.
(73) Ebd. S. 756.
(74) Ebd.
(75) Ebd. S. 757.
(76) Ebd. S. 758.
(77) Ebd.
(78) Ebd. S. 760. オーストリアとの関係は国家間の関係となり、そこで大ドイツ主義的な関係が存続することになる。「ドイツの不可欠の構成要素としてのオーストリアが、帝国においては不在であることを決断しなければならないにせよ、その代わりにオーストリアとのできるだけ親密で友好的な結びつきを作ることは可能である」。Ebd.

(79) Ebd., S. 761.

改めて強調しておく。

ドイツでは、一八七一年の国家統一以前に高度の国民形成がなされていた。より具体的に言えば、統一国家成立に先立って、小ドイツ的な連邦国家を受容する意識が広がっていた。だからこそ、長らくドイツの国家的秩序の中心であったオーストリアが、たった一度のプロイセンとの短い戦争での敗北でドイツから離脱することになったのだし、戦後には「拡大プロイセン」ならぬ連邦国家たる北ドイツ連邦が成立したのである。その後も、ドイツの北半分を覆うにすぎないこの連邦国家に、南ドイツ諸国を加えて連邦国家を完成させることを求める声が絶えることはなかったし、一八七〇年に南北統一が成就した際には、南ドイツ諸国の北ドイツ連邦への加盟に対する抵抗感を弱めるために、統一国家がプロイセン中心の北ドイツ連邦を単純に拡大したのではない、より連邦主義を強化した新たな連邦国家であることを多くの人々が強調しえたのである。

このような国家建設を可能にした国民意識はいかに形成されたのか。「外部との峻別」を行う境界と「内部の均一化」に資する全国制度(とりわけ国家的秩序)がドイツにおける国民形成において大きな役割を果たす――それが本書の出発点であった。個別の国家を超えたナショナルな意識を喚起するにあたって、この二つの要素が重要な機能を発揮したのである。すなわち、統一国家なき時代の国民形成の高度な達成は、国家統一に先立つ数年間に、ドイツの境界が政治争点化されることによって国民意識が高まり、国民にふさわしいドイツの全国的な国家的秩序が具体的かつ集中的に思い描かれることによってもたらされたのであった。

この「おわりに」では、こうした観点から改めて、統一国家成立以前の国民形成の過程を振り返ってみることにしたい。

一八七一年のドイツ帝国の成立に至る数年間は、ドイツの統一国家建設の時代であったばかりでなく、ドイツの国民形成が顕著に進んだ画期でもあった。

まず、一八六三年から一八六四年にかけてのデンマークとのシュレースヴィヒ・ホルシュタインをめぐる対立の場面は、境界による「外部との峻別」が国民的一体感をもたらした最初の本格的な事例であった。「ドイツはケーニヒスアウまで」の標語の下にドイツの北部境界に人々の関心が集中し、境界によるドイツと「外部との峻別」が行われた結果、ドイツの国民的な結束が達成されたのである。これによりドイツの国民意識は大いに高まることになった。

この国民意識の高揚をもたらした境界による「外部との峻別」は、内なる差異を相対化ないし無化する作用を発揮する。そのため、ドイツにふさわしい全国的な国家的秩序は何なのかという問題、すなわちそれは国家連合なのか連邦国家なのかという対立が顕在化することはなかった。換言すれば、高まった国民意識の中に存在した、ドイツの国家的秩序に関する複数の見解がある一定の方向に収斂することはなかった。

しかし、国民意識との関係の親密さの点で、当時の実在する国家的秩序であったドイツ連邦という国家連合が次第に劣勢な立場に追い込まれていったことは否めない。一八五〇年代半ばから一八六〇年代初めまでに、ザクセンなどの中小国やオーストリアの主導による、ドイツ連邦を国民的な機構に変貌させようとする幾多の改革の試みが成果なく終わり、ドイツ連邦は国民の利害から疎遠な国家的秩序であることをすでに露呈させていた。そのうえ、デンマークとの対立の際に発揚したナショナリズムを、人々のドイツ連邦に対する国民としての愛着心あるいは共属意識に仕立て、ドイツ連邦の国民的基盤の強化に役立てようとする動きも現れなかった。

なぜドイツ連邦は、ドイツの国民的な国家的秩序になりえなかったのだろうか。一つには、今述べたように、ドイツ連邦が国民的な国家的秩序への自己変革に失敗したという理由があろう。しかし根本的には、一九世紀において、「内部の均一化」を促す全国制度として、統一法制に加えて、より集権的な国家的秩序が人々に求められていたという事情があった。

全国制度による「内部の均一化」は、全国的な国家的秩序が集権的なほどより進捗する。その意味で、一八六〇年代初めまでのドイツ連邦の改革は、あくまで多様な独立国家から緩やかに構成される国家連合の存続を前提としていた点で、「内部の均一化」に関し限界を有するものであった。

たしかに国家連合をドイツの全国的な国家的秩序として支持する声が途絶えたわけではない。しかし、ドイツ国民協会の主張に象徴されるように、社会からのより強い要請は、ドイツの国家統一を、国家連合よりも集権的な連邦国家の形で行うことであった。「内部の均一化」を推進するためには、連邦国家の方が国家連合に優越していたのであり、実際、ドイツの全国的な国家的秩序として連邦国家を求める意識が次第に高まっていたのである。

しかし、一八六〇年代の全国制度による「内部の均一化」を求める社会からの要求の強さは、一九世紀半ばの革命期以上であった。その最も明白な証左が、革命期にはごく少数派が抱いたにすぎなかった単一国家論が、一八六〇年代半ば以降、社会に広がったことであった。シュレースヴィヒ・ホルシュタインの併合問題を契機に、プロイセン単一国家としての統一ドイツを夢想する者が増え、連邦国家像の正統性を揺るがすまでにその比重を高めたのである。さらにその後、一八六六年のプロイセンとオーストリアの戦争に際しては、プロイセンが実際に北ドイツ諸国の併合を断行することで、単一国家による国家統一への期待は頂点に達した。

このプロイセンとオーストリアとの戦争は、ドイツの東部境界をどのように画するのかを決する争いとみなすことができる。しかし、ドイツ諸国を二分したドイツの「内戦」であるというその性格から、「外部との峻別」による国民形成の機会とはなりえなかった。そこで問われたのは、むしろドイツの全国的な国家的秩序の形態であり、どちらの国がより「内部の均一化」を進めることのできる集権的な国家的秩序を構築できるかであった。戦争に際しては、集権的な国家的秩序を全国制度として築くという目標が人々に強く訴えかけ、それがナショナルな感情として発揚したのであった。

戦いは、結果として、国家連合に固執してきたオーストリアと、連邦国家を志向するプロイセンの対立という構図となった。そして、この戦争に敗れたオーストリアがドイツから離脱することになった背景には、それまでに、連邦国家建設を求めるナショナルな感情が高まり、それを実現できるのはプロイセンであってオーストリアではないという意識が広まっていたという事情があった。加えてプロイセンが、男子普通選挙制度を備えた全国議会の設置を打ち出したことも、国民にふさわしい全国制度と親和的なのはどの国かを選別するのに決定的な役割を果たした。

一八六六年におけるドイツからのオーストリアの放逐と翌年の北ドイツ連邦の成立は、以上のような、ドイツの全国制度としてより集権的な国家的秩序を求める国民意識の発展の産物であった。そして、たとえドイツの統一がいまだ北半分にとどまっていたにせよ、いったん成立したその国家的秩序の枠組みの下で、小ドイツ的な連邦国家を支持する国民意識の醸成が促されることになった。逆に、オーストリアなきドイツという現実の国家状況においては、大ドイツ的なドイツや国家連合としてのドイツの姿を想像することは次第に難しくなっていった。

このように、プロイセンがオーストリアを除く新たなドイツの国家的秩序の中心となったのは、なにより全国的な国家的秩序の集権化を望む国民意識の要求に応えたからであった。その集権化要求を突き詰め、「内部の均一化」を極限まで進めた国家的秩序を作るとすれば、それは、プロイセンが他の国家を併合して生まれる単一国家ということになる。しかし、一八六六年にプロイセンによる併合が断行され、単一国家への期待がかつてないほど高まったことは事実であれ、ドイツ全体に単一国家が成立したわけではないし、北ドイツに限定しても、そこに建設されたのは北ドイツ連邦という連邦国家であった。ドイツの全国制度として集権的な国家的秩序を求める国民の望みは、時に単一国家への期待という極限的な形態をとることがあったにせよ、結果的には概ね連邦国家という形で充足可能なものであった。その際、たとえば国民自由党のミーケルが、連邦国家の支持者から単一国家論者へと転じ、その後再び連邦国家の擁護者へと変貌したように、眼前の国家状況に対応した、目指すべき国家的秩序像の柔軟な修正の過程を見出すことができたのである。

しかも、プロイセンが圧倒的比重を占める北ドイツにおいてさえ連邦国家が建設されたことで、南ドイツを含む全ドイツの国家的秩序として、連邦国家はその自明性を高めてゆくことにもなった。こうして国家連合でも単一国家でもない、ほかならぬ連邦国家が、ドイツの全国的な国家的秩序とみなされていったのである。実際、北ドイツ連邦という連邦国家と南ドイツにおける複数の中規模国家の並存というドイツ全体の国家の布置状況を鳥瞰すれば、これらを一つの国家的秩序に編成するのに最も現実的な枠組みとして想定されるのは連邦国家であり、したがって連邦国家こそがドイツにふさわしい国家的秩序であるとイメージされるのは自然なことであった。

では、ドイツ連邦という現実の全国的な国家的秩序を失い、南北に分断されていた時期のドイツにおいて、全ドイツ的な国民意識の形成はいかに行われたのであろうか。「内部の均一化」に資する全国制度の観点から、次の三つの道にふれる必要があろう。

第一は、北ドイツ連邦の拡大（南ドイツ諸国の加盟）を通じて、人々が国民としての意識を抱きうる全国的な国家的秩序を構築することである。しかし、北ドイツ連邦議会の多数派たる国民自由党は、北ドイツ連邦の連邦国家としての整備を南北統一よりも優先する方針を掲げ、南ドイツへの北ドイツ連邦の拡大を積極的に求めることはなかった。たしかに北ドイツ連邦は、その立法面で一定の成果があり、連邦国家としての実態を拡充しつつあったものの、あくまでその活動は北ドイツに限定され、全ドイツ的なナショナルな意識を醸成するための活動を能動的に行うことはなかった。また、南ドイツ諸国には、北ドイツ連邦が実質的には「拡大プロイセン」であって連邦国家ではないとの見方も強かった。

第二は、関税同盟と防衛同盟という、南北ドイツにわたる全国制度である。関税同盟は関税議会という唯一の全国議会の活動を通じて、また防衛同盟は各国の反フランス感情に根ざした共同体として、ナショナルな意識を醸成する一定の役割を果たしはした。しかし、両者はその活動分野が特定の政策領域に限定され、しかも両者とも、次第にその活動の意味に疑問符が付されるようになっていったという共通点をもっていた。その結果、この二つの全国制度の場合にも、その活動を通じて国家統一を推し進めるような全ドイツ的な連帯感を育ててゆくという課題は十分に果たされなかった。

第三は、南部連邦である。南部連邦には、プロイセンが優越的地位を誇る北ドイツ連邦と異なり、「真の」ドイツ統一を南ドイツから行うという役割や、南ドイツ諸国が北ドイツ連邦に加盟するために必要なナショナルな意識を培養する機能が期待された。しかし南部連邦は、利害を異にするさまざまな立場の者が提唱した構想の段階にとどまるものであり、現実に全ドイツ的な国民意識を醸成したり、南からの国家統一への動きを促したりするような働きをすることはなかった。

このように、プロイセンとオーストリアの戦争を経て、北ドイツ連邦の成立から一八七〇年の夏までの間のドイツの国民形成は、部分的な成果を挙げつつも、概して停滞と評してよい状態にあったのである。

その状況を一気に変化させたのが、一八七〇年夏のドイツにとっての「不倶戴天の敵」フランスとの戦争であった。とりわけ、エルザスとロートリンゲンというフランスとの境界地域に関心が集中することを通じて、ドイツに高度な国民的一体感が出現した。境界による「外部との峻別」を通じて、ドイツの国民意識は飛躍的に高まったのである。それは、大半の人々がドイツの南北国家統一をその当然の帰結として求めるほどの高度な達成であった。そのうえ、デンマークとの対立から数年を経て、全ドイツにふさわしい国家的秩序のイメージの収斂が進んでいた。統一ドイツに適合的な国家的秩序として、小ドイツ的な連邦国家が、支持の度合いはさまざまにせよ、広く受容されるようになっていたのである。

そして、その国民的一体感の感情そのものには、バイエルンの国民であると同時にドイツ全体の国民でもあるといった連邦制的構造が強く刻印されていた。統一国家として連邦国家が思い描かれただけでなく、既存の国家の上層に新たな連邦国家を重ねるという統一国家の連邦制的構造に対応して、国民意識そのものが連邦国家的な重層性を帯びていたのである。

こうした性質を帯びた国民的一体感の現出を経て、小ドイツ的な連邦国家は誕生することになる。その際、憲法制定議会を開催するといった方法は回避され、国民自由党が主張する、既存の国家的枠組みをできるだけ尊重し、ともかくも統一を優先させるという道が選択された。とはいえ、北ドイツ連邦への南ドイツ諸国の加盟条約が、何の支障もなく円滑に成立したわけではない。いざ実際に北ドイツ連邦への南ドイツへの加盟を実行するとなれば、北ドイツ側は、これまでにない大きな批判勢力とともに同一の国家的秩序を形成することになり、南ドイツ側は、プロイセンという強大な国家の支配する連邦国家に参加し、自国の自律性が脅かされるおそれがあったからである。

そこで駆使されたのが、北ドイツ連邦への南ドイツ諸国の加盟は、単なる「拡大北ドイツ連邦」の結成ではなく、連邦国家としての実質をより高めた新たな国家であるという論理であった。南北を問わず、北ドイツ連邦への南ドイツ諸国の加盟を推進することを望む人々は、口々に、統一国家は北ドイツ連邦よりもはるかに連邦主義を強めた今までとは異なる連邦国家であることを強調したのである。すなわち、全国制度たる国家的秩序の集権化という「内部の均一化」を後退させて、領域的拡大すなわち国家統一が行われたのである。こうした操作が可能であったのは、すでに小ドイツ的な連邦国家のイメージが、その細部を厳密に突き詰められることなく、ある程度の曖昧さを許容するような形で、相当程度、人々に共有されていたからであった。

総じてみれば、統一国家成立に先立つ数年間のドイツでは、「敵」との境界をめぐる対立を契機として高度な国民的一体感が現出し、ドイツの国民意識が大いに高まっていた。そのような状況にあって、集権的な国家的秩序を求める人々の志向が、現前の国家の配置状況の変化に適応しながら、小ドイツ的な連邦国家という具体的な形態の統一国家を、歓迎から甘受まで一定の幅をもって受容する国民意識の核を形成していったのである。

あとがき

遡るべきところ、それはまず、前著『指導者なきドイツ帝国』（一九九九年）の序章に付された注の一つであろうか。「「ライヒ建設（Reichsgründung）」は、プロイセンのヘゲモニーがその建設過程においていかに強力であったにせよ、「ドイツのプロイセン化」の所産ではなかった」という本文の記述に、イギリスの歴史家J・ブリュイの論文から得た示唆を注記した。それは、一八六七年の北ドイツ連邦と一八七一年のドイツ帝国とは、それぞれの成立を正統化する事由が異なるという点を指摘するものであった。

この注を出発点とし、自身の次なる政治史研究として、ドイツ帝国の建国期をテーマにした作品の準備作業をすることが、二〇〇一年四月から二〇〇三年三月までのテュービンゲン大学における研究滞在の主要目的の一つであった（受け入れ教授は、先の震災後に真っ先にメールを送ってくれたD・ランゲヴィーシェ教授であった）。テュービンゲンでの作業に本書の源流があることは間違いない。資料の収集のみならず、ドイツ国民協会について最も優れた研究書を著したA・ビーファング氏（「議会主義と政党の歴史のための委員会」）と知り合い、後に本書の中で扱うことになる主要論点について意見交換できたことは貴重な経験であった。さらにこの滞独中に、ドイツ帝国の成立までの時期のトライチュケの著作を集中して読み、それが研究の導きの糸になりうることを確信したことも重要であった（ちなみに、本書の中で言及したトライチュケの「連邦国家と単一国家」論文は、連邦制の比較政治史として、あるいは歴史の「経路依存性」を先駆的に指摘した論文として、今日なお熟読に値する作品である）。

ドイツからの帰国後、二〇〇四年と二〇〇九年の二度にわたって、ヨーロッパ政治史のテキストを執筆したことも、本書の成立に影響をおよぼしている。私自身、テキストを書く以前から、比較政治学者S・ロッカン（とそれを補ったP・フローラ）の政治発展の四つの過程――「国家建設」・「国民形成」・「大衆デモクラシー」・「福祉国家」――を軸に組み立てたヨーロッパ政治史の授業を行っており、それと並行して、各過程に対応したドイツ政治史の作品を書きたいと考えていた。『指導者なきドイツ帝国』が「大衆デモクラシー」に関する作品であるとすれば、ドイツの統一国民国家の成立をめぐる研究は、「国家建設」と「国民形成」に対応するものとなるはずである。『新訂ヨーロッパ政治史』と『改訂新版ヨーロッパ政治史』の二冊のテキストは、まさにロッカンの近代国民国家の形成過程の図式を援用してヨーロッパにおける国家の発展（さらにはその変容）を描くものであり、その執筆経験は、ドイツの「国家建設」と「国民形成」を対象とした政治史を完成させたいという希望を一層のこと強めたのであった。

そして本書を書き進めるうちに、これは、政治史第一作のいわば「裏ヴァージョン」になるのではないかとの自覚が生まれていた。『指導者なきドイツ帝国』では、ドイツを含む現代ヨーロッパ政治における「団体主義的な協調デモクラシー」あるいは「コンコルダンツデモクラティー」の原型を、ヴィルヘルム帝制期の政治に求めている。本書の「はじめに」の「二　もう一つの政治のドラマ」で述べたように、ドイツ史にはその種のタイプの民主主義が生み出す政治の動態とは異なる政治情景が、重要な政治局面としてしばしば現れる。本書を書き続ける意志を支えたのは、それを正面から描きたいという欲求であった。とくに、政治の大胆な変化を阻む政治構造とそれをめぐる研究が総括の時期を迎えていることを示すような書物（その一例として、Stefan Köppl/Uwe Kranenpohl（Hrsg.）, Konkordanzdemokratie. Ein Demokratietyp der Vergangenheit?, Nomos Verlagsgesellschaft, Baden-Baden 2012）が刊行されるに至った現在、「もう一つの政治のドラマ」を政治史として提示することが、自身が何を措いても完遂すべき作業であると思われたのである。

本書の完成までには、決して短くない時間が費やされた。お世話になった方々に謝辞を述べなければならない。

まず、本書の編集にあたってくださったのは、東京大学出版会編集部の斉藤美潮さんである。円滑に本書を完成させることができたのは、斉藤さんの細やかな心遣いと提案のおかげであった。そのさまざまな配慮に対し感謝の意を捧げる。

また、本書の刊行にあたっては、「平成二四年度学習院大学研究成果刊行助成金」の交付を受けた。学習院大学研究成果刊行助成委員会に対してお礼の言葉を申し上げる。

そして、本作りが現実の課題となったこの数年間は、私にとって必ずしも安楽な時期ではなかった。その期間を乗り切ることができたのが、わが家族のおかげであったことに全く疑問の余地はない。ありがとうの言葉とともに今後もよろしくという言葉をここに書き残す。

さて、本書を公刊した私が、過去を遡るのではなく、これから目指すべきところを挙げるとすれば、それは何だろうか。

長編の政治史の三作目として「福祉国家」の局面に関する政治史も書かねばならないし、政治学による歴史分析(念頭においている近年の試みとしては、たとえば、*Comparative Political Studies* 43 (2010)-8/9, Special Issue: Giovanni Capoccia/Daniel Ziblatt (eds.), The Historical Turn in Democratization Studies など)の潮流に連なった論文も書きたい。既刊の二冊のヨーロッパ政治史の担当箇所をまとめると同時に、全く異なった構成のヨーロッパ政治史の講義を行う準備も進めることになるだろう。本書やテキスト執筆の過程で見つけたテーマを膨らませて、(大部にならない)論文を書くことも大切な課題である。やるべきこと、やらなければならないことは多い。しかしそれらは、仕事でもあるし楽しみでもあるし、つまりは人生そのものである。着実に、そしてさまざまな形で政治史の作品を書き続けてゆこう。

はるか昔、一九世紀の終わりに、イギリスのある歴史家が政治学の講義をしなければならなくなった。その講義録の冒頭に次のくだりがある（J. R. Seeley, Introduction to Political Science（1896）, pp. 3-4）。

……it is the first aphorism in the system of political science which I am about to expound to you, that this science is not a thing distinct from history but inseparable from it. To call it a part of history might do some violence to the usage of language, but I may venture to say that history without political science is a study incomplete, truncated, as on the other hand political science without history is hollow and baseless — or in one word:

History without political science has no fruits;
Political Science without history has no root.

To establish the truth of this aphorism will be the object of the present lecture.

今後、先に挙げた仕事のどれに取り組むことになろうとも、常にそこには、この言葉が前提として存在しなければならない。

二〇一三年一月七日

飯田 芳弘

著者略歴
1966年　長野県に生れる.
1991年　東京大学法学部卒業.
1991-94年　東京大学法学部助手.
現　在　学習院大学法学部教授.

主要著書
『指導者なきドイツ帝国――ヴィルヘルム期ライヒ政治の変容と隘路』(東京大学出版会, 1999年)
『新訂　ヨーロッパ政治史』(共著, 放送大学教育振興会, 2005年)
『改訂新版　ヨーロッパ政治史』(共著, 放送大学教育振興会, 2010年)
『ヨーロッパ政治ハンドブック　第2版』(共著, 東京大学出版会, 2010年)

想像のドイツ帝国
統一の時代における国民形成と連邦国家建設

2013年2月8日　初　版

[検印廃止]

著　者　飯田芳弘《いいだよしひろ》

発行所　一般財団法人　東京大学出版会
代表者　渡辺　浩
113-8654 東京都文京区本郷7-3-1 東大構内
http://www.utp.or.jp/
電話 03-3811-8814　Fax 03-3812-6958
振替 00160-6-59964

印刷所　株式会社三陽社
製本所　矢嶋製本株式会社

ISBN 978-4-13-036245-0　Printed in Japan

人名索引

あ行

アイヒホルツ Eichholz, Ehrenreich　280
アッカーマン Ackermann, Karl Gustav　16, 30, 387
アベケン Abeken, Heinrich　334
アルニム－ボイツェンブルク Arnim-Boitzenburg, Adolf Heinrich Graf von　173, 174, 188
アルント Arndt, Ernst Moritz　14, 35, 36, 39, 40, 42, 43, 46, 48, 49, 51, 55
アンダーソン Anderson, Benedict　25, 56
ヴァーゲナー Wagener, Hermann　239, 241, 389
ヴァグナー Wagner, Adolph　343, 346, 352, 360, 361, 364
ヴァルデック Waldeck, Benedikt Franz Leo　174–176, 189, 194, 207, 219, 241, 248–250, 271, 272, 294
ヴァンケ Vanke, Jeffrey　24, 25
ヴィーデンブルック Wydenbrugk, Oskar von　120, 121, 123, 131, 137, 138, 148
ヴィルヘルム1世 Wilhelm I　85, 173, 216, 334, 382, 404, 408
ヴィンドホルスト Windthorst, Ludwig　96, 112, 280, 287, 288, 386, 387, 406
ヴェーバー Weber, Adolph　183, 184, 240
ヴェーラー Wehler, Hans-Ulrich　23
ヴェーレンプフェーニヒ Wehrenpfennig, Wilhelm　180, 193, 406
ヴェルカー Welcker, Karl Theodor　143
ウムプシャイデン Umbscheiden, Philipp　259
ウンルー Unruh, Hans Viktor von　235, 262
エーデルスハイム Edelsheim, Franz von　266
エスターレン Oesterlen, Ludwig August　396, 410
エッカルト Eckard, Karl　391, 392, 408
エッカルト Eckardt, Julius　346, 347, 357
エッカルト Eckardt, Ludwig　154–156, 183, 184, 320, 321, 329
エトカー Oetker, Friedrich　222–224, 279, 294
エルベン Elben, Otto Hermann Karl　9, 10, 27, 397, 398, 410
エンゲルス Engels, Friedrich　78, 89, 356

か行

ガーゲルン Gagern, Max von　108, 109
ガーゲルン Gagern, Wilhelm Heinrich August Freiherr von　41, 73, 99, 124, 128, 130, 133, 395, 409
カヴール Cavour, Camillo Benso conte　79, 81
カエルンバッハ Kaernbach, Andreas　21
カッツェンスタイン Katzenstein, Peter　13
カップ Kapp, Friedrich　205, 221
カルテンボルン Kaltenborn, Carl Freiherr von　66, 67
カルピ Carpi, Leone　26
カンギーサー Kanngießer, Carl Hermann　247
キーファー Kiefer, Friedrich　365, 370, 409
キルヒマン Kirchmann, Julius Hermann von　219
クライスト＝レッツォウ Kleist-Retzow, Hans Hugo von　173, 379
グリーン Green, Abigail　13, 28
グルンプレヒト Grumbrecht, Friedrich Wilhelm August　221, 248
ゲーテ Goethe, Johann Wolfgang von　37, 38, 50
ゲルラッハ Gerlach, Ernst Ludwig von　173, 174, 220, 221
コブデン Cobden, Richard　81
コルプ Kolb, Eberhard　370

さ行

シーダー Schieder, Theodor　26
ジーベル Sybel, Heinrich von　239
ジーモン Simon, Max　194, 195
シェフレ Schäffle, Albert　96, 112, 127
ジムゾン Simson, Martin Eduard von　242, 408
シュターフェンハーゲン Stavenhagen, Friedrich　174
シュタウフェンベルク Stauffenberg, Franz August Freiherr Schenk von　400, 410
ジュドウ Sydow, Rudolf von　119

た行

な行

は行

プフィッツァー Pfizer, Paul　15, 29
プフォルテン Pfordten, Ludwig Freiherr von der　60, 267
ブラーター Brater, Karl　82, 176, 317
ブラウヒッチュ Brauchitsch, Heinrich von　389
ブラウン Braun, Karl　222, 223
プランク Prankh, Sigmund Freiherr von　400, 411
ブランケンブルク Blanckenburg, Moritz Karl Henning von　241
フランツ Franz, Gustav Adolf Constantin　102, 104, 114
フリーデンタール Friedenthal, Carl Rudolf　407
フリードリヒ1世 Friedrich I　84, 268
フリードリヒ8世 Friedrich VIII　159, 187
フリードリヒ・ヴィルヘルム Friedrich Wilhelm　338
フリードリヒ・ヴィルヘルム4世 Friedrich Wilhelm IV　55
ブリュイ Breuilly, John　3, 16, 18, 30
ブルクハルト Burckhardt, Jacob　25, 357
ブルンチュリ Bluntschli, Johann Kaspar　130, 393, 409
ブレイ Bray-Steinburg, Otto Camillus Hugo Graf von　400, 411
フレーベル Fröbel, Julius　56, 57, 67, 95, 101-112, 114, 116, 117, 120, 121, 124, 126, 127, 131, 135, 140, 145, 146, 154
プロプスト Probst, Rudolf　128, 134, 300, 302
フンボルト Humboldt, Wilhelm Freiherr von　37, 38, 50
ベーベル Bebel, August　347, 355, 357, 389, 390
ベーメルト Böhmert, Viktor　185
ベッカー Becker, Hermann Heinrich　199, 200, 206, 207
ベッカー Becker, Johann Philipp　346
ベッカー Becker, Nikolaus　43
ベトゥジー-フック Bethusy-Huc, Eduard Georg Graf von　389
ベニヒセン Bennigsen, Rudolf von　82, 110, 141, 164, 183, 193, 235, 260, 262, 264, 272, 283, 289, 301, 375, 390
ヘルダー Hölder, Julius　37, 365, 366, 397, 410
ホイサー Häusser, Ludwig　190
ボイスト Beust, Friedrich Ferdinand Freiherr von　63, 64, 66, 74, 83, 86-88, 91
ホーエンローエ Hohenlone-Schllingsfürst, Chlodwig Fürst zu　267, 268, 270, 304, 322-325
ボールマン Bohlmann, Otto　367, 368
ホファーベック Hoverbeck, Leopold Freiherr von　387, 390

ま行

マイネッケ Meinecke, Friedrich　11, 36, 37
マイヤー Mayer, Karl　323, 329
マイヤー Meier, Hermann Heinrich　193
マイヤー Meyer-(Thorn), Friedrich Heinrich　240
マウレンブレッヒャー Maurenbrecher, Wilhelm　361, 362, 369
マリンクロット Mallinckrodt, Hermann von　280
マルカード Marcard, Heinrich Eugen　337, 343
マルクス Marx, Karl　89, 356, 357
マントイフェル Manteuffel, Otto Theodor Freiherr von　64
ミーケル Miquel, Johannes　146, 153, 183, 184, 203, 205, 208, 222, 224, 225, 235, 240, 249, 277-279, 281, 283, 285, 286, 295, 296, 317, 334, 375, 376, 387, 408, 416
三谷博　29, 30
メイアー Maier, Charles　22
メッツ Metz, August　183, 201-203
メンツェル Menzel, Wolfgang　44, 45, 345, 352, 361, 363
モール Mohl, Moritz　124, 125, 130, 133, 140, 142, 302, 303, 396, 410
モムゼン Mommsen, Theodor　10, 12, 196-199, 201, 205
モムゼン Mommsen, Wilhelm　3
モムゼン Mommsen, Wolfgang　6, 7, 23
モルトケ Moltke, Helmuth Karl Graf von　334

や行

ヤイスマン Jeismann, Michael　355
ヤコビー Jacoby, Johann　217, 220, 347, 357
ヤンセン Jansen, Christian　31
ヨルク Jörg, Joseph Edmund　188, 286-288, 345, 364, 365, 398-400, 410

ら行

ライヒェンスペルガー Reichensperger, Peter Franz 280
ラスカー Lasker, Eduard 282-288, 295, 296, 312, 366, 375-377, 388, 390, 405, 407-409
ランゲヴィーシェ Langewiesche, Dieter 12, 28
リープクネヒト Liebknecht, Karl 347, 355
リーペン Riepen, Claus 183
リンス Linz, Juan 22, 25
ルーゲ Ruge, Arnold 195, 196, 216, 217, 243
ルードヴィヒ2世 Ludwig II 382
ルッツ Lutz, Johann Freiherr von 400
ルナン Renan, Ernest 355
レーヴェ Löwe-Calbe, Wilhelm 144, 156-158, 198, 205, 246, 247, 387
レーマー Römer, August 193
レーマー Römer, Robert 292, 293
レームブルッフ Lehmbruch, Gerhard 24, 30
レフェントロウ Reventlow, Ludwig von 193
レヒベルク Rechberg und Rothenlöwen, Johann Bernhard Graf von 64, 96, 109, 110, 118
レルヒェンフェルト Lerchenfeld, Gustav Freiherr von 121-123, 138
ローゲンバッハ Roggenbach, Franz von 84, 85, 266
ローン Roon, Albrecht Graf von 334
ロヒャウ Rochau, August Ludwig 204

事項索引

あ行

か行

さ行

た行

な行

ま行

や行

ら行